JN116266

増補改訂版

日本海運のコンテナ50年史

箱根丸からONE STORK（ワン ストーク）へ

吉 田 泰 治

推薦文

　この本に接し日本郵船に昭和45年に入社して間もないころを懐かしく思い出した。コンテナ化が太平洋岸航路に続きニューヨーク航路へと進展していた。そんな折、本社営業一部北米課に在籍し、このNY航路を末席で担当。北米課在籍の2年半の期間、NY航路の月次決算はただの一度も黒字にならなかった。収支改善を急ぎ「もう半年やるから黒字にしろ」と、厳命を下したのが宮岡公夫営業一部長（当時、後に15代郵船社長を務めた）。猶予期間を全うする前に組合専従の書記長に異動してしまい、無念の思いだった。今でも思い返しては懐かしむエピソード。一方、一足先に社会人の仲間入りし海運界に関わっていた著者はといえば、定期航路コンテナ化を報じる立場で活動し始めていた。海運界が一時代を画する課題への対応を迫られていたころだ。コンテナ物流勃興期の記録者の眼差しを持ち続けた粘り強さ。半世紀を経て訪れた転換期を見逃さなかった眼力の鋭さ。持ち前の文章構成力にも感心させられた。この大作が日本の海運界最大の苦闘の記録として、またこれからの世界の物流戦略の指針として人々の心に焼き付けられること間違いない。

（宮原耕治・19代 日本郵船社長）

増補改訂にあたって

　2022年7月28日午後、翌週8月1日に応募締切り期限を控える2022年度住田海事史奨励賞に応募するため、住田海事奨励賞管理委員会（一般社団法人　日本海運集会所）に拙著初版本（2022年4月20日刊行）を提出した。慌ただしい駆け込み応募であった。結果は、「日本海運コンテナ事業史を総括する貴重な書籍である点が評価され」、第54回（2022年度）住田海事史奨励賞受賞書籍に選ばれた。強い薦めに甘んじて応募したものの、一般人が伝統ある同賞に応募すること自体、抵抗があった。拙著が受賞書籍に選ばれた瞬間、身に余る光栄をかみしめた。と同時に歴史の節目を捉えて回顧し展望する視点を失うまいとの意を強くした。初版本の原稿を締め切った2021年5月から1年2か月過ぎていた。コロナ禍で最新のコンテナ船事業の動向に触れたつもりでいたが、接する限られた公開情報でも予想外の展開となっていることに驚かされた。極め付きは紅海危機であった。居ても立っても居られない気持ちで執筆意欲にかられた。初版本に新たに１章追加し、2021年5月に立ち返り、直近の2024年2月までの動向を記述する。関連して年表のタイトルも「コンテナ年表（1955〜2018）」に74件（2024年1月2件を含め）追加し「コンテナ年表（1955〜2018〜2023）」に改めることで、版元・㈱オーシャンコマースの協力を得て、装いを新たに再版することに決めた。新設第9章では、増補改訂版刊行を動機付けた中東情勢急変を始め、物流インフラ混乱へのコンテナ船社の対応、米海事法改正、日本船3社（日本郵船、商船三井、川崎汽船）及びオーシャン ネットワーク エキスプレス（ONE）の業績推移などを盛り込んだ。

　年表は初版本に（2018〜2023）の期間を追加した。初版本でコンテナ船社が地球温暖化対策の一環として硫黄酸化物（SOx）規制に備えてスクラバー（排ガス洗浄装置）搭載など所要の対策を講じていることに触れた。LNG（液化天然ガス）を燃料にしたコンテナ船隊整備が進むと予想していた。2024年に入って、風雲急を告げる船台事情を耳にした。23年10月末時点で、造船所の船台は25年まで予約で埋まり、空きがなく、新規発注船の就航は26年以降にずれ込むというのだ。背景にあるのは20年秋から始まったコンテナ船の新造船発注ラッシュがあると識者は説く。大量発注されたコンテナ船の大半が23年に竣工するという。新造船の竣工量は294隻、203万5,000TEUで、過去最多であった15年実績を上回り、200万TEUを突破すると見込んでいる。驚くことに23年8月末時点で、コンテナ船発注残は920隻、778万8,000TEUと過去10年で最多を記録した。23年は将来、コンテナ船の就航状況を振り返ると

き大きな節目として話題に上ることは間違いない。

　こうしたコンテナ船の驚異的な発注ラッシュの中で、次世代燃料対応船の比率が拡大し、次世代燃料対応コンテナ船の発注動向が変化している。それまで次世代燃料対応船の主流は、LNG（液化天然ガス）燃料船、LNG二元燃料対応船、LNG燃料レデイ船（LNG燃料船に改造可能船）であったが、2023年に入ってからは、メタノール燃料船、メタノール二元燃料対応船、メタノール燃料レデイ船の発注が目立つようになった。メタノールは常温常圧の液体燃料であり燃料として取り扱いやすく、新造船の価格もLNG燃料船に比べ安価であり、船社は新造船の発注をメタノール燃料船へとシフトしている。次世代燃料対応船の発注累計は2023年9月末時点で506隻、590万4,000TEUに上った。前年同月末比で隻数が215隻増、船腹量が259万9,000TEU増となった。

　マースクの世界初のメタノール燃料船は2023年に竣工した。マースクは2021年12月末に船腹量で1993年以来28年にわたって維持してきたトップの座をMSCに譲り、2位に後退した。だが、マースクは過去10年間で二酸化炭素（CO_2）排出量を40%削減する実績を残した。2030年までの中間目標として、海上貨物の最低25%を次世代燃料対応船にすることを掲げ、他社比で炭素削減目標を前倒し、メタノール燃料船を主流に船隊整備を進める方針を鮮明に打ち出している。

　増補改訂版の年表には、2015年のパリ協定に遡り、2018年の国際海事機関（IMO）での温室効果ガス（GHG）削減初期戦略採択など一連の出来事も追加した。また、見逃せないのはコンテナ船の大型化対応である。初版本「第7章　大型化」で「大型化は天井を打った」と記したが、実際は違った展開となっている。エバーグリーンのメガマックス24型2隻（各2万4,004TEU）が22年6月に竣工し、コンテナ船の世界最大船型を更新した。この後、COSCO（OOCL）の2万4,188TEUが23年2月に竣工、こんどはMSCの2万4,346TEUが同年3月に竣工し、相次いでコンテナ船の世界最大船型を塗り替えた。「規模の経済（スケールメリット）」の追求を原理・原則に大型化に挑戦しているコンテナ船社の姿勢を垣間見ることが出来た。のんびりしていては緊迫する状況変化を見逃しかねない。そんな思いに駆られて増補改訂版執筆に臨んだ。

2024年 2月

目次

第3章　揺籃期

第4章　成長期

第5章　成熟期

第6章　激変期

第7章　大型化

第8章　寡占化

第9章　コロナ下のコンテナ船事業―好事魔多し

［付録］

はじめに

　原稿執筆中に新型コロナウイルス感染症が発生した。

　新型コロナウイルスの感染拡大は世界経済を混乱させ、かつてない速さで世界経済を収縮させた。世界的に深刻な景気後退をもたらす勢いにみせた。世界の感染者数と死亡者数が連日更新され、事態の深刻さを教えられる。コロナの感染防止に有効なワクチンや治療薬の開発について専門家の知見が頻繁にマスメディアに登場する。世界中が懸命にコロナの感染予防対策を講じ収束に向けて取り組んでいる様子が伝わってくる。感染予防の決め手となるワクチンの研究開発が急ピッチで進んでいることも伝わってくる。未知のウイルスに有効なワクチンが開発され実用化されるまでどれほどの時間を要するのか専門家をもってしても明確に予測しがたいようだ。未知のウイルスを恐れ、経済活動の本格的な再開への道筋を摸索している。現状を見る限り、世界保険機関（WHO）が終息宣言する時期を予測することすら難しい。それどころか世界経済が先行き不透明な中で急速に収縮し、国際物流を直撃している。コンテナ船社にとって未曽有の事態が起きた。コロナの感染拡大が国際物流を下支えするコンテナ船事業を困難な局面に陥れた。コロナの感染防止のため自国港での船員交代を認めない例が出始め、コンテナ船を通常通りに運航できない事態を招いた。一過性の海上荷動き急減に伴う減便とは事情や背景が異なる。この先どこまで続くのか皆目見当がつかない先行き不透明感に覆われているということだろう。

グローバル・サプライチエーンとコンテナ船事業

　国際物流の機能低下がサプライチエーン（部品の調達・供給網）に影響をおよぼし始めた。コンテナ船事業がサプライチエーンに組み込まれることで成り立っている。サプライチエーンのグローバル化いわゆるグローバル・サプライチエーンとコンテナ船事業は相互補完関係にある。コンテナ船社の顧客に当たる荷主企業がグローバル事業を展開する過程で輸送需要を創出する。コンテナ船社は荷主企業が形成するサプライチエーンの機能維持に努める形で責務を果たす。そんな相互補完関係がコロナ禍に襲われ、サプライチエーンの機能不全の事態を招いた。原稿執筆で参考資料にした「コンテナ物語－世界を変えたのは『箱』の発明だった」（著者マーク・レビンソン　訳

者村井章子　日経BP社刊）でレビンソン著者がシーランド創始者マルコム・マックリーンの生涯に焦点を当てマックリーンの新しいことに果敢に挑戦し続けた起業家像を浮き彫りする一方で、1955年から2005年まで半世紀のコンテナ化の進展状況を詳細にわたって分析、考察し「コンテナ物語」にまとめ上げている。同書の副題「世界を変えたのは『箱』の発明だった」には、志半ばで退場したマックリーンのコンテナに対する執念にも似た思い入れが後発組に脈々と引き継がれ、途絶えることがなかった。マックリーン発明のコンテナが半世紀の時を経てグローバル・サプライチエーンの機能保全に不可欠なビジネスモデルに成長したことを示唆している。最終章を「（中略）途方もないコストを投じられた船と港はこれまでにない規模の経済を実現し、『箱』は一層スムーズに世界を巡るようになるにちがいない」と結び、併せて2005年にレビンソン流の米国版「コンテナ50年史」を締めくくった。それから3年後の2008年9月15日にリーマン・ショックが発生、世界中に金融危機が広がった。レビンソンにとって想定外の事態が起きた。リーマン・ショックを発端とした世界不況により2002年以降、2桁前後の高い伸び率で推移していた世界のコンテナ荷動きが、2009年に初めて前年比8.6％減に落ち込んだ。荷動きは徐々に持ち直し、2010年には前年比14.6％増と2008年を上回る水準にまで回復した。その後、4〜5％の伸び率を続け、2015年には1.6％増と鈍化したものの、2016年は3.6％増に回復した。2017年は世界景気の好転に支えられ6.8％増となり、2018年の伸び率は前年を下回る5.5％増にとどまった。世界のコンテナ荷動きは2011年〜18年にかけて年平均増加率4.7％のプラス成長を続けた。リーマン・ショック直後に急落した荷況は回復、小幅ながら堅調に推移した。一方、運航船腹量の増加率はリーマン・ショックを境に減少に転じたものの、船腹量それ自体が前年を上回り増え続けた。このことは平均船型の大型化が進行したことを意味した。船型の大型化はコンテナ船社に集荷力の強化によるコスト合理化を迫る。勢いマーケットシェア拡大を狙いにコンテナ船社間の協調体制を巡るM&A（企業の合併・買収）など集約・再編に一段と拍車がかかり、合従連衡が業界の勢力図を塗り替えた。

企業連合の変遷

　競争環境の激変が日本船3社をコンテナ船事業の統合に踏み切らせる決め手となったことが読み取れる。早くからコンテナ船社の国際協調のあり方は「グループ化」とか「コンソーシアム」と呼ばれてきたが、ここにきてコン

ソーシアムに代わって「アライアンス」が使用され定着している。改めて広辞苑（第六版）でコンソーシアムとアライアンスを引くと、コンソーシアムは「特定の目的のために集まった企業連合をいう」と、またアライアンスは「同盟。提携。特に、国際的な企業連合をいう」と記している。和文ではコンソーシアム、アライアンスともに企業連合という意味で大差ないものの、国際的なコンテナ船社が協調と競争を狙いとした提携規模の拡大に伴い、事象の表現も変化してきた。欧州の競争法上、米国の独占禁止法上の適用除外問題で論じられる用語はコンソーシアムである。リーマン・ショックを機にアライアンスを構成するコンテナ船社の組み合わせが変わり新たなアライアンスの形成へと発展する例が目立ち始めた。アライアンスの変遷に伴い、運航船腹量で上位を占めるコンテナ船社間の合従連衡が激しさを増し寡占化への歩みを速めてきた。本書刊行に当たって一般読者も念頭に置き、興味深い逸話をふんだんに盛り込み日本船社のコンテナ50年の歴史をひもとければと欲張った。例えば、「ドア・ツー・ドア」の海陸一貫輸送について、一般人の日常生活に深く浸透し不可欠な事業に位置付けられるまでに急成長している宅配便を取り上げ、国際コンテナ輸送と対比、考察し、相違点を浮き彫りできないものかと考えた。

中興の祖と宅急便

　というのは宅配便の誕生にはこんな逸話がある。かつて日本船社6社が太平洋航路のコンテナ化を進める中で、ジャパンラインが大和運輸（現ヤマトホールディングス）と提携し、日本国内でのコンテナ内陸輸送業務を同社に委託した。46才の若さで会社再建を託された小倉昌男・2代目社長は就任を機に米国内のコンテナ輸送事情の視察出張を通じ、宅急便事業を日本国内に導入する確かな手応えを得たと関係者に漏らしたと仄聞したことがある。ヤマト運輸は76年1月、社運を賭け宅急便の営業を開始した。今では、中興の祖と呼ばれる小倉昌男が発案した宅急便に時間指定サービスやクール便などサービスを付加したことで宅配便業界をけん引するトップ企業にのし上がっている。新進気鋭のトップ経営者の発案が新規需要を喚起し企業再建を図った好例といえる。ただ、二の矢をつげなかった。発案といえば、日本船社のコンテナ化にまつわる逸話がある。なんの変哲も無いコンテナ用語として使われている「スペース・チャーター」は日本船社がコンテナ化初期に編み出した方式である。日本船社発案のコンテナ船運営体制である。日本船社6社は、68

年、2社と4社の2グループに分かれ日本と米国カリフォルニア州を結ぶ航路（PSW航路）に初めてコンテナ船の運航を開始した。日本船社によるコンテナ化の歴史の幕開けである。4社グループはスペース・チャーター方式によりコンテナ船4隻の運航を開始した。

スペース・チャーターと宇宙憲章

　4社が各船に各社が均等のスペースを持ち合い、かつ各社がそのスペースに個別に集荷する相互補完の仕組みを編み出した。このスペース・チャーター方式は同年7月、米連邦海事委員会（FMC）に認可された。FMC認可を取り付け、コンテナ化開幕に向けて関係者への周知徹底を急ぎ、著名な同時通訳企業手配の同時通訳者を介して関係者向け説明会を開催したときのことである。話がコンテナ運営体制および同時通訳者が「スペース・チャーター」を迷いなく"宇宙憲章"と訳し海運関係者の失笑をかったと、後日知らされ、聞き慣れないコンテナ用語スペース・チャーターを初めて耳にした同時通訳者が、宇宙憲章と訳すほうが自然ではと話を混ぜっ返して叱責された苦い記憶が残る。スペース・チャーター方式の採用はPSW航路に留まらなかった。日本船社6社は、70年に日本とシアトル・バンクーバーの北太平洋岸航路を結ぶ航路（PNW航路）をコンテナ化した。6社は3グループに分かれ2社の共有でコンテナ船3隻を建造し、かつ3隻を対象に6社提携のスペース・チャーター方式を採用した。PSW航路の4社グループが採用したスペース・チャーター方式がPNW航路で「6社一本化」へと広がった。共有建造には荷動き次第で増配する時点で共有を解消し単独保有に移行する妥協の産物の意味合いがあった。かつて各社が激しい競争を繰り広げていた在来船時代を考えると、妥協策とはいえ共有建造と独自に創出したスペース・チャーター方式を組み合わせる運営体制を実現したことは、画期的な出来事であった。定期航路のコンテナ化の進展に伴い、内外船社によるスペース・チャーター方式の採用が普及するにつれ物珍しさのないコンテナ用語となり、今ではスペース・チャーターを宇宙憲章と訳されることは考え難い。コンテナ用語には、半世紀の時空を超えて使われ続け、一般人には馴染みの薄い略語である一方で、コンテナ関係者が瞬時に事情を呑み込める単語がある。

3文字略語の効用

　昨今、3文字の頭文字略語を随所で目にする。「TEU」とか「FEU」をその例にあげる。3文字の組み合わせは、字数も長過ぎず、流通し易い略語に適しているとのことだ。定期航路のコンテナ化を機に、当該航路に就航する定期船を在来定期船とか在来船と呼び表す。通常、定期船の積載量と輸送量、さらに定期船貨物の荷動き量は重量（トン）で表示する。コンテナ化の進展に伴い、コンテナ船の運航船腹量やコンテナ荷動き量は、重量ではなくコンテナ個数で表す。コンテナ船が寄港する港、コンテナ・ターミナルの取扱い能力や取扱い実績などもコンテナ個数で表す。コンテナは、例外を除き長さ20フィートと40フィートが主流である。コンテナ個数を表す単位に20フィート・コンテナに換算するTEU（Twenty–foot Equivalent Unit）、同じく40フィート・コンテナに換算するFEU（Forty–foot Equivalent Unit）を通常、使用する。なお、高さ8フィート、幅8フィートが原則、共通である。ただし、コンテナサイズの規格化で尽力したシーランドは規格化後も長さ35フィートのコンテナを使用続けたので、文中、「長さ35フィート・コンテナ」と表記する。またマトソンの場合も「長さ24フィート・コンテナ」を使用する。日本船社初のコンテナ船箱根丸は運航船腹量が752TEUであった。20フィート・コンテナ換算752個を積載するコンテナ船としてPSW航路に就航した。箱根丸就航以来50年目の年を迎え、2018年6月、統合新会社の第1船「ONE STORK（ワン ストーク）」が高雄起こしでスエズ運河経由アジアと米国東岸を結ぶ航路に就航した。「ワン ストーク」の運航船腹量は1万4,000TEU積み。半世紀の間にコンテナ船の船型は、752TEU積みから18倍強の1万4,000TEU積みへと大型化した。統合新会社のコンテナ船隊には2万TEU超のコンテナ船も組み込まれ6隻が運航中で、さらに2万4,000TEU積みの建造を視野に入れた新造船計画を検討していると聞く。

大型化の限界船型は5,000TEUと予測

　コンテナ船の大型化に目を見張るのは筆者に限らないであろう。かつて日本船社のトップ経営者がコンテナ船の大型化の将来見通しに言及し5,000TEU積みが限界と予測したことを思い出し、改めて大型化の現状に驚かされる。いまでは「超大型船」と呼ばれる2万TEU積みを上回るコンテナ船が登場して

いる。2018年、その超大型船25隻が新造され、過去最大量を記録した。25隻全船が欧州航路で運航され、翌19年の同航路の運航船腹量を大幅に増やした。世界で上位を占めるコンテナ船社が超大型船を主力船隊に整備し、新たな段階での競争を目指している。ところでコンテナ船の大型化はこの先どこまで進展するのだろうか。コンテナ船の大型化の鍵を握っているのは、世界を結ぶ海上交通の要衝であるスエズ運河とパナマ運河の通航制限である。最近では、15年8月にスエズ運河が、その翌年16年6月にパナマ運河が相次いで拡張工事を完了し運用を開始した。スエズ運河の拡張工事は、全長約190kmの中間区域に既存の運河に平行する"すれ違い水路"を延伸し、運河内での相互通航可能区間の重点整備で通航所要時間の短縮を実現したが、運河通航可能な限界船型は緩和されなかった。一方、パナマ運河の拡張工事は、通航船舶の大型化と通航隻数の増加といった課題の解決を狙いに実施された。限界船型は従来の4,000～5,300TEU積みから1万3,000～1万4,000TEU積みに緩和された。先述の超大型船がスエズ運河を通航している現状からみて、コンテナ船社間の大型化競争が終盤を迎えたと言えそうだ。

記憶と記録の書籍化への挑戦

　コンテナ船大型化の行き着く先が見えたところでコロナ禍に直撃された。コロナ禍はコンテナ船業界を先行き不透明どころか視界不良の状態に陥れた。深刻さと言う点では、はるかにリーマン・ショックを上回る規模で波及し長期にわたり影響するというのが大方の見方だ。筆者が衝撃を受けたのはコロナ禍がグローバル・サプライチェーンをもろくも寸断したことだ。想定外のことが起きているとは言え、こうした中、本書「日本海運のコンテナ50年史」を主題に出版する意味があるのか、自問自答を繰り返した。もとよりコロナ禍が起きた機会を捉えコンテナを切り口に書籍化を企画した訳ではない。統合新会社が日本船初のコンテナ船就航以来50年の大きな節目を迎える年に営業開始すると知り、コンテナ化50年の歴史を振り返り、統合新会社の将来を展望する機会にできないものか、名状しがたい原稿執筆意欲に駆られたのは確かだ。半世紀にわたり膨大な資金が投じられたことに加え、事業に携わった経営トップから実務者にいたる先達の多さとその労苦に思いを馳せると、自分なりに現状を知り、過去を振り返り、そして未来を展望する視点で考察することにはそれなりの意義があると判断し、記憶や記録の書籍化に挑戦した。

章別に執筆の意図と要旨を紹介する。

第1章　覚醒

　一つの新聞記事と一冊の本が取り持つ縁で心の原風景に誘われた。原稿執筆を思い立ったものの、記憶の風化に歯止めがかからない。少ない手元資料を頼りに執筆意欲を奮い立たせた。コンテナ50年の大きな節目を無為にやり過ごさず、意義付けたかった。コンテナ化推進に尽力した多くの先人に思いを馳せながらの執筆作業であった。「コンテナ物語」はシーランド創立者マルコム・マックリーンに焦点をあて、マックリーンの生涯とコンテナ化の進展を重ねあわせ詳述している。著者レビンソンは1955年から2005年までの50年間を対象に「コンテナ50年」を描いている。箱根丸就航の13年前に米国でコンテナ化が緒に就き急速に伝播し始めていたことを改めて知らされた。かつて社名も人物名も耳にしながら、良く調べもせず、無為に時を経過させた我が身を恥じ入る。反省をかねて同書を随所で引用してはマックリーンやシーランドがコンテナ化の進展に果たした役割とその功績に接し認識を新たにさせて貰った。

第2章　新会社誕生

　本書刊行のきっかけは日本船3社がコンテナ船事業の統合新会社を設立し、統合新会社が箱根丸就航以来50年目の大きな節目に営業開始したことである。2つの出来事の間には50年の時が流れた。50年をどう区切った構成にするか迷った挙句、現在、過去、未来の時間軸で執筆することに決めた。読む人に違和感を与えないためにどんな構成にすれば良いのか。まずは直近の出来事を取り上げ、過去に遡って経緯をたどり、その上で未来を展望することだろうと考えた。ところが統合新会社設立までの経緯の説明を試みると、曰く因縁に引きずりこまれ、背景で働いていた事情を過去に遡り解き明かす手法に頼らざる得なくなる。日本船社6社で開幕したコンテナ化の歴史が4社に絞られ、そして1社に集約された。世界のコンテナ船市場では絶え間なく離合集散と合従連衡が繰り返された。統合新会社は事実上の開業2年度目にして黒字化を実現した。設立時に掲げた合理化目標を達成し、採算改善に弾みをつけたいところで新型コロナウイルス感染拡大に遭遇した。コロナ禍がグローバル・サプライチェーンを分断し、統合新会社の経営を窮地に追いこまれる。それどころか世界のコンテナ船市場が大混乱に陥る。そんな悪夢を描いた。ところがどうだろう半年間のマイナス成長から一転して未曾有の高運賃を享

受し、コロナ禍を追い風に「エッセンシャル・インダストリー」の評価を受ける変身をとげている。長年のお荷物扱いを払拭し、日本船社を下支えする有力事業部門であるかのように。この章は過去、現在、未来の時間軸を念頭に置き書き進めるため、次章以降で取り上げる事項を先取り記述することによって、後の章で重複記述が散見されることを予め断っておく。

第3章　揺籃期

　マックリーンが持ち株会社を設立した1955年から13年遅れで、日本船社のコンテナ化が始まった。米国内と自治領プエルトリコのコンテナ化を終え、いよいよ大西洋航路への進出準備にとりかかった。その矢先にベトナム向け軍用物資輸送の新たな課題が舞い込んだ。マックリーンはベトナムの戦闘地帯で通常の事業活動を展開する大胆な実験に挑戦した。まだ軍事用語「兵站」が経済用語として使われる以前のことである。レビンソン著「コンテナ物語」では1つの章を割き、マックリーンの活躍ぶりを詳述しており、多くを引用することで先入観の払拭に努めさせてもらう。マックリーンやシーランドが米国船社としてベトナム戦争に軍用物資輸送で関わっていたことは海運関係者の常識であった。マックリーンが固定観念に凝り固まる軍関係者を口説き落とす荒業をふるい戦闘地帯でコンテナ化の効用を実証した。「コンテナ物語」は戦闘地帯の惨状に触れることなく、淡々と軍用物資輸送のコンテナ化の実相を描いている。米国の10年におよぶベトナム戦争への軍用物資輸送分野でのシーランドの参入は後半数年である。米国が戦争終結に向けて動き始めていた時期と重なる。マックリーンは戦局を見通し、太平洋航路のコンテナ化を戦略的に選択したのか「コンテナ物語」からは読み取れない。いずれにしてもシーランドとマトソンがコンテナ化揺籃期の先導役を務めた。マトソンの対日航路のコンテナ化を機に日本国内でのコンテナ港湾整備が急速に進展した。

第4章　成長期

　日本中心の主要定期航路のコンテナ化はわずか4年の短期間で実現した。海運界が戦後最大の事業、海運集約・合併を成し遂げた余勢を駆ってコンテナ化を手がけた。藪から棒に着手したわけでない。マトソンの対日コンテナ船就航を「第2の黒船襲来」と騒ぎ立てる一方で、米国の内航船社恐れるに足らずと揶揄する声がもれた。第2次世界大戦中に建造され、かろうじて戦後まで生き延びた米国の戦時標準船（戦標船）の払い下げを受け、改造したコンテ

ナ船との競争で後れをとらない相応の成算があった。マトソンは67年に対日航路のコンテナ化で先行した。戦標船の改造コンテナ船として先行者利益を享受する間もなく撤退の憂き目をみた。日本船社のコンテナ船6隻は68年中に出そろった。日本船社に出遅れたが、シーランドも68年末に対日航路を開設した。この時点でのシーランドのコンテナ船隊は改造コンテナ船で日本船社の新造コンテナ船の航海速力で見劣りした。このことがシーランドの超高速コンテナ船建造を誘発したと言える。コンテナ化を定期航路の技術革新の潮流と受け止め、官民一体でコンテナ運営体制の整備を進めた。日本船社は日本中心の主要定期航路をガイドラインに基づきコンテナ化した。高度経済成長期の時代背景が幸いし予想外に好成績を残した半面、ドル・ショックによる円高や石油危機による収益圧迫に見舞われた。短い期間で成長期を乗り切り、成熟期に向かう段階で不安要因を抱え込んだ。

第5章　成熟期

　日本中心の主要定期航路のコンテナ化が一巡すると、主要定期航路の周辺および関連航路のコンテナ化へと舞台を移す。国内でのコンテナ・ターミナル整備が進み、コンテナ化に弾みをつける。欧州と南アフリカを結ぶ航路が77年にコンテナ化された。これによって世界の主要な定期航路のコンテナ化が一巡し転期を迎えた。シーランドが56年にニューアーク・ヒューストン間で週1便のコンテナ輸送を開始した。この時点では社名変更前のパン・アトランティック汽船。60年、社名をシーランド・サービスに変更。世界初のコンテナ化として伝えられている。米国内のコンテナ化開始から21年経って世界の主要な定期航路がコンテナ化された。外国航路のコンテナ化となると、66年にシーランドの他にもムーア・マコーマック・ラインズ、ユナイテッド・ステーツ・ラインズ（USL）が大西洋航路のコンテナ化を開始した。世界の主要な定期航路は11年間でコンテナ化を完了し、新たな局面を迎えた。新規航路のコンテナ化が行き渡り、コンテナ船社は既存航路でのコンテナ船運航形態や提携関係を見直し、効率運営を図り航路採算の向上を目指した。従来の折り返し配船を見直し、基幹航路を結び付ける振り子配船さらには世界一周航路運営を開始するコンテナ船社も現れた。得意分野の異なる船社同士が相互補完し「グローバル・キャリア」を目指す動きが強まった。台頭著しい盟外船に対する巻き返し策として米国内陸向け鉄道輸送での2段積みコンテナ専用列車（ダブル・スタック・トレイン：DST）の運航や専用コンテナ・ターミナル整備など内陸投資を増強した。対米航路のコンテナ化は米国西岸経

由で北米大陸を横断して米国東岸諸港にコンテナ貨物を鉄道輸送する、ミニランドブリッジ（MLB）を定着させた。米国内陸部の消費地や工場向け需要の増大に伴う海陸複合一貫輸送が導入された。インテリアポイント・インターモーダル（IPI）と呼ばれ、荷主にとって利便性が高く、急速に拡大した。IPIサービスの拡大とともに登場したのがDSTである。トレーラーを鉄道の平台貨車で運ぶ「ピギーバック」輸送に比べて輸送量を倍増させ、安全性や運行スケジュールの安定性で優れた。DSTとともに「オンドッククレイルターミナル」が導入された。オンドッククレイルターミナルの導入によって港湾のコンテナ・ターミナルから最寄りの鉄道ターミナルまでの陸上輸送を省く。コンテナ・ターミナルに引き込み線を敷設し、コンテナ船荷役の一環として貨物を直接、DSTに積み替えるので、陸上輸送の省力化に加えトラック・シャーシを必要としないコスト削減、環境への負荷低減の効果が期待された。北米航路に大型船を投入し、海上輸送の定曜日ウイークリー・サービスを定着させ、北米大陸で鉄道輸送による複合一貫輸送の体制整備と拡充を巡っての競争が繰り広げられた。

第6章　激変期

　日本船3社がコンテナ船事業の統合新会社を設立、統合新会社が2018年4月から営業活動を開始した。ハパックロイド（ドイツ）、陽明海運（台湾）とで構成するアライアンス「ザ・アライアンス（TA）」メンバーとして開業当初のつまずきを挽回し、開業2年度目にして黒字決算を計上し、所期の合理化目標を達成した。TAの他にマースクとMSC（スイス）で構成する「2M」、CMA CGM（フランス）、COSCO（中国）、エバーグリーン（台湾）で構成する「オーシャン・アライアンス（OA）」があり、2M、OA、TAを主軸に世界のコンテナ船社がコロナ禍で生き残りをかけて厳しい競争を繰り広げる。その前に立ち塞がるのが欧州の競争法であり、米国の独占禁止法である。米国は1984年海事法の改正版1998年改正海事法を施行、欧州では定期船同盟を競争法適用除外とする規則が廃止され、欧州同盟が長い歴史に幕を閉じる苦い経験を味わっている。米国の84年新海事法施行で北米航路の運賃競争が激化した。米国関係航路から定期船同盟が姿を消し、拘束力のない航路安定化協定が運営を主導している。98年改正海事法は定期船同盟の独禁法適用除外を維持する一方で、公開中のサービス・コントラクト（SC）を非公開で締結できるようにした。議会には米連邦海事委員会（FMC）の存廃を問う法案が提出された。このことがFMCの行動を左右したか否かとなると臆測の

域をでない。そのFMCが唐突に日本の港湾慣行を持ち出し、日本船3社を対象に制裁金を課す行動を起こした。外交ルートでの海運協議に発展した。米国が問題視した日本の港湾慣行の焦点が「事前協議制」であった。日本側は数え切れない会合と水面下の調整を重ねた。事前協議制見直しの難しさを浮き彫りし、所管省が仲介し、当面の最悪事態を回避した。日本船3社はFMCに所定の課徴金を支払い、政府は対抗立法改正、再燃予防策を講じたものの、えも言われぬ後味の悪さを残した一つの出来事として筆者の記憶に留まる。筆者の記憶に残る事前協議はコンテナ化初期に船社・港運間の軋轢、せめぎ合いの結果生み出された妥協の産物である。定期航路の技術革新と港湾の近代化の発展過程の初期段階で当事者が編み出した時代の落とし子の意味合いを持つ。時代の変遷は如何ともしがたい。日本積みコンテナ荷動きは相対的に減少を続けている。船型の大型化が日本の港湾への不寄港を加速させ、コンテナ船寄港地としての存在意義を問い続けている。

第7章　大型化

　コンテナ船大型化の歴史を振り返るとき決まって引き合いに出されるのがアメリカン・プレジデント・ラインズ（APL）のC10シリーズ（4,340TEU積み）。APLは1988年にC10シリーズを就航させ、パナマ運河がコンテナ船大型化の限界と考えられていた既成概念を打ち破った。パナマ運河通航制限を超える意味合いで「オーバー・パナマックス」とか「ポスト・パナマックス」がコンテナ船の船型区分で使われ始め、さらなる大型化に向けての端緒を開いた。世紀が変わると、7,500TEU積み、8,000TEU積みが竣工する一方で9,000TEU積みが発注され、1万TEU積みの就航が視界に入る。2006年には実際に1万TEU積みが発注され、大型化が1万TEU超の時代を迎える。2013年に世界初の最大船型1万8,270TEU積みが竣工、翌年14年には世界最大船型の1万9,000TEU積みが竣工、2万TEU時代の到来を予告する。2018年には2万TEU積み以上の超大型船25隻が竣工。APLのC10シリーズ就航から30年後に2万TEU超の超大型船が船隊整備を牽引する時代を迎えた。コンテナ船の大型化は半世紀の歳月を経て752ＴＥＵ積みから2万4,000TEU積みに到達した。節目となる大型化の記録の更新の推移をたどり、併せて大型化を牽引する有力コンテナ船社の沿革紹介を試みた。

第8章　3極・寡占化

　グローバルな合従連衡の動きが規模の経済の追求を競争原理に大型化を加

速した。大型化したコンテナ船の運営体制がアライアンスの再編・寡占化を促進している。大型化が進展する過程でさまざまな課題に直面する。日本船3社が抱える固有の課題を指摘され、対応を迫られていた。欧米船社に立ち遅れたコンテナ収益管理システムの確立である。ONEは創立時から会計処理方法に「複合輸送進行基準」を採用した。日本船3社はONE設立に先立ち定期船部門で従来の会計処理方法を変更し、複合輸送進行基準を採用した。コンテナ化に適合した会計処理方法として複合輸送進行基準採用にいたる道のりは平坦ではなかった。3社が足並みをそろえて複合輸送進行基準の採用に漕ぎつけたわけではない。歴史が古い会計慣行が新たな会計基準を誕生させるに至った背景を開示情報を頼りに探ってみる。大型化にまい進するコンテナ船社に忘れかけていた出来事が立ち塞がる。港湾問題である。港湾ストライキや長期滞船が混乱を招き、船社は配船の正常化に苦労する。深刻なのは一過性の問題ではなく、港湾管理者が環境対策を口実に大型船に対応する港湾インフラ整備に臨む消極姿勢である。地球温暖化対策への対応は始動している。待ったなしで収益を圧迫するが避けて通れない課題である。不測の事態が起きる。新型コロナウイルスの感染拡大がグローバル・サプライチェーンを分断し、荷動き低迷がコンテナ船事業基盤を直撃する。暗澹たる思いに陥ったのは筆者だけではあるまい。コロナ蔓延の中、欧米で巣ごもり需要を喚起し、堅調な荷動きが輸送需要を増大させる。輸送需要の逼迫が運賃水準を引き上げ、コンテナ船社が好業績を享受する。アライアンスは3極に再編・集約され寡占化している。天井知らずの大型化は2万4,000TEU積みで頭打ちとみる。最大船型を塗り替え、更新することを想定し難い。そういう意味でコンテナ時代は新たな局面を迎えている。

　コロナ蔓延下の2021年5月に第1章「覚醒」から第8章「寡占化」まで書き上げた。本書の執筆を動機づけた箱根丸就航から半世紀の時を経てONE STORK（ワン ストーク）が就航したことに意味づけられないか、そんな願いを込めて副題に「箱根丸からONE STORK（ワン ストーク）へ」を決めた。コロナがいつ収束するのか皆目見当がつかない状況で執筆することに意義があるのだと自分を納得させた。コロナ下で在宅勤務が増え、ウエブ環境が整っていれば、オンライン記者会見に潜り込むことができた。対面取材より効率が良かったかもしれない。ワープロ代わりにノートパソコンを使っているアナグロ世代を代表する著者としては、ここは割り切って、記憶を頼りに少ない資料を目いっぱい活用して挑戦するしかないと腹をくくった。本書の刊

行がワン ストークが就航した2018年から遅れることは極力避けたかった。時間を「1968年—2018年」の50年に区切り、日本海運のコンテナ化をテーマに書き上げれば所期の目的は達成できると考えた。日本海運大手3社が立ち上げたコンテナ専用船会社ONEの行く末を少しでも長く見届けたい願望を抱いていた。箱根丸就航を実際に目にした者の責務ではないかとも考えた。せめて開業3年目にONEがどんな成績を残すのか見届けたかった。通常、3月期決算企業の通期決算は4月末から5月初旬に発表される。ONEが2021年3月期決算を発表するのも5月初旬と見て、本書原稿締め切りを設定し、翌年4月刊行の運びとなった。コロナ禍でコンテナ船事業がエッセンシャル・ビジネスとして一定の評価を得た。従前のコンテナ船事業では耳にすることがなかった。日本船社の社内でお荷物扱いされた苦渋の期間が長かったと見ている。コロナ禍の物流混乱がONEの収益を改善し、円安効果にも助けられ、親会社である3社の業績を押し上げ貢献した。欧米中心の物流混乱にはアライアンスが機動的に船腹調整した。減船対応の流れは調査レポートを頼りに追ってみた。物流混乱が火をつける形で米国議会が海事法大改正を実現した。23年末には中東情勢を緊迫化させる出来事が起きて世界のコンテナ船業界を揺さぶった。23年末から24年初にかけて目を離せないことがあいついで起きた。第8章では経済規模の利益を追求し、コンテナ船大型化を進める船社間競争を追い、大型化が頭打ちとなっている様子に触れた。世界のコンテナ船業界は9船社が3大アライアンスを構成する様子にも触れた。年が23年から24年に改まった途端、コンテナ船業界を揺さぶる提携話が突然持ち上がった。他のアライアンスの組み替えに発展しかねない出来事である。2021年5月以降2024年2月の期間を対象に第9章を新設し、書き記すことにした。

・年号はすべて西暦で表し和暦のかっこ書きは煩雑さを避けるため、敢えて表記しなかった。
・社名は情報開示時点での商号を使用すべきだと思う。ただ、マースクを例にとると、創業をデンマークの海運会社マースク・ラインに遡りながら、いまでは「マースクは海運会社ではない」と言われ、創業から今日に至る過程で業容を拡大させ巨大コングロマリットとして世界規模で事業を展開している。コンテナ船事業では現時点で、マースクは世界首位の座を占め、他を圧倒している。こうした事情から本書では「マースク」と簡略な表記で統一した。中国のCOSCOは国内での機構改革による離合集散の過程で商号を変えてきた。商号変更に合わせるのが正しいこ

と承知の上で「COSCO」で統一し表記した。

・さらにスイス船社のMSC、フランス船社のCMA CGMについてもアルファベット略記で社名を表記した。

・マースク、COSCO、MSC、CMA CGM各社の概要・沿革については㈱オーシャン コマース発行「国際物流事業者要覧」が詳しい。

・本文挿入の写真、図、ロゴマークおよびキャプション（説明文）は㈱オーシャンコマースが提供。

・なお、本書刊行の出版企画に賛同し、版元を引き受けて頂いたオーシャン コマースの中川圏司社長、各種調査にこころよく協力して頂いた同社取締役の和久田佳宏氏に、また市井の個人の手前勝手な出版構想にご厚意を賜り、ご支援頂きました多くの皆様方に心から感謝申し上げます。

コロナ蔓延下の2021年5月30日

吉田泰治

第1章

覚　醒

人はちょっとしたことをきっかけに過去に呼びもどされることがある。他愛のないこともあれば、中身によっては一瞬立ち止まって、振り返ってみるきっかけになることもある。

　2016年10月31日のことだった。自宅に配達された定期購読中の全国日刊紙夕刊にいつも通りに目を通した。途端に3段見出し「海運3社が事業統合」に目を凝らした。

　脇見出し「郵船・川崎汽船・三井　コンテナ船合弁」は事業統合の対象がコンテナ船事業であることを教えてくれた。「珍しいことがあるものだ」と唐突感を覚え本文を読みすすめた。珍しいと思ったのは、同紙の経済面で決算短信記事を除くと海運全般はもとよりコンテナ船事業にしぼった記事にお目にかかることは年単位でも滅多になかったからだ。加えて自分が糊口を凌ぐため海運とはことなる分野で就労する期間が長く、徐々に海運業への関心が薄れ、海運関連記事の掲載頻度を基準に購読紙を選択していない事情もあった。

　関連資料の渉猟とは縁遠い日常生活の中で日本船3社のコンテナ船事業統合の報道に接したため、唐突に自分がかつて関わった当時に引きもどされた。なぜ、3社がコンテナ船事業を統合することになったのか。3社が以前から各社の独自判断で離合集散、合従連衡劇が激しいコンテナ船業界で激しい国際競争を繰り広げてきたのに、ここにきて、どうして「一本化」に大きく方針転換したのか。自問自答を繰り返した。事情をのみこめないのに見入ったのが、新会社の営業開始時期。

2018年4月に営業開始

　3社はコンテナ船事業の統合で合意、新設する合弁会社が2018年4月から営業を開始すると知ったとたん「へぇ『コンテナ一本化』が50年経って実現するのか」と思わず独りごちた。脳裏にうかぶとはこういうことをいうのかと思い、感情の起伏をかみしめた。1968年は、自分が海事専門日刊紙に入社して社歴の浅い定期船や定期船同盟担当の駆け出し記者として取材活動に従事していた時期と重なる。社命により経験不足の新米記者が定期船事業の構造改革という転換期にいきなり現場取材に放り出されたのだ。当の本人が自分の立場と事の重大さを認識できず、ひたすら好奇心頼みでの就労であった。翌日の紙面作りにおわれ、聞きかじりの知識を駆使し、必要最小限の仕事を消化するので精一杯。それでも錯覚だったかもしれないが、心の片隅でどこ

となく"運の良さ"を感じていた。偶然、コンテナ化という定期船事業の技術革新が進展する場面にいあわせたのだ。聞けば、日本を起点とする主要定期航路がこれから順次コンテナ化されるというのだから、この好機を逃すことはないと努めて気持ちを前向きに切り替えた。日本を起点とする主要定期航路のコンテナ船運営体制については、すでに運輸大臣（現国土交通大臣）の諮問をうけて海運造船合理化審議会（海造審）が答申をまとめ、この答申を基本方針に官民挙げての準備が佳境に入っていた。こうした中で、コンテナ化推進のあり方を説く"そもそも"論を説かれ、婉曲に「コンテナ一本化」の必要性を訴えられても、既定方針に沿ってことが進んでいるのに、現実にそんな場面でじっくり耳を傾け、その論拠を確かめようするわけでもなく、聞き流しその場をしのいでいた。

海運集約体制と中核6社のコンテナ化

運輸省（現国土交通省）は、計画造船制度によるコンテナ船建造計画策定をはじめコンテナ化に当たって重要拠点となるコンテナ・ターミナル整備のために外貿埠頭公団法制定など所要の行政措置を講じていた。1964年4月の「海運集約」で最終的に88社参加*の海運会社が中核・系列・専属で構成する6グループに再編された。中核会社として各グループをけん引する役目を担ったのが日本郵船、大阪商船三井船舶（現商船三井）、川崎汽船、山下新日本汽船、ジャパンライン、昭和海運の6社。当時、「中核6社」と呼ばれたが、85年の海造審で集約体制の解消とともに、従来の役割を終え、用語自体も廃語となった。第5章で詳述する。この日本船社6社が、68年9月から同年11月にかけて日本郵船と昭和海運の2社グループと、大阪商船三井船舶、川崎汽船、ジャパンライン、山下新日本の4社グループの2つのグループを形成し、箱根丸を皮切りにコンテナ船6隻を順次投入し、日本と米国西岸を結ぶカリフォルニア航路（PSW航路）でコンテナ船事業を開始した。68年は、日本船社によるコンテナ化が始動した画期的な年となった。この時から20年後の88年7月、昭和海運が日本郵船との共同運航関係を解消、定期航路から全面撤退し、郵船にコンテナ船4隻を売却。またジャパンラインと山下新日本汽船が折半出資で定期船会社「日本ライナーシステム（NLS）」を設立した。NLS設立翌年6月、ジャパンと山下新日本が合併し、「ナビックスライン」が誕生した。再

---

* 海事産業研究所編『続日本海運戦後助成史』（海事産業研究所　1985年）　15ページ

編は更に続いた。郵船が91年10月、NLSを吸収合併、NLSのコンテナ船9隻が郵船に移行した。郵船が98年10月、昭和海運を吸収合併。大阪商船三井船舶とナビックスラインが99年4月に合併し、大阪商船三井船舶は社名を「商船三井」に変更した。海運集約から35年経ち中核6社は、経営の重点を定期船事業に置く日本郵船、商船三井、川崎汽船の3社にしぼられた。郵船がNLSを吸収合併した時点で、コンテナ船事業を運営する日本船社は6社から3社に半減した。この3社がコンテナ船事業を統合した合弁新会社「オーシャン・ネットワーク・エクスプレス・プライベイト・リミテッド（ONE社）」は、2018年4月、営業開始し、箱根丸就航以来、ちょうど50年の節目となる年にコンテナ化の歴史に新たなページを刻む。

1冊の翻訳本との出会い

　話を件の新聞記事に触発された直後にもどす。以前立ち寄った書店で偶然に書名を一瞥しただけで、手にとって見もしなかった一書をにわかに思い出した。取り急ぎ最寄りの書店に取り寄せを依頼し、その年の暮れには入手し、むさぼるように読み終えた。原題「THE BOX」の翻訳本で、書名は「コンテナ物語」（著者マーク・レビンソン　訳者村井章子　日経BP社刊）。奥付から2007年1月初版発行、購入本は9刷と知る。聞けば2019年1月15日時点で、12度の重版本と知らされ、出版不況がささやかれる昨今、どちらかというとビジネス書か物流本に分類される同書がなぜ着実に販売成績を伸ばしているのか、直ぐには理由を推し量りかねた。当て推量ながらマイクロソフト創業者ビル・ゲイツが「2013年に読んだ記憶に残る7冊」の1冊に原題「THE BOX」を推薦したことが、広範囲に講読意欲をかきたて販売促進に弾みをつけたと推測する。翻訳本の副題「世界を変えたのは『箱』の発明だった」で言う「箱」がコンテナを指していることは、論をまたない。

マックリーン登場

　コンテナといえば決まって登場するのが、マルコム・マックリーン。マックリーンは、1934年3月、運転手1人の小さなマックリーン運送を立ち上げ、戦時中の好景気に支えられ急成長した。戦後の米国は好景気にわいた。第2次世界大戦中、すべての船舶が政府に徴用され、民間の手にもどったのは終戦から2年後。戦前の水準にもどるのに時間がかかった。停滞する内航海運と対

照的にトラック輸送がシェアを伸ばした。46年から50年に鉄道貨物の輸送量が落ち込むのと対照的に、長距離トラックは輸送量を倍以上に伸ばした。54年には、マックリーン運送が全米最大級の一つに数えられるまでに業績を伸ばした。この程度で満足するマックリーンではなかった。マックリーンの頭痛の種は、年々深刻になる高

Malcom Purcell McLean 氏（マルコム・マックリーン、米国人。1913年11月〜2001年5月）1957年頃ニューアーク港（NJ州）で撮影。(Sea-Land's Original Photo)

　McLean Trucking、Sea-Land Svc.の創業者。フェニキア時代から基本的に変わらなかった海運業に貨物容器「コンテナ」を導入、海・陸上輸送をシステム化、インターモーダル（複合）輸送の概念を導入し、輸送を近代化したパイオニア。McLean Trucking を売却して Waterman Steamship を買収、同社子会社の Pan Atlantic Steamship が戦時標準船の T2 型タンカーをコンテナ船（"Ideal X"）に改造して1956年にニューアーク〜ヒューストン間で Sea-Land Service のサービス名称で全長35フィートのコンテナによる海上輸送を開始、のちに Pan Atlantic S.S. はサービス名称の Sea-Land Service Inc.に社名変更した。

速道路の交通渋滞と低運賃の内航船によるシェア浸食懸念であった。マックリーンは考えた。内航船でトレーラー・トラックをそっくり運んではどうかと。この場合車輪付きの余分なスペースを運ぶことになり、いかにも積載効率が悪い。それでは車輪を外しボディすなわち「箱」だけを運ぶと、積載効率が格段に良くなる。これならトラックがハイウェイの交通渋滞に巻き込まれることなく、かつトラックに比べ安い運賃を荷主に提供できるメリットがありとみた。安価で政府から払い下げる中古船で「箱」を運ぶ方法に行き着いた。このアイデアを実行に移すには州際交通委員会（Interstate Commerce Commission : ICC）の認可が必要だ。陸運会社のマックリーン運送がICCの認可なしには内航船を運航できない。ICCは州をまたがる国内輸送を管轄下に置く行政機関として強力な権限をにぎっていた。ICCは内航海運が鉄道やトラックに比べ運航速度が遅いことを理由に、同一輸送区間の運賃を鉄道やトラックと比べ安く設定することを認めていた。

米国初レバレッジド・バイアウト（LBO）による企業買収

　マックリーンは、55年1月、持ち株会社マックリーン・インダストリーズを新設し株式を上場した。国内最大級の海運会社ウォーターマン汽船に着目し、財務と法務の知識を駆使し、同社の内航船を運航する子会社パン・アト

ランティック汽船の買収に成功した。内航船を運航する資格の取得が目的の買収であったとはいえ、陸運業界で大物経営者として知られるマックリーンの海運業への見事な転身ぶりが世間を驚かせた。マックリーンはパン・アトランティック汽船の親会社のウォーターマン汽船の買収に動き、支援する金融機関と綿密に策を練り、競争相手を退け、これまた買収に成功した。この企業買収は米国初のレバレッジド・バイアウト（LBO）として回想された。LBOは買収先企業の資産を担保に金融機関から買収資金を借り入れ、買収と借り入れを同時進行させて企業買収を成功させる手法。一連の企業買収後にパン・アトランティック汽船が政府からT2型タンカーの払い下げを受け、甲板上の油送管に金属製フレームを取り付け、その上にコンテナを8列にならべ、そのうえに2段積みする改造工事を発注。造船所でT2型タンカーをコンテナ船に改造する工事と並行して、トラック、船、鉄道で輸送できる仕様のコンテナも新たに発注した。さらに造船所に放置されている大型クレーンをコンテナ船の荷役用に改造し、ニューアークとヒューストンの岸壁に据え付け、改造コンテナ船によるサービス開始に先立ち準備を整えた。56年4月26日、改造コンテナ船アイデアルX号がアルミ製コンテナ58個を積載し、ニューアークを出航した。5日後にヒューストンに到着、58個の「箱」をトレーラー・トラック58台に積み替え、最終目的地に向かった。直ちにマックリーンはコスト計算し、コスト削減効果を確かめ、コンテナの未来は明るいと手応えを感じた。パン・アトランティック汽船は、アイデアルX号でニューアーク・ヒューストン間を週1往復するウイークリー・サービスに「シーランド」のサービス名を付け事業を開始した。このコンテナ輸送サービスの名称には、文字通り海上と陸上を結ぶ海陸一貫輸送の意味が込められていた。アイ

"Ideal X"
Pan Atlantic Steamship が戦時標準船の T2 型タンカーを改造した初のコンテナ船。1956 年 4 月に 35ft コンテナ 58 本をニューアークからヒューストンに輸送。1964 年に日本で解撤。

デアルX号の就航が「コンテナ物語」序章の幕開きを告げた。

セル構造コンテナ船就航

　57年10月4日、ゲートウェイシティ号が長さ35フィート・コンテナ226個を積載し、ニューアーク・マイアミ間に就航した。マックリーンはウォーターマン汽船保有のC2型貨物船6隻の所有権をパン・アトランティック汽船に移し、コンテナ船に改造することを決めた。C2型貨物船は、5つの船倉を備え、大量の貨物を運ぶように設計されている。船倉内に金属製のガイドレールを縦横に設置してコンテナ区画を設け、35フィート・コンテナを区画ごとに段積みする。マックリーンが「セル」と呼ぶ区画にコンテナを段積みすることも前代未聞のことであった。船体だけでなくコンテナ自体にも工夫を凝らした。四隅の支柱に楕円形の穴が空いている鋳鉄製の隅金具を溶接止めし、この楕円形の穴に「ツイストロック」と呼ばれる円錐形のロックを差し込み、自動的に固定する方式を採用した。作業員がロックレバーで90度回転して固定し反対方向に回転して解除できる仕組みであった。C2型貨物船改造のコンテナ船6隻は、ゲートウェイシティ号を第1船に57年末までに4隻、残り2隻も58年初めに就航した。アイデアルX号型コンテナ船と代替し、関連するコンテナとシャーシも売却処分した。マックリーンのコンテナ化への挑戦は、T2型タンカー改造からコンテナ積載能力4倍のC2型貨物船改造へと進展した。

マックリーン、社名をパン・アトランティック汽船から「シーランド・サービス」に変更

　マックリーンは、60年、社名をパン・アトランティック汽船から「シーランド・サービス」に改め、海陸一貫輸送の先端で挑戦する気概を前面に打ち出した。（注：本稿ではシーランド・サービスの社名を「シーランド」に略して表記する）。社名変更時のシーランド・サービスは赤字経営の逆境に立たされていた。そんな中で、借り入れ負債を増やしてまで大胆な策を断行した。61年、戦時中に使用の老朽タンカー4隻を購入、船体を2分割し、間に新造した船体を挟み込む方式で、35フィート・コンテナ476個の積載能力を持つコンテナ船を整備した。62年9月、エリザベスポート号を第1船にコンテナ船4隻が、ニューアークからパナマ運河経由でロングビーチ、オークランドを結ぶカリフォルニア航路に就航した。

マックリーンは、コンテナ輸送サービスをカリフォルニア航路で実施することと並行してプエルトリコ航路へと拡大することも検討していた。米国政府が、自治領として経済振興計画を策定し、プエルトリコの経済発展を下支えしていた。プエルトリコは、好景気による貨物の輸送需要の急拡大を期待でき、海運会社にとって前途有望な市場であった。

　シーランドは、58年8月からコンテナ船2隻を投入、プエルトリコ航路でコンテナ輸送サービスを始めたが、プエルトリコ港にはコンテナ関連施設がなく、コンテナの信じ難い取扱いに苛立つばかりであった。しかもプエルトリコ航路は、ブル・ラインの独占状態に置かれ、シーランドの実績はいっこうに伸びなかった。61年3月、マックリーン・インダストリーズは、局面を打開するため、ブル・ラインの株式公開買い付け（TOB）を発表し、世間を驚かせた。ブル・ラインは、プエルトリコ公正取引委員会の勧告を受け入れ、売却先に別の運輸会社を選んだ。ところが、この運輸会社がブル・ライン買収後に経営不振に陥り、62年6月に海運業からの撤退を決めた。これによって事態は一変し、ブル・ラインが倒産に追い込まれ、シーランドが、プエルトリコ航路で独

Elizabeth Terminal（NJ港）のSea-Land専用ターミナルとC2-X型（35ftコンテナ226本積み）。世界初のコンテナ専用ターミナルで、on-chassis system（別名、Sea-Land方式）によるヤードオペレーション。1966年当時のSea-Landの船腹量は20隻、総輸送キャパシティーは6,057本（35ft）。コンテナ所有量は13,000本、シャシー保有量は7,500台で、いずれも世界最大のコンテナ船社だった。（Sea-Land's Original Photo）

1956年4月に世界初の海上コンテナの荷役。ガントリークレーンではないため、平均、1本あたり7分を要した。コンテナサイズはL35′×W8′×H8.5′。1968年1月のISO総会でコンテナの国際規格は20ftと40ftに統一が決議され、70年にはコンテナ上部の荷役用のコーナーフィッティング規格も統一されたが、国際コンテナ輸送のパイオニアであるSea-Landのシェアが高かったため、70年代には同社が主として使用していた35ftコンテナの使用率も高かった。しかし、米国州際交通委員会（ICC）が20′・40′規格を支持したため、Sea-Landは国際規格準拠に方針転換し、80年代後半には35ftコンテナの運用はほぼ無くなった。日本では日本海上コンテナ協会（JCA、当時）が工業技術院の委嘱を受け、1969年2月に20′・40′規格を支持する「国際大型コンテナ」と「コンテナ上部吊り上げ金具および緊締金具」のJIS原案を提示し、1972年3月にJIS規格として制定した。（参考資料：日本海上コンテナ協会機関誌「コンテナリゼーション」）

占的な地位を手に入れる結果となった。シーランドは63年、さらにアラスカ・ラインを買収した。こういった果敢な投資により負債は、2年間で850万ドルから6,000万ドルに膨らみ、苦しい財政状態に陥った。苦しい財政状態で大西洋航路に進出するには、膨大な資金を手当てしなくてはならない。

シーランド、リットン・インダストリーズと提携、大西洋航路進出

マックリーンは交渉相手にコングロマリット（複合企業）のリットン・インダストリーズを選んだ。リットンは資金力を背景に多角化に成功し、事業を造船業に広げたものの、傘下の造船会社の受注工事が海軍からの発注に限られ、商船建造の受注を急いでいた。

マックリーンとリットンとの間で商談が成立し、直ちに両社でリース子会社リットン・リーシーングを新設した。64年11月5日、シーランドがリットン・リーシーングにコンテナ船9隻を2,800万ドルで売却し、売却金を借入金3,500万ドルの返済に充当。

リットンは購入したコンテナ船9隻をリースバックした。続いてリットンは、貨物船を買い上げ、シーランドにリースすることを前提に改造工事に着工した。シーランドは、リットンとの提携を機に4年間でコンテナ船18隻を手

当て出来た。加えて両社の転換社債と株式のスワップ取引が成立し、シーランドの財務内容の改善に寄与した。シーランドは、66年4月、35フィート・コンテナ226個積み改造コンテナ船フェアランド号を第1船に大西洋航路でコンテナ輸送サービスを開始した。シーランドの他にユナイテッド・ステーツ・ラインズ（USL）、ムーア・マコーマック・ラインズが参入し、コンテナ船競争が大西洋航路へと波及した。政府からの払い下げ老朽船を改造した第1世代コンテナ船に代わって、第2世代コンテナ船の登場が近づいていた。第2世代コンテナ船は、第1世代船と違って船倉内にセルガイドを設けた「コンテナ専用船」で、航海速力で第1世代コンテナ船を格段に上回った。シーランド最大の競争相手のUSLが、68年5月、第2世代初のコンテナ船アメリカンランサー号をニューアークとロッテルダム、ロンドン、ハンブルグを結ぶ航路に就航させた。同号の航海速力は約22ノットで、16ノット前後の第1世代コンテナ船と比べものにならない。その代わり第2世代コンテナ船の建造船価は高く、コンテナ関連設備も含めた投資規模が巨額となる。

SL－7型の建造計画浮上、提携コングロマリット鞍替え

　マックリーンはシーランドが、USLをはじめ第2世代コンテナ船を運航する船社との競争で優位に立てる世界最速のコンテナ船の新造計画を練り始めた。語り草となっているSL－7型コンテナ船の建造計画である。コングロマリット、リットンでは対応が難しいとみてか、マックリーンは、全米最大のタバコ会社レイノルズ・インダストリーズに着目した。69年1月、マックリーン・インダストリーズとレイノルズ・インダストリーズは、レイノルズが筆頭株主リットンの持分を含めマックリーン・インダストリーズ全株式を5億3,000万ドルで買い取ることで基本合意した。マックリーンのリットンからレイノルズへの提携相手の鞍替えは、予想外の出来事であった。レイノルズは、同年夏、子会社となったシーランドがSL－7型型コンテナ船8隻を発注すると発表した。SL－7型型コンテナ船8隻は、72年9月から73年12月にかけて順次建造された。積載能力が35フィート・コンテナ896個と40フィート・コンテナ200個合計1,096個積み（1,968TEU相当）で、最高航海速力が33ノットを誇った。マックリーンは33ノットのSL－7型型コンテナ船8隻を世界一周航路に投入、1航海56日ラウンドで運航することでウイークリー・サービスを提供できると計算していた。71年から73年にかけて航海速力25ノット、積載能力2,000～2,500TEU積みの超大型高速船が続々就航した。航海速力、積載能力で

第2世代船を凌ぐことから第3世代コンテナ船と呼ばれた。71年から73年後半まで就航したコンテナ船を第3世代コンテナ船に分類する識者もいる。

第1次石油危機、レイノルズ決断、シーランドをスピンオフ

　73年10月の第4次中東戦争発生を引き金に、原油価格は4倍に跳ね上がった。いわゆる第1次石油危機である。バンカー重油（舶用燃料油）もトン当たり22ドルからわずか数か月で70ドルに急騰した。最高航海速力33ノットで優位に立つはずのSL−7型型コンテナ船の日量燃料油消費量は、競合他船と比べ1.6倍から1.8倍多く、採算維持を難しくした。レイノルズに負担が重くのしかかり、80年、就航から8年足らずでSL−7型コンテナ船の運航停止を余儀なくされた。69年5月から15年間シーランドの親会社であったレイノルズは84年6月19日シーランドをスピンオフすることを決定した。レイノルズの株主に対し1対0.2の割合でシーランド株を分与、シーランド株式はニューヨーク証券取引所に上場された。レイノルズは金融・保険会社から高利で長期資金を借入れた資金の返済に充てるため、シーランドから4億3,000万ドルを回収したと伝えられている。レイノルズの連結売上高は1982年3,300億円、1983年3,700億円と好調の中、シーランドを見放すと同時に海運業にも見切りをつけ撤退した。レイノルズがシーランドを分離、独立させた直後からシーランドの株式を市場で買い進める動きがあった。テキサスの買収王として名高いハロルド・C・シモンズ率いる持ち株会社コントラント社がシーランドの株式を2,320万ドルで約10％まで買い進めたところで、株式の公開買い付け（TOB）に乗り出した。コントラント社は買い付けに必要な資金5億8,000万ドルを用意し、シーランドの株式を1株当たり25ドルで買い付けることを表明した。コントラント社がシーランドに対するTOBを発表したことに伴い、ニューヨーク株式市場でシーランドの株価は発表日締め切りで、前日より2.5ドルアップの24.375ドルに跳ね上がった。この後、1週間余りで保有株は24.9％に達した。シーランドは早々に役員会を開き、コントラント社の買い取りを拒否することを決め、徹底抗戦の構えを見せる一方で、トップ会談に応じる意向を示したが、トップ会談が開かれたとの観測が流れる中で、トップ会談が開かれたか否かも含め一切の情報が途絶え、表向き奇妙な静寂を保った。結局、シーランドがコントラント社の買収案を退け、コントラント社によるTOBは不成立に終わった。ハロルド・C・シモンズによるシーランド買収劇は不発に終わった。このことを見計らっていたかのように次のシーランド買収が表立った。

シーランド買収劇はCSXコーポレーションで終幕

　鉄道を中心とする大手輸送企業グループ、CSXコーポレーションは86年4月21日、シーランドに対し1株当たり28ドルでの株式買い取りを提案し、シーランドがこの提案に同意したことを明らかにした。1株当たり28ドルはコントラント社がシーランドに仕掛けたTOBの1株当たり25ドルを上回った。CSXコーポレーションは同年4月27日、100％子会社CSXアクイジション・コーポレーションを通じて株式買取りを開始し、5月27日12時に終了した。CSXコーポレーションにとってコンテナ輸送のパイオニアで、かつ世界最大のコンテナ船社であるシーランドを買収することによって米国内の一鉄道会社を国際的輸送企業に変貌させる役割を果たしてくれる魅力があった。数年がかりでシーランド買収計画の実現の可能性を検討してきたところにシモンズによるシーランド買収が持ち上がり、買収計画の具体化を急ぎ1株当たり28ドルで提案する運びとなった。シーランドはシカゴ～ニューヨーク州バッファロー間の2段積みコンテナ専用列車（ダブル・スタック・トレイン：DST）輸送でCSXを利用している。シーランド買収劇はシモンズが仕掛けたTOBがシーランド買

Southern Pacific Railroad（SP）
　1977年に世界初のコンテナ2段積み列車（DST）を開発、翌年、運行を開始した鉄道で、日本郵船は90年代にSPの少数株主だった。SPの前身はAmasa Leland Stanford（スタンフォード大学の創立者）など実業家が1861年に設立したCentral Pacific鉄道。1988年のDenver Rio Grande Western鉄道との統合でオレゴン～カリフォルニアの西岸ルート、オークランド経由の中西部ルート、ガルフ～中西部ルートなど約1.5万マイルの鉄道となったが、96年にUnion Pacific鉄道（UP）が買収した。SPはロサンゼル／ロングビーチ港湾局と共同で世界最大のコンテナ積換え基地（Intermodal Container Transfer Facility：ICTF）を建設した。（SP提供）

収を弾みに国際輸送企業に飛躍したいCSXの背中を押す形で決着した。コンテナ船事業を取り巻く環境が厳しい中でCSXのシーランド買収がまとまったため、CSXにとって果たして引き合う買収なのか疑問符を投げかける向きもあった。85年にシーランドが確保した利益は1,400万ドルで前年比実績を大幅に下回った。CSXとしてはシーランドの直近の業績を承知の上で、長期的観点で良い取引になるとの期待を込めての買収であった。しかし、CSXはシーランド買収からそう時が経たない時点でシーランドへの投資効率の悪さに不満を抱き、鉄道事業への本業回帰を指向し始めた。98年のシーランドの事業再編は投資効率が低い外航コンテナ船事業の分離を暗示させるものであった。内航コンテナ船事業はジョーンズ法の適用下にあり、外国船社との競争から守られ、安定収益を確保できると判断してのことであろう。連邦海事局（FMB）がジョーンズ法施行を所管、沿岸輸送できるのは米国人船員が乗り組み、米国船社が所有する米国で建造した船舶に限定している。ジョーンズ法に保護されることを理由に内航コンテナ船事業が安定収益と利益を保証できる経営資源と捉えていたとすると、コンテナ輸送の本質に適わない判断になるのは自明の理。CSXの期待はシーランド買収が13年後には裏切られることになる。

第2次石油危機、マックリーンを2度目の挫折に追いこむ

　マックリーンはといえば、レイノルズとシーランドの経営を巡る溝を深め、1975年からレイノルズの持ち株の処分を始め、2年後の77年2月にレイノルズの役員を退任、レイノルズと袂を分かった。同年10月、マックリーンが周囲を驚かせる行動に出た。コングロマリット、ウオルター・キデイ傘下のユナイテッド・ステーツ・ラインズ（USL）を買収した。ウオルター・キデイは、69年1月にUSLを買収したものの、赤字続きで業績回復は望み薄とみて、USLの売却先を模索していた。70年11月、ウオルター・キデイはレイノルズとUSLの売買について合意に漕ぎつけたが、司法省独禁当局や他船社の強硬な反対に遭い難航した。結局、76年12月、ウエスタン・ユニオン・インターナショナル社との間で売却の合意が成立した。ウオルター・キデイにとってマックリーンによる買収提案は "渡りに船" であったに違いない。マックリーン率いるUSLは、82年、「エコノシップ」と呼ぶコンテナ船14隻を発注した。マックリーンは、発注に当たって持ち株会社を設立した。社名にかつての社名と同じ「マックリーン・インダストリーズ」を選んだ。海運業界

に復帰するマックリーンが、エコノシップ14隻を投入、世界一周航路でコンテナ輸送サービスを開始すると聞き、出資に応じる投資家が続出した。エコノシップは、航海速力を18ノットに抑え低燃費を実現し、積載能力を4,482TEU積みに大型化することによってコンテナ当たりコストを削減する狙いで建造された。マックリーンは85年の原油価格が1バーレル・28ドルから50ドル程度に上昇すると見込んだ。78年末、イラン革命を発端に中東情勢が緊迫化し、原油価格はそれまでの1バーレル・12ドル前後から81年に35ドルに3倍近くまで高騰した。第2次石油危機と呼ばれた。原油価格の上昇は小刻み段階的で、83年には下降に転じた。マックリーンの見込みと裏腹に原油価格は、1バーレル・14ドルまで急落した。原油価格の低落で産油国の購買力が落ち込み、エコノシップ積みを予定していた中東向けコンテナ貨物が激減した。運賃急落期に航路開設したことになり、マックリーン・インダストリーズは84年に利益を確保したが、翌年に赤字に転落。USLは86年11月、当時として過去最大級の負債12億ドルを抱えて、連邦破産法11条（日本の民事再生法に相当）を申請し、USLの一切の運航を中止した。

USL倒産でマックリーン物語も閉幕

　後にエコノシップ14隻中12隻はシーランド、ネドロイド両社に野心的新興船主として呼び声が高い米国のトランス・フレイト・ラインズ・インク（TFL）が加わる3社で協調配船協定を締結、3,400TEU積みに改造し、大西洋航路に就航する境遇に甘んじた。TFLといえば世界第6位のコンテナ船社で、29隻、2万9,625TEUのコンテナ船隊を運航していたシートレンが80年9月に大西洋航路を、80年12月に太平洋航路をそれぞれ撤退、81年2月に会社更生法の適用を余儀なくされ、コンテナ船社として全く姿を消したのを機に、同社の航権、船舶用船権を買取り、一時はそれまでのコンテナ船隊を18隻まで増強したことで知られる。一方、マックリーンは公の場から姿を消し、人前に出ることを避けるようになった。数千人の社員を路頭に迷わせたことが忘れられず、いつまでも脳裏から離れなかったと、マックリーンの落胆ぶりをかつての仲間が回顧した。USLの倒産劇には後日談がある。シーランド前会長のチャリー・ヒルツハイマーがマックリーンに請われてUSL倒産の最後の半年間、USL社長を引き受けた。USLの経営が苦境に立たされ存続が危ぶまれる場面で幕引き役を務めた。ヒルツハイマーは不本意ながらレイノルズ傘下のシーランドを追われた後、なんとシーランドにTOBを仕掛けたコントラ

ント社のオーナー、ハロルド・C・シモンズと手を握り、買収アドバイザー役で表舞台にも登場したが、シーランド買収を画策、暗躍し、巨額の利益を手にした乱世の梟雄とまで評された。ともあれコンテナ輸送の生みの親マルコム・マックリーンが、アイデアルX号就航から30年目に当たる節目の年コンテナ船事業からの退場を余儀なくされた。コンテナを発明し、果敢に挑み続けてきた希代の起業家が、コングロマリットとの確執、葛藤の挙句に「要するに私は起業家で彼らは経営者だった。経営者の集団に起業家を入れるとろくなことにならない」（『コンテナ物語』299ページ）と複雑な胸の内を明かした。それでも持ち前の起業家精神を捨て切れなかったのか、91年、マックリーンは小さな海運会社の経営を手掛けた。それから10年後の2001年、88歳の生涯を閉じた。USLの大型倒産を境に「マックリーン」物語は幕を閉じたが、さらにレビンソンの「コンテナ物語」は続いた。

グローバル・サプライチェーン登場

　コンテナ化の影響は、海運業界の変革に留まらず、関連業界にも波及し、世界経済を様変わりさせた。具体例として「コンテナ物語」終章にサプライチェーン（部品の調達・供給網）が登場する。アイデアルX号が就航した頃には、サプライチェーンという言葉はなかった。80年代初めトヨタ自動車が「かんばん方式」と呼ぶジャスト・イン・タイム方式を開発した。部品供給メーカーは、トヨタの生産工程に沿って、各工程に必要な物を、必要な時に、必要な量だけ供給する。トヨタと部品供給メーカーの双方にとって在庫を徹底的に減らして生産活動を実施できるメリットがある。84年、トヨタは米国カリフォルニア州でゼネラルモーターズと合弁会社を設立、ジャスト・イン・タイム方式による現地生産を始めた。トヨタに続いて日系自動車メーカーも米国で現地生産を始めた。米国の自動車業界では、ジャスト・イン・タイム方式が「JIT」の3文字略語で通用するようになった。ジャスト・イン・タイム方式による現地生産にとってコンテナの定時輸送が必須条件となる。コンテナとジャスト・イン・タイム方式とが密接に結びついた。サプライチェーンは、製造業だけでなく、小売業にも広がった。小売業が自らサプライチェーンを構築し、世界規模で展開することによって自社開発商品を顧客に届けられるようになる。世界規模のサプライチェーンによる生産分担方式をグローバル・サプライチェーンと呼び、今では経済用語として広く浸透している。箱根丸就航の12年前に米国でコンテナ時代が幕を開け、それから

半世紀後、ほとんどの部品や半完成品が、コンテナ詰めされグローバル・サプライチェーンに乗って輸送するのが常態になっている。「コンテナ物語」は、半世紀の時の流れに沿い、コンテナとサプライチェーンが相互に補完し合い密接に結びついていることを教えてくれる。レビンソンが、「コンテナ物語」の冒頭「（コンテナの）誕生から半世紀が過ぎたというのに、コンテナの歴史を描いた本は1冊もないのである」と俄かには信じ難い一面を明かす（注：かっこ書き箇所は筆者が追記）。同書の舞台となった半世紀に世界規模で経済や貿易に重大な影響を与える出来事が続発し「その陰でコンテナの存在はずっと無視されてきた」と分析。その上でマックリーンに焦点を当てコンテナの歴史を振り返り、コンテナの成果が日の目を見るようにしたい、そんな同書刊行の意図を読み取れる。読み進めながら「なるほどそういうことだったのか」と随所で腑に落ちる描写に出くわす。その都度、当時のコンテナ化の背景に関心を持つことなく、コンテナ取材活動の場に臨んでいたものだと我が身を恥じ入り、原点に立ち返り、調べ直す機会を得たとの思いを強くした。

悔恨の念にかられて

　翻って日本ではどうであろうか。箱根丸就航から半年後の69年2月、日本郵船調査室は、調査月報2月号「経済・貿易・海運動向」の別冊『最近の世界コンテナ船就航状況』を発行した。「最近の世界コンテナ船就航状況」は調査月報の別冊方式で77年まで発行され、78年から2012年まで「世界のコンテナ船隊および就航状況」、2013年以降、「世界のコンテナ輸送と就航状況」に冊子名を改め、装いを新たに刊行し続けている。刊行に当たって主として遠洋外航航路に就航するフルコンテナ船隊の船腹量と各船社の航路別就航状況を地道に調査している。この調査には関係者が最新のフルコンテナ船隊の複雑に交錯する就航状況を的確に把握し、将来の新造船発注の際に役立つ資料として活用してもらいたいとの願いを込めていることが読み取れる。このレポートに留まらず、日本国内では箱根丸就航に始まる日本船社のコンテナ船事業の軌跡をたどり理解を深めるのに役立つ各種の紙誌が刊行されている。蔵書数でアジア随一と言われる公益財団法人・日本海事センター運営の「海事図書館」の存在も見逃せない。海事関係の国内外の図書約4万冊と雑誌約900種以上（2017年5月現在）の資料を収集整備している。海事関係者に限らず一般個人利用にも便宜を図ってくれる。記憶の蘇りに誘われ"俄か研究

者"に転じた身にとって海事図書館は心強い味方であった。耳学問知識に偏り過ぎる余り錯覚に陥ることだけは、避けなくてはならない。記憶を確認し記録する作業を疎かに出来ないことを肝に銘じてきた。いわんや専門家にとって貴重な研究史資料の保存施設であることは言うまでもない。

コンテナ規格統一化

　レビンソンは「コンテナ物語」でコンテナの規格サイズを取り上げ、規格統一に漕ぎつける過程を詳しく解説している。読み進めるうちに駆け出し新米記者当時にコンテナ規格サイズの成立過程に関心を寄せ、調べ直すことがなかったことを思い返しては恥じ入った。素朴な疑問を抱きながらも時が経過したことも、いまさらのように蘇った。日本船社が20フィートあるいは40フィートの規格サイズを採用しているのに、シーランドが35フィート、マトソンが24フィートを採用するのか疑問であった。かといってこの疑問を解くため調べもしなかった。両社にはそれなりの理由があった。シーランドはパン・アトランティック汽船当時にニュージャージーの母港に向かうハイウェイで認められていた最大サイズを採用した、その最大サイズが35フィートであった。トラックがハイウェイの交通渋滞に巻き込まれる苦渋をなめたマックリーンが内航船でトレーラー・トラックをそっくり運ぶことを考えた。コンテナ輸送のパイオニアと呼ばれるマックリーンの発想の原点である。トラックがハイウェイの交通渋滞に巻き込まれることなく、トラックに比べ安い運賃を荷主に提供できるメリットに着目した。車輪を外しボディだけを効率良く運ぶにはハイウェイの走行制限ぎりぎりのサイズを採用するのは至極当然な選択である。それならなぜ、マトソンは35フィートでなく24フィートを採用したのか。マトソンの大宗貨物はハワイから米国本土向けのパイナップル缶詰で、35フィート・コンテナにパイナップル缶詰を積み込むと、重くなりすぎる。パイナップル缶詰を効率よく積載する最適サイズとして24フィートを採用した。マトソンが運営するハワイと米国本土を結ぶ定期航路の荷動きは米国本土からハワイ向けがハワイから米国本土向けの3倍と多く、バランスが悪かった。ハワイ航路のインバランスは宿命的な課題である。さらにハワイ向け貨物の多くが点在するハワイ諸島の小さな食品店に小口で配送するため、コンテナはホノルルで開封することになり、コンテナ輸送のメリットを生かせなかった。マトソンの輸送実績をコンピュータで解析し、割り出したハワイ航路での最適なコンテナ・サイズが20～25フィートと結論付けた。

このサイズより大きいと無駄にスペースを運ぶことになり、小さいと荷役時間が長くかかるとの分析であった。輸送実績から最も経済的なサイズが高さ8フィート・6インチ、長さ24フィートであるとの結論に達した。米国内でコンテナ化を牽引する両社が採用するサイズがすんなり統一規格に採用されないのか、新たな疑問が湧いてくる。

微妙に影響する米国の海運助成

　米国内で規格統一案をまとめあげるだけで3年の歳月を要している。その間さまざまな機関が登場する。米国内のコンテナ規格では行政機関が関与する。米運輸省海事局（MARAD）とMARADの姉妹機関である連邦海事局（FMB）の2つの行政機関である。あらゆる規格化問題で産業界を後ろ盾に勧告する権限が与えられているのが米国規格協会（ASS）。米国規格の国際規格化のためには国際標準化機構（ISO）の承認が必要になる。国防輸送協会（NDTA）も独自に規格を定める団体として関与する。MARAD は米国の海運助成を所管する政府機関である。米国の海運助成は建造差額補助（CDS）と運航差額補助（ODS）の2本立て。CDS とODS は1936年商船法の制定により導入されたが、CDS はレーガン政権の緊縮財政下で1986年以降、廃止された。ODS は米国籍船の競争力を維持するための助成策で、米国籍船に米国船員を配乗させる代わりに、外国人船員とのコスト差を政府が補填する助成策。FMB は米国内の内航輸送に米国人船員の配乗、米国造船所建造船の運航など義務付ける通称、ジョーンズ法の執行機関。MARAD とFMB にはコンテナ規格に関心を寄せる理由がある。補助対象船社が汎用性に欠けるコンテナを整備し、万が一倒産するようなことにでもなると、引き取り手がない担保を抱えこむことになる。海軍もコンテナ・サイズの統一化を後押しする姿勢を示した。海軍には有事に際して補助金で建造した民間商船を徴発する権利がある。徴発した民間商船が使用するコンテナがまちまちで、荷役機器が違うようなことになると、有事にロジスティクスが機能せず混乱することは目に見えている。複数船社がコンテナ船建造で補助金を申請していたので、コンテナの規格化を急がないと各社がばらばらの方向に動き出す可能性があった。海軍がMARAD の規格化への取り組みを後押しするのにはそれなりの事情があった。

幅8フィートで全員一致

　MARADが1958年11月に、ばらばらに進むコンテナ開発に終止符を打つことを決め、コンテナ・サイズの規格を検討する規格委員会とコンテナ製造を研究する製造委員会の二つの専門家委員会を設置した。MARADが開いた専門家委員会の会合に補助金を申請していないとの理由でシーランド（パン・アトランティック汽船）、マトソン両社には出席要請がなかった。コンテナ輸送で先行する両社が出席しない中、開かれた規格委員会では議論が紛糾し、統一規格を決めるのは無理で複数サイズの容認を決めるのが精いっぱい。ただし、幅については全員一致で8フィートを決めた。高さについては一部の船社が8フィートを支持したのに対して、議決権を持たないトラック業界がより多くの貨物を収納でき、フォークリフトで作業ができるとの理由で8フィート6インチを提案した。最終的に「8フィート6インチを超えてはならない」ことで決着した。残ったのが難題の長さであった。長さの問題が厄介なのは短いコンテナを長いコンテナの上に積んだ場合、四隅の支柱だけで支えられないことである。重量を増やさず、かつ内部のスペースを狭めない解決策となると難しく、改めて検討することで結論を先送りした。規格委員会はコンテナの幅8フィートと高さ8フィート6インチを越えないことまで決めたが、長さは継続して検討することで先送りした。もう一つの製造委員会の最重要課題はコンテナに貨物を積載したときの最大重量を決めることであった。最大積載重量次第でクレーンの吊り上げ荷重や多段積みで最下段のコンテナのかかる荷重が決まる。コンテナ四隅の支柱の強度、扉の構造、クレーンで吊り上げるための金具の統一が検討対象となったが、引き続き調査するとの理由で結論を先送りした。コンテナの規格化問題が持ち上がったときに既に動き出している機関があった。ASS が58年7月にMARAD に先駆けて第5荷役機械委員会（MH5）を設置していた。MH5の目的は国内の他のコンテナとの互換性を持たせ、コンテナ流通を最適化させ、国内にとどまらず外国の輸送企業とも共用できる仕様を作成することであった。ASSはMARADに対してコンテナの規格化問題から手を引くよう要求した。コンテナの規格化は他産業に係わる問題で、しかも外国企業にも影響するため、最終的に国際統一規格にすべきで海運業界が単独で決めることを認めないとの考えに固執した。一方、MARADもASSの要求を拒み最大積載重量、金具、支柱の強度などの問題の検討を進めた。幸いMARADとASSの委員会メンバーが重複していたため、

同じ問題を並行して取り組むことになった。MH5では陸運、鉄道会社、トレーラーメーカーが多数派を占めた。規格が決まると、コンテナの普及に拍車がかかるのでコンテナ規格について結論を急いでいた。MH5は長さについて、当時使われていた組み合わせの12と24フィート、17と35フィート、20と40フィートをすべて規格とするとの結論を出した。MARADはMH5が規格として認めた6通りの長さを調査し、59年4月に採決してMH5案を承認した。しかし、高さについては「8フィート6インチを超えてはならない」との決定を覆し8フィートに決まった。高さ8フィート・6インチが東部の一部ハイウェイで走行規制に抵触することに配慮し、8フィートにもどした。コンテナ専用トレーラーを使えば高さ8フィート・6インチでも問題がなかったのだが。8フィートにすれば東部のトラック会社は助かるが、船社はコンテナに詰め込む貨物量が6％減るので同調しかねる。折しもアメリカン・ハワイアン汽船が61年1月、FMBにコンテナ船10隻を建造するため1億ドルの補助金を申請した。同社はパナマ運河経由の東海岸向け国内航路でコンテナ船を運航、長さ30フィート・コンテナによるカリフォルニアの野菜・果物の輸送を計画した。同社に対しFMBは規格外コンテナを輸送する船社に補助金を支給しないと言い渡した。そこで同社はMARADに長さ30フィート・コンテナを認めるように要請したが、要請は却下された。MARADが3対2の採決で決定票を投じていた。同社は建造計画に断念を余儀なくされた。コンテナ規格を巡る確執が建造計画に影響を与えた事例にみえるが、背景では別の要因が働いていた。アメリカン・ハワイアンの補助金申請に反応したのがシーランドであった。シーランドも同一航路参入を表明すると同時に水面下でアメリカン・ハワイアンの補助金申請を妨害した。アメリカン・ハワイアンは補助金申請を取り下げた。これで一件落着とはいかなかった。アメリカン・ハワイアンを傘下に収めていたのがダニエル・K・ルートウィヒであった。ルートウィヒは50年代に米国最大の船社を経営し、50年代半ばの世界の長者番付に名前を連ねた人物。ルートウィヒはアメリカン・ハワイアンの補助金申請の取り下げを機に、シーランドへの出資へと動いた。マックリーン・インダストリーズがアメリカン・ハワイアンに1株当たり8.5ドルで100万株を発行した。そしてルートウィヒがマックリーン・インダストリーズの役員に名を連ねた。マックリーンとルートウィヒの長い付き合いの始まりとなった。一方、MARADの製造委員会ではコンテナは5段積みに耐えられるように設計すること、荷重は四隅の支柱で支え側面全体を強化しないこと、コンテナ上部の四隅にスプレッダーかフックを取り付けられるように設計することが決まった。製造委員会

は船倉内に複数のサイズのセルを設け、複数サイズのコンテナを輸送できるようにすることが望ましいと勧告した。この勧告をもって製造委員会は所定の作業を終え停止した。通常の手続きであれば、ASS が関係団体すべてに規格の勧告書を送り郵便投票にかけて賛否を問うことになるが、そのASS が自らの決定を見直し、新たにタスクフォースを設置した。全米最大手のトラック運送会社の経営者がタスクフォースの責任者に就き、その人物が長さの見直しを主張した。一方、かつてコンテナの規格化を関係学会で報告した実績を評価された人物がMH5の委員長に指名された。この委員長はコンテナの経済効果に精通しているわけでなく、魅せられているのは数字だけであった。コンテナの長さは10、20、30、40フィートにすればきりも良く融通も利くと主張した。荷主は貨物の多寡に合わせて選べば良いし、鉄道や船もそうすれば良いと熱心に主張したが、肝心の鉄道会社も船会社も全く関心を示さなかった。10フィート・コンテナ4個の荷役には40フィート・コンテナ1個の4倍のコストがかかることだけをみても納得がいく反応である。ところがタスクフォースは12フィートとか35フィートのきりの悪い数字ではASS上層部の承認を取り付けられないと自説に拘る委員長に説き伏せられた。タスクフォースは30フィートを外して10、20、40フィート案を可決、他のサイズは規格外とし、西部に限り27フィートを認める条件付き勧告書が加盟団体に送られ、郵便投票にかけられた。この規格に合うコンテナ船は存在しなかった。シーランド（パン・アトランティック汽船）、マトソン両社にとって苦しい選択を迫られる規格案であった。両社がそれまでに投じた数千万ドルが無駄になるうえ、自社船に適合しないコンテナに変更しなければならなくなる。変更しなければコンテナ船建造時に補助金の対象外となる。結局、規格案は27フィート・コンテナが却下されただけで、棄権票が多く出て成立しなかった。それでも委員長が再投票の実施を決意したため、ややこしい話になった。再投票結果の内訳が公表されなかったが、委員長が賛成多数により可決したと発表した。61年4月、長さ、10、20、30、40フィートのコンテナのみを規格品とすることを決めた。FMBは直ちに規格サイズのコンテナ船のみに補助金を出すと各社に通知した。これで紛糾した規格化問題は一件落着かと思われた。だが、再びコンテナ・サイズを巡る国内事情の複雑さを浮き彫りした。

隅金具の国際規格誕生

　今度は米国に督促される形で国際標準化機構（ISO）がコンテナの規格統一

に乗り出した。この時点で、外国航路でコンテナ輸送はほとんど実施されていなかった。ISOはいずれ外国航路がコンテナ化されると見越して、各国企業が大規模な投資を始める前に国際規格を決めることを目標にしていた。61年9月、ISO加盟11カ国の代表と15カ国のオブザーバーがニューヨークに集まった。ISOでコンテナ規格を担当するのが第104技術委員会で、互換性のあるコンテナ規格を作成するため、まず3つの作業部会を設置し、検討を進めた。ISOでは米国内で3年におよんだコンテナ・サイズ問題が繰り返された。各国の事情が複雑に絡みあう中、63年4月に大陸欧州の鉄道サイズと米国の5フィートおよび6フィート・8インチの「シリーズ2」と呼ぶ小型コンテナを認める妥協案をまとめた。翌64年、幅8フィート、高さ8フィート、長さ10、20、30、40フィートと「シリーズ2」がISO規格として認められた。シーランドとマトソンのコンテナはいずれも規格外となった。コンテナ・サイズを巡る議論が交わされる一方で、ISOの別の専門家グループは大型コンテナの四隅の支柱にとりつける隅金具の規格統一についての検討を進めていた。シーランドはすでに自社のシステムで特許を取得していた。MH5のタスクフォースは既存の隅金具すべてに適合するロックを設計しようと試みたが断念し、特許取得済みの既成品から選び米国規格に格上げするしかないとの考えに傾いた。結局、63年1月、シーランドが特許を放棄、MH5が同社の隅金具とツイストロックを米国規格として承認した。どうにか規格が決まったにもかかわらず、あいかわらずトレーラーメーカーは自社の金具に、船社は自社のクレーンにこだわった。ISOが翌64年にドイツでコンテナ委員会を開いたが、採決に至らなかった。米国内でも隅金具にかかる荷重と許容重量をめぐる金具論争が蒸し返されていた。すんなりとはことが運ばない。65年9月、ようやく隅金具の米国規格がISOの国際規格として認められた。国際規格の隅金具が誕生したことで、コンテナ荷役機械の設計に頭を悩ませることなく、荷役機械の製造・出荷は大きく伸びると期待された。しかし、承認後にISOが金具の外形を決めただけで、許容応力を決めていないことが判明した。強度試験が済んでいなかったのだ。67年1月にロンドンで開かれたISOの第104技術委員会で承認されたばかりの隅金具が欠陥品と分かり、急きょ問題解決に当たることになった。隅金具の厚みを増すことで大方の問題が解決し、同年6月、モスクワで開いた委員会で新しい隅金具が承認された。65年に承認された隅金具はすべて交換することになり、これによって数百万ドルに上る費用が発生した。

マトソンの議会工作奏功

　65年時点で、シーランドとマトソン両社の保有するコンテナが米国船社全体の3分の2を占め、それだけのコンテナが規格外で流通していた。長さは規格に適合している16%のコンテナの多くが規格外の高さ8フィート・6インチであった。規格サイズがまたたく間に関連業界に普及するとの期待を見事に裏切った。しかも国際規格がいかに無力であるかを市場が証明する格好になった。折しもシーランドとマトソン両社が外国航路進出を検討し始めていた。両社とも外国航路のコンテナ化で競争力を維持するため新造船建造への補助金をあてにしていた。MARADの補助金は規格貨物を輸送する船社が優先される。両社は協力して米国政府と折衝することで合意した。まずはASSを相手に行動を起こした。コンテナ・サイズの規格化の検討を一段落させていたMH5は海陸一貫輸送用コンテナの規格を決めるため作業部会を立ち上げていた。作業部会の初会合でシーランドは35フィート・コンテナを、マトソンが24フィート・コンテナと高さ8フィート・6インチを認めるよう主張した。66年初めに再開された会議で、高さ8フィート・6インチは認められたが、長さ35フィート・コンテナと24フィート・コンテナについては意見が割れ、作業部会からMH5に持ち上げて検討したが結論が出なかった。ASS相手では埒が明かないと見た両社は議会に狙いを定めロビー活動を開始した。議会に規格採用の有無を理由に補助金の差別を禁じる法案の提出を働きかけた。ロビー活動が功を奏し、まず上院が提出法案を可決した。下院での法案成立を目指すマトソンは船倉内の仕切り可動式採用のコンテナ船建造を計画し、20フィート・コンテナにも対応できることを証言した。この証言によって議会はMARADに対し規格外のコンテナを使用しているだけの理由で企業を差別してはならないと命じた。マトソンは可動式隔壁装備のコンテナ船建造に補助金をせしめた。ISOは70年、コンテナに関する全規格の草案を発表した。利害が相反する関係団体間の激しい争いに漸く終止符を打った。長さ20フィート、高さ8フィート・6インチのコンテナは74年にISO規格として認められた。

日本船社、長さ20フィートと40フィート・コンテナを採用

　74年には日本中心の主要定期航路のコンテナ化が一段落していたタイミン

グである。この規格化を機に世界的に流通するコンテナの高さが20フィート、40フィート・コンテナいずれも8フィート・6インチが主流になった。長さ20、24、35、40フィート・コンテナが混在する中、日本船社のコンテナ化は始動し、ISO規格の国際的な定着に向けて進行した。66年を境に政府機関を含め関係先が持ち上がる問題に折り合いをつけながら規格品を導入するように変わった。日本国内に目を転じると、66年といえば運輸省が「海上コンテナ輸送体制の整備について」海造審に諮問し、その答申に基づきコンテナ化に必要な予算措置を講じる方針を固めた年である。これに先立ち運輸省は米国のコンテナ輸送を調査する視察団を派遣するなどコンテナ化の展開に備えてはいたが、当時国内でコンテナ輸送を総合的に把握し、コンテナ化の進め方について的確に判断するのに役立つ情報となると乏しかった。そこで官民合同の研究会を発足させ、10の専門委員会に分かれて精力的に調査研究を進めた。幅広い事項について収集した資料の調査結果を踏まえ、独自に調査研究を加え、約2カ月の短期間で濃密な報告にまとめあげる一瞬の早業をみせた。この調査研究の成果が海造審の1回目の答申に反映した。コンテナ規格の統一も調査研究の対象項目であったので、日本船社が米国内でのコンテナ規格化を巡る議論の進展状況を把握し、ISO規格の先行きを見越した上で長さ20フィートと40フィート・コンテナの採用を決めた。世界中の船社が規格サイズのコンテナを使用する中で、シーランドは長さ35フィートのコンテナを使い続けたのに対し、マトソンが長さ24フィートのコンテナを減らし始め、シーランドとは異なる対応を見せた。因みに67年9月、マトソンが日本の造船所でC3型貨物船2隻をコンテナ船に改造したときのコンテナ・サイズは、幅8フィート、高さ8フィート・6インチ、長さ24フィートであった。日本船6社がISO規格サイズのコンテナを採用するのに、マトソンのコンテナ・サイズが長さ24フィートと知り違和感を覚えたものだ。米国内でのコンテナ規格問題の検討は海運助成がらみを端緒に始まった。コンテナ輸送のパイオニア船社が主導権を握り、意見調整に努め、合意形成を図る展開とはならなかった。思惑や利害得失が複雑に絡み合う議論を繰り返した。機関決定が覆され、議論を蒸し返しては迷走する。急場の間に合わせで先駆者が犠牲になり、後発組が得をする事態を避ける。試行錯誤は米国内から国際規格作りの場で蒸し返された。65年まではばらばらのコンテナ・サイズと隅金具がコンテナ化の発展の障害となっていた。66年を境にコンテナ化に関連する業界や政府機関が課題を抱えながら規格化を進展させていた。折しも日本国内で官民挙げてコンテナ化体制整備の準備を精力的に進めていた。ISOは小型コンテナの「シリ

ーズ2」を別にして幅8フィート、高さ8フィート、長さ10、20、30、40フィートを規格として認めている。コンテナ・サイズについてISO規格の選択肢が出揃っていた。少なくとも"どろどろのぬかるみ"に引き込まれることなく世界の趨勢を見極め、立ち位置を決めることができた。結果として日本船社のコンテナ化がタイミング良く開幕した。ISO 規格外の長さ24、35フィート・コンテナがまかり通る一方で、ISO 規格の長さ10、30フィート・コンテナが早い機会に使命を終え、コンテナ市場から退場した。ここまでコンテナの規格化の経緯をたどると、規格化を巡り激しい議論が交わされる一方で、マトソン、シーランドの規格外コンテナがまかりとおっていることに抱いた疑問が解けた。

箱根丸からONE STORK、積載量18倍強に大型化

　20フィート・コンテナ換算752個のコンテナを積載する箱根丸の場合、船腹量や積載量を「752TEU」と表す。箱根丸就航から50年の節目の年に当たる2018年6月、新会社ONEの第1船「ONE STORK（ワン ストーク）」が台湾の高雄を起点にスエズ運河経由でアジアと米国東岸を結ぶ航路に就航した。ONE STORK は日本郵船がコンテナ船事業統合合意以前に発注済みコンテナ船15隻の第10番船で、積載量は1万4,000TEU。ONEは"マゼンタチーム"を標榜し、コンテナ船とコンテナにマゼンタとグレーを組み合わせる色調を採用している。マゼンタを下地にロゴマーク「ONE」の白抜きかグレーの下地にロゴマーク「ONE」を浮き上がらせる2種類。半世紀の間にコンテナ船は752TEU積みから18倍強の1万4,000TEU積みに大型化した。ONEのコンテナ船の船隊構成には、1万4,000TEU積みを上回る2万TEU積みが組み込まれ、運航中である。さらに20年度に2万4,000TEU積み6隻を15年長期用船する基本契約を締結した。最新鋭のエネルギー効率技術を搭載する超大型船が23年から24年にかけて順次投入する船隊整備計画を決めた。2万4,000TEU積み6隻投入に合わせて代替を進め、船質改善を図る。既存船代替建造により大型化を進めるとともにCO$_2$排出削減に向け、プロペラ交換や船首構造の改造により運航環境に対応した運航船の改良を継続する。2万4,000TEU積みは752TEU積みの31倍強の積載量を誇る。コンテナ船がここまで大型化すると誰が予想したであろうか。「規模の経済（スケール・メリット）」を追求し続けてきたコンテナ船社の大型化競争の結果であることは間違いないが、果たしてこの先どこまで大型化が進展するのであろうか。コンテナ船の大型化を占う時に、世界

を結ぶ海上交通の要衝であるスエズ運河とパナマ運河の通航制限を無視出来ない。最近では、2015年8月にスエズ運河が、その翌年2016年6月にパナマ運河が相次いで拡張工事を完了、運用を開始した。スエズ運河の拡張工事は、全長約190kmの中間区域に既存の運河に平行する"すれ違い水路"を延伸し、通航所要時間を短縮する相互通航可能区間の整備に重点が置かれ、通航可能な最大船型に変わりがない。2015年2月から同年7月まで1万9,000TEU超のコンテナ船11隻が通航し、同年8月から12月まで1万9,000TEU超のコンテナ船19隻が通航する実績を残している。一方、パナマ運河の拡張工事は、通航船舶の大型化と通航隻数を増やす課題を解決するため実施された。結果として、通航可能なコンテナ船の最大船型は、5,000TEUから1万3,000TEUに大型化した。2016年7月から同年12月まで1万〜1万1,000TEU積みのコンテナ船25隻が通航したと伝えられている。スエズ運河とパナマ運河の拡張工事がコンテナ荷動きに与える影響は大きくないと見られている。752TEU積みコンテナ船は50年の歳月を経て2万4,000TEU積みに32倍近くまで大型化した。「規模の経済（スケール・メリット）」を追求するコンテナ船社がその間にたどった大型化の足跡については章を改めて記述する。

第2章

新会社誕生

前章で本書の執筆を動機付けたのは日本船3社によるコンテナ船合弁・新会社「オーシャン・ネットワーク・エクスプレス・プライベイト・リミテッド（ONE）」設立であったことを記した。さらにONEの営業活動開始が日本船初のコンテナ船箱根丸就航から数えてちょうど50年という歴史の大きな節目に当たり、日本船社のコンテナ船事業が新たな時代を迎えたことを教えてくれた。日本船社のコンテナ船事業に焦点を当て半世紀にわたり定点観測し、その過程を俯瞰する集大成として本書を著わすのが本筋であることは承知している。本筋からかけ離れた立場とはいえ、コンテナ50年の機会を捉え、しばし立ち止まり沈思黙考し、その足跡をたどることで、コンテナ船事業に携わってきた多くの先人達にそれぞれの立場で来し方を振り返り、行く末を見通す一つの資料を提供したい、そんな思いに駆られ書き進めることに決めた。箱根丸就航とONE発足が筆者の脳裏で時空を超えて結び付いたのだ。日本船社がコンテナ化当初から「日本船社一本化」構想を標榜、構想具体化を課題に取り組み艱難辛苦の末、やっとONE発足に漕ぎつけた訳ではない。このことははっきりしている。それなら箱根丸就航から50年の大きな節目の年にタイミングよくONEが発足したのか。コンテナ化着手以降、身内同士でしのぎを削り、目の前の課題に取り組み各社独自判断で対処してきた。日本船社は定期航路のコンテナ化を推進する国際競争場裏に臨み、競争環境の変化を受け止め、時には呉越同舟宜しく日本船社同士提携する一方で、臨機応変に外国船社との提携を主軸に切磋琢磨し合い変幻自在に対応しては相互に依存する微妙な関係も維持してきた。前章で記したとおり日本船社は海運集約体制下で定期航路のコンテナ化を進展させ、その過程で参加船社数を半減させた。生き残った日本船3社が半世紀の歳月を経て大同団結し、ONE発足に漕ぎつけたのだ。偶然の出来事として片づけるのではいかにも釈然としない。3社が早い時期に一本化構想を固め、水面下で醸成し構想実現の機会をうかがってきたことを裏付ける形跡は全くといっていいくらい見当たらない。やはり偶然の帰結としてONEが発足したというのが自然のようだ。しかも半世紀の時が流れて到達したのだ。激変するコンテナ船業界で生き残りをかけしのぎをけずってきたのだから、その道のりは平坦ではなかったはずだ。

集約・再編の源流は北米航路

　ONE発足から四半世紀遡る北米航路にグループ化の波が押し寄せていた。アジア船社の追い上げが激しく、日本船社は北米航路の採算改善が進まず、

従来の航路運営方針の変更を迫られた。1990年12月、日本郵船、日本ライナーシステム（NLS）、ネプチューン・オリエント・ラインズ（シンガポール：NOL）の3社が北米航路で提携することを発表した。昭和海運の定期航路からの全面撤退に伴い、郵船は昭和からコンテナ船4隻（自社船2隻、郵船との共有船2隻）を購入、続いてNLSの吸収買収によりコンテナ船9隻を取得、NOLがコンテナ船9隻のうち4隻を郵船から借り受け、アジアとスエズ運河経由で北米東岸を結ぶニューヨーク航路で運航し、ウイークリー・サービスを開始した。競合他船社には郵船が拡大路線に転換し、状況変化を主導し始めたと映った。ところでコンテナ航路開設の基本形はコンテナ船を所定の配船スケジュールで毎週1便運航する「ウイークリー・サービス」である。ウイークリー・サービスを単独あるいは共同で実施するかによって投入するコンテナ船の船型、航海速力、隻数を割り出し、配船形態を決め、航路事情に応じて提供するサービスメニューが決まる。本書文中、コンテナ化に関連してこの用語が頻繁に登場するのはこのためである。顧客の需要に応じ定時性を加味した「定曜日ウイークリー・サービス」へと進化し、基幹コンテナ航路で定着している。

グローバル・アライアンス時代到来

　折しも欧州航路では同盟の秩序維持機能が喪失の危機に直面していた。急速な工業化と高い経済成長率を背景に伸長著しいアジア船社の台頭は北米航路のみならず欧州航路の運営を脅かしていた。新たな生産拠点となったアジアから欧米向け輸出が拡大し続けた。しかし、一時回復傾向を示した北米航路の運賃水準は荷動き減少と競争激化から下落し、運航コストの上昇も加わり、業績低迷を余儀なくした。一方、欧州航路では好調な荷動きを背景に積み高の拡大に取り組み、船社によっては業績改善を達成したが、航路運営を揺るがす事態が進行した。4、5社で構成するコンソーシアム体制は荷動き量増加に応じてサービス改善を図るにしても内部調整に手間取り、機敏に顧客に対応できない弱点を露呈した。アジア船社を中心とする盟外船社が順調に積み取りシェアを伸ばした。柔軟性に欠けるコンソーシアム体制が原因となり同盟船の積み取りシェアが縮小した。同盟内で約5割のシェアを占めるトリオ・グループは91年2月に20年続いた提携関係を解消した。郵船、商船三井、ハパックロイド、P&OCL、ベンラインの5社で構成するトリオ・グループが解散したことで、郵船、大阪商船三井船舶（現商船三井）、ハパックロイド

の日独3社は新たに提携し共同配船を開始した。トリオ・グループ解散を発端に大手コンテナ船社がアライアンス再編劇を演じ続けた。当時を回顧する関係者が語気を強めるほど画期的な出来事であった。郵船は定期船部門が年間100億円赤字を超す最悪事態から抜け出し、黒字化が見込めたところで、NLS買収を決め、次いでNOLを含めた"3N"提携へと動いた。3N提携を皮切りに大阪商船三井船舶（現商船三井）と川崎汽船の提携、アメリカン・プレジデント・ラインズ（APL）とオリエント・オーバーシーズ・コンテナ・ライン（OOCL）の提携、さらに単独路線を貫いてきたマースクとシーランドの提携が相次いで発表された。この結果、北米航路の有力コンテナ船社が①郵船、NLS、NOLの3社（91年に郵船のNLS吸収合併で2社に）②商船三井、川汽の2社③APL、OOCLの2社④マースク、シーランドの2社といった組み合わせで、4つのグループに統合された。グループ化の目的は投資負担を抑え配船ルートを増やすこと。北米航路では既に定曜日ウイークリー・サービスが定着し、例えば北米西岸航路で1ラウンド35日～42日の定曜日ウイークリー・サービスを提供するには5隻～6隻が必要になる。各グループは4サービス以上配船体制を確立した。投入船を相互融通することで投資負担を軽減、運航頻度を増加する相乗効果を享受した。独立運航の色彩が強い盟外船社に対しても配船サービスを増やしサービス数での優位性を確保した。コンテナ・ターミナル整備では郵船とNOLやAPLとOOCLの提携のように、NOLは郵船、OOCLはAPLの自営ターミナルを利用することによって自主投資の負担から解放された。郵船、APLにしても自営ターミナルの使用頻度を向上できる。一方のインフラ投資が先行している提携関係では先行船社の施設などを有効利用することによって提携効果が拡大した。アジア盟外船社に急追され切羽詰まった状況下で、同盟船社が従来の単独路線の転換を決断、グループ化による採算改善の手法を選択した。こうした北米航路でのグループ化により相互補完関係を構築する手法こそが90年代後半に本格化する大規模な共同運航組織である「グローバル・アライアンス」の原形であった。グループ化は北米航路を出発点に他航路に波及した。世界の3大航路と言えば北米、欧州そして大西洋航路である。3大航路全てでサービスを提供するため未開設航路に進出し新規開設へと向かわせる。こうした傾向を識者は「グローバル・キャリア」志向の活発化と呼ぶ。北米航路で提携関係にある郵船、NOLにハパックロイドが加わり3社グループを結成し、93年に「PAXサービス」を開設する計画を発表した。郵船は北米西岸航路でNOLと、北米東岸航路で商船三井と提携していたので、北米東岸航路での商船三井との提携を解消し、新たにNOL、ハパック

ロイド両社と提携して北米東岸航路を運営することも併せて発表した。アジア/北米西岸/北米東岸/欧州を結ぶPAXサービス開設によって郵船、NOLの両社は初めて大西洋航路進出を、ハパックロイドは北米航路への復帰をそれぞれ果たした。とりわけ郵船の大西洋航路進出は箱根丸のPSW航路就航を契機に推進してきたコンテナ化以来、四半世紀の時を経て初めて実現する意義深いことであった。またハパックロイドにとって北米航路復帰は85年撤退以来、8年ぶりで実現した。PAXサービス開設によって3社は3大航路全てでサービスを提供することになった。この3社の提携は欧州航路に拡大された。

グランド・アライアンス（GA）結成

郵船、ハパックロイドは商船三井と欧州航路でトリオ・グループを構成し、一方、NOLは川汽、OOCLとともに欧州航路でエース・グループを構成する関係を構築していた。93年4月からのPAXサービス開設によって郵船、NOL、ハパックロイドの3社は北米航路でのグループ結成を足掛かりに提携関係を世界の3大航路全てに拡大する体制に移行した。北米航路、欧州航路の有力コンテナ船社の提携期限が95年前後に集中する中で起きたグループ再編の動きが表面化した。94年5月、欧州航路でマースクと提携していたP&OCLが突如、マースクとの提携解消を発表した。P&OCLが新たに提携相手に選んだのが既に郵船、NOL、ハパックロイドで構成する3社グループであった。P&OCLは3社グループへの参加によって念願の北米航路進出を達成した。郵船、NOL、ハパックロイド、P&OCLで構成する4社連合はこの時点で欧州航路の最大規模のグループとなった。4社は95年に共同運航組織「グランド・アライアンス（GA）」を結成した。欧州航路の老舗船社であるP&OCLにとって北米航路進出が課題であったように、太平洋航路に特化していたAPLにとって欧州航路への進出が課題であった。それぞれ新規進出の課題を抱えていた。APLはベンライン（英国）を吸収合併したイースト・エイシアティック・カンパニー（EAC：デンマーク）に資本参加し、欧州航路進出を目論んだ。いったんは目論見どおりにことが運びそうであったが、水面下で進んでいたマースクによるEAC吸収合併話が浮上し、APLの欧州航路進出は頓挫した。

ザ・グローバル・アライアンス（TGA）結成

結局、APLは商船三井、OOCL、ネドロイド、マレーシアン・インターナ

ショナル・シッピング（MISC：欧州航路のみで提携）で結成する5社連合に
参加し、欧州航路進出を目指した。5社連合は94年に提携すると同時に「ザ・
グローバル・アライアンス（TGA）」を結成した。商船三井も郵船との提携
解消後途絶えていた北米東岸航路での自社配船再開を実現した。TGAは95年3
月から欧州航路と北米東岸航路でサービスを開始した。ただ、北米西岸での
商船三井と川汽の提携期限が残っていたため、全面提携は96年に持ち越し
た。TGAメンバーとなったAPLは商船三井からスペースを借り受ける形で、
欧州航路でサービスを開設し念願を達成した。また、ネドロイドも北米東岸
航路に限られながら、北米航路でのサービスを開設した。

マースクの拡大戦略　地殻変動誘因

　一方、川汽は定期航路の安定的な黒字体制化を目指し、北米航路、欧州航
路で配船形態の改編を進めた。北米西岸航路では91年から商船三井と協調配
船を続けていたが、95年末での商船三井との協調関係を解消し、96年から台
湾の陽明海運（YML）との協調配船を開始した。欧州航路のエース・グルー
プが95年末に解散したため、96年1月以降、YMLとの2社協定で相互に船を出
し合い、週2便の協調配船を開始した。同年8月に中国の国営コングロマリッ
トの中国遠洋運輸公司（COSCO）との提携を決め、9月に欧州航路で協調配
船を開始した。川汽とYMLにCOSCOが加わった3社連合が誕生した。3社の頭
文字を取って「CKY」と呼んだ。中国と台湾の企業が直接提携できない当
時、第3国企業の川汽を介するブリッジ方式で実質的な提携が実現した。川汽
はコンテナ船の船名に「ぶりっじ」を採用していることにちなみ、文字通り
中国と台湾の「架け橋」となった。COSCOとしては他船社との協調は初めて
であった。提携先はCOSCOのコンテナ定期船部門のコスコ・コンテナ・ライ
ンズ（COSCON）で、世界第5位のコンテナ船隊を保有した。
　CKYは97年2月、大西洋航路で協調配船を開始した。北米西岸航路で97年末
に現代商船（HMM）が提携から離脱した後に、COSCONが翌98年3月から協
調配船体制に参加した。川汽はCKY3社連合でアジア/北米/欧州間を結ぶ世界
3大航路で輸送サービス網を確立した。CKY3社連合は2000年にアジア/北米東
岸航路、アジア/地中海航路、地中海航路/北米東岸航路を同時に開設した。
川汽にとってアジア/北米東岸航路は91年12月以来8年ぶりの再開であった。
アジア/地中海航路は西地中海地域への進出拠点となった。01年9月、CKYに
韓進海運（HJS）を加えたCKYH4社連合を結成した。これにより従来の航

路・方面別のアライアンスから東西航路網を包括的にカバーする大規模なアライアンスへと拡充した。11年4月にはエバーグリーンが参加し、CKYHからCKYHE5社連合に変貌した。川汽は93年の3,500TEU積みコンテナ船の竣工以来途絶えていた新造船計画を復活させ、98年に5,500TEU積み13隻の発注を決めた。13隻の内7隻を日本船社として初めて韓国の現代重工業に発注した。2003年には4,000TEU積み8隻、5,500TEU積み5隻、8,000TEU積み4隻合計17隻の新造を計画した。04年12月、アジア/欧州航路の船型大型化に対応し、YMLと協調し8,000TEU積み4隻、07年9月には8,600TEU積み5隻を追加発注した。

GA、TGA、CKY（CKYH、CKYHE）の発足からその後の推移に戻る。マースクは北米航路でシーランドと、欧州航路でP&OCLと提携関係を維持してきたが、北米航路でシーランドとの提携継続を決めた直後に、P&OCLが欧州航路でのマースクとの提携解消を表明したことで状況が一変した。P&OCLが口火を切り、結果としてマースクにシーランドとの提携関係の強化へ向かわせ、マースクによるシーランドとの経営統合の時期を早めることになった。P&OCLとしてはマースクとの提携を継続しても念願の北米航路進出を果せないので、TGAに提携先を変更し念願を達成する道を選択した。マースクにとって突然の通告とはいえP&OCLからの提携解消は渡りに船であった。そうみるのが自然であろう。この時点でマースクによるP&OCL買収が水面下で進行していたのか真相を推し量りかねる。いずれにしてもマースクはシーランドとの業務提携を強化し経営統合に向けた道筋をつけるきっかけとなった。97年にはP&Oがネドロイド・ラインと合併し、P&Oネドロイド（PONL）が誕生した。これを機にネドロイドはTGAから離脱し、PONLとしてGAに加入した。今度はGAメンバーとなったPONLが2005年にマースクに買収され、GAから離脱する事態が起きた。この時点で、世界の定期航路のコンテナ化を先導してきた米国をはじめ英国、オランダの大手コンテナ船社が全てコンテナ船市場から姿を消し、代わってデンマーク、スイス、フランスそして中国勢が主役の座を占め、コンテナ船業界の勢力図が塗り替えられた。マースクの経営規模の拡大戦略が地殻変動を起こした。2005年を境に世界のコンテナ船事業は新たな歴史を刻んだ。思い返すと2005年は、『コンテナ物語』の著者マーク・レビンソンがマルコム・マックリーンの天才ぶりに魅せられ、レビンソン流コンテナ50年史を書き上げたときと重なる。レビンソンは最終章でマースクがコンテナ船500隻を保有し世界シェア17％近くを占めている状況に触れ、世界のコンテナ船市場で君臨するマースクの興隆ぶりを浮き彫りした。洞察力に優れるレビンソンの胸中で『コンテナ物語』を締め括った2005年を

境に世界のコンテナ船市場がどのような変遷をたどると描いていたのだろうか。当て推量で論断し脇道に逸れるのは本意ではない。話を『コンテナ物語』続編となるレビンソンにとっての別世界へと進める。繰り返しになるが、マースクは1991年からシーランドと共同配船を開始、95年にはシーランドとの間で世界規模のグローバル・アライアンスを締結し、コンテナ船やコンテナ・ターミナルの共同利用へと段階を踏んできた。マースクとシーランドが共同配船を開始したときから両社がいずれは合併するのでないかとの臆測が流れていた。

マースク、シーランド吸収合併を発表

　シーランドを傘下に抱える親会社のCSXコーポレーションが99年4月にシーランドの事業部門を再編、分社化した。CSXにとって投資効率が低い外航コンテナ船部門売却を暗示する事業再編であった。噂どおり、マースクがシーランドを買収、吸収合併すると発表した。これに先立ち97年にはライクス・ラインズがCPシップス（英国系カナダ船社）に、APLがシンガポールのNOLに買収されたので、マースクによるシーランド買収によって米国の大手コンテナ船社が全て外国船社に吸収合併される運命をたどった。マースクとシーランドは北米航路でお互いに単独運航の方針を変更、グループ結成に転換したのを機に、着実に段階を踏み提携関係を深め、最終的に経営統合に漕ぎつけた。合併に対する反応に意外性がなく、想定内の合併劇と冷静に受け止められたのには理由がある。91年以降、両社が提携関係を維持、継続してきたからである。マースクのコンテナ戦略の一端が垣間見えた。想定内とは言えシーランド経営統合後のマースクの事業展開の動向は注目された。合併報道から間もなく両社はまず各地のコンテナ・ターミナルの一本化に動き出した。マースクがシーランドと協調配船を開始した時点で、アジア/北米航路、アジア/欧州航路、北米/欧州航路の3大基幹航路に大型コンテナ船を配船し、それ以外の地域は小型コンテナ船をフィーダー船として活用する「ハブ＆スポーク」と呼ばれる世界規模のサービス網を張り巡らせた。マースク首脳は合併について既設のサービスの運営主体を2社からマースク1社への統合が主眼であると言及したと聞く。このことを裏付けるように合併後のブランド名「マースクシーランド」を掲げ、新たにサービスを開始した（注：本稿では引き続き「マースク」に略して表記する）。また、サービスは大幅に変更しない意向を表明した。それではマースクにとって合併にどんなメリットがあ

ったのだろうか。この点について識者は4つ挙げる。1つは船腹量を増加し、市場規模を大幅に拡充する。コンテナ船腹量は250隻、55万TEUの世界シェア首位で、2位のエバーグリーン・グループの126隻、25万3,000TEUを大幅に上回った。3位が108隻、25万3,000TEUのPONLであった。ただ、マースクの市場シェアはアジア/北米航路とアジア/欧州航路の2大航路で1位であるが、20％以下のシェアでプライスリーダーとして市場で主導権を発揮できるかは疑問視された。2つ目が統合によりコンテナ船、コンテナ、シャーシ、ターミナルなどの運航費を削減し、シナジー効果をあげる。コンテナ単位の採算性を高める、いわゆる「イールド・マネージメント・システム（YMS）」強化に寄与する。3つ目が両社の情報技術（IT）の統合によってYMSをさらに強化する。合併以前の両社のITシステムは競合他社を大きく引き離していた。合併以前のマースクはITシステムの開発を米国の有力工科大学に依頼、巨額の費用を投じてシステムを完成させたと伝えられていた。いずれにしても同社がIT開発に相当の比重を置いていたことは周知のこと。同社のITシステムはブッキング・システムとアロケーション・システムの二つで構成する。2点間ごとの輸送実績に基づき必要最低運賃を算出し、原価割れする貨物は集荷しないシステムとコンテナ単位の損益に応じて同一航路での各地域へのスロットを自動的に配分するシステムで構成すると伝えられる。またシーランドにはリアルタイムなコンテナ情報に基づき世界中に散在するコンテナを需給に応じて一元管理する「インベントリー・コントロール・システム」がある。2社がシステム統合によってコンテナ単位の収益管理を強化するのは明白。4つ目がYMSと関連するが、顧客サービスが大きく向上すること。ITの発展により船社と顧客はインターネットを通じて緊密な情報交換できるようになり、船社は顧客に対し、従来にも増して付加価値の高い情報を提供し、顧客の良きビジネス・パートナーとなることが求められている。

98年改正米国海事法、船社に運賃交渉の手法変更を迫る

　とくに99年5月施行の98年改正米国海事法が従来の定期船同盟を有名無実化し、船社の運賃交渉の手法が大きく様変わりした。個別サービスコントラクト（SC）の締結が認められる一方で、一手積み契約の禁止条項が廃止され、船社は顧客により多様化したサービスを提供できるようになった。運賃交渉に当たって船社は顧客のサービスにもとめるニーズを多角的に考察、把握し、所要コストを計算した上で最適な運賃を提示することが必要になった。

マースクが98年に世界最大のスーパーマーケットチエーンで、売上額が世界最大の企業と評価されるウオールマート・ストアーズ・インクから最優秀船社に選出された。マースクがウオールマートの世界的なサプライチェーンの競争力強化への貢献度を評価しての措置と見られた。合併によってマースクが巨大になり、競争力を格段に向上させた。

2004年に発注残船腹量、過去最高を記録

　世紀が変わり2004年にコンテナ船社間のM&A（企業の合併・買収）が加速した。M&A加速の背景に船台事情があった。造船所の船台需給が逼迫し新造船の発注を難しくした。用船市場も逼迫して適船手当ても難しい中で、M&Aにより既存船を調達するのが手近で合理的と考えられた。「世界のコンテナ船隊および就航状況」（2005年版）によると、04年12月31日時点で、世界のコンテナ船隊は3,292隻、708万5,629TEUであった。04年の新規竣工船腹量は175隻、63万7,424TEU、9,000TEU以上が14隻、12万9,800TEUと急増した。04年の解撤量がゼロ、解撤量は02年51隻、6万7,358TEU、03年28隻、3万3,739TEUと推移、03年が前年比で半減、コンテナ荷動き好調による船腹需給の逼迫を反映した。新規発注量が503隻、177万5,474TEU。注目するのが発注残船腹量で870隻、346万6,175TEUで、過去最高を記録したことだ。なんと既存船隊に対する発注残の割合がTEUベースで48.9％を占めた。発注残船腹量の05年1月以降の竣工見通しは05年277隻、92万7,380TEU、06年294隻、119万5,238TEU、07年234隻、104万8,880TEU、08年65隻、29万4,677TEUであった。05年から向こう4年間で870隻、346万6,175TEUの船腹量が増加する見通しである。問題は実績がどう推移したかである。新規竣工船腹量の実績は05年269隻、93万9,301 TEU、06年371隻、135万6,502TEU、07年401隻、132万8,642TEU、08年415隻、141万9,006TEUと推移した。05年から4年間で1,456隻、504万3,451TEU竣工し、隻数で586隻、輸送能力で157万7,276TEU、04年時点の発注残船腹量を大幅に上回った。新規竣工船腹量実績が発注残船腹量を大幅に上回ったことが供給過剰の要因となったことは明白。因みに09年の解撤量は216隻、39万2,472TEUで過去最高を記録した。

リーマンショック直後に欧州同盟（FEFC）解散、129年の歴史を閉幕

　08年9月、米証券大手のリーマン・ブラザーズが経営破綻したことを機に、

世界中に金融危機が広まる、リーマンショックが起きた。コンテナ船業界に目を転じると、同年10月に定期船同盟の代表格である欧州同盟（FEFC）が解散し、129年の歴史に幕を下ろした。激動するコンテナ船業界が転換点を迎えたことを象徴する出来事であった。世界のコンテナ荷動きが07年に対前年比10.9％増を維持したのを境に08年に同5.1％増に増加率が縮小し、09年には同8.6％減に急減した。コンテナ化史上初のマイナス成長を経験した。08年から09年にかけて世界のコンテナ荷動きの減少幅が拡大した。09年の供給船腹量が4,747隻、1,293万8,000TEUであったのに対し、待機船船腹量が572隻、152万TEUで、供給船腹量の10％を超すコンテナ船が待機船として不稼働状態となった。供給船腹量は05年以降、毎年10％を超す増加率で推移してきたが、リーマンショック翌年の09年には年間増加量が79万7,000TEU増、増加率6.6％に急減した。コンテナ船の需給が悪化する中で納期延期など新造船契約の見直しを進め、発注を取り消す船主も現れた。04年の新規竣工船腹量に続いて04年12月末時点での基幹航路のコンテナ船配船状況を概観する。北米航路のサービス数は76あり、就航コンテナ船が全部で520隻、他航路への延航船腹を補正すると、440隻、181万5,496TEU。北米西岸と同東岸に分けた場合、北米西岸航路が57ループ（サービス）、338隻、他航路への延航船腹を補正し284隻、119万4,938TEU。北米東岸航路が19ループ、182隻、他航路への延航船腹を補正すると、156隻、62万558TEU。欧州航路が50ループあり、就航隻数は全部で415隻、他航路への延航船腹を補正すると、375隻、183万5,692TEU。大西洋航路が37ループあり、東航219隻、西航221隻、他航路への延航船腹を補正すると、東航、西航とも164隻就航している。グローバル・インサイトのデータを引用しての世界主要航路・地域のコンテナ荷動き量の推計によると、太平洋航路が1,700万TEU、欧州航路が1,100万TEU、大西洋航路が500万TEU、インドを含むアジア域内航路が1,900万TEUで、アジア域内航路が最大となっていることが注目された。

マースク、巨大コンテナ船社に飛躍

　先述の船台事情に後押しされてか、05年にM＆Aの動きが活発になった。マースクが05年5月にPONLの完全買収を表明すると、これに触発されたのかCPシップスの身売り話が表面化した。フランスのCMA CGM、スイスのMSCや中国のCOSCOなどがCPシップスの買い手として名乗りを挙げた。好条件を提示したハパックロイドの親会社TUI AGが05年10月に総額23億ドルで買収に成

功した。06年5月にCPシップスの北大西洋航路、同年7月にアジア起点の北米・南米、豪州航路をハパックロイドと統合した。これを機にコンテナ定期部門のブランド名を「Hapag‐Lloyd AG」に変更した（注：本稿ではハパックロイドと略して表記する）。CMA CGMは05年6月、デルマス（フランス）を傘下に持つ親会社ボロレグループとデルマス買収について交渉を開始した。同年9月に買収交渉がまとまり、CMA CGMがデルマスの船舶、コンテナ機器、ルアーブル本社を引き継いだ。この時点でデルマスグループは東・西アフリカを発着とする7つの航路を運営している。CMA CGMはデルマスとの統合でアフリカ航路の拡充を図る狙いがあった。PONL統合前のマースクは348隻、98万3,430TEUを運航する船腹量で世界シェア首位。2位がスイスのMSCの233隻、68万5,319TEU、3位がPONLの160隻、50万3,210TEUであった。PONL統合後のマースクの船腹量は508隻、148万6,640TEUに増加し、2位のMSCの2倍以上の船腹量を誇る巨大なコンテナ船社に飛躍した。3位がエバーグリーンの147隻、45万1,045TEU。デルマスを統合したCMA CGMは168隻、41万6,930TEUの船腹量で4位へ一つ順位を繰り上げた。親会社TUI AGがCPシップスを買収したハパックロイドが128隻、38万8,127TEUで合併前の15位から5位に急浮上した。マースクは統合手続きが完了する06年2月から統合後の新サービスを「マースクライン」の名称で開始することを明らかにした（注：本稿では引き続き「マースク」に略して表記する）。しかし、統合手続きを進める過程で欧州委員会からマースクによるPONL統合に待ったがかかった。マースクのPONL統合に伴い、マースクの市場占有率が大幅に高まる航路がでてくるため、欧州委員会が独占排除の観点からPONLの一部営業権の売却を求める指導が入った。マースクは99年に南アフリカのサウス・アフリカン・マリン・コーポレーション・リミテッド（サフマリン）からサフマリン・コンテナ・ラインズ（SCL）を含む定期船部門を2億4,000万ドルで買収することで合意した。マースクは買収後もSCLをグループの独立部門として、ブランド名を含め従前どおりにサービスを継続した。SCLのコンテナ船約50隻、8万TEUはマースクグループのネットワークに組み込まれた。欧州/南アフリカ航路ではマースク、サフマリン、PONL、ドイツ・アフリカ・ライン（DAL）の4社で構成するコンソーシアム「SAECS」が4,920TEU積みコンテナ船6隻によるウイークリー・サービスと1,730TEU積みコンテナ船4隻による隔週サービスの2つのサービスを提供していた。PONLはウイークリー・サービスで6隻中2隻、隔週サービスで4隻中1隻合わせて3隻を投入。SAECS加入メンバー4社にMSCを加えた5社が欧州/南アフリカ航路の100%近いシェアを占めた。

商船三井、欧州/南アフリカ航路の営業権買収

　マースクによるPONL統合には欧州、南アフリカ両独禁当局の承認が必要と
あって、マースクはPONLの欧州/南アフリカ航路の営業権譲渡によって独禁
法上の問題解決を狙った。欧州/南ア航路の営業権に対して海運会社5社と南
ア企業が買い取りに名乗りを上げたと報じられたが、営業権買収を決めたの
は商船三井であった。同社は南アフリカが中国、ロシア、インド、ブラジル
とともに新興5か国で構成するBRICS加入国としての有望性に着目し、加えて
安定収益を上げていて新規参入が難しい航路の営業権獲得が同社の収益増に
寄与すると判断した。04年の同航路のコンテナ荷動きは北航が自動車部品、
機械類、化成品など中心に前年比16％増の22万TEU、南航が果物、野菜など
冷凍貨物を中心に同13％増の36万TEUであった。PONLは往復航全体で約2割
の積み取りシェアを占めていた。営業権買収は商船三井にとって初めてで、
日本船社としても極めて珍しいことであった。

　マースクは06年2月以降のサービス改編を発表した。基幹航路のアジア/北
米航路でのサービス数を従来の8サービスに3サービス増やし11サービス体制
に大幅強化し、アジア/欧州航路では1サービス増の9サービス体制とするが、
欧州航路から中近東を結ぶサービスを分離、独立させ3サービス体制でのサー
ビスを提供する。アジア域内では日本/タイ/ベトナム航路を新規に開設する
ほかアジア/豪州航路でも2から4に増強する、荷動き量が伸びている新興地域
を視野に入れ、基幹航路から南北航路までサービス網を広げる運航体制の整
備を目指した。日本関係航路については基幹航路就航船の名古屋寄港を週4便
に強化する「名古屋シフト」を表明した。

マースク対策急展開

　2005年初時点で、日本船3社はそれぞれアライアンスを結成し、アライアン
ス加入メンバーとしてコンテナ船事業に取り組んでいた。先述のとおり郵船
はPONL、ハパックロイド、OOCL、MISCの5社連合でグランド・アライアン
ス（GA）を、商船三井はHMM、NOL（シンガポール：1997年4月、APLを買
収）の3社連合でザ・ニュー・ワールド・アライアンス（TNWA）を、川汽は
COSCON、YML、HJSの4社でCKYHを結成していた。しかし、同年5月には
マースクがGAメンバーのPONL買収を発表したことで、早くも状況が急変し

た。しかし、PONLに対するM&Aは早くから取り沙汰されていたため、GAはメンバーが1社減った場合のサービス体制について水面下での検討を進めていた。想定していた事態が現実に起きたところでGAは直ちにPONL以外のメンバー4社首脳が会合を開き、4社体制で引き続きGAを維持していくことで合意した。PONLが離脱する06年2月にも4社合わせて112隻、64万TEUを投入し、船腹量を14%増やして従来以上に拡充したサービスを提供する方針を申し合わせた。GA4社は07年に30隻超、08年に20隻超の新造船の投入を計画していた。その上でGAとしてTNWAに業務提携を働きかけた。コンテナ荷動きが06年以降も伸び、基幹航路での輸送需要の増加が期待できるとの見通しに立っての選択であった。GAはTNWAの船隊がGA4社と比べて遜色ないこと、TNWAが東西基幹航路で充実したサービスを提供していること、TNWAメンバーとは基幹航路以外の航路で協調配船する関係で、社風が似通っていることなどを理由に業務提携の相手として最も相応しいと判断し、TNWAとの交渉を開始した。そして05年10月にはGAとTNWAは東西基幹航路で業務提携することで合意し急接近した。見逃せないのはGAメンバーの郵船とTNWAメンバーの商船三井が共通のテーブルに就いたことである。かつてPAXサービス開設時に北米東岸航路で商船三井との提携を解消した郵船が今度は主導権を握ってTNWAとの折衝で積極的に橋渡し役を務めた。GA4社とTNWA3社合わせた7社の200隻、100万TEU超の船腹量をもってすれば、PONL統合後のマースクに十分対抗できると見込んでの業務提携であった。両グループは当面、アジア/欧州航路でのスロット交換、アジア/米国東岸航路での新サービスの共同開発で提携、さらに共同でのサービス開設をグローバル展開する計画を検討することにした。GAとTNWA両グループの東西基幹航路での業務提携に続いてCKYHも05年11月に上海でマネジメント会議を開き、06年も従来通り基幹航路などで協力体制を維持、継続することで合意したことを発表した。06年のサービス体制固めで結束し、顧客アピールの強化へと動いた。CKYHグループの05年11月時点でのサービス（ループ）数はアジア/北欧州・地中海航路が北欧州7、地中海4計11、アジア/北米航路が北米西岸13、北米東岸4計17。このサービス体制を06年には北欧州で1増便の8に、地中海で2増便の6に拡充する。北欧州1増便は大型船が竣工する06年度第3四半期以降に実施、地中海の2増便は06年春までに1便ずつ2回に分けて実施する計画。北米航路では17体制を変更しないが、各社の投入船が軒並み大型化するため、寄港地の整理や隻数の調整で航路の合理化を進め、06年半ばから再編を進めて効率的なサービス体制の構築を目指した。川汽は05年10月、ベルギーのアント

ワープ港にYML、HJS、PSAHNNとの4社合弁で、コンテナ・ターミナルの運営会社Antwerp International Terminal NV（AIT）を設立した。同港はベルギー・オランダ国境を流れるスケルト川を65㌖遡った地点に位置し、ドイツ、フランス、オランダ、スイスなど産業地を結ぶ欧州大陸有数の物流拠点。また18年5月には中国の一帯一路政策の一環で、中国/欧州コンテナ列車の第1便が同港に到着し、海上ルートの所要日数35日より短い16日間で輸送した。直行列車の運航が中国発アフリカ向け貨物を同港経由で効率的に輸送する新ルートを開いた。同港のスケルト川左岸のドゥルガンクドックは05年6月に供用を開始した。AITは同年12月、ドゥルガンクドック西側でコンテナ・ターミナルの1バースで運営を開始した。YMLの5,500TEU積み「CYPRESS BRIDGE」がアジア/欧州サービスの第1船として同ターミナルに寄港した。また、川汽は黒海地域、COSCOがアドリア海などでグループ各社が個別にフィーダー・サービス網を整備している。基幹航路での母船の大型化に対応してフィーダー・サービス網の整備を強化することも確認した。マースクによるPONL統合を発端にGAとTNWAの業務提携、CKYHの内部結束強化の顧客アピールなど慌ただしい動きが表面化し、波乱含みの展開を予想させた。マースクが立て続けにM＆A戦略を成功させ巨大化する一方でグローバル・キャリアがグローバル・アライアンス結成で対抗する対立軸も固められ、コンテナ船事業の展開に弾みをつけた。

新アライアンス「G6」結成

　2008年から2015年にかけてアライアンス間の協調・提携関係が大きく動いた。2008年時点での3つのアライアンスはGA、TNWAそしてCKYHに集約された。12年にはGAとTNWAに続いてCKYHとエバーグリーン、MSCとCMA CGMが相次いで提携し、これにマースクが加わり提携の輪を広げた。こうした中、MISCは同年6月、コンテナ事業部門から撤退し、GAから離脱した。13年にはマースク、MSC、CMA CGMの世界シェア上位3社が欧州航路、北米航路を含めた基幹航路で協調・提携する「P3ネットワーク」計画を発表し、その成り行きが注目された。しかし、中国の規制当局である商務部（MOF-COM）がP3ネットワーク計画の認可申請を不認可とすることを発表した。認可申請中の3社はMOFCOMの意向を尊重し、P3ネットワーク計画の準備作業を中止し、当初計画を白紙還元した。P3ネットワーク計画が頓挫したことで、マースクとMSCは船腹共有協定を締結、アライアンス「2M」を結成し

た。この発表が結果として他のアライアンスの協調関係拡大の口火を切る格好になった。GAとTNWAは年内に早くも北米西岸および大西洋航路に提携範囲を拡大し、新たなアライアンス「G6」として基幹航路全般で提携することを決め、来る大変革に向けての備えを固めた。12年からアジア/欧州航路でCKYHと提携してきたエバーグリーンが14年、正式にCKYHに参加し、5社連合のアライアンス「CKYHE」を結成し、提携範囲を北米関係航路に拡大した。CKYHEは東西基幹航路で約340隻、360万TEUを運航、太平洋で20サービス、大西洋で4サービス、アジア/欧州で6サービス、アジア/地中海で4サービス、アジア/中東で5サービス、アジア/紅海で2サービスの計41サービスを提供し、2Mに対抗するアライアンスを目指した。しかし、この後、後述するHJSの経営破綻が16年8月末に起き、CKYHEの5社連合から離脱した。HIS離脱後のCKYEは17年3月末まで4社連合の協調関係を継続した。

日本船3社、一堂に会してアライアンス結成

14年にそれまで提携関係にあったチャイナ・シッピング・コンテナ・ラインズ（CSCL）とアラビア湾岸6カ国共同出資海運会社のユナイテッド・アラブ・シッピング・カンパニー（UASC）の2社連合との間でアライアンス「O3（オーシャン・スリー）」を結成した。12年以降、相次いだアライアンス結成の動きは、2M、G6、O3、CKYHEの4つのアライアンスに集約された。各アライアンス加入船社は体制が整う15年以降にサービスを開始する見通しとなった。14年の世界のコンテナ荷動きは1億8,800万TEUを記録、5.6％の伸び率を示した。世界の輸出数量伸び率は2.7％で、経済の回復基調を反映し、基幹航路では記録的な荷動きとなった。アジア発/北米・欧州向け年間荷動きはそれぞれ過去最高を更新し、米国東岸向け運賃は過去最高水準を記録した。コンテナ船社の収支は各社のコスト削減と効率化の向上が寄与し、多くが前年から黒字転換し、大半の船社が黒字計上を継続した。しかし、一段落したかにみえた再編の流れは止まらなかった。15年12月、CMA CGMがNOLを買収することで事実上、合意したと発表した（CMA CGMはNOL株式の公開買い付けを実施し、16年7月に全株式を取得した）。また、15年12月11日に中国の国有資産管理委員会がCOSCOグループとCSCLグループの両総公司を合併すると発表した。（16年3月、新会社「CHINA COSCO Shipping Corp. 上海」が発足、同年11月、社名を「COSCO Shipping Lines」に変更）。16年に入って再編は更に続いた。16年5月、郵船、商船三井、川汽、ハパックロイド、YML、HJSの6社が

「ザ・アライアンス（TA）」結成で合意した。日本船3社が一堂に会するアライアンスが初めて発足した。16年7月18日、ハパックロイドとUASCが合併することで正式合意したと発表した（ハパックロイドは17年5月末にUASCのコンテナ事業を完全統合した）。ハパックロイドとUASCの合併合意が発表された翌月、世界のコンテナ船社にとって衝撃的な事件が起きた。16年8月31日、HJSが自主再建を断念、裁判所の管理下で再建を図る、法定管理（日本の会社更生法に相当）を申請した。HJSは、韓国で大韓航空を傘下に抱える韓進財閥グループに所属し、15年9月時点でコンテナ船103隻を運航、コンテナ取扱量62万5,000TEUで世界ランキングは9位であった。韓進の設立は1977年に遡る。77年といえば、地中海を含めた欧州全域と南アフリカを結ぶ定期航路でコンテナ輸送サービスが始まり、コンテナ化の歴史に新たな1ページを記した節目の年でもある。欧米を起点とする基幹航路は順次コンテナ化される中で、在来定期船による従来の定期航路として残っていた南アフリカ航路がコンテナ化され、新たな段階へと進んだ。基幹航路のコンテナ化が一段落したところで、従来のコンテナ航路運営を見直す機運が芽生え始めた。

究極の命題はインバランス対策

　コンテナ船社がコンテナ船の折り返し配船で悩まされるのが往復航荷動きの不均衡（インバランス）である。行きと帰りでコンテナ輸送量が均衡し、空コンテナ回送費用が発生しない理想的なコンテナ航路を探すのは難しい。コンテナ・インベントリーの巧拙がコンテナ単位の採算を左右する重要な要因であることはコンテナ船社にとって究極の命題である。従来の配船形態を見直す中で、新たなルートとして登場してきたのが世界一周航路である。世界一周航路がコンテナ輸送量の不均衡を改善し空コンテナ回送費用を削減する効果を期待できる反面、ルート上に寄港地が多く、途中発生した遅延の回復に手間取り、定時性重視の荷主に不興を買うマイナスがある。こうした状況下で世界一周航路の開設に踏み切ったのが、エバーグリーンとマルコム・マックリーン率いるUSL。USLの世界一周航路サービスは先述のとおりマックリーンの思惑が外れ持ち株会社マックリーン・インダストリーズの破産に端を発し、USLの倒産に波及し世界一周航路運営の難しさを浮き彫りした。USLが倒産した87年にHJSが大韓船洲（KSC）を買収した。この買収に先立ちKSCは香港のOOCLと提携し太平洋航路でスペース・チャーター方式の協調配船によりコンテナ・サービスを開始した。1,200TEU積み4隻と1,500TEU積み3

隻計7隻を運航、米国西岸に月間1、2回途中寄港し、北米東岸に向かう10日間隔サービスを実施した。KSCはHJSが発足した77年、新興国営船社として欧州航路のコンソーシアムの一つエース・グループに加入し、78年にコンテナ船1隻を投入した。エース・グループは川汽、OOCL、NOL、フランコ・ベルジアン・サービース（FBS）の4社で構成（77年に大韓船洲、79年に朝陽海運が加入）、75年10月にサービスを開始、77年央に平均1700TEU積み8隻を投入し、これにKSCの1隻を追加投入、9隻によるウイークリー・サービス体制に移行した。HJSはKSCの北米および欧州航路での実績を継承し、それを足掛かりに業績を伸ばした。95年には世界のコンテナ船運航船腹量上位20社中6位にランクされた。韓国政府は97年12月18日の大統領選挙で金大中氏が勝利し「物流立国」を宣言、「海運強国」を目指す政策を打ち出した。HJSは、97年にDSR セネター（ドイツ）を買収、運航船腹量を拡充し、01年には船腹量シェアで世界4位に躍進しトップスリーに食い込む勢いを見せた。しかし、12年に年間売上高7,500億円を確保したのを境に欧州の債務危機や中国経済の減速で荷動きが停滞する中で、運賃が歴史的な最低水準に下落し、採算悪化による収益圧迫が赤字を累積させ経営再建を難しくした。HJSの法定管理下入り申請を機に、同社運航のコンテナ船が各地で立ち往生する中で、大韓グループが資金支援の動きを見せた。大韓グループの趙亮鎬会長が私財400億ウォン（約36億円）の提供を、続いて大韓航空が600億ウォン（約54億円）の支援策をそれぞれ決めた。大韓航空はHJSが米国ロングビーチ港のコンテナ・ターミナル会社トータル・ターミナルズ・インターナショナル（TTI）に出資する54％の保有株式を担保に融資する支援策を固めていたが、TTI株式が海外銀行の担保に入っていたため、HJSの売掛債権を担保に支援することに切り替えた。これによってHJSに対する支援額は1,000億ウォン（約90億円）に上ったものの、一連の決定が遅れ、荷役再開に向けて混乱の解消に間に合わなかった。16年上期に355億円の最終赤字を出し、自主再建を断念、法定管理入りの手続きを申請、負債総額6,500億円を抱え事実上、経営破綻した。世界各地で入港料未払いが発生し、シンガポール、カナダ、フランス、青島などでコンテナ船60隻以上が入港を拒否され立ち往生した。HJSは17年2月、裁判所から破産宣告を受け、創立以来40年の歴史に幕を下ろした。直後の同年4月、OOCL、CMA CGM、COSCO、エバーグリーンの4社連合が「オーシャン・アライアンス（OA）」を結成した。15年の世界のコンテナ荷動きは1億8,900万TEUを記録、2.3％の伸び率を示した。コンテナ荷動きが横ばいとなり、伸び率が鈍化した。北米航路のコンテナ荷動きは前年を上回る伸び率で推移した

が、欧州航路は2月を除き前年を下回って推移した。こうした中、新造超大型船が相次いで欧州航路に就航し、既存大型船の北米航路への転配が進んだ。両航路でコンテナ船腹需給が悪化し、運賃市況が過去最低水準に低落した。15年上半期に大半のコンテナ船社が燃料油価格の大幅な下落や為替変動が寄与し黒字を確保したが、売上高増は数社にとどまり、黒字船社の利益水準が低く、果たして何社が黒字を確保できるか予断を許さない状況に変わった。

郵船の無配転落、日本船3社のコンテナ船事業統合、同時発表

　郵船は16年10月31日、2017年3月期連結決算の見通しを発表した。売上高は18％減の1兆8,650億円、営業損益が前期の489億円の黒字から255億円の赤字に転落、最終損益が前期の182億円黒字から2,450億円の赤字に大幅に悪化する内容だった。併せて年4円を予定していた年間配当は無配とすることも明らかにした。16年4～9月期の連結決算は、収益力の改善を図る構造改革を中心に減損損失など特別損失に約2,000億円を計上した。結局、郵船の2017年3月期連結決算は、最終損益が2,657億円の赤字となり、年間配当無配に転落した。郵船の無配は1964年の海運集約以来のことだけに、同社にとって衝撃的な出来事で経営陣に重くのしかかったと想像できる。海運集約の翌年は郵船にとって創立80周年の記念すべき節目の年にあたった。65年11月の株主総会で年6分配当を決め、13年ぶりの復配を成し遂げ、お祝い気分に包まれた。以来、52年にわたって配当体制を維持してきた。業績悪化により経常赤字に陥り、配当が危ぶまれる中でも年間配当を継続してきた。株式持ち合い解消で株式処分による株式売却益を配当原資に充てることがあっても、配当原資を捻出するため資産処分には走るまいと自負する経営幹部の語り口が思い出される。当然、郵船は最優先課題の復配を目指した。2018年3月期連結決算はコンテナ荷動きが回復し、運賃市況も上向き、業績が回復したため、最終損益が201億円の黒字に転じた。前期末に欠損（単体ベース）していた利益剰余金に資本剰余金からの振替により原資を確保し、復配に向けて収益を積み上げ年間30円配当を実施し、無配継続の最悪事態は回避した。2016年10月31日に郵船の2017年3月期の年間配当無配と日本船3社によるコンテナ船事業統合の合意が偶然にも同時に発表された。3社が確定した2016年度上半期決算と通期見通しと併せてコンテナ船事業統合の決定も発表する、そんな段取りだったとすれば腑に落ちる。

蘇る北米航路での巨額赤字計上

　日本船社は1985年度から1988年度の4年間のコンテナ船事業で2000億円に上る巨額の赤字を計上し苦境に立たされ苦杯をなめた。それだけ厳しい場面でも主力のコンテナ船事業を他の事業部門が下支えする全社の企業体力で乗り切ってきた。コンテナ船事業継続に疑問符を投げかける不協和音を耳にしなかったわけではない。とはいえコンテナ船事業を合理化し収益向上を図る方策として統合案が議論された痕跡が見当たらない。ここにきてコンテナ船事業を取り巻く環境が一段と激しさを増し、3社としても従来の個別対応の限界を認識し抜本策の検討を迫られた。無配転落の苦汁をなめる郵船が口火を切り商船三井、川汽を相手に水面下で提携交渉を開始し、2016年5月にコンテナ船事業統合にこぎつけた。そんな統合に向けた筋書きを描きたくなる。はっきりしているのは日本船3社がコンテナ船事業および海外コンテナ・ターミナル事業を統合新会社に事業移管することで合意した後にアライアンスTAを結成したのではないことだ。16年5月、日本船3社はハパックロイド、YMLを含めた5社でTAを結成することと、TAが翌17年4月からサービスを開始することについて合意した。この合意に基づき5社がサービス開始に向けて準備作業を開始した。TA結成は加入各社が供出する240隻の船隊から航路特性に応じた最適船型を投入するベストシップコンセプトを導入し、高頻度かつ競争力のあるサービスの提供を目指した。折しもコンテナ運賃は史上最低水準まで落ち込む中、欧州船社が合従連衡による寡占化を加速させ、中国船社も経営統合による事業再編で規模を拡大し利益を追求する戦略を展開している。世界規模で構造変化が進む中、日本船社が従来通りのコンテナ船事業戦略を見直さなくて果たして生き残れるのか。コンテナ船事業は巨額な投資と広範なネットワークが必要で、個別船社の経営努力を超える水準のコスト競争力が必要になっているのではないか。こうした課題を抱えて3社がTAのサービス開始に向けて準備を進める過程で、海外上位船社と対等に競争していくには「規模の経済（スケール・メリット）」の確保とコスト競争力の強化こそが重要であるとの意見で一致した。続いて3社はコンテナ船市場で各社の占めるシェアが相対的に小さく統合により大きな相乗効果を創出できるので、コンテナ船と海外ターミナル事業を切り離して統合することを決断した。3社は16年10月に統合合弁会社設立を発表した。合意成立から5カ月後には統合新会社設立が発表され、3社体制から1社体制への移行が決まった。つまりTA結成合意後、開業準備に向けての協議過程の落とし子として統合合弁会社が誕生し

たことになる。離合集散、合従連衡を繰り返す有力コンテナ船社間の競争に翻弄されてきた3社が、切羽詰まった局面で唯一残った選択肢で生き残りを図る方向に舵を切ったと考えれば腑に落ちる。ただ、3社がコンテナ化開幕以降の各社のコンテナ戦略を分析・総括し、このタイミングで事業統合を選択したのか企業統治の意思決定について今ひとつ読み切れない。3社は半世紀にわたり時勢の変遷に臨み、競争と協調を基本にコンテナ船事業の運営で鎬を削ってきた間柄だ。各社が創意工夫を凝らし持ち味を発揮してきた。筆者は3社が過去にコンテナ船事業統合を視野に入れて水面下で折衝したことはなかったと記憶する。残念ながらONE誕生の後日談に接する機会がなく、時が流れている。産業界で金融系列や従来の枠組みを超えた大型経営統合が珍しくない時代である。特定の業界で起きる事業統合が世間の耳目を集めることはない。コンテナ船事業を取り巻く環境といえば、コンテナ荷動きの停滞、大型船投入による船腹過剰に加えて運賃市況が史上最低水準まで下落し、大半のコンテナ船社が赤字に陥っていた。規模の経済がものをいうコンテナ船事業で優位に立つためM&Aを駆使しての再編・集約が進み、戦略的提携と呼ばれるアライアンスを形成するグループ化が加速した。

相乗効果で統合効果1,100億円を目指す

　3社が16年10月31日に発表した資料によると、17年3月期業績の単純合算で統合新会社の年間売上高は1兆7,256億円。新会社の出資比率は日本郵船38%、商船三井31%、川汽31%で、3社の出資額が現金、船舶やコンテナ・ターミナル株式など現物出資分を含め約3,000億円に上るという。3社の効率的な事業運営を組み合わせ、新たに創出する相乗効果と合算船隊規模140万TEUに上るスケール・メリット（規模の経済）を活用することにより年間1,100億円の統合効果をあげ、早期に収益構造を改善する。3社が収益回復を図るため事業統合を選択する経営判断に踏み切ったことについて、コンテナ船事業からの撤退を臆測させることも想定し、統合後の事業の運営体制を示す。合意した出資比率に基づき3社が直接出資する持ち株会社と事業運営会社を設立し、持ち株会社の傘下にコンテナ船事業と海外コンテナ・ターミナル事業を展開する運営会社を抱える運営体制に移行する。3社にとってコンテナ船事業が中核事業の一つであり、出資比率に基づき持ち分法適用会社のグループ会社に位置付けて事業を継続すると撤退論を打ち消す。したがって、統合事業の対象はコンテナ船と海外コンテナ・ターミナル事業に限っている。物流・ロジスティクス事業は

対象外。各社の開示情報によると、郵船の場合、一般貨物輸送事業に含む航空運送、物流、不定期専用船事業、その他事業、商船三井の場合、コンテナ船事業に含む物流・ロジスティクス事業、不定期専用船事業、フェリー・内航RORO船事業、関連事業、その他、川汽の場合、コンテナ船事業に含む物流・ロジスティクス事業、不定期専用船事業、海洋資源開発及び重量物船、その他の事業部門が統合事業の対象外であると明確に線引きした。

3社事業統合でベストテン入り

　統合対象事業の規模は、2016年3月期の売上高（単純合算）が2兆403億円、運航船腹量（2016年10月時点）138万2,000TEU、運航隻数（2016年9月末時点）256隻。2015年9月時点に遡り世界の運航船腹量とシェアの順位をみると、首位がデンマークのマースクで305万3,000TEU、16％、2位がスイスのMSCで268万TEU、14％、3位がフランスのCMA CGMで179万1,000TEU、9％、上位3社で世界のマーケットシェア39％を占め、4位以下を大きく引き離した。コンテナ業界関係者にとっては先刻承知のことであるが、もはやコンテナ化のパイオニアであるシーランドをはじめ米国船社の名前は見当たらない。日本船3社の順位をみると、11位が商船三井で58万5,000TEU、3％、14位が郵船で51万6,000TEU、3％、16位が川汽で39万9,000TEU、2％。3社とも順位が10位以下で、寡占化が進む世界のコンテナ船市場で苦戦を強いられている状況を浮き彫りした。3社がこのまま個別にコンテナ船事業に取り組んだとして果たして生き残ることができるのか、いかに厳しい競争環境下に置かれているか、素人でも読み取れる。3社がコンテナ船事業統合で合意した2016年10月時点の世界の運航船腹量とマーケットシェアの順位をみると、首位がマースクで317万2,000TEU、16％、2位がMSCで280万TEU、14％、3位がCMA CGMで217万2,000TEU、11％、上位3社が世界シェア41％を占め、世界シェアを2ポイント伸ばした。4位以下の順位は、4位がCOSCOで155万5,000TEU、8％、5位がハパックロイドで147万7,000TEU、7％、6位に日本船3社の統合会社が138万2,000TEU、7％で進出しベストテン入りした。

チーム一体でナンバーワンを目指す

　日本船3社は17年5月31日、18年4月にサービスを開始するコンテナ船統合新会社の社名を発表した。新会社の社名が「オーシャン・ネットワーク・エク

スプレス・プライベイト・リミテッド（ONE）」に決まった。「ひとつのチームとなり、ナンバーワンを目指し、唯一無二の存在になること」[*]をビジョンに掲げ、英文社名の頭文字の略称「ONE」にその思いを込めた。事業戦略は規模の拡大によって効率を上げるコスト追求型のメガキャリア、地域特化型のニッチ・キャリアとは一線を画し「生き残るために十分な規模かつ、細やかなサービスを提供するために適正な規模」とする差別化戦略を採用した。グローバル・キャリアとして世界中でONEという単一ブランドを展開するとともに、アライアンスTAでの協調に基づき東西航路で競争力のあるサービスの提供を目指す。3社は持ち株会社を東京に、持ち株会社が事業運営会社ONEをシンガポールにそれぞれ新設する。3社の事業統合はシンガポール競争委員会に承認されているが、持ち株会社と事業運営会社の詳細は関係各国の競争法上の審査・承認手続きが完了した段階で改めて公表することとした。日本船3社は17年4月からハパックロイド、YMLとともに結成したアライアンスTAの一員としてサービスを開始し、続いて同年7月10日、持ち株会社と事業運営会社を17年7月7日付けで新設したことを発表した。2社の概要は次のとおり。

持ち株会社

　　　社　　　名（和名）オーシャン ネットワーク エキスプレス ホールディングス 株式会社

　　　　　　　（英名）Ocean Network Express Holdings、Ltd.

　資本金　5,000万円

　優先株出資比率　日本郵船38％、商船三井31％、川崎汽船31％

事業運営会社

　　　社　　　名　Ocean Network Express Pte. Ltd.

　資本金　2億米ドル

　所在地　シンガポール

　出資比率　日本郵船38％、商船三井31％、川崎汽船31％

　また、オーシャン ネットワーク エキスプレス ホールディングス 株式会社（以下、ONE ホールディングス）は17年10月1日、資本金1億円の100％子会社オーシャンネットワークエキスプレスジャパン株式会社（以下、ONEジャパン）を東京で設立した。

　ONEはONEジャパンと日本総代理店契約を結び、ONEジャパンがONE全体

の物量の25％を取り扱うこととした。ONE 設立時に2億米ドルを直接出資した3社は、2017年度中に開業準備資金に余裕を持たせるため、6億米ドルを追加出資し期末時点の資本金を8億米ドルに増資した。また、ONEは営業開始と同時に、18年4月2日付けで設立資金に充当する22億米ドル、22万株の優先株を発行した。配当に関する議決権を除き事業運営に係わる議決権のない優先株を発行し、3社に引き受けてもらい財務基盤を厚くした。3社は同日付けで22億米ドルの払い込みを完了、ONEは資本金を総額30億米ドルに増資した。

ONE、初代トップに多彩な経歴の持ち主を起用

ONEの初代CEO（Chief Executive Officer）に就任したジェレミー・ニクソン氏に「ONEの3つの株主は非常に強い財務基盤を提供してくれている。長期的にも良いバランスシートを保つことができる」と言わせた。3社派遣の担当役員が持ち株会社ONE ホールディングスの代表権付き会長と副会長2人、取締役3人計6人の全役員を兼務し、ONEホールディングスがONEの経営を監督する。一方、ONEの役員はCEOのほか3社派遣の取締役3人で構成。ニクソンCEOは13年4月から郵船本社の経営委員を務め、ONE設立を機に初代CEOに就任した。02年4月から05年11月までPONLでロンドンを拠点に欧州の輸送事業およびグローバル営業を担当、05年12月から08年3月までマースクでコペンハーゲンを拠点にPONLの事業統合を担当、08年4月から10年4月までNYK Line Europe Ltdで、ロンドンを拠点に郵船の定期船事業の欧州およびアフリカ地区を担当、10年5月から12年3月までNYKグループSouth Asia Pte. Ltdで.シンガポールを拠点にCEO直属でグローバルに郵船の定期船事業を担当、12年4月から17年7月10日までNYKグループSouth Asia Pte. Ltdでシンガポールを拠点に同社の取締役として郵船の定期船事業を担当した経歴の持ち主。ニクソンCEOの経歴からはロンドン時代の勤務先PONLがマースクに買収されたのを機にマースクに転籍、コペンハーゲンで事業統合を担当した後、拠点をコペンハーゲンからロンドンに移し、郵船の欧州法人代表を補佐する職位に就き、欧州・アフリカ地区の定期船事業を担当、次に郵船の東南アジア現地法人に異動、シンガポールで現地法人役員を務め、マースク勤務で事業統合の被買収企業の立場で習得した実績や郵船の海外現地法人でみせた手腕を評価され、ONEの初代CEO起用への道を開いた背景を読み取れる。ONEは、香港、シンガポール、ロンドン（英国）、リッチモンド（米国、バージニア州）、サンパウロ（ブラジル）に地域本部を設けた。

アライアンス再編、勢力図塗り替え

　日本船3社が17年7月にONEを設立し、ONEが営業開始に向けて準備中に、またもやコンテナ船業界を揺るがす出来事が報じられた。中国でCOSCO Shipping Holdingsと上海国際港務グループ（SIPG）が2社共同でOOCLの親会社Orient Overseas International Ltd.（OOIL：香港の上場企業）を買収することで合意した。COSCOとOOCL、この買収手続きは18年7月24日に完了し、COSCOグループがコンテナ船腹量でCMA CGMを抜き、世界3位のメガキャリアとして上位グループの一角に食い込む急成長ぶりを誇示した。世界のコンテナ船業界はデンマークのマースク、スイスのMSC、中国のCOSCOの上位3社がけん引する勢力図に塗り替えられる。15年時点の2M、G6、O3、CKYHEの4大アライアンスの内で加入メンバーが変更していないのはマースクとMSCが構成する2Mだけで、G6、O3、CKYHE各アライアンス内では組み替えが起き、TAとOAに再編成された。TAにはONE、ハパックロイド、YMLの3社が参加、OAにはCMA CGM、COSCO、エバーグリーンの3社が参加する構成メンバーに変わった。世界のコンテナ船市場は2M、TA、OAの3つのアライアンスに再編され、3アライアンスがけん引する勢力図に変わった。

3アライアンス、北米、欧州航路で世界シェア8、9割占める

　「世界のコンテナ輸送と就航状況」（2019年版）によると、18年8月末時点のアライアンス別の運航船腹量とシェアは、アジア/欧州航路の場合2Mが181万2,394TEU、38.6％、OAが153万5,911TEU、32.7％、TAが108万4,277TEU、23.1％、その他が26万7,382TEU、5.7％、で、3アライアンスがシェア94.4％を占めた。アジア/北米航路では、OAが134万139TEU、37.0％、TAが95万1,196TEU、26.2％、2Mが71万2,014TEU、19.6％、その他が62万2,531TEU、17.2％で3アライアンスがシェア82.8％を占めた。東西基幹航路の一つ欧州/北米航路となると、若干事情が異なる。2Mが22万443TEU、20.6％、TAが15万8,315TEU、14.8％、OAが9万9,728TEU、9.3％、その他が59万1,952TEU、55.3％のシェアで3アライアンスを上回った。ONEの東西基幹航路の運航規模は、アジア/欧州航路では42万8,882TEU、シェア9.1％で、MSC（98万3,215.TEU、20.9％）、マースク（92万4,652TEU、19.7％）、COSCO（68万8,821TEU、14.7％）、CMA CGM（57万9,613TEU、12.3％）に次ぐ5位、アジア/北

米航路では55万7,938TEU、シェア15.4%で、COSCO（60万9,823TEU、16.8%）、マースク（58万4,154TEU、16.1%）、CMA CGM（56万2,251TEU、15.5%）に次ぐ4位、欧州/北米航路では10万2,165TEU、シェア9.5%で、MSC（42万8,939TEU、40.1%）、マースク（16万4,041TEU、15.3%）、ハパックロイド（15万3,625TEU、14.4%）に次ぐ4位。17年6月時点での世界の運航船腹量とマーケットシェアの順位をみると、首位がマースクで335万TEU、16%、2位がMSCで306万TEU、14.7%、3位がCMA CGMで230万TEU、11%、上位3社で世界シェア41.7%を占め、2016年10月時点に比べ世界のマーケットシェアを0.7ポイント伸ばした。4位以下の順位は、4位がCOSCOで174万TEU、8.3%、5位がハパックロイドで153万TEU、7.3%、6位がONEで144万TEU、6.9%、ベストテン入りした。

マゼンタチームでハイブリッド・キャリアーを目指すONE

ONEのニクソンCEOの言を借りると、ONEはメガキャリアとニッチ・キャリアーの中間を行くハイブリッド・キャリアーを目指す。コンテナ船事業の統合で規模（運航船腹量）は大きくなったが、メガキャリアほどの規模でない。メガキャリアと対等に競争するには、規模を"スーパーラージ"にするしかない。ローカルサービスを専門に提供するニッチ・キャリアーを無視できない。3社のコンテナ船事業の実績を引き継ぎ、3社のどの色にも染まらない"ONE"ブランドの「マゼンタチーム」として新たなビジネスモデルで事業を展開し、競合船社との差別化を図りたい。世界に1万5,000人いるスタッフが常に効率的な事業運営（ベストプラクティス）を目指す。世界に300あるオフィスはシンガポールにあるデータセンターの優れた情報技術（IT）システムで接続され、どの国のスタッフでもアクセスできる通信環境を整えている。コンテナ船社にとって財務的な安定性こそが非常に重要で、3社が強い財務基盤を提供してくれるのがONEの強みで、優れたITシステムを構築でき、イノベーションを追求できる。EAGLEプロジェクトでは、数理学や統計学モデルを採り入れた最適化システム（オペレーションズ・リサーチ）で世界のコンテナ輸送需要を数か月先まで予測でき、加えてイールド・マネジメント・システム（YMS）では、マーケッティングの効率化と往復航の貨物最適化を検証する仕組みの構築を掲げる。

ONE第1船、新造船ONE STORK（ワン ストーク）就航

　ONEがコアフリートに位置付ける1万4,000TEU型船「ONE STORK（ワン ストーク）」は18年6月12日、ジャパン マリン ユナイテッド（JMU）呉事業所で竣工、引き渡された。ONEのコーポレートカラー、マゼンタ色が船体に施された新造船ONE STORKは18年6月16日、高雄起こしで"ONE第1船"としてアジア/北米東岸航路で処女航海に就航した。ONEは18年4月1日を期して営業を開始し、3社が順次所属コンテナ船をONEに移管したが、船体がONEの採用するコーポレートカラーに包まれた新造船となると、営業開始と造船工程との調整が必要になる。ONE統合以前に発注済みの新造船で船体にコーポレートカラーの塗装が適合したONE第1船にONE STORKが巡り合わせたと言える。郵船はコンテナ船事業の統合合意以前に1万4,000TEU型船15隻のシリーズ建造計画を決め発注し、9隻の引き渡しを受けていた。第10番船がONE第1船「ONE STORK（ワン ストーク）」として装いを新たに登場した。歴史を振り返ると、半世紀前の9月、日本船6社の先陣を切って郵船の752TEU 積み船箱根丸が太平洋航路に就航、日本船社によるコンテナ化幕開きを告げた。そしてONE STORK（ワン ストーク）が日本船社のコンテナ化50年の歴史に新たなページを刻み、不思議な縁を感じさせた。ONE加入のTAがONE STORKをアジア/北米東岸航路のEC4サービスで運航を開始した。配船スケジ

"ONE STORK"（日本郵船、14,026TEU、20ノット）
　2018年6月にジャパンマリンユナイテッド呉事業所で竣工し、Ocean Network Express（ONE）が用船した1.4万TEUシリーズ船（鳥の本船名）の10番。業界最高水準の省エネ、低CO$_2$排出量で、"NYK Blue Jay"（現・"ONE Blue Jay"、アオカケスの意）と同型船。ONEのコーポレートカラーのマゼンタ色塗装の初のコンテナ船で、THE Allianceのアジア～スエズ経由北米東岸航路に就航中。船籍は日本。

ュールを見ると、ONE STORKは高雄を皮切りに香港、塩田、カイ メップ（ベトナム）、シンガポールからスエズ運河経由でニューヨーク、ノーフォーク、サバンナ、チャールストン、ニューヨークの米国東岸に順次寄港した後スエズ運河を経由しシンガポールから高雄に戻り、1航海77日ラウンドの航海を終える。ONE STORKが就航するアジア/北米東岸航路を一例にONEがTAでどのような位置を占めているのか紹介する。TAはアジア/北米東岸航路に船腹量46万5,664TEU、52隻を投入、EC1、EC2、EC3、EC4、EC5のサービス名で運航している（19年8月末時点）。ONEはEC4サービスに船腹量9万7,740TEU、7隻、平均船型1万3,963TEUを投入する他、EC1サービスに船腹量6万7,200TEU、10隻、平均船型6,729TEU、EC2サービスに船腹量2万6,770TEU、3隻、平均船型8,923TEU、EC3サービスに船腹量4万1,544TEU、5隻、平均船型8,309TEU、EC5サービスに船腹量3万6,690TEU、6隻、平均船型6,115TEUをそれぞれ投入、運航している。ONEはTA加入メンバーとしてアジア/北米東岸航路の船腹量で58％弱、隻数で60％弱のシェアを占めている。

ONE、実質初年度、通期業績5億8,600万ドル赤字、19年度に黒字転換期す

　ONEにとって18年度（18年4月‐19年3月）が実質的な初年度にあたる。120カ国で新会社設立に伴う税務手続きを済ませ、ITシステムの導入、スタッフ選定と教育訓練など準備を進め、18年2月には集荷予約の受付を開始した。しかし、営業開始までの段階で、シンガポールを除く競争当局による統合の承認が予想以上に遅れ、3社の統合過程で想定外の時間が掛かり、準備不足で営業開始を迎えざるを得なかった。営業開始直後、新たなITシステムに対する習熟不足や人員逼迫が重なりサービス面で混乱し、積み高・消席率が想定を大きく下回った。こうした営業開始時の混乱は第1四半期（4～6月）で収束したものの、積み高の回復に時間がかかった。ニクソンCEOは第3四半期（10～12月）に入って荷主が戻っていると開業時の混乱の一過性を示唆した。しかし、運賃市況が堅調な荷動きを背景にアジア/北米航路を中心に高水準で推移する中、期初に締結した固定運賃の長期契約貨物で市況上昇のメリットを享受できなかった。上期に売上高50億3,000万ドル、最終損益3億1,100万ドル赤字を計上した。第3四半期（10～12月期）に入ってアジア/北米航路とアジア/欧州航路の消席率は上期に比べ上向いたが、売上高30億2,500万ドル、最終損益1億7,900万ドル赤字となった。第4四半期（1～3月期）の航路概況によると、アジア/北米航路では米中貿易摩擦に伴う関税引き上げをにらんだ駆け込み需要

の反動減が長引き、旧正月（春節）後の荷動きの戻りは力強さに欠け、3月も追加の減便を実施した。アジア/欧州航路では1月更改の長期契約の運賃修復に加え旧正月（春節）に向けて短期運賃も堅調に推移した。旧正月後の閑散期には例年通りの積み高の落ち込みが見られ、スポット運賃市況はそれ以降第4四半期（1〜3月期）に向けて下落した。北米/アジア、欧州/アジアの復航では、北米の消席率は引き続き上昇し、欧州は第3四半期（10〜12月期）に大きく回復した消席水準を維持して推移した。下期に売上高58億5,100万ドル、最終損益2億7,500万ドル赤字を計上した。ONEの19年3月期決算は、売上高が期初予想の131億6,000万ドルを大幅に下回る108億8,000万ドルにとどまり、1億1,000万ドルの黒字を目指した最終損益が5億8,600万ドルの損失を計上した。事業統合による規模の拡大で採算向上を図る狙いが外れ、親会社3社がそれぞれ約200億円規模の持ち分法損失を計上した。

実質開業2年目に黒字転換を達成

　ONEにとって実質的な営業開始2年目となる2019年度は初年度と打って変わって期初から追い風が吹いた。日本の大口荷主との19年度の米国向けコンテナ船運賃交渉が前年度比10〜20%程度値上げすることで決着したのだ。前年度にも4〜5%の運賃引き上げを決めていたが、営業開始直後の混乱が災厄となり、混乱の収束を第3四半期に持ち越し値上げ効果を享受できなかった。荷主との契約条件の細部についての詰めを翌年春先に持ち越した。19年度は期初から3年連続の運賃値上げを決め、しかも前年度より上げ幅を拡大した。米国西岸向け運賃が前年度比10〜20%割高の水準で決着した。運賃値上げ交渉当初は荷動きが鈍り、荷主の反発があって、上げ幅の見直しを迫られる例があったにしても、コンテナ船社が減便などによる輸送需要に逼迫感を保って交渉に臨んだことが功を奏した。19年に大型船の就航が増える欧州向け運賃値上げ交渉は前年度並みにとどまった。19年度の交渉では燃料費別建て制度の導入が焦点になった。国際海事機関（IMO）は海洋汚染防止条約（MARPOL条約）に基づき20年1月から硫黄酸化物（SOx）一般海域排出規制の強化を決めた。海運会社は低硫黄燃料油いわゆる規制適合油を使用するか、スクラバー（排気ガス洗浄装置）を使用するのか、それともLNG燃料を使用するのか選択を迫られた。18年からSOx 規制に向けた対応準備が本格化した。ONEは適合油の使用を決め、適合油の調達を済ませ、第3四半期（10〜12月）から補油を開始した。適合油の使用による燃料油価格の上昇は「One bunker

Surcharge（OBS）」での回収を見込んだ。環境問題に対する顧客の意識が高まっており、規制対応について顧客の理解は得られている。スクラバーについては、21年度末までに運航船数隻に搭載を予定している。業界の動向を注視しつつ、適合油調達とスクラバー設置の最適な組み合わせを検討していく意向である。別建て制度の導入交渉は運賃本体の交渉に少なからず影響したものの、燃料費別建て制度の導入を容認する荷主が多く、船社が制度の導入の合意を取り付け一定の値上げを実現する形で決着した。ONEの業績は、19年度第1四半期（4～6月）に売上高28億7,500万ドル、最終損益500万ドル黒字、第2四半期（7～9月）に売上高31億900万ドル、最終損益1億2,100万ドル黒字を継続、上半期（4～9月）の売上高が前期比9億5,400ドル増の59億8,400万ドル、最終損益が同1億8,500万ドル増の1億2,600万ドル黒字を計上し、順調な滑り出しを見せた。消席率を重視し、需要減少に対応した断続的な減便を実施できたことが利幅を広げた。第3四半期（10～12月）に入って売上高は前期比1億1,100万ドル減の29億1,400万ドルに落ち込んだが、減便による運航費削減が寄与し、最終損益500万ドル黒字を確保した。第3四半期（10～12月）に北米航路で運航船腹量の13％に相当する31便、欧州航路で運航船腹量の18％に相当する12便をそれぞれ減便した。19年4～12月期は、3四半期連続で黒字を計上し好調を維持した。20年1月31日時点で、通期の業績は、売上高が前期比9億9,900万ドル増の118億7,900万ドル、最終損益が同6億6,700万ドル増の8,100万ドルと、期中予想の2,100万ドル増を上方修正する見通しを発表した。一方、新型コロナウイルス感染症が世界中で猛威を振るい始め、中国の港湾で乗組員の交代が禁じられる具体的な影響が出ており、荷主企業の中国生産が停滞すれば、通期業績に下振れ方向で影響が出ることは不可避とみられた。19年12月末時点での航路構成をみると、アジア/北米航路37％、アジア/欧州航路24％、アジア域内航路20％、その他航路19％の割合となっている。ONEは20年4月30日、2019年度通期（4～3月）決算を発表した。売上高は前期比9.1％増の118億6,500万ドルを計上し、最終損益は同6億9,100万ドルの大幅改善が寄与し、1億500万ドルの黒字を確保する黒字決算であった。20年1月時点で通期業績は売上高108億8,000万ドル、最終損益8,100万ドルの黒字と見込んでいたが、売上高は横ばい、最終利益が予想を24％上回る黒字決算となった。19年4～12月期に3四半期連続で黒字を計上し、第4四半期（1～3月）の落ち込みを補い通期で好成績を残した。事実上の開業2年目にして早くも黒字転換を実現した。

統合効果を1年前倒しで達成

　日本船3社はONE設立時に規模の経済（スケール・メリット）の活用により、統合後の3年間で10億5,000万ドル（約1,100億円）の統合効果を実現する目標を掲げた。事実上の開業初年度の18年度に82％の統合効果をあげたことに続いて、当初、19年度に14％積み増し96％とし、20年度に目標の達成を想定した。19年度に意思決定の迅速化、交渉力の強化など想定を上回る効果をあげたことに支えられ業績が好調に推移した。これによって想定を1年前倒しで19年度に10億5,000万ドルの統合効果の目標を達成した。内陸費用、ターミナル契約、コンテナ修繕費など変動費4億4,000万ドルを削減、IT統合、組織合理化、アウトソース促進など一般管理費3億1,000万ドルを削減、航路合理化、燃料消費量節減など3億ドルを削減した。期初に総額5億ドルの年間収支改善目標を設定し取り組み、見込みどおりに達成した。空コンテナ回送を減らし、コンテナの効率運用を目指す貨物ポートフォリオ最適化・イールド・マネージメント・システム（YMS）強化で1億9,000万ドル、顧客のニーズに対応した航路構築、最適船型の投入や大型船投入による規模の経済規模の経済（スケール・メリット）の追求によるプロダクト最適化で2億6,000万ドル、組織の最適化で5,000万ドルをそれぞれ対前年度比で改善した。しかし、日本船3社は19年度中に海外ターミナル事業をONEに移管する予定であったが、20年3月31日時点で移管は実現せず、現在進行形の課題として次期以降に持ち越した。ONEは19年度決算発表時に20年度中の実行を目指し検討していると、移管実現を1年先送りした。海外ターミナル事業の移管を先送りする課題を抱えながらも、ONEは19年度に1年前倒しで所期の統合効果目標を達成した勢いで収益安定化に弾みをつけたいところだが、新型コロナウイルスの感染拡大による世界経済混乱の影響が読み切れず、21年3月期の業績予想の開示を見合わせた。

日本船3社、新型コロナウイルス感染拡大の影響で
先行き不透明感強めたが…

　ONEに共同出資する日本船3社とっても感染拡大のマイナス影響を読み切れない点では同じである。20年3月期決算発表時に21年3月期業績予想も併せて発表するのが通常であるが、新型コロナウイルス感染拡大の影響で先行き不透明を理由に通期の業績予想を未定とする企業が相次いだ。こうした中、商

船三井は20年4月30日、21年3月期業績予想を連結経常損益に限定して発表した。感染拡大が半年で収束した場合は通期の経常損益が100億円の赤字、感染拡大が1年継続する場合は赤字が400億円に膨らむと見込んでいることを発表した。運輸業界に感染拡大の影響を読み切れないことを理由に業績予想を未定とする会社が多い中で、海運は悪くてもこの程度の赤字にとどまることを示す狙いで赤字額に幅を持たせる二通りの業績シナリオを発表した。どちらの赤字額になるにしても、経常赤字計上は13年3月期以来、8年ぶりとなる。採算悪化の要因にコンテナ船など製品輸送事業をあげた。この時点でONEは業績予想を開示していないので、商船三井が独自の試算による結果と前提条件付きで発表した。新型コロナウイルス感染拡大は2月中旬以降、中国から韓国、日本に、そしてASEAN諸国に波及した。3月には欧米諸国に急激に拡大した結果、サプライチェーンの供給元であるアジア諸国での生産活動が停滞し、荷動きが急減した。欧米消費国での需要が急落し、荷動きが激減した。感染拡大による荷動きへの影響に対し、アライアンスや船社の対応は早く船腹調整で臨んだ。総供給船腹量に対する削減船腹量の比率は中国の旧正月（春節）対応で2月に31.4％に上昇、春節明けの3月に9.8％に下降したが、コロナ禍が世界中に拡大した4月には22.0％に再び上昇した。5月以降各国の経済活動再開により荷動きが回復し、5月の20.9％から漸減し、6月は11.4％、7月は4.6％、8月には3.8％まで下降した。一方、単月の荷動きが前月比で上回ったのは北米航路が7月、欧州航路が8月であった。4月末時点で通期の業績を予想することが難しいことを浮き彫りした。商船三井に続いて川汽が同年5月11日発表した20年3月期の連結決算で、ONEの持ち分法投資利益が寄与し最終損益が52億円の黒字（前期1,111億円の赤字）を確保したことを明らかにした。売上高は前期比12％減の7,352億円（前期8,367億円）、経常損益は前期比563億円を改善して74億円の黒字（前期498億円の赤字）を計上した。コロナ禍の影響を読み切れず、手元資金の確保を優先するとして、未定としていた期末配当は無配継続に決めた。21年3月期の業績予想と1株当たり年間配当予想について未定とした。郵船は同年5月25日、20年3月期の連結決算と併せて21年3月期業績予想を発表した。20年3月期の連結決算で、売上高は前期比9％減の1兆6,683億円（前期1兆8,293億円）、営業損益は276億円増の386億円の黒字（同110億円の黒字）、経常損益は465億円増の444億円の黒字（同20億円の赤字）、最終損益は311億円の黒字（同445億円の赤字）で、2期ぶりの黒字を確保した。21年3月期業績予想については、売上高は前期比14％減の1兆4,300億円、営業利益は同87％減の50億円とした。新型コロナウイルス感染拡大のマイナスの

影響を大きく受ける定期船と不定期船事業が経常損益を前期比605億円押し下げる想定で、経常損益はゼロ（前期444億円の黒字）を予想したが、最終損益は未定とした。配当は中間配当を見送り、期末配当は20円と予想した。前期の実績は中間配当、期末配当それぞれ20円で、1株当たりの年間配当が40円であった。

ONEの業績改善、3社の業績予想を上方修正

　3社の業績予想はONEの業績改善の推移とともに変化した。期初に21年3月期の連結経常損益を100億～400億円の幅を持たせて赤字と予想した商船三井が6月中旬には経常損益ゼロと予想したが、9月下旬になると、通期予想を未定に変更した。さらに10月末には21年3月期の連結経常利益が前期比27％減ながらも400億円になりそうだと発表した。期初の赤字予想から一転して大幅な黒字確保に変更した。31％出資するONEが通期決算で、税引き後利益を前期比約9倍の9億2,800万ドル確保する見通しに大幅改善したことが理由であった。ONEの業績改善が商船三井の持ち分法投資利益計上として反映する見通しに好転した。

　商船三井の20年4～9月期の経常利益は前年同期比16％増の327億円（前期281億円の黒字）となり、堅調に転じた業績下で1株当たりの年間配当予想を見直したが、年間配当を前期実績（65円）より30円少ない35円に変更した。従来予想では中間配当10円、期末配当は未定としていた。商船三井の20年4～12月期連結決算は売上高が前年同期比15.6％減の7,316億円（前期8,672億円）、営業損益が10億円赤字（前期243億円の黒字）、経常損益が同48.1％増の729億円黒字（前期492億円の黒字）、純損益が同32.8％増の644億円黒字（前期484億円の黒字）であった。本業の営業赤字は自動車船でコロナ禍による需要急減で収益が悪化、ばら積み船も市況低迷に苦しみ、LNG船で安定収益を確保したものの、自動車船とばら積み船の収益悪化分をカバーできない結果となった。商船三井は21年1月29日、21年3月期の連結純利益の見込みを前期比84％増の600億円（前期326億円）と発表した。連結純利益を見込み通りに計上すると、09年3月期の1,269億円以来、12年ぶりの水準となる。ONEの税引き後利益が商船三井の利益を押し上げ、さらに従来予想から上振れした。期末配当予想を前回の20円から65円積み増し85円に変更した。実施済みの中間配当の15円と合わせて1株当たり年間配当を前期実績（65円）より35円多い100円とする予想に変更した。売上高は前期比15％減の9,850億円（前期1兆1,554億円）

と従来予想から100億円上方修正した。営業損益は前期比257億円減の20億円赤字（前期237億円の黒字）、経常損益は前期比399億円増の950億円黒字（前期550億円の黒字）、純損益は前期比273億円増の600億円黒字（前期326億円の黒字）とそれぞれ予想した。

　商船三井に続いて、21年2月3日、郵船と川汽の両社が21年3月期の連結純利益予想をそろって上方修正した。郵船は経常利益を前期比3.6倍の1600億円（前期444億円の黒字）に引き上げた。経常利益1600億円を達成すると、リーマン・ショック（2008年9月）直前の08年3月期の1984億円に次ぐ過去2番目の水準になる。純利益は同2.9倍の900億円（前期311億円）に、従来予想から550億円引き上げた。売上高は8％減の1兆5,400億円（前期1兆6,683億円）と従来予想から800億円引き上げた。好調な業績を受けて、1株当たり年間配当は従来予想から80円増やし、前期比90円増の130円とした。1株当たりの年間配当130円は09年3月期の150円に次ぐ配当水準。郵船が同日発表した20年4～12月期連結決算は売上高が前年同期比9％減の1兆1,459億円、営業利益が同48％増の479億円、経常利益が同3.2倍の1,220億円、純利益が同2.8倍の523億円であった。

　川汽は売上高が前期比17％減の6,120億円と従来予想から220億円引き上げ、営業損益が前期の68億円の黒字から210億円の赤字、経常利益が前期比6.8倍の500億円、純利益が同12倍の650億円になりそうだと発表した。ONEの持ち分法投資利益519億円が経常段階の収益改善に貢献した。本業の収益悪化が響き営業損失を余儀なくされたが、経常損益の従来予想は収支均衡のゼロであったので大幅な引き上げとなる。通期の経常利益500億円を達成すると、15年3月期以来、6年ぶりの高い水準となる。20年4～12月期連結決算は売上高が前年同期比17.4％減の4,687億円、営業利益が32億円の赤字、経常利益が75％増の429億円、純利益が同2.5倍の632億円であった。配当については「財務体質を強靭・強化することと、株主への還元を比較検討している」と、現時点では未定とした。1株当たりの年間配当は郵船が130円、商船三井が100円を予想する中、川汽が手元資金の確保を優先し財務基盤の強化を喫緊の課題として取り組む苦衷をのぞかせた。

　ONEが21年1月29日に20年4～12月期決算で税引き後利益が前年同期比12倍の16億2,600万ドルに膨らんだことを発表した。コロナ禍の巣ごもり需要による北米向けなどの荷動き急回復でスポット運賃が高騰したことが寄与した。3社が出資比率に応じて計上した持ち分法投資利益は郵船が655億円、商船三井が521億円、川汽が519億円。3社は持ち分法投資利益を営業外収益に計上した。一部重複するが、その結果、3社の4～12月期連結経常利益は郵船が前年

同期比3.2倍の1,220億円、商船三井が48％増の729億円、川汽が75％増の429億円と大幅増益となった。ONEの20年4〜12月累計では売上高が8.7％増の96億7,300万ドル（前年同期88億9,800万ドル）、税引き後利益は前年同期比14億9,600万ドル増の16億2,600万ドル（同1億3,100万ドル）の好調な黒字を計上した。ONEは20年10月末時点で、通期の売上高は前年同期比0.8％増の119億1,100万ドル（前年同期118億6,500万ドル）、税引き後利益は同78％増の9億2,800万ドル（同1億500万ドル）を予想した。21年1月29日時点で、確定した第3四半期（10〜12月）の実績を踏まえて、第4四半期（1〜3月）の売上高を40億ドル、税引き後利益を9億ドルと見込み、通期の売上高は前年同期比14.8％増の136億7,400万ドル、税引き後利益は2.7倍増の25億2,600万ドルをそれぞれ確保すると予想し、前回（20年10月末）の通期予想を売上高と税引き後利益を上方修正した。

ONE、21年3月期、増収増益の大幅黒字決算、3社の業績改善に貢献

　ONEは2021年4月30日、2021年3月期決算を発表した。売上高は前期比21％増の143億9,700万ドル（前期118億6,500万ドル）、税引き後利益は同33倍の34億8,400万ドル（同1億500万ドル）を計上する増収、大幅黒字決算となった。21年1月公表時点で売上高136億7,400万ドル、税引き後利益25億2,600万ドルと予想していたが、直近の通期予想を売上高が7億2,300万ドル、税引き後利益が9億5,800万ドル上回った。旧正月の季節要因や新型コロナウイルス感染再拡大による荷動き減退懸念を織り込み、第4四半期（1〜3月）の売上高を40億ドル、税引き後利益を9億ドルと見込んだ。ふたを開けると、売上高が7億2,400万ドル増の47億2,400万ドル、税引き後利益が9億5,800万ドル増の18億5,800万ドルで通期業績を上方修正した。税引き後利益34億8,400万ドルは郵船、商船三井、川汽3社のONEへの出資比率に応じて持ち分法投資利益として営業外収益に計上され、連結経常利益を押し上げ、3社の業績改善に寄与した。

　商船三井は2021年4月30日、2021年3月期連結決算を発表した。売上高は前期比14％減の9,914億円（前期1兆1,554億円）、営業損益は290億円減の53億円の赤字（同237億円の黒字）ながら、経常損益は2.4倍の1,336億円の黒字（同550億円の黒字）と12年ぶりの高水準となり、当期純損益は900億円の黒字（同326億円の黒字）を計上する減収、増益決算となった。経常利益1336億円には営業外収益に計上したONEへの出資比率31％に応じた持ち分法投資利益1,142億円が寄与した。期末配当を従来予想の85円から135円に積み増し、1株

当たり年間配当は150円（前期実績は65円）とした。

　郵船と川汽は2021年5月10日、2021年3月期連結決算を発表した。郵船の売上高は前期比599億円減の1兆6,084億円（前期1兆6,683億円）、営業損益は328億円増の715億円の黒字（同386億円の黒字）、経常損益は1,708億円増の2,153億円の黒字（同444億円の黒字）、当期純損益は1,080億円増の1,392億円の黒字（同311億円の黒字）の減収、増益決算となった。経常利益2,153億円には営業外収益に計上したONEへの出資比率38％に応じた持ち分法投資利益1,400億円が反映した。期末配当を従来予想の130円から70円積み増し、1株当たり年間配当は200円（前期実積は40円）とした。

　川汽の売上高は前期比1,098億円減の6,255億円（前期7,358億円）、営業損益は281億円減の213億円の赤字（同68億円の黒字）、経常損益は821億円増の895億円の黒字（同74億円の黒字）、当期純損益は1,034億円増の過去最高となる1,086億円の黒字（同53億円の黒字）を計上する減収、増益決算となった。経常利益895億円には営業外収益に計上したONEへの出資比率31％に応じた持ち分法投資利益1,142億円が反映した。しかし、配当原資に充てる単体ベースの利益剰余金が347億1,500万円欠損しているため、期末配当は従来予想の未定から無配継続に確定した。郵船と商船三井はONEが新型コロナ禍に伴う巣ごもり需要の拡大によるコンテナ運賃の高騰を享受し、好調な成績を下支えに業績予想を上方修正したのに対し、川汽は大幅に業績を改善しながらも無配継続を選択し、郵船、商船三井と明暗を分ける結果となった。

　商船三井は2021年3月期連結決算から「稼ぐ力」を示す指標として営業損益に持ち分法投資損益を加減した勘定科目「事業損益」を新たに設け、翌期以降も継続して開示する予定であることを明らかにした。海運大手の事業ポートフォリオや事業形態の変化に伴い、営業損益段階に反映しない事業が増えている。LNG（液化天然ガス）船など船舶保有会社への投資が増え、それらの収益が営業損益に反映されない実状を踏まえた情報開示を目指す。郵船と商船三井のコロナ禍なる未曾有の不確実要因を背景とした業績予想は3カ月後の予想さえ大幅に狂わせたことが年間配当予想の修正に顕著に現われた。郵船は期初に「中間配当を見送り、通期で20円を予定」していた。終わって見れば年間配当は200円で、2008年3月期の240円に次ぐ高水準。商船三井は期初に「配当性向20％の基本方針を維持するとしながらも、年間配当を未定」とした。商船三井の年間配当は未定から35円、100円と積み増し、150円が確定した。期初に通期業績予想と配当について現時点で「未定」とした川汽は期中に未定を繰り返し、財務体質の強化を優先し無配継続を決めた。

3社、2022年3月期、コンテナ船市況の軟化を予想

　2022年3月期の連結決算で3社はそろって経常減益を見通している。前期の利益を大きく押し上げたコンテナ船市況の軟化を想定しての見通しである。商船三井はコンテナ運賃市況が早ければ夏場以降に軟化するとの前提で経常利益を前期比25％減の1,000億円、純利益を横ばいの900億円と見通している。ONEの経常利益を前期比56％減の520億円と予想。郵船は経常利益を前期比35％減の1,400億円、川汽は経常利益を同50％減の450億円と予想している。3社そろってコンテナ船への追い風は弱まるとみている。しかし、郵船、商船三井の両社は期初に2021年度も郵船が200円、商船三井が150円それぞれ1株当たり年間配当実施を予想している。

コンテナ船市場の推移

　コロナ禍を追い風にコンテナ船市場がどのように推移したのか北米航路と欧州航路でのコンテナ荷動き、船腹需給、運賃市況を中心に「国際輸送ハンドブック」（2021年版）から各種統計データを孫引きして頼りに振り返って見る。20年上半期（1〜6月）のアジア18カ国・地域から米国向け往航コンテナ荷動きは09年上半期以来の前年割れとなった。7月は中国やASEAN諸国出しが急回復し、前年同月比微増で10カ月ぶりのプラスに転じ、8月は2カ月連続して前年同月比でプラスとなり、18年10月を上回る過去最高を記録した。9月は3カ月連続のプラスと2カ月連続での2桁プラスとなり、かつ9月の過去最高を記録した。米国でクリスマス商戦向けの在庫確保の動きが活発化する10月は4カ月連続のプラス、3カ月連続での2桁プラスとなり、8月の過去最高を更新した。1〜10月累計ではほぼ前年並みの1,486万779TEUまで回復した。一方、米国発アジア18カ国・地域向け復航コンテナ荷動きは20年1〜8月累計で前年同期比6.4％減の432万8,462TEUとなった。コンテナ船腹量は20年第3四半期（7〜9月）にアジア/北米西岸航路で前年同期比13.1％増と過去10年間で最高を記録し、第4四半期（10〜12月）には前代未聞の増加となった。感染拡大の影響で中国の生産活動が停滞する中、20年1月末以降50便以上が運休となった。輸送需要が回復した第3四半期（7〜9月）には運休便が順次解除された。輸送需要の減退に対応した船腹調整が功を奏し、スポット運賃市況が急騰した。上海航運交易所（SSE）が上海出しスポット運賃（ターミナル・ハンドリ

ング・チャージ：THCを除く）である上海輸出コンテナ運賃指数（SCFI）を
公表している。北米西岸と北米東岸航路は40フィート・コンテナ当たり
（FEU）、欧州と地中海航路は20フィート・コンテナ当たり（TEU）のドル
で表示する。また各月末尾のかっこ内に北米西岸航路と北米東岸航路のスポ
ット運賃を表示する。まずは1月と10月のスポット運賃を単純比較すると、北
米西岸航路では2.4倍強に、北米東岸航路では1.6倍強に騰貴したことが分か
る。しかも北米西岸航路では9月に過去最高の3,809ドル/FEUを記録し、翌10
月には前月比1.1％上昇の3,853ドル/FEUに更新したことを特記する。1月は輸
送需要が増加、一部船社の船腹削減により需給が底堅く、上海出港船の平均
消席率は95％以上を維持した（北米西岸航路1,558ドル/FEU、北米東岸航路
2849ドル/FEU）。2月は感染拡大の影響で輸送需要の回復速度が遅く、荷動
き量は予想を下回った。船社による船腹削減措置も需給の改善効果がなく、
上海出港船の平均消席率は60〜80％の範囲で変動した（北米西岸航路1,420ド
ル/FEU、北米東岸航路2,757ドル/FEU）。3月になると米国で感染が急拡大、
生産・経済活動に影響し、輸送需要が低迷、上海出港船の平均消席率は約
85％で、中旬に実施した運賃値上げの成果を維持できなかった（北米西岸航
路1,494ドル/FEU、北米東岸航路2,775ドル/FEU）。4月は輸送需要が引き続
き低迷、船社が大規模な船腹削減措置を維持したが、需給が悪化し続け、上
海出港船の平均消席率は月初めの90％から月末には85％まで低下した（北米
西岸航路1,587ドル/FEU、北米東岸航路2,705ドル/FEU）。5月は上海出港船
の平均消席率は約90％で、月末に向け感染拡大が鈍化したため、輸送需要は
回復し市況は値上がりした（北米西岸航路1,751ドル/FEU、北米東岸航路2,639
ドル/FEU）。6月は米国の感染流行に明らかな改善の兆しは見られないが、
各州政府が徐々に規制措置を緩和し、企業の生産・事業活動や日常生活が戻
るにつれ輸送需要も回復した。同時に船社の運休規模がわずかに低下した
が、市場全体の需給は依然として良好に推移し、上海出港船の週平均消席率
は約95％を超え、一部は満船となった。スペース逼迫を受け船社が月初めか
ら複数回の値上げを実施したことで、市況は急騰しSCFIの累計上昇率は北米
西岸航路が28.4％、北米東岸航路で20.9％に達した（北米西岸航路2,488ドル
/FEU、北米東岸航路3,074ドル/FEU）。7月も米国で感染が急速に拡大する
中、米国の景気回復を支えに輸送需要は増加し続け、上海出港船の平均消席
率は95％を超え、需給は良好に推移した。7月も船社が値上げを実施したこと
で、北米西岸航路のスポット運賃は史上最高水準に達した（北米西岸航路
2,826ドル/FEU、北米東岸航路3,352ドル/FEU）。8月は北米航路の荷動きが

急増、船腹供給量も徐々に回復したが、需給がひっ迫した状況は変わらず、上海出港船の週平均消席率は満船に近く積み残しが発生した。スペースひっ迫のもと船社が月内に複数回の値上げを実施し市況は急騰し、北米西岸航路では2009年以来の過去最高を記録した（北米西岸航路3,639ドル/FEU、北米東岸航路4,207ドル/FEU）。9月は米国で感染が急速拡大を続ける中、米国政府が依然として経済回復を優先していることを支えに、輸送需要も拡大を続け、上海出港船の平均消席率は95％を超え、需給は良好で市況は上昇を続け、北米西岸航路のスポット運賃は過去最高を記録した（北米西岸航路3,809ドル/FEU、北米東岸航路4,549ドル/FEU）。10月も荷動きが活発で、一定程度の船腹供給があったが、需給ひっ迫は改善されず、上海出港船の週平均消席率は常時95％を超え、月の後半は満船状態となり、スペースひっ迫が続き、市況も高水準で推移した（北米西岸航路3,853ドル/FEU、北米東岸航路4,624ドル/FEU）。アジア/北米航路では2,000ドル/FEUで利益を確保できる中、運賃が異常な水準に高騰していることが新造船の投入による船腹過剰に陥る反動の大きさへの懸念が取り沙汰され始めた。

2019年のアジア/欧州航路のコンテナ荷動きは往航が前年比2.6％増の1,660万2,473TEU、復航が同6.3％増の812万9,677TEUで往復航とも過去最高を更新した。2020年上半期（1～6月）のアジア/欧州航路の往航コンテナ荷動きは引き続き新型コロナウイルス感染拡大の影響により前年同期比12.3％減の729万9,440TEUであった。下半期に入り7月は前年同月比1.9％増の152万2,251TEUと7カ月ぶりプラスとなり、1～7月累計は前年同期比10.1％減の882万2,417TEU、8月は前年同月比1.6％増の147万6,235TEUと2カ月連続のプラスで8月の過去最高を記録した。1～8月累計は前年同期比10.3％減の1,011万1,249TEU。9月は欧州での感染再拡大に備えた在庫確保の動きにより前年同月比8.0％増の146万1,407TEUと3カ月連続のプラスで9月の過去最高を記録した。1～9月累計は前年同期比8.3％減の1157万3,460TEUとマイナス幅を一桁に縮小した。

コロナ下で船社による中国発サービス運休拡大

中国で新型コロナウイルス感染の流行により旧正月（春節）休暇が延長され、船社による中国発サービスの運休が拡大し、船腹量が167万TEUに達した。春節休暇に伴い運休した船腹量は2018年に21万TEU、19年も34万TEUで、20年は倍以上の規模となった。アジアと北米、欧州、地中海を結ぶ4航路で20年5～7月に5月106便、6月73便、7月10便合計189便が運休した。アライア

ンス別の運休に伴うコンテナ船腹量の削減幅をみると、オーシャン・アライアンス（OA）が最も小さく12.86％、最も大きいのがザ・アライアンス（TA）の28.20％、2Mは22.33％と続いた。夏場に入り様相が一変した。太平洋航路とアジア／欧州・地中海航路での運休便は9月前半までの累計で8便と運航予定230便のわずか3％にとどまった。中国の国慶節連休後、コンテナ輸送市場は季節的なオフシーズンに入ったが、コンテナ船社は10月初旬に運休計画をキャンセルした。ここでSCFIの平均値により、20年1～10月を期間に欧州、地中海各航路のスポット運賃の推移を概説する。1月は欧州経済が緩やかに回復する中、春節前の出荷ピークで荷動き量が高水準を保持し、スペースタイトで多くの出港船が満船状態となり、上海出港船の平均消席率は95％以上で推移し、前月比で欧州航路が18.6％、地中海航路が21.0％上昇した（欧州航路1,048ドル／TEU、地中海航路1,180ドル／TEU）。2月は国内の長期休暇とサプライチェーンへの新型コロナウイルス感染拡大の影響により工場の再開が遅れ、荷動き量が低迷、船社が運休便の再開を遅らせたが、市場のファンダメンタルズは依然弱く、上海出港船の週平均消席率は約80％にとどまった。一部船社が春節後に値下げし、他船社が追随したことで市況は下落、前月比で欧州航路が18.2％、地中海航路が13.5％大幅下落した（欧州航路857ドル／TEU、地中海航路1,020ドル／TEU）。3月も欧州諸国の生産・サプライチェーンが大きなリスクにさらされ、企業の生産・操業は深刻な影響を受け、荷動き量が不足し、上海出港船の平均消席率は約85％で市況も値下がりした。地中海航路も沿岸国のスペイン、イタリアが欧州最大の新型コロナウイルス感染国となり、上海出港船の平均消席率は約85％で、市況は前月比で欧州航路が5.5％、地中海航路が11.5％下落した（欧州航路810ドル／TEU、地中海航路904ドル／TEU）。4月は新型コロナウイルス感染拡大の影響で輸送需要が大幅に減少する一方、船社が運休規模を拡大し、上海出港船の平均消席率は約90％としたが、市況は下落傾向を続けた。SCFIの平均値は前月比で欧州航路が8.3％、地中海航路が5.6％下落した（欧州航路743ドル／TEU、地中海航路853ドル／TEU）。5月に入ると、欧米での新型コロナウイルスの流行が落ち着き始め、通常の生産・操業が徐々に再開、輸送需要も増加傾向に変わり、需給は堅調でSCFIの平均値は前月比で欧州航路が7.8％、地中海航路が2.2％上昇した（欧州航路801ドル／TEU、地中海航路872ドル／TEU）。6月は欧州主要国の生産活動や日常生活が回復し、輸送需要を押し上げた。船社が依然として大規模な運休措置を維持したことにより、全対的な船腹供給は低水準で推移、上海出港船の週平均消席率は基本的に95％を超え、SCFIの平均値は前月比で

欧州航路が9.8％、地中海航路が8.3％上昇した（欧州航路879ドル/TEU、地中海航路945ドル/TEU）。7月は欧州諸国の経済データが回復を示し、コンテナ輸送の需要も引き続き好調を維持した。需給は安定し、上海出港船の平均消席率は約95％で、市況は小幅に上昇、SCFIの平均値は前月比で欧州航路が3.0％、地中海航路が0.5％上昇した（欧州航路905ドル/TEU、地中海航路950ドル/TEU）。8月はSCFIの平均値は前月比で欧州航路が2.9％、地中海航路が2.7％上昇した（欧州航路916ドル/TEU、地中海航路967ドル/TEU）。9月は新型コロナウイルス感染が再拡大したが、欧州諸国は生産と事業活動を段階的に回復させ、輸送需要は好調で需給も安定し、上海出港船の平均消席率は95％を超えた。月末には国慶節連休前の出荷がピークで、一部出港船が満船となった。SCFIの平均値は前月比で欧州航路が15.0％、地中海航路が17.2％も大幅に上昇した（欧州航路1071ドル/TEU、地中海航路1,143ドル/TEU）。10月に入って欧州諸国で新型コロナウイルス感染が再流行し、仕向地での生産活動や日常生活に悪影響が出る中、現地の物資需要が高まり輸送需要が旺盛で、需給も良好な水準を維持した。上海出港船の週平均消席率は95％を超え、スペース不足が発生、市況は月初めの国慶節連休後にわずかに低下したが、その後は毎週上昇を続けた。SCFIの平均値は前月比で欧州航路が4.7％、地中海航路が8.8％も上昇した（欧州航路1,122ドル/TEU、地中海航路1,243ドル/TEU）。

コンテナ不足が常態化

　ONEが21年1月29日に発表した20年度第3四半期（10〜12月）決算によると、新型コロナウイルス感染拡大に伴うロックダウン（都市封鎖）後の需要急回復によりスポット運賃市況が上昇し、北米航路中心に積み高、消席率は前年同期を上回る水準で推移した。第3四半期（10〜12月）実績は積み高が北米航路往航で前年同期を6万5,000TEU上回る73万TEU（前年同期58万5,000TEU）、復航で前年同期を4万8,000TEU上回る36万8,000TEU（同32万TEU）、欧州航路往航で前年同期を3万8,000TEU下回る40万2,000TEU（前年同期44万TEU）、同復航で前年同期を3万1,000TEU下回る33万1,000TEU（同36万2,000TEU）となり、北米航路での荷動き急回復が大きく寄与した。消席率は北米航路往航で前年同期93％を6ポイント上回る103％、復航で同42％を12ポイント上回る54％、欧州航路往航で同92％を10ポイント上回る102％、復航で同72％を8ポイント上回る80％と、北米・欧州両航路の往復航で前年同期

を上回る水準で推移した。第2四半期（7〜9月）での北米航路を中心とした荷動き増および運賃水準の大幅上昇が第3四半期（10〜12月）に入っても継続し、他の航路でも荷動き復調に加えコンテナ不足の影響もあって運賃は歴史的な高水準となった。ONEは開業初年度に当たる2018年度第1四半期（4〜6月）の各航路総平均運賃を100とした指数を公表している。第3四半期（10〜12月）の運賃指数は北米航路往航が前年同期の104を36ポイント上回る140、欧州航路往航が同27ポイント上回る125に大幅に上昇し、業績を大幅に改善した。ただ、荷況の急回復と新型コロナウイルス感染再拡大による活動制限によってサプライチェーン全体に許容量を超える負荷がかかり、各地での混乱が深刻化し、新たな課題を投げかけた。港湾での労働力不足、荷役効率の低下、停泊時間の長期化、運航遅延による入港待ち船の増加がスケジュールの順守率を低下させた。港湾、内陸での混乱が輸送スペースとコンテナ不足を常態化した。ONEは追加船を確保、臨時投入し積み残しの解消を急ぐ一方、コンテナ不足対策を打ち出した。AI（人工知能）技術を活用し、自社スペースの最大運用および追加船を活用したコンテナ回送を実施する。ONEは20年12月、今治造船グループの正栄汽船と2万4,000TEU積み幅24列型超大型コンテナ船6隻の長期用船契約（用船期間15年）を締結した。幅24列型の超大型コンテナ船は「メガマックス24型船」とも呼ぶ（「世界のコンテナ輸送と就航状況2020年版」）。ONEは競争力強化と差別化策の一環としてメガマックス24型船6隻を新造整備する。ONEのメガマックス24型船6隻はスクラバー（排ガス洗浄装置）を搭載し、23年から24年にかけて順次竣工する。6隻の竣工に合わせて小型船との代替を進め、6隻投入以前の運航船腹量を維持する。20年4月からTAの正式メンバーとなったHMMは同年4月以降に竣工するメガマックス24型船シリーズ船12隻（12隻目は9月末竣工）を全てアジア/欧州航路で就航させた。20年8月時点の船社上位10社の供給船腹量をみると、上位10社の中でHMMの船腹量増加率は前年同月比66.6%増、船腹量でも最大の27万4,000TEU増と船隊規模を大幅に拡大した。メガマックス24型船の就航が順位を前年の9位から8位に押し上げ、超大型船運航船社の一角に食い込んだ。供給船腹量増加率でHMMに次ぐ2位のMSCはメガマックス24型船（2万3,756TEU主体）シリーズ11隻のうち前年9月以降7隻を順次就航させた。HMMのメガマックス24型船12隻が欧州航路に就航したことに伴い、北米と北欧州をアジア経由で結び振り子配船しているアジア/北欧州・アジア/北米西岸航路（サービス名：FP2）、アジア/地中海航路（同MD2とMD3）、アジア/北米東岸航路（同EC4）で大規模な転配が実施された。前年8月末比の平均船型はFP2が

475TEU増の1万4,049TEUとなり、ONEとYMLの1万4,000TEU積みネオパナマックスで船隊を形成している。MD2が3.7％増の1万4,449TEUで、ハパックロイドのコンテナ船を中心に船隊を形成している。HMMに続いてONEがメガマックス24型船6隻を就航させ、TAとしてコンテナ船隊の競争力を強化する。TAメンバーのハパックロイドもメガマックス24型船6隻（2万3,500TEU主体）を発注している。ハパックロイドは韓国の大宇造船海洋で6隻を建造、6隻にはLNG（液化天然ガス）燃料推進システムを搭載し、23年4月から順次竣工する。現時点の発注残を含めたアライアンス別のメガマックス24型船の内訳はOA24隻、TA12隻、2M11隻で、OAが一歩リードしている。OAメンバー の CMA CGMがLNG燃料推進システム搭載の9隻、OOCLが5隻の新造発注を決めたほか、エバーグリーンも10隻の発注残を抱えるなど積極的に整備を進めている。OA はアライアンス結成以来の節目に東西基幹航路の新サービス体制を発表する。20年4月、「デイ4プロダクト」の名称で、コンテナ船325隻、運航船腹量376万TEU、38ループ（サービス）のサービスを開始した。航路別サービス数の内訳は太平洋航路19、大西洋航路2、アジア/欧州航路7、アジア/地中海航路4、アジア/中東航路4、アジア/紅海航路2。翌21年1月には4月から「デイ5プロダクト」の名称で開始する新サービス体制を発表した。前年比で隻数は8隻増の333隻、運航船腹量は34万増の376万TEUで39ループにサービス規模を増強するというもの。サービス数は太平洋航路で19から20に1サービス増え、内訳は西岸航路13、東岸航路7。OAメンバーのCMA CGMはメガマックス24型船9隻を含めたLNG燃料コンテナ船18隻を投入し、環境に配慮して海上輸送でのエネルギー転換を推進する意向を示している。TAとしてもONEとハパックロイドの2社がメガマックス24型船を各6隻計12隻整備することで、HMMの12隻と合わせ24隻の規模まで拡大しOAに並ぶ見通しである。先行き不透明感を拭いきれないものの、新型コロナウイルスの特需に沸くコンテナ船業界。ONEの業績は営業開始から2年にして好調に転じた。好成績の常態化が当面の経営課題である。また、開業から5年目に当たる節目の年に欧州航路でメガマックス24型船6隻の運航を開始、船隊整備で競争力を強化し効率化の向上で弾みをつけたいところだ。持ち分法適用会社であるONEが日本船3社の成長戦略を下支え続けられるか、その真価が問われる。

第3章
揺籃期

引き続きコンテナ揺籃期に転じる

　シーランドを率いるマルコム・マックリーンがベトナム戦争に介入する米国本土からベトナム向け軍用物資の補給にコンテナ輸送を導入したことは良く知られている。米国と英国、欧州大陸を結ぶ大西洋航路でコンテナ輸送が急増した時期はベトナム戦争で米国内各地の工場がフル稼働していた時期と重なる。その多くは中西部の工場でコンテナ詰めされ、ポートエリザベスやボルチモアから毎週のように船積みされた。トラック1台では長さ40フィート・コンテナ1個しか運べない。トラック運送会社にとっては妙味がない代わり、鉄道会社にとってはトラックに奪われた輸出貨物を奪い返し、内陸輸送で優位に立つ好機であった。だが、鉄道会社の反応が鈍かった。東部の鉄道会社は平台貨車にトレーラーを載せて運行するピギーバック方式と呼ばれるトレーラートレインが順調に稼働している中で、新たにコンテナ荷役用のオーバーヘッド・クレーンやヤードに設備投資するだけの資金的余裕がない苦しい台所事情があった。それでも鉄道会社はベトナム戦争による好景気の恩恵を享受し、ピギーバック方式の輸送実績を伸ばしながらも、新分野に向かう気概には欠けていた。米国政府の規制緩和政策を背景にコンテナ船社主導のもと2段積みコンテナ専用列車（ダブル・スタック・トレイン：DST）の運行が実現するまで20年にわたって鉄道会社はコンテナ輸送事業を継子扱いしてきた。米国のベトナム介入は第2次世界大戦後の米ソ冷戦下のトルーマン政権に遡る。1952年、トルーマン政権はインドシナ（当時）への軍事援助を発表し、軍事顧問650人を南ベトナムに派遣した。55年10月、ゴ・デイン・ジエム、大統領に就任、国名をベトナム共和国に改称。60年12月、南ベトナム解放民族戦線（ベトコン）が結成された。時を同じくして発足したケネディ政権も軍事援助を増強、63年11月の南ベトナムの軍部クーデターを容認した。63年11月22日、ケネディ大統領が暗殺され、ジョンソン第36代大統領に就任。この時点で米国派遣の軍事顧問は1万6,000人を数えた。64年8月に米駆逐艦がベトナム民主共和国（北ベトナム）艦艇に発砲されるトンキン湾事件が起き、直後に米国議会がトンキン湾決議を採択した。この事件の報復措置として米軍機がベトナム民主共和国（北ベトナム）の海軍基地、石油貯蔵所を爆撃した。65年2月、ベトコンがブレイクの米空軍基地を攻撃、米軍が北爆を開始した。そして3月、米海兵隊3,500人がダナンに上陸、米地上兵力の直接介入が始まった。同年6月、国務省は米軍と南ベトナム軍の共同作戦を許可し、

ベトナム派遣米軍を12万5,000人に増強することを発表した。10年におよんだベトナム戦争の歴史を振り返ると、64年が米国のベトナム本格介入の起点の年になったことが読み取れる。米政府のベトナム派遣米軍を12万5,000人に増強する決定に基づき65年冬、ベトナムへの緊急増派が始まった。物資補給で米軍史上、最悪の混乱を招く事態に直面したが、コンテナ導入がこの難題の解決で重要な役割を果たした。コンテナなしに米国が本土から地球を半回りした不慣れな土地・ベトナムで大規模な軍事作戦を展開できなかったと言われる。米地上兵力の直接介入から5年経った時点で、ベトナム駐留軍兵士は54万人を上回っていたことを考えると、発端が何であれ一旦始まった戦闘が気付いたら戦争状態に拡大し、戦況が時を追って泥沼化し、収束までに大きな犠牲を払わされることが分かる。因みに米軍の61年1月から68年3月2日までのベトナム戦死傷者累計が13万6,951人に上り朝鮮戦争でのそれを上回ったことが、このことを如実に物語っている。この発表の直後、ジョンソン大統領は北爆の一方的部分的停止と大統領選不出馬を声明した。

マックリーンとグリーソンの邂逅

　話を米軍のベトナム緊急増派とシーランドのベトナム向けコンテナ輸送の関わり方に戻す。ジョンソン大統領は陸軍と海兵隊合わせて6万5,000人と空軍の飛行小隊の緊急増派を命じた。米政府は緊急増派によって大規模な軍事作戦の展開を示唆する一方で、予算は65年にベトナムからの撤退完了を前提とした作戦に限定し、恒久的なインフラ整備を想定した予算を認めない和戦両用の構えをみせた。米本土で一般商船を徴発しベトナムまで軍用物資の輸送を統括する海軍の軍事海上輸送部（Military Sea Transportation Service : MSTS）の現地事務所さえ設けないのが実情であった。緊急増派を決めたときから兵站が課題であることは当然認識していたが、課題を解決することとは別であった。案の定、増派兵士が5万9,900人に達した時点で、物資補給は絶望的な状態に陥った。輸送船はカリフォルニアから次々やってきてベトナムの港の外で、投錨するが、積み荷を安全に陸揚げできなかった。水深が浅すぎ外航船は桟橋に近づくことさえできない。はしけか水陸両用の戦車運搬艇（LST）を使うしか方法がない。本船とはしけやLSTをロープで結び、木箱やカートンをネットに入れて下す作業とあって時間がかかる。ベトナムで一つしかない水深が深いサイゴン（現ホーチミン）の港はどうだったのか。南シナ海からサイゴン川の河口を70㌔遡った地点に位置し、荷役機器不足のた

め頼りは人力だけとあって荷役に時間がかかり船不足に拍車をかけた。当時の状況を知る海軍の指揮官は、サイゴンは船の墓場だったと振り返った。米国本土から次々送り込まれてくる補給物資をさばけずパンク状態に陥っていた。統合参謀本部がサイゴン港の立地条件や荷役事情を知らなかった訳ではない。増派命令を出す1カ月前に兵站確保のためサイゴン港の北約700㌖にある地方小都市ダナンの港を外航船が入港できるように整備し、ダナンからサイゴンに物資を輸送することを計画していた。統合参謀本部最高司令官と対外援助総責任者の間でこの計画について一旦は意見が一致したが、ダナン港の整備計画の詰めに手間取っているうちに、統合参謀本部最高司令官が考えを変え、カムラン湾の開発を進言した。ダナンから南480㌖に位置するカムラン湾に物資補給センターを設置する案が浮上し、国防長官がこの案を承認し本決まりとなった。統合参謀本部は第一兵站司令部を新設、この新設司令部がカムラン湾の運営を含め港湾施設の運営から船舶補修まで一元的に管轄することになった。しかし、カムラン湾が天然の港湾としてベトナム最大規模であったが、物資補給センター設置場所となると相応しくなかった。インフラ未整備に加えて軟弱地盤で通常の建設方法が通用しなかった。そこで米軍はカムラン湾を整備する早道はデロング式の可動桟橋を本土から持ち込むとの結論を下した。サウスカロライナからパナマ運河経由でカムラン湾まで全長90㍍の浮き桟橋を曳航し、電源供給用に海軍の艦艇数隻を停泊させ、港として運用を開始した。米国からの外航船が入港できるようになり、可動桟橋が増設された。カムラン湾に外航船が入港できるようになったからといって、事態は改善しなかった。歩兵大隊、機甲部隊が到着するたびに陸揚げする物資と装備は膨れ上がり、MSTSが可能な限りの船舶を使って食料や武器弾薬をさばいた。65年11月時点で、ベトナムの港に45隻が停泊、75隻が貨物を満載し沖待ちするかフィリピンで待機していた。国防長官と統合参謀本部長が65年11月にベトナムを視察した際に、第一兵站司令部司令官はベトナム中の港が混乱状態に陥っている窮状を訴えた。米本土の政治家がベトナムの兵站を問題視し、政府に問題の解決を要求するようになった。強い圧力をかけられた南ベトナム政府は65年末にサイゴンに水深が深い港の建設に同意した。サイゴン新港が建設となった。国防長官は海軍の反対を抑えて陸軍に全軍の物資補給を一任する兵站の一本化を命じた。この命令に従いMSTSは民間企業に沿岸輸送を委託した。受託した民間企業は手際よく埠頭を整備し、はしけを折り返し運航し、海岸沿いに物資を効率良くピストン輸送した。ベトナムの物資輸送を効率化してみせると国防長官を口説き落としていただけ

に、この成功はMSTSの司令官も認め、民間企業起用のきっかけとなった。軍の幹部にほかのことも民間企業のほうがうまくやれるかも知れないと印象付けた。一方、軍は調査チームを編成し兵站の実態を調査し、船積み手順の改善を求める報告書を提出した。報告書は木製パレットを使用する梱包のユニット化を要求していた。しかし、マクナマラ国防長官は知っていた。産業界では木製パレット使用の梱包のユニット化よりもっと進んだ輸送方式を導入していることを。マクナマラは大手海運会社のトップをワシントンに招き、ベトナムの輸送状況を撮影した映像を見せた。映像を見た人の中にマックリーンがいた。マックリーンとベトナムでのコンテナ輸送を結び付けるきっかけとなったのはこのときであった。マックリーンは何度もワシントンに足を運び、いろんな人に自らの考えを説いて回ったが、反応は芳しくなかった。そこでマックリーンはベトナム向け物資の補給の指揮を執る海軍大将に直訴することに成功した。65年のクリスマスにマックリーンのベトナム視察が許可された。渡欧中のマックリーンはパリで部下の主任技師と顧問技師と落ち合い、その翌日にはサイゴンに到着、ダナンとカムラン湾を視察し、軍から現状報告を受けた。マックリーンはコンテナの導入によってベトナムの混乱の大半を解決すると結論付けた。マックリーンを後押ししたのが意外にも国際港湾労働組合（ILA）のトーマス・グリーソン議長であった。かつてニューヨーク港のコンテナ化を巡っては対立関係にあったマックリーンとグリーソンであったが、マックリーンにとって敵役のグリーソンも相次いでベトナムを視察し、政府にありったけのコンテナ船を徴発するよう進言した。統合参謀本部は66年1月にホノルルでトップレベルの会議を開き、新方針を打ち出した。新方針に民間にできることは民間に任す、港湾荷役などがこれに該当することを盛り込んだ。統合参謀本部が新方針で民間起用を打ち出したが、肝心のMSTSはというと、それまでにコンテナ船の用船を含めコンテナ輸送を経験したことがなく、コンテナ化の何たるかが分からなかった。カムラン湾の物資補給センター、サイゴン新港の浚渫、ダナンその他の港での新桟橋建設など港湾整備が始まっていたが、いずれも在来船を想定したもので、民間が導入しているコンテナ化は、軍にとっては皆目見当がつかない話だった。マックリーンは66年の冬の間中、国防総省に訴え続けたが取り合ってもらえなかった。4月になって持ち株会社マックリーン・インダストリーズの子会社がサイゴン新港でのトラック輸送を請け負った。この契約はコンテナ輸送ではなかったが、マックリーンは予定を2カ月前倒しし貨物輸送を開始した。このことが評価され5月には、かつてマックリーンが直訴した海軍大将がMSTSに

対し、シーランドとの間でオークランドから沖縄までコンテナ船3隻による貨物輸送契約を結ぶよう指示した。

シーランド、総額7,000万ドルでコンテナ輸送契約締結

　当時、沖縄がベトナム向け物資輸送の主要基地であった。マックリーンにとって好機到来である。シーランドは長さ35フィート・コンテナ476個積みコンテナ船（T3型改造船）を12日ごとに運航し、MSTSをひどく感心させた。今度はMSTSがシーランドに米国から直接ベトナムまでコンテナを輸送してほしいと言い出した。シーランドのコンテナ船に船上クレーンを装備していることが、ベトナムの港での荷役で有利に働く利点とみたMSTSは、数社が名乗りを上げる中からシーランドを指名した。これでマックリーンの思惑通りに事が運ぶかにみえたが、港湾業務を統括する第一兵站司令部司令官がコンテナ輸送に気乗り薄であった。だが、シーランドの実力を知る軍の上層部は第一兵站司令部に早急にコンテナ導入を進めるよう督促した。第一兵站司令部は66年7月にシーランドとコンテナ輸送の委託契約を結んだが、開始67年10月以降という条件付きであった。ところが第一兵站司令部がシーランドと委託契約を結んだ翌月にベトナムに送り込まれる食糧や軍事物資が急増した。再び物資補給が大混乱した。状況が急変したことを受けてMSTSはベトナム向けコンテナ輸送契約の入札を実施し、3社が応札した。ここでもシーランドが落札した。シーランドはコンテナ輸送にとどまらず、関連機器やコンテナ・ターミナル建設まで引き受けることを約束し、他社より優位に立った。67年3月、シーランドはコンテナ船7隻による輸送を請け負う総額7,000万ドルの契約に署名した。コンテナ船7隻の内3隻が8月にはオークランドとシアトルからカムラン湾への物資輸送を開始した。この3隻は船上クレーンを装備していないので、カムラン湾にクレーンを整備する予定で運航を始めた。船上クレーンを装備する3隻は6月に米国西海岸からダナン向け輸送を開始、7隻目はベトナムの港と港を結ぶ沿岸輸送に投入した。シーランドは冷凍コンテナの提供に同意し、加えて桟橋から50㌔以内の軍事基地にシャーシでコンテナを輸送することも請け負った。サウスカロライナからカムラン湾に持ち込んだ可動桟橋の一つにはコンテナ荷役用クレーンを設置できる強度を持たせた上でクレーンが走行するレールを敷いた。シーランドはクレーン2基をフィリピンで用意し、はしけ2隻で半完成品のクレーンをカムラン湾に曳航した。フィリピンからはコンテナ用シャーシ、作業員用の簡易宿舎に加え汚水処理プラントま

でカムラン湾に輸送した。一方、ダナン港は8月にコンテナ船の受け入れ体制が整い、オークランドを出航したコンテナ船ビヤンヴィル号が初入港した。長さ35フィート・コンテナ226個の荷役は15時間で完了した。カムラン湾には予定より3カ月遅れの11月に最初のコンテナ船オークランド号が長さ35フィート・コンテナ609個を積み入港した。この後、シーランドは隔週、ベトナム向けにコンテナ600個を輸送した。武器弾薬を除くあらゆる種類の物資がシーランドのコンテナで輸送された。コンテナはシーランドがベトナムに持ち込み運用する最先端コンピュータ・システムで米本土を出港してから帰港するまで管理された。1967年の軍の記録にも「港の問題は解決した」と記された。MSTS司令官は「シーランドは、たった7隻の船（コンテナ船）で在来船20隻分の物資を捌き、慢性的な商船不足解消に大いに貢献した」と高く評価した（「コンテナ物語」239ページ）。確かにシーランドはベトナムの港の問題解決に貢献したが、コンテナ船がその威力を最大限に発揮するためには、民間でいう荷主である軍が効率的な利用方法を習得する必要があった。シーランドがオークランドから沖縄向けコンテナ輸送を開始したときにも、貨物の大半がコネックス・ボックスに収められていた。シーランドはやむなく35フィート・コンテナにコネックス・ボックス4個を入れて輸送した。MSTSの補給係将校にコンテナを効率的に利用する発想に欠けていることを露呈した。当初、半分しか貨物が詰まっていないコンテナが多い原因の一つにコネックス・ボックスの利用があった。65年11月、軍が調査チームを編成し兵站の実態を調査し、船積み手順の改善を求める報告書に木製パレットを使用する梱包のユニット化を盛り込んだ。この梱包のユニット化こそがコネックス・ボックスを意味していた。軍はシーランドとの契約で沖縄やフィリピンのスービック湾向けコンテナの最低輸送個数を保証していた。このことが数合わせで効率を無視し5トン積みコネックス・ボックスを長さ35フィート・コンテナに詰め込む結果を頻発させた。コンテナの導入に懐疑的であった軍が最強のコンテナ支持者に変貌し、コンテナ化が兵站改革の決め手になると、コネックス・ボックスに代わって長さ20フィート・コンテナが採用された。長さ20フィート・コンテナの容積はコネックス・ボックスの6倍半あり、最新のコンテナ船にぴったり収まった。軍という組織は一旦前向きになると、その後が早い。軍の技術者は発展途上国でも円滑にコンテナを陸揚げできる携帯型ターミナルの設計に着手した。陸軍と海軍は武器弾薬のコンテナ輸送実験が実施した。工場出荷時にコンテナに詰め込んで封印し、ベトナムに輸送した。報告書がコンテナは武器の輸送方法として完璧に安全であると太鼓判を押した。ただし、

さすがに大砲の砲弾は非常に重たいため、重量制限上、コンテナの空きスペースが増えてしまう欠点があった。軍上層部は議会でコンテナは単に輸送手段の一種と考えるべきではないと力説した。コンテナの全面活用を念頭に置いて設計されたロジスティクス・システムで使われて初めて、コンテナの効果は最大化されると説くまでになった。変われば変わるものである。

1万4,000TEU積みONE STORK、半世紀の時を経てベトナム寄港

　ベトナム戦争の転換点となった68年1月、テト（旧正月）攻勢が起きた。2018年から遡ること50年前の出来事である。18年6月、ONEが第1船と呼ぶ1万4,000TEU積みONE STORKがベトナム南部のカイメップ（Cai Mep）に寄港したことも何かの巡り合わせであろうか。カイメップはホーチミン市から約40㌔離れたバリア・ブンタウ省に位置する。同省のカイメップ川、チーバイ川流域では20を超す新埠頭を整備する港湾開発計画が策定され、2009年5月末に一部のコンテナ・ターミナルが完成、夏場にかけて北米航路の大型コンテナ船が寄港を開始した。ベトナムでのコンテナ取扱量は2019年に全国総合計で前年比20.7％増の1,560万7,705TEUに大幅増加し、初めて1,500万TEU台に乗せ、過去最高を更新した。南部での取扱量が前年比18.2％増の1,136万2,649TEUと全体の約73％を占めた。2018年、東西航路の大型コンテナ船が寄港するバリア・ブンタウでは前年比20.8％増の294万6,471TEUのコンテナを取り扱い、2桁の大幅増を記録した。19年も前年比27.0％増の374万2,943TEUと好調に推移した。ベトナム最大の港湾ターミナル会社と言えば海軍系のサイゴン・ニューポート・カンパニー（SNP）。SNPは19年にベトナム全土で前年比11.6％増の880万1,000TEUを取り扱い、ホーチミン地区の93％、カイメップ地区の68％、そして全国の50％をそれぞれ占めた。

　ベトナム北部に目を向けると、SNPは商船三井、伊藤忠商事、ワン・ハイ・ラインズ（萬海航運、台湾）と合弁会社、Tan Cang Haiphong International Container Terminal（TC-HICT）を設立、TC-HICTは2018年5月に開業した。ベトナム北部ハイフオン港沖合のラックフェン海域に深水港が開発され、ベトナム北部初の大水深バースの超大型船対応のコンテナ・ターミナルが供用開始した。このコンテナ・ターミナルは敷地面積45㌶、岸壁延長750㍍、水深14㍍の2バースにガントリー・クレーン8基、電動式ヤードクレーン（RTG）24基を備え、1万2,000TEU積みコンテナ船が寄港し、年間コンテナ処理能力は110万TEU。2020年は10月22日までに累計50万TEUを取り扱った。2020年時点で

北米航路3便、インド航路週5便、アジア域内航路週5便合計週10（13）便が寄港している。19年には米中貿易戦争を背景に中国から生産拠点のアジア諸国へのシフトが起き、年が明けた20年には新型コロナウイスの感染拡大となり、特にベトナムへのシフト加速現象が起きた。こうした中でベトナムでの港湾整備のテンポは早まり、一段と拍車がかかりそうな情勢である。

ポスト・ベトナム戦争と対日航路進出

　ONEの第1船 ONE STORK就航時に映ったベトナムの様変わりした港湾事情を想起しての記述はここまでとして再度、時をベトナム戦争当時に戻す。テト攻勢は米軍が本格介入したことで劣勢に立たされた南ベトナム解放民族戦線（ベトコン）が巻き返しを図った乾坤一擲の軍事作戦であった。北ベトナム指導者が一度は犠牲が大き過ぎると難色を示した作戦ではあったが、最終的にベトコンの一斉蜂起を承認した。1月30日、テト休戦の隙をついて一斉蜂起し、サイゴンをはじめ主要都市や基地を攻撃、米国大使館も一時占拠されかけた。緊迫する戦況を伝える映像が世界に流れた。戦争終結が近いと知らされていた米国民に与えた衝撃は大きく、全米に反戦運動が勢いを増して広がった。ここまでのベトナム戦争の推移をみるだけでも、シーランドを率いるマックリーンが戦闘地帯で通常の事業運営を試みたことが分かる。しかもきっちり利益を確保する賭けにでたのである。向う見ずに賭けにでたわけでない。MSTSとの契約でもリスクを負う交換条件を付けた。米本土から沖縄とフィリピン向けでコンテナの最低個数を保証させた。米本土出港時にコンテナ詰め可能な物資をすべてコンテナ詰めする契約条件も取り付けた。ベトナム向けではコンテナ単位の固定運賃で請負、MSTSと契約したコンテナ単位の固定運賃は、米本土からベトナム向けの片道分で、ベトナムから米本土までの運航コストを賄うのに十分な内容であった。米国政府からベトナム向け片道運賃で往復分の運航コストをカバーできる申し分のない契約条件であった。米本土からベトナム向けコンテナは軍用物資を満載しているが、帰りは空である。それでも運賃が往復分のコストをカバーしているから損を出すことはない。だからと言ってこれで満足するマックリーンではなかった。マックリーンはベトナム帰りに輸送できる貨物があれば、たとえ低運賃貨物でも収受する運賃すべてが利益になる。マックリーンがベトナム戦争の進捗状況をどの程度読み解いていたか推し量りかねる。マックリーンの脳裏にベトナム帰りの復路にコンテナ船を日本に途中寄港させる対日進出案が浮かんだと

しても不自然でない。戦局の見通しを鋭敏に感じとっていたとみるのが自然である。テト攻勢を機に戦況は緊迫の度を強め、米軍に不利な展開に変わってきた。米政府は国内での反戦運動の拡大と盛り上がりに悩まされた。68年5月にベトナム民主共和国と米国で公式会談がパリで始まり、10月には米空軍による北爆が全面停止の運びとなった。翌69年に登場したニクソン大統領はベトナムからの名誉ある離脱へと動き、72年に訪中し、米中接近を実現した。翌73年のパリ和平協定に基づき最高時に54万3,400人に上ったベトナム駐留軍兵士は全面撤退した。75年、北ベトナムの勝利で戦争は終結した。常に新天地を求めて挑戦するマックリーンがベトナム向け補給物資のコンテナ輸送を通じて戦況の変化を的確に分析し、戦時下の事業運営の先行きを見通し、次善策として対日進出を決断したと考えるのが自然のように思える。読者の反論を期待したい。マックリーン率いるシーランドが米国のベトナム戦争への本格介入後に米国本土からベトナム向け軍用貨物のコンテナ輸送に従事しているころ、英国、欧州大陸諸国の船社の間にコンテナ定期航路の経営形態としてコンソーシアム結成を摸索する動きが現れた。口火を切ったのは自動車の海上輸送で実績を伸ばしていたスウェーデンのワレニウス・ラインだと聞く。シーランドのコンテナ化への取り組み姿勢に接して英国、欧州大陸諸国の船社は驚異と警戒の念を強めながらも、慎重な態度をとった。英国、欧州大陸諸国では一般に伝統に基づく堅実性を重んじる価値観が企業経営を支配し、同業者間の共存共栄を優先する経営風土が浸透していた。コンテナ化には巨額の投資が伴うこと、コンテナ化により定期航路を安定して運営できるのか、先行きに対する不安が先行していた。コンテナ化による規模の拡大が利益の増加を見込めるにしても、企業経営の破綻を招く懸念があれば、リスク回避のため共同で対処する考えが優先する。当然、コンテナ化に効率的に巨額な投資を実施するため、大西洋航路に配船する米国、英国および欧州大陸諸国の船社が資本参加する1大コンソーシアム結成の構想を打ち上げた。ワレニウスはこの構想について関係船社に個別に打診を始めた。これに対して米船のユナイテッド・ステーツ・ラインズ（USL）は辞退した。このコンソーシアムに参加した場合、米国の海運補助法に抵触すると言うのが辞退の理由であった。1966年1月、ワレニウス・ライン、スウェーディシュ・トランスアトランティック、スウェーディシュ・アメリカ・ラインおよびホーランド・アメリカ・ラインの4社が参加してコンソーシアム、アトランティック・コンテナ・ライン（ACL）が発足した。ACLは参加4社が各社で1隻ずつ建造したRORO船を定期用船し、各社が配船し、集荷することになった。

その後、66年9月にフランス国営船社フレンチ・ラインが、同年12月に英国のキュナードがそれぞれACL参加を決め、船隊は10隻に増加した。ACL発足に先立ち英国では自国船社のみで企業連合体を設立し、コンテナ輸送の調査に着手していた。この企業連合体はP&O、ブリティシュ・コモンウェルス、アルフレッド・ホルト、ファーネス・ウイジイの4社が65年9月にオーバーシーズ・コンテナズ・リミテッド（OCL）を、その翌年66年1月に英国のベン・ライン、ブルースター・ライン、T&Tハリソン・ライン、キュナード、エラーマンの5社がアソシエーテッド・コンテナ・トランスポーテーション（ACT）をそれぞれ発足させ、どちらもその後コンソーシアムに成長した。67年9月、ACLが北米東岸/欧州航路で、ACTが欧州/豪州航路で同時にコンテナ輸送を開始した。英国海運は第2次世界大戦前からの航権を戦後も引き継ぎ、世界の定期航路に君臨してきたが1960年代前半を通じてコンテナ化に消極的な態度であった。しかし、66年春の時点で米国を起点する定期航路でコンテナ輸送を実施しているのは3社だけであったが、翌67年6月になると60社に達した。仕向地は欧州をはじめ世界各方面に広がる勢いを見せた。こうした情勢下でコンソーシアムなどグループを結成し守りの体制整備を急いだ。67年には12社がコンテナ船64隻を発注しており、一気呵成に輸送力が拡大し激しい運賃競争が不可避の情勢を迎えていた。大西洋航路が波乱含みの中で、マックリーンは米国にとって第2位の貿易相手国にのしあがっている日本に注目した。コンテナ船の運航コストは国防総省との契約でカバーされている。日本からたとえわずかな貨物を輸送してもそっくり利益になるのだから、迷うことはない。行き掛けの駄賃との比喩はあるが、マックリーンにとってはいわば"帰り掛けの駄賃"稼ぎであった。日本進出を決めてからの行動は早い。合弁形式を選ばないマックリーンは、グループ会社の1社とコンテナ・ターミナル整備契約を、もう1社と代理店契約を、さらにもう1社とトラック輸送契約を結ぶ。日本〜北米太平洋岸運賃同盟（TPFC）は68年6月17日付けでシーランドの正式加盟を決定した。シーランドは日本/北米太平洋岸/パナマ運河経由/プエルトリコ/北米大西洋岸航路でコンテナ船8隻を6日間隔で運航する計画を明らかにした。コンテナ船8隻の内訳をみると、長さ35フィート・コンテナ609個積みC4・J型4隻と長さ35フィート・コンテナ476個積みT3型4隻で、C4・J型とT3型はシーランドが先の大戦中に建造された戦時標準型船を戦後に米政府から払い下げを受け改造したコンテナ船。C4・J型は船上に24トン半クレーンを装備していたが、T3型は船上クレーンを装備していない。コンテナ船は日本からシアトルに向かい、シアトル寄港後にオークランド、ロサン

ゼルス両港に寄港しパナマ運河経由でサンファンに寄港した。サンファンでチャールストン、ボルチモア、ニューヨーク向けコンテナを積み替えた。コンテナ船8隻の航海速力は17ノット級5隻と16ノット級3隻で、日本船社の新造コンテナ船の22ノット級と正面からの競争をさけるため、シアトル先行の配船スケジュールを選択した。第1船サンファン号（35フィート・コンテナ476個積み）は68年12月9日、横浜からシアトルに向けて処女航海の途に就いた。当時を知るシーランド関係者に言わせると「12月8日（現地時間）」が27年前の米英両国による対日宣戦布告日であり、米国船社シーランドとしてはこのことを念頭に置き配船スケジュールを決めた。ただ、日本軍によるハワイ真珠湾攻撃を受けた米国が41年12月8日（米国時間）、対日宣戦布告におよんだ史実に基づきシーランドが対日航路の配船スケジュールを策定したことを裏付ける史資料にはお目に掛かっていない。

対日進出で先行するマトソン

　ともあれこの時点では日本船6社の日本とカリフォルニアを結ぶ航路（PSW航路）にコンテナ船6隻がそろって就航していた。PSW航路のコンテナ船はオークランド、ロサンゼルス両港に寄港していたが、シアトル・バンクーバー航路（PNW航路）のコンテナ化は1970年5月を待つ状態であった。日本船6社はPNW航路がコンテナ化されるまでシアトル向けに在来船の配船を継続した。サンファン号の航海速力が17ノットであっても、日本からシアトルまでの航海日数は13日で、15、6日かかる在来船より優位に立った。日本船社のPNW航路のコンテナ船が太平洋を13日で横断しているのに対し、シーランドのコンテナ船はオークランドまで15〜17日、ロサンゼルスまで16〜18日かかり劣勢であった。ニューヨーク向けでは、シーランドのコンテナ船の航海日数は36〜45日かかり、直航在来船の25〜26日に遅れをとった。日本船社は在来船の直行配船でシーランドに対抗できると踏んだ。日本船社はシーランドの対日進出を脅威と受け止めた。当面は改造コンテナ船の航海速力の遅さに助けられ、コンテナ船と在来船で競争できると楽観した。もちろんいつまでも劣勢に甘んじるマックリーンではない。マックリーンの胸中を推測すると、航海速力33ノット級コンテナ船の新造計画が描かれていた。航海速力33ノット級コンテナ船が就航すると、日本から北米太平洋岸まで5日半で横断することになり、形勢が逆転する。
　対日進出でシーランドに先んじたのがマトソンである。マトソンを語るの

に忘れてはならない人物がいる。フォスター・ウエルダンである。今では世界に向け新型コロナウイルス感染者数を連日発信する米国ジョンズ・ホプキンズ大学教授の経歴を持ち、オペレーションズ・リサーチなる新しい科学分野で名の知れた学者である。マルコム・マックリーンが脳裏に浮かんだ構想をわずか2年で事業化したのとは対照的に、マトソンはまず社外での研究に2年をかける、それほど慎重な会社であった。56年に社内に研究部門を設置した。ウエルダンが研究部門の責任者に採用された。地球物理学者でもあるウエルダンは潜水艦発射ミサイル、ポラリスの開発に携わった異能な頭脳の持ち主。研究者ウエルダンの目標は十分なデータを収集し、データに基づきマトソンに最適なコンテナ輸送方式を提案することであった。同社が扱う一般貨物の約半分はコンテナ輸送に適しているが、本土とハワイ間の貨物量のインバランスが問題であった。本土からハワイ向けがハワイから本土向けの3倍で、本土向けに空のコンテナを輸送することになる。さらにハワイ向け貨物の最終仕向地がハワイ諸島に点在する小規模な食品店が多かったため、ホノルルでコンテナを開封し、小口貨物に仕分けし最終仕向地に配送するため、コンテナ輸送コストが割高となった。それでもウエルダンは人力に頼る荷役コストが上昇傾向をたどるとみて、コンテナ導入による荷役の機械化が望ましいとの結論をだした。ウエルダンはマトソンの輸送実績をすべてコンピュータで解析した。ハワイ航路で最適なサイズは長さ20〜25フィートだと結論付けた。コンテナは甲板上に積み、在来貨物を船倉内に積むように提言した。57年初め、マトソンの経営陣はウエルダンの提言を受け入れ、最新技術を学んだ船舶設計技師や専門技術者を配置し、クレーンの設計に着手した。クレーンは岸壁に設置することに決まった。ウエルダンの担当業務はコンテナ・サイズの提案までで、実際のコンテナは専門技術者陣が作ることになった。実験に必要な資材を発注し、数か月わたる実験を繰り返し、データを収集した結果、マトソンにとって最も経済的なコンテナのサイズは高さ8フィート・6インチ、長さ24フィートであるとの結論に達した。マトソンは競争入札を実施、応札した11社中の1社にクレーンを発注した。クレーンの高さは地上から34㍍、両脚間10㍍のA形に似たクレーンが完成した。一方、コンテナメーカーがマトソン仕様のコンテナ600個とシャーシ400台を製造した。5段積み固定方式は社内で開発した。ウエルダン率いる研究部門は保有船舶の効率運用について研究をかさねていた。58年8月、ハワイアン マーチャント号が甲板上にコンテナ20個、船倉に在来貨物を積んでサンフランシスコを出航した。これを機にハワイアン マーチャント号を含むC3型貨物船6隻が航海ごとにコン

テナ75個を輸送した。59年1月、マトソンは世界初のコンテナ専用クレーンの運用を開始した。サンフランシスコ港東岸のアラメダに設置したクレーンは翌60年にはロサンゼルスとホノルルにも設置した。マトソンはウエルダン策定の計画に基づきC3型貨物船ハワイアン シチズン号の改造に着手した。長さ24フィート・コンテナ436個積みコンテナ船に改造されたハワイアン シチズン号が60年5月、ロサンゼルス/オークランド/ホノルルの三角航路に就航した。5つある船倉の一つに冷蔵コンテナ用の電源が設置され、機関室できっちり温度管理できた。ハワイアン シチズン号は航海日数15日で運航された。コンテナ専用クレーンが荷役の効率性を高め、港で費やす日数を2日半に短縮した。三角航路の採算は好調を維持し、万事に慎重なマトソンの経営陣が64年にコンテナ船に新規に3,000万ドルを投資することを決めた。アレキサンダー・ボールドウィンが64年10月、マトソンを買収した。66年初めにマトソンが近く太平洋航路でコンテナ輸送サービスを開始すると報じられた。マトソンはアレキサンダー・ボールドウィンの資金力を背景に外国航路進出を目指し、米連邦海事委員会（FMC）に北米太平洋岸/ハワイ航路就航コンテナ船の極東延航を申請し、FMCは66年2月、マトソンの申請を認可した。これによってマトソンの太平洋航路進出が本決まりとなり、日本の海運界に衝撃を与えた。コンテナ化が米国内の沿岸輸送で成功していることは先刻承知していたが、外航航路に進出、国際競争の強力な輸送方式として日本に押し寄せてくるとは予想していなかった。唐突かつ早すぎる。早急に対策を講じなくては。政府主導での対策樹立のスケジュールが急浮上した。米国でも異例のスピードと映ったくらいだ。

第2の黒船襲来とは

　日本国内で警鐘を乱打する意味で「第2の黒船襲来」が喧伝された。黒船襲来の4文字を見聞きした筆者は迷わず幕末にアメリカ東インド艦隊司令長官ペリーが軍艦（蒸気船）4隻を率いて浦賀に来航したことを連想した。言い得て

妙と素直に納得し、コンテナ船就航を黒船来航にたとえ緊迫感を盛り上げる意図と勘違いした。黒船来航を機に周章狼狽した世情の再来回避を警告する構図を描いた。一般人にも分かり易い構図である。日本船社にとって太平洋航路は重要な定期航路である。米国船社のコンテナ化が沿岸航路、大西洋航路に続いて太平洋航路に波及し日本船社の権益を席巻しかねない、そんな重大事を対岸の火事視できない。危機感をにじませたのにはわけがあった。

米国船によるコンテナ輸送の進出が明治初期に米国パシフィック・メール社の蒸気船が日本の沿岸航路に進出し、海運界の無防備ぶりを露呈した苦い経験を想起させた。パシフィック・メール（PM）は1868年、つまり明治元年に明治政府に対し、サンフランシスコ/上海航路開設とともに日本の沿岸航路の開設を請願した。煮え切らない政府の態度に業を煮やしたPMは1870年から横浜/神戸/上海航路を、続いて翌71年には東京/横浜/函館航路を開設した。

受けて立つ日本国内に西洋型蒸気船はあったが、すべて幕府と諸藩の所有下にあり、民間所有船は1隻もなかったため、PMは日本周辺の旅客貨物輸送を一手に掌握できた。こうしたPMの進出を重くみた明治政府は国益と国防上の見地から対策に乗り出した。民間企業に対して手厚い国家助成を与え、日本の沿岸航路から外国海運を排除し民間船社による航路運営権を回復した。当時の海運界にとって蒸気船経営は未知の分野で、汽船の購入、運営に伴うリスクの補填を政府の指導と勧奨を求めた。PMの進出からほぼ100年後にマトソンのコンテナ船来航が伝えられ、海運界に黒船来航を蘇らせた。しかし、日本船社のコンテナ輸送体制が整い、67年９月にマトソンのコンテナ船第1船ハワイアン・プランター号が東京港品川埠頭からサンフランシスコを目指したころにはかつて黒船襲来と恐れた空気は払拭され、コンテナ化を冷静に受け止め余裕すら感じさせる空気にかわっていた。

折しも日本船6社のコンテナ担当部署を対象に取材活動する機会を与えられた筆者に立法措置による海運集約の一大事業達成から間もない中、各社各様に未知の分野に慌ただしく挑戦する緊迫した空気が流れていた。コンテナ化には巨額な資金の投資が伴う。資金の投資効率を向上させるために管理下に置くコンテナを効率よく運用し、最大の利益を確保する必要がある。あるいは最大利益を確保するため、運用するコンテナを最適規模におさめる努力が求められる。在来船経営とは異質な課題に取り組む「コンテナ・オペレーション」なる業務が発生する。この業務は船単位の在来船運営と違って船腹の一部が細分化され、本船上にとどまることなく内陸部まで広範囲に散在するコンテナを効率的に運用するのが目的。目的達成のためにコンテナの現在位

置、過去の稼働記録を把握する静態的な管理業務を連想させるが、実はコンテナの需要に合わせていかにコンテナを整備し、配置する動態的な業務を指し、静態的かつ動態的な業務をあわせてコンテナ・オペレーションと呼び、この業務の一旦を担う「インベントリー・コントロール」業務が登場する。当時、インベントリー・コントロールは海運界では聞き慣れない用語であった。インベントリー・コントロールは一般に「在庫管理」と訳され、どちらかというと生産部門での部品管理とか製品在庫管理を指し、コンテナの最適運用により最大利益の確保を目指すことに結びつかない。コンテナ化に直面して重要な準備作業の一つがコンテナの整備計画と運用計画の策定であるとか、コンテナ運営に必要な運用規模をどう策定するかが課題であることにまで思いおよばない。コンテナの需要には波動性がある。波動性のどこに焦点を当てコンテナ運用規模を決め整備するのか難題に直面する。需要の頂点に合わせて整備すれば、需要の波動性により常時遊休化したコンテナを抱え込むことになる。それなら需要の底辺に合わせるとコンテナ不足となり割高なスポット・リース・コンテナを手当てして補充しなければならない。リース・マーケットのコンテナが払底しようものなら集荷に支障を来たすことになる。一般的に中間需要に合わせてコンテナを整備するが、この考えが通用しないのが特殊コンテナ。特殊コンテナのリース・マーケットは限られ、リース料が高いため自社所有のコンテナを整備しないとピーク時の需要に応じられない。一方、一般貨物用のドライ・コンテナはリース・マーケットが成熟かつ安定しているので、自社所有のコンテナを中心に需要に合わせてスポット・リース・コンテナを充当する融通が利く。長期リース・コンテナの投入が活発化してくると、船社の所有比率が低下する。需要の波動性に合わせて所有コンテナ、長期リース・コンテナ、スポット・リース・コンテナを適宜組み合わせて運用するようになる。スポット・リース・コンテナが急場に存在感を示すことがある。

インベントリー・コントロールとコンピュータ・システム

73年10月に起きた第1次石油危機の影響で74年度の日本経済は戦後初めてのマイナス成長となった。74年秋以降、主要工業国の景気後退が同時に深刻化し、日本の輸出も減退し始めた。75年にはコンテナ需要も最低となり、船社によっては大量の余剰コンテナを抱える事態に直面した。こうした非常事態にスポット・リース・コンテナが緩衝策として全体の運用規模縮小に貢献

し、荷況の波動性に伴うコンテナ遊休化のリスク回避策として見直された。インベントリー・コントロール業務に欠かせないのが円滑に意思疎通を図れる組織の確立と広範囲に散在するコンテナ、シャーシの動静に関する膨大なデータ量を処理し、所要資料を作成するコンピュータ・システムの開発である。インベントリー・コントロール用のコンピュータ・システムを開発、稼働することによってコンテナ・オペレーションの初期の目的を達成できる。コンピュータ・システムがコンテナ船社の需要に適合する形で発展した。手始めにコンテナ時代の到来に備えて在来船による小型コンテナや大型コンテナの試験輸送を開始し、実績データの収集を目的に試行錯誤を繰り返す。コンテナ化開設予定が決まると、前広に当該航路就航の在来船により復航貨物積み取り用コンテナを事前に配置する。コンピュータ・システムは研究・開発途上とあって手作業で在庫管理やインベントリー・コントロール業務を遂行する。通信手段がテレックスの時代、1カ所に集中するテレックス情報や船積み情報を照合、記帳し需給調整用の資料を作成するのは骨が折れる仕事だ。苦労話は尽きない。インベントリー・コントロール業務に欠かせないのがコンピュータ・システムであるが、一朝一夕に完成しない。コンテナ取り扱い動静の記帳内容により変動するのは当然ではあるが、台帳、カード、ボード、いずれかの方法を選ぶにしても手作業で稼働実績に基づき分析資料を作成するのに限界がありコンピュータ・システムが不可欠である。コンテナ化初期の重要な課題の一つにコンテナ船運営の組織づくりがある。会社をあげての支援体制は本社、支店から海外拠点に必要要員を配置することから始まる。在来船担当者の予想をはるかに上回る大規模で、コンテナ船1、2隻の運航のため何故これほどの要員が必要なのか俄かには社内ですら理解されない。繰り返しになるが、コンピュータ・システムは一朝一夕に完成しない。コンピュータ・システムの導入が手作業による限界を打ち破った。コンテナ・インベントリー業務の効率運用に欠かせないのがコンピュータ・システムである。コンテナ化初期には実績データが不足し、机上計算による予測に基づくコンピュータ・システムでは本来の機能を発揮しない。コンテナ化開幕時の太平洋航路の荷況は予想外に往復航で活況を呈した。新造コンテナの引き取り計画を繰り上げ投入しても需要に追い付かず、リース・コンテナを手当てし急場をしのいだ。コンテナ・リース市場の歴史が浅く、国際標準化機構（ISO）規格に合致しない隅金具を装着した欠陥コンテナの使用により重大事故を起こし相応の代償を払う羽目になる。需要予測と実際のズレがもたらした苦い経験である。手堅く見積もった40フィート・コンテナ需要がコン

テナ船就航後に急増し、対策として本船の改造工事まで余儀なくされ、結果的に見通しを誤り余計な費用を発生させ、未知の事業の開始に伴うリスクの高さを思い知らされる。コンテナ航路ネットワークの拡充に伴い運用コンテナ個数は増加する。インベントリー・コントロールを目的としたコンピュータ・システムの設計では所定の手順が踏まれる。現行の運営体制と業務分析に続いてコンテナ運営規模の将来予想とあるべき運営体制および業務内容を決定し、現行システムとの相違点を確認した上で、業務遂行に必要な情報システムを設定し、その上で投入する機種を選定し、必要人員を配置する。対象となる業務内容の分析を手始めに基礎データを収集、必要な出力設定、機種選定から費用対効果など一連の検討を経て準備し完成させるのに数カ月から数年かかる。コンテナ化開設に備えて配置したコンピュータ・システム要員は相当な人数に上り、コンピュータは困った代物だと周辺を驚かせる。コンピュータ・システムは開設初期段階で相当数の人員配置を必要とするが、その後の業務量の増加はコンピュータ自体の処理能力で補い、さらなる要員増加とはならない特質を備えているとの認識が広く浸透しない事情が付きまとう。日本船社にとって幸いであったのはコンテナ化規模の拡大過程とコンピュータ本体と周辺機器などハードウエアの技術革新のテンポが合致したことである。代表的な日本船社がコンテナ化初期段階で本格的なコンピュータを導入した過程を振り返って見る。本格的なコンピュータは65年末に事務合理化の推進と併せて営業統計、経営管理資料導入を的確かつ迅速に作成する目的で導入された。機種は小・中型機。翌67年11月には営業規模の拡大に伴って増加する各部門の業務量の一層の合理化・省力化および統計資料を充実化する目的で、この時点での最新鋭機に代替した。その翌68年7月、インベントリー・コントロールを含むコンテナ・オペレーション・システムの効率運営を図る目的で、導入済み最新鋭機と同型2号機を導入し、オンライン・システムを採用した。つまりコンテナ船初就航に先立ち最新鋭機2セットによるオンライン・システムを稼働させ、来るべきコンテナ化への準備体制を整えていた。さらに71年末には欧州、ニューヨーク航路のコンテナ化を控えて一段と増大する業務量を合理化するため、1号機の代替機を導入、インベントリー・コントロール用のコンピュータ・システムも改善、拡充された。これで一段落とはいかないのがコンピュータの世界。コンテナ航路ネットワークの拡充と運用コンテナ個数の増加に伴ってオンラインによるペーパー出力方式が限界に達し、システム利用効率の頭打ちが問題となり、73年からディスプレー・システムの研究・開発に着手し、76年2月、71年導入機種の代替および

ディスプレー装置を導入した。これによってインベントリー・コントロール用ディスプレー・システムが新たに稼働し始め、77年11月にはディスプレーを経由するデータ・エントリー・システムが完成した。小・中型機に続く最新鋭機の導入から10年の歳月が流れていた。コンテナ運営基準の拡大に対応して段階的にコンピュータ機種、周辺機器の性能向上とシステムの機能向上を図ってきた。各段階で最適なシステムを採用できた背景には常に2、3年先のあるべき運営体制を描きトータル・システムの開発・改善を図る不断の努力があったことを見逃せない。この時点でもインベントリー・コントロールで活用した情報は消去されず、一定期間蓄積された後、各種の実績資料や分析資料を作成するため再利用された。情報再利用のためのサブ・システムと呼ばれた。コンテナ動静記録を利用し、航路別に平均回転日数表を作成して、コンテナ運用実態の分析と整備計画策定の資料として活用する「コンテナ稼働率算出システム」、コンピュータで航路別に使用コンテナ実績を算出、これに応じたコストを航路別に配分する「航路別コンテナ・コスト負担額算出システム」、コンテナ運用計画策定の参考資料として活用する「各種実績・統計資料作成システム」、コンテナ・リース会社から受け取る請求書の内容を自社の記録と照合する業務の合理化と確度をたかめるための「コンテナ関係料金精算に係わる事務省力化システム」など多岐にわたり、それぞれの目的業務に合わせて有効に活用される。こうした具体例から日本船社がインベントリー・コントロールおよびコンピュータ・システムの研究、開発で激しい競争を繰り広げ、試行錯誤を重ね発展させてきたことが垣間見える。コンピュータのハードウエアとソフトウエアが日進月歩する中、コンテナ・オペレーションの規模の拡大に対応した業務内容の充実化と運用の効率化に取り組み、有効活用しているシステムが内包する陳腐化の命題に向き合い将来を展望している。インベントリー・コントロールに比べ後れを取っているのが船積み予約情報の管理システムの改善と新たな機能の追加、つまりバージョンアップであった。このバージョンアップが軌道に乗った後にコンテナの需要と供給を連結させた予測機能システムおよびコンテナ予約システムの開発・導入を実現する課題が浮上していた。2年がかりで船荷証券（B/L）情報読み取り機（OCR）を開発、コンテナ化開幕から四半世紀近く経って導入したと聞いて、情報システムの費用対効果は即座に確かめられず、漢方薬みたいなもので長年使ってみないと分からないと吐露したシステム担当者の言を思い起こす。当時、経営効率はヒト、モノ、カネで構成する経営資源が生み出す生産価値で表され、情報システムの成果が生産価値の創

出と喩えられた。適正なヒト、モノ、カネで最大の生産価値を生み出し、経営効率を向上する構図に情報システムの使命が位置付けられている。国内の物流、流通業で情報システムを構築するなどの成功例が話題に上り始めていた。国際舞台で日本語が通用する物流管理システムは珍しく、成功例として評価される。もちろんインターネット時代が到来、情報通信技術（ICT）の分野で飛躍的な発展を遂げる以前の話題の一つである。コンテナ化が新たに生み出したコンテナ・オペレーション業務に言及したことで、本章の主題、コンテナ揺籃期をとおり過ぎてしまった。

マトソンが太平洋航路のコンテナ化で一番乗り

　話題をマトソンに戻す。万事に慎重なマトソンの経営陣は2、3年かけて市場調査を実施し、荷主企業とも事前に交渉した上でC3型貨物船2隻のコンテナ船への改造工事の発注に踏み切った。三菱重工（当時）がハワイアン プランター号とハワイアン クラフトマン号の2隻の改造工事を受注した。貨物船のコンテナ船への改造工事の受注は初めてであった。改造工事は主として旧船体の2〜5番船倉間の上甲板を船首楼高さに増設、旧船体3番船倉を船尾側で切断、16㍍の新船体部を入れウィング・タンクを新設した上で、甲板に25トン型クレーン二基を装備するというもの。改造工事によって長さ24フィート・コンテナは2〜5番船倉内に6段積み324個、甲板上に2段積み140個合計464個積むほか1番船倉には自動車も積めるコンテナ船に生まれ変わった。初就航後にコンテナ船の船名はハワイアン プランター号をパシフィック トレーダー号に、ハワイアン クラフトマン号をパシフィック バンカー号にそれぞれ変更された。この時点で日本国内にコンテナ専用クレーン、つまりガントリー・クレーンは1基も設置されていない。マトソンが日本の造船所でC3型貨物船2隻を船上クレーン装備のコンテナ船に改造し、太平洋航路のコンテナ化で一番乗りを果たした。

　東京都港湾局は67年9月20日、東京港品川埠頭9号バースで、マトソンがコンテナ船ハワイアン プランター号（長さ24フィート・コンテナ464個積み）を投入し、日本とカリフォルニアを結ぶコンテナ航路（PSW航路）を開設する歓迎式典を開いた。歓迎式典は地元高校生の鼓笛隊演奏とバトンガールの行進で開幕、同年4月の統一地方選挙で革新都政を掲げ当選した美濃部亮吉知事が駆けつけ「東京中心の首都圏地域ではより良く、より安く、より確実に運ぶ輸送方式の実現が強く要請されている。このような情勢に対応した海上コ

ンテナ輸送方式は時宜を得ている。今後もコンテナ専用埠頭の整備や臨港道路の整備などに努力する」と東京港の港湾管理者としてコンテナ化に積極的に取り組む姿勢を示す式辞を述べ、船長に歓迎のメッセージを手渡し、ミス東京からマトソン関係者への記念品贈呈で歓迎式典を締めくくった。式典終了後にストラドルキャリアで船側に運ばれたコンテナを船上クレーン（シップテナー）で積み込む荷役作業を披露した。マトソンのコンテナ船の東京港への寄港は色々な点で注目された。マトソンのスタンレー・パウエル社長が65年11月に来日、日本船社6社に提携を打診した際に関心を示したのは日本郵船だけで他船社の反応は鈍かった。大阪商船三井船舶はマトソンが長さ24フィートの規格外コンテナを採用していることを理由に提携打診に対して拒否反応で応じた。一方、郵船はマトソンとの提携によりコンテナ輸送に関するノウハウ取得を優先、提携に踏み切ったと推測する。提携相手のマトソン撤退時に周章狼狽する気配すら見せず、用済みと言わんばかりに冷静を装う空気を社内で漂わせた。翌66年2月、マトソンは政府から米国西岸〜ハワイ〜日本/韓国航路でコンテナ輸送を開始する認可を得た。往路にコンテナで日本か韓国の米軍基地まで軍用物資を輸送し、復路にテレビなどを詰め込みオークランドでコンテナを専用列車に積み替え東海岸に輸送する計画を立てた。この計画に基づきC3型貨物船2隻を三菱重工で船上クレーン装備のコンテナ船に改造し、このほか西ドイツの造船所にコンテナ船2隻を発注した。

　同年3月、マトソンと郵船がコンテナ船共同運航について基本協定書に調印

　完成した品川コンテナ埠頭（岸壁延長 555m、水深 10m）と接岸中の Matson Nav.のコンテナ船（1967 年）。Matson は米軍の戦時標準船、"Hawaiian Planter"（394 本積み）などを三菱重工・神戸造船所でギア付きコンテナ船に改装し、日本郵船・昭和海運（1998 年 10 月に日本郵船と合併）との 3 社スペースチャーターで日本市場に参入したが、1970 年に撤退した。

（写真・東京都港湾局提供）

した。こうしたマトソンの動きを「第2の黒船襲来」と騒ぎ立てる一方で、所詮は米国の内航海運会社の日本参入と揶揄する冷めた反応も散見された。

「先んずればことを制す」のか

　しかし、シーランドが68年3月に日本進出を発表すると、雰囲気は緊迫した状況に一変した。京浜地区の外国貿易港といえば横浜港が伝統的な地位を占めてきた中で、東京港がコンテナ化を機に外国貿易港へ急浮上した。ともあれ日本国内では官主導でコンテナ化対応が進んだ。67年7月、外貿埠頭公団法が成立し、同年10月、京浜、阪神両埠頭公団が発足した。外貿埠頭公団は必要な近代的な港湾施設を迅速に建設するための公団で、建設資金は、国と地方自治体が10％ずつ計20％を負担、国の財政投融資40％、使用予定者の出資分40％で賄う仕組みであった。専用ターミナルが必要な船社は建設費の40％を出資するので、外国に比べ乗り出し時に負担が重くのしかかった。コンテナ化初期の数年間はコンテナ施設不足に直面したが、コンテナ化の進展とともに利用者が見つからないターミナルが出始め、供給過剰が論議を呼んだ。外貿埠頭公団の計画は東京港を最重点に策定された。69年度〜71年度までの3カ年は東京、横浜、大阪、神戸の4港が毎年度1バースずつ整備するが、72年度には東京1バース、大阪・神戸で1バースとなり、73年度は、東京・大阪各1バース、74年度・75年度には東京・神戸で各1バースずつの建設が盛り込まれた。69年度から75年度まで7年間で累計20バース建設する計画で、東京港に7バースを割り当てたのに対し横浜港には3バース。海運界が「第2の黒船襲来」として海上コンテナを紹介したころに東京港は関係者の口の端に掛からなかった。なにが短期間に東京港をコンテナ・ターミナルの最重点整備の対象に押し上げたのか。マトソンの対日進出が東京港を起点に動き出し、東京港飛躍の口火を切った。東京港にしても輸出貨物の増大を見通してコンテナ埠頭の建設を計画してはいたものの、予想外に早く品川埠頭の整備を迫られることになった。東京都が東京港の港湾管理者として港湾計画を策定できるようになったのは50年5月の港湾法の制定に法的根拠を得たためと言われている。56年、東京都は最初の港湾計画を策定した。この計画にコンテナ埠頭は盛り込まれていない。この時点では、本格的な港湾の近代化構想が描かれていない証しである。大井コンテナ埠頭でさえ埋め立て造成計画の一環として埋め立てが計画されていた。明治、大正期まで遡ると首都圏に外国船が近づくことを敬遠し、横浜、川崎など隣接港がそうした考えを支持してきた歴史

がある。東京港が開港してからも、東日本では横浜港を最重点とするのが長い間、国の政策であった。かつてコロンブスの卵を引き合いに東京港がマトソンの進出抜きでも早晩、外国貿易港の代表格にのし上がったと説いた知人を思い出す。東京港が首都圏や背後地を控え外国貿易港に相応しい条件を備えているとも説いた。外貿埠頭公団が京浜、阪神の二つの公団として発足したことが東京と横浜、神戸と大阪をそれぞれ一つの港湾としての整備が進むと彼は続ける。今更、東京だの横浜だのと競い合っている場合ではないとの含意を感じ取れた。一方、横浜港の66年度の貿易量は、前年度比で輸出20.7％、輸入12.6％の伸びを示し、輸出入ともそれまでの記録を更新し、開港以来の最高を記録した。全国的にみても輸入は首位、輸出入合計で他を圧倒した。輸出のシェアでは神戸港が前年より低下しているのに対し、横浜港がわずかながら伸びを示し注目された。横浜港の貿易量の伸びが目覚ましい中で、管理者の頭痛の種は深刻化するバース不足で船混み現象が顕在化していることであった。68年度完成予定の本牧埠頭には1万5,000トン級29隻が係留できる。

　先述のとおり外貿埠頭公団運営のコンテナ埠頭は横浜港で69年度から3カ年で3バースの建設を計画している。外貿埠頭公団発足当初、横浜港に逆風が吹いたが、どうにか巻き返しを図り3バース確保に漕ぎつけた。対米航路のコンテナ化で日本船2社グループが東京港品川埠頭の暫定使用を決め、内部調整が難航していた日本船4社グループも2社グループに続いて内地コンテナ・ターミナルに東京港品川埠頭を選んだ。67年末、ガントリー・クレーンが東京港品川埠頭9号バースと神戸港麻耶埠頭第四突堤（当時）の公共重量物岸壁に1基ずつ設置された。慎重さが持ち前のマトソン経営陣が「先んずればことを制す」とばかり先手を打った。マトソン流の市場調査を入念に実施し、荷主企業との事前交渉で集荷面での手応えを感じていた。たとえガントリー・クレーンが設置されていなくても、そのことを逆手にとり船上クレーン装備のコンテナ船を投入、顧客をきっちりつかみ「先行者利益」を確保できると踏んだに違いない。しかし、先んずればことを制すとのマトソンの思惑は見事に外れた。先手を打てばがっちりつかめる筈の荷主が相次ぐ後発者の登場とともに簡単に船積み先を競合他社に切り替えることを思い知らされた。コンテナ化にとって先手を打つことが生き残りの必須条件ではないことも知らせることになった。マトソンは日本郵船とコンテナ船共同運航について基本協定を結んだ。この協定に基づく両社の提携期間は67年3月から71年3月までの4年間であった。この提携期間満了を待たずにマトソンは70年7月、太平洋航路

のコンテナ化からの撤退を決めた。サービス開始から3年弱での撤退宣言であった。ホノルルに拠点を置くマトソンの親会社アレキサンダー・ボールドウィンが巨額な投資に対する見返りが明確でないコンテナ船事業を継続できないと決断、一夜にして社長を解任した。1億ドルで買収した米国本土のフォーワーダーを売却、開設したばかりの香港支店を廃止した。提携相手の日本郵船でさえ米国企業の割り切りの速さに驚かされたくらいだ。マトソンはホノルルを拠点に内航海運から外航海運に飛躍する構想を諦め、70年に保有船舶を売却し、併せてホノルルを太平洋貿易のハブ港に発展させる構想も断念した。マトソン撤退の背景にはシーランドとAPLが米国本土とハワイを結ぶ航路に参入したことを見過ごせないマトソンなりのこだわりがあったとの見方もある。慎重さが持ち前の経営陣が「先んずればことを制す」とばかり先手を打った。マトソン流の市場調査を丹念に実施し、荷主企業との事前交渉で集荷面での好感触を得た。たとえガントリー・クレーンが設置されていなくても、そのことを逆手にとり顧客を取り込む格好の機会に転じる狙いがあったのだろうか。マトソンは70年3月以降改造コンテナ船2隻で香港、マニラ、高雄と神戸、東京を結ぶ航路でフィーダーサービスの実施を計画していた。マトソンと提携していた日本郵船は全面的にマトソンのフィーダーサービスを利用する計画であったが、結局、マトソンの極東撤退により実現しなかった。提携相手のマトソン撤退時に郵船は周章狼狽する気配すら見せず、ノウハウ取得で用済みと言わんばかりに冷静を装う空気を社内に漂わせ、名状し難い違和感を覚えた記憶が蘇るから不思議だ。

　日本船社にとってコンテナ化揺籃期を先導したシーランドがベトナム戦争時下の軍用貨物の兵站輸送で果たした実績を評価された余勢を駆って商業貨物のコンテナ輸送で収益源の拡大を図ったのに対し、シーランドの後塵を拝したマトソンが親会社に撤退の引導を渡され、早くも米船大手コンテナ船社の間で明暗を分けた。一方、英国、欧州諸国の老舗定期船会社はコンテナ化が伝統的な経営手法と馴染まないとみて、当初、模様眺めを決め込んでいたが、シーランドの勢いに押され拱手傍観するわけにいかず共同でリスク分散を図りながら対抗する姿勢に転じた。まずは情勢分析するグループを発足させ、頃合いを見て企業連合のコンソーシアムに発展させた。欧州と北米東岸を結ぶ大西洋航路でコンソーシアムを結成しシーランドに対抗する一方で欧州と豪州を結ぶ航路でもコンソーシアムを結成し予防線を張る構えを見せた。日本船社にとってコンテナ化揺籃期はシーランドと老舗定航船社を対立軸に大西洋航路や欧州・豪州航路を舞台に展開する様相を見せた。このこと

から日本を起点とする欧州航路のコンテナ化の検討に当たって早い時期にコンソーシアム導入が決まった背景には、先行する既設コンテナ航路運営体制の延長線上で合意形成を図りたい英国、欧州老舗船社の強い意向があったと見ることができる。

第4章
成長期

日本船社による主要定期航路のコンテナ化は日本〜米国カリフォルニア航路（PSW航路）を皮切りに豪州航路、日本〜シアトル・バンクーバー航路（PNW航路）、欧州航路、ニューヨーク航路の順番で実現した。1968年9月、PSW航路にコンテナ船第1船が就航して以降、72年にニューヨーク航路にコンテナ船第1船が就航するまでの期間がわずか4年の短さであった。定期航路でのコンテナ船就航をもって「定期航路のコンテナ化」と記しているが、それはコンテナ化の端緒であり、在来定期船、セミコンテナ船、ロールオン・ロールオフ（RORO）船などコンテナ船以外の輸送方式で定期航路を運営する船社が存在し、コンテナ船への代替が完了するまでに相応の時間を要する。その代替過程で発生する葛藤を克服しながら定期航路のコンテナ化を完成させる。コンテナ化達成が新たな葛藤を生み出し、コンテナ船社間の国際的な相克が複雑な様相を見せる。第1章で記した繰り返しなるが、日本船社のコンテナ化は官民一体かつ官主導で始動した。海運界でいう「海運集約」と密接に関連するかたちで進展したことが日本船社コンテナ化の特徴である。

海運集約下で中核6社（日本船6社）誕生

　戦後、国際市場を営業活動の場とする海運業の国際競争力強化が国の政策目標に掲げられた。外航海運政策は計画造船と船舶建造資金に対する利子補給制度を中心に実施されてきた。海運市況は長期にわたって低迷し、建造資金借入金の金利負担が経営を圧迫する中で、返済不能延滞金や減価償却不足の累増が経営を危機的な状況に陥れていた。

　海運集約は64年4月1日、海運業の再建整備に関する臨時措置法（再建整備法）に準拠し施行された。日本経済の高度成長に貢献できる商船隊を拡充できるよう合併などによる企業集約によって再建整備を図るのが立法の目的であった。海運集約によって最終的に海運企業88社が企業集約に参加し、「6中核体」が誕生した。定期船部門を主力とする6中核体の傘下に系列会社、専属会社が集約された。6中核体は「中核会社」と呼ばれ、日本郵船、大阪商船三井船舶（現商船三井）、川崎汽船、ジャパンライン、山下新日本汽船、昭和海運の日本船社6社を指し、定航6社とも呼ばれた。比重に濃淡があるにしても収益の5割以上を占める定期船部門を稼ぎ頭に経営再建を図る課題を背負わされていた。経営再建の途上にコンテナ化への対応を迫られた。海運界でいう「海運集約」と密接に関連している。海運集約で発足した定期船を主力とする日本船6社（中核6社）はPSW航路のコンテナ化に2グループ体制で取り組

む方向性が決まった。海運集約を機に再建整備に動き出した矢先にコンテナ化の波が唐突に押し寄せ、不安と期待の交錯する中で対応を迫られ苦衷を吐露する経営陣がいる一方で、コンテナ化を定期航路の構造改革の好機ととらえ、定期船部門の収益改善に弾みをつけたいコンテナ担当部署にみなぎる活力を垣間見た記憶も甦る。少なくとも筆者の目にはコンテナ担当部署を担う実務者が次々持ち上がる課題を目の前にして戸惑うことなく、課題の解決にまい進しているように映った。

　ともあれ海運集約から間を置かずコンテナ化への対応を迫られた日本船社にはコンテナ運営体制のガイドラインが示された。海運行政を主管する運輸省（現国土交通省）が諮問機関である海運造船合理化審議会（海造審）に諮問し答申を受けてガイドラインを作成する手法を活用した。海運集約の翌65年に第3章で記したマトソンの対日進出の動きが日本側に伝えられ、翌々年66年2月、米国西岸／ホノルル／日本・韓国航路のコンテナ化について米連邦海事委員会（FMC）の認可を得たと発表した。この発表に接し海運界はにわかに色めきたった。海運集約以前から社員を鉄道研修名目でニューヨークに派遣しコンテナ情報収集に努め、内々に来るべきときに備える日本船社もあった。「投資が巨額に上るコンテナ化こそ盟外船対策として、これに勝る方策なし」と盟外船対策の有効性を強調し社内を鼓舞した経営トップの真意を推し量りかねる。跳梁する盟外船社に手を焼いた在来船時代の国際派経営トップならではの発言としては分からないことはない。同盟船＝コンテナ船と、盟外船＝在来船の二元対立の構図が将来も続くと想定したのだろうか。盟外船社のコンテナ化は巨額な投資負担が壁となって進まず、在来船による航路運営を余儀なくされ続けるとでも想定したのだろうか。現実はこうした想定が淡い期待にしか過ぎないことを思い知らせた。コンテナ化を巡って同盟船と盟外船が入り乱れ熾烈な競争を繰り広げるようになるのに長い時間を要しなかった。コンテナ化が時間の経過とともに盟外船社が投資負担を抑え同盟船社を追い上げ凌駕できる輸送システムであることまでは読み取れなかった。皮肉にもコンテナ化航路運営が単独盟外船社の追い上げを受け、同盟船社が苦境に立たされただけでなく、同盟の存在意義が失われる形で決着し、コンテナ化の将来を見通す難しさを痛感させた。マトソンはPSW航路で日本郵船とコンテナ船を共同運航し顧客の囲い込みで先行することを目論んだが、この目論見は後発組の出現で見事に外れ、早々に撤退の憂き目を見た。マトソンからの提携打診に対し、マトソンが国際標準化機構（ISO）規格外の長さ24フィートのコンテナを採用していることを理由に提携話を断った日本

船社があったことは前章でも触れた。郵船にしてもマトソンからコンテナの
ノウハウを習得するメリットがあり、双方の利害が一致した。マトソンは事
情が許せば、日本でコンテナ船専用ターミナルに投資あるいは融資し拠点を
構えたかったが、運輸省に拒否され、郵船と相互にコンテナ・バースを確
保・共同使用し合うことで妥協せざるを得なかったと聞く。日本側のコンテ
ナ運営体制が固まらない段階でマトソンの先行を認めない行政判断が優先し
マトソンの出鼻をくじく格好となった。

日本船6社、2グループでPSW航路のコンテナ化に対応

　66年5月、海上コンテナ輸送研究会が発足、官民関係者が10専門委員会を設
け、約2カ月の調査・研究を実施し報告書にまとめあげた。この報告書を基本
に同年9月12日、運輸大臣（現国土交通大臣）の諮問機関・海運造船合理化審
議会（海造審）が「わが国の海上コンテナ輸送体制の整備について」9項目に
わたり答申した。この1回目の答申（後に策定された2回目の追加答申と区別
するため、敢えて1回目と記す）で日本中心の主要定期航路のコンテナ化の時
期と船隊整備の規模を想定した。中心的かつ急務な課題となったのがマトソ
ンと郵船が先行しかけているPSW航路での運営体制をどう固めるかであっ
た。PSW航路にコンテナ船4隻を投入、ウイークリー・サービスを実施し経済
的に成り立つことを条件に、マトソンと郵船の提携を前提に3グループを形成
する案が検討された。郵船と昭和海運がマトソンと郵船の提携を前提に一つ
のグループを形成、大阪商船三井船舶（現商船三井）と山下新日本、川崎汽
船とジャパンラインがそれぞれ提携しグループを形成する案が浮上した。海
造審の答申を受けて運輸省は67年度にまずPSW航路のコンテナ化整備の予算
編成に着手する考えを明らかにする一方で、中核6社にこの答申の趣旨に沿っ
て体制作りを進めるよう要請した。運輸省の要請に沿って同年12月14日、6社
は社長会を開き、PSW航路のコンテナ運営体制についてマトソンとの提携を
前提に郵船と昭和海運がグループを形成し、残る商船三井、川汽、ジャパ
ン、山下新日本がグループを形成することで合意した。マトソンと共同運航
する郵船と昭和を「2社グループ」、商船三井、川汽、ジャパン、山下新日本
の4社を「4社グループ」と呼んだ。運輸省は68年2月、23次計画造船で建造を
計画している6社のコンテナ船6隻を適格船として一括推薦した。郵船と昭和
グループがPSW航路で運航するコンテナ船箱根丸が68年9月2日、東京港から
ロサンゼルス港に向けて処女航海の途に就いた。箱根丸は郵船所属の日本船

社初のコンテナ船で752TEU積み、三菱重工神戸造船所（当時）で竣工後、神戸港を経て東京港に寄港、8月31日午前、品川埠頭で箱根丸の就航を祝い祝賀会が開かれた。祝賀会には関係者多数が出席し、堀武夫運輸事務次官（当時）が中曽根康弘運輸大臣（当時）に、玉井元也東京都港湾局長（当時）が美濃部亮吉東京都知事（当時）にそれぞれ代わって祝辞を述べた。ミス東京から箱根丸船長への花束贈呈に引き続きコンテナ荷役を披露した。箱根丸は神戸港で302TEU、東京港で450TEU計752TEUを積み、満船で東京港から出航した。積み荷満船の箱根丸は航海速力22ノットでロサンゼルス港に向かう太平洋上で原因不明の機関故障を起こし、2日半にわたる復旧工事を要する不運に見舞われた。洋上での機関故障に加えロサンゼルス港で箱根丸の遅れが他社船と鉢合わせによる荷役の遅れや2基の設置を予定していたガントリー・クレーンが1基しか間に合わず荷役に手間取る不運が重なった。10日遅れで518TEU積んで東京港に帰航し処女航海を終えた箱根丸の船長が10月4日、記者会見し、処女航海での遅れ発生の経緯を明らかにするとともに在来船の荷役に比べコンテナ船の荷役は20倍効率が良いと実感したと胸を張った。また機関故障発生時には機関部員を中心に甲板部員が資材運搬などで助力し復旧

"箱根丸"（日本郵船、752TEU、22.6ノット）
　三菱重工神戸造船所で専用船として建造した日本初のフルコンテナ船で、1968年に竣工、同年9月に日本郵船、昭和海運、Matson Nav.（米国）のコンソーシアムによる日本～カリフォルニア（PSW）航路に就航した。当時、世界最大の2.78万馬力のディーゼル主機を搭載し、東京～LAを9日、1航海30日（在来船は80日）に短縮した。1986年に解撤。

工事にあたったので、乗組定員26人で本船の操船に支障をきたさないと乗組定員26人に不安がないことも併せて強調した。郵船と昭和グループの第2船榛名丸が9月15日竣工、箱根丸に続いてPSW航路に就航した。榛名丸は箱根丸と同一船型で752TEU積み、22.6ノット、郵船・昭和の共有船。

　一方、4社グループの第1船は商船三井の708TEU積み、22.4ノットの「あめりか丸」で10月23日、第2船が川汽の728TEU積み、22.3ノットの「ごうるでんげいとぶりっじ」で10月20日、第3船が山下新日本の728TEU積み、22.5ノットの「加州丸」で11月3日、第4船がジャパンの714TEU積み、22.8ノットの「ジャパンエース」で11月15日、順次就航した。コンテナ船4隻が出揃ったところで、4社グループはスペース・チャーター方式によりPSW航路で1航海28日ラウンドのウイークリー・サービス体制を確立した。4社グループはPSW航路のコンテナ化に先立ち国内のコンテナ・ターミナルを東京品川埠頭と神戸麻耶埠頭の2カ所に共同で確保し、4社共同出資のターミナル会社を設立し一元的に管理運営することを決めた。米国西岸ではロサンゼルスとオークランド両港との間でコンテナ・ターミナル使用契約を結び協定を米連邦海事委員会（FMC）に届け出た。4社グループとロサンゼルスとの協定に対しロングビーチ、サンフランシスコの2港が、4社グループとオークランドとの協定に対しロングビーチ、サンフランシスコ、ストックトンの3港がそれぞれ異議を申し立てた。4社グループが協定にPSW航路で輸送するコンテナ貨物はすべてロサンゼルスおよびオークランド港を通過するとの限定条項を盛り込んだことが反対された原因の一つ。FMCが4社グループ、ロサンゼルスおよびオークランド両港にこの限定条項の協定からの削除を勧告、4社グループ、ロサンゼルスおよびオークランド両港がこの勧告案を受け入れ、FMCから協定の正式認可を取り付ける一幕があった。4社グループが折につけ「協調4社グループ」を表明する背景にあるのがスペース・チャーター方式。スペース・チャーター方式については本書冒頭「はじめに」で逸話を記したが、4社グループのスペース・チャーター方式は68年7月、FMCに認可された。4社グループは23次計画造船で約700TEU積みコンテナ船を各社が1隻ずつ建造、保有、運航し、日本側2港、米国側2港に寄港する1航海28日ラウンドのウイークリー・サービスを維持するため配船調整を実施する。コンテナは各社が保有するが、各社間で相互に融通し合う。各社がコンテナ船4隻にそれぞれ均等のスペースを持ち合い、そのスペースに個別に集荷し船荷証券（B/L）を発行する。4社グループが協調を基軸に創出したのがスペース・チャーター方式であった。4社グループはPSW航路のコンテナ化に当たって寄港地ごとに幹事会社を決めた。商

船三井が神戸港、川汽が東京港、ジャパンがロサンゼルス港、山下新日本がオークランド港をそれぞれ担当した。コンテナ船就航に先立ち東京港、神戸港で船社51％、港湾運送事業者（港運業者）49％の出資比率で新会社を設立した。新会社はコンテナ・ヤード（CY）とコンテナ・フレート・ステーション（CFS）を一貫直営体制で効率運営する基本方針で設立された。この基本方針に基づき神戸コンテナ・ターミナル会社（KCT）と東京コンテナ・ターミナル会社（TCT）は新規に港湾運送事業免許を申請した。新会社には港湾運送元請事業者が資本参加しているので、新会社は新規事業免許をすんなり取得できる予定であった。だが、KCTの免許申請に対し港湾運送下請事業者、港湾運送労働組合が反対し、事態の紛糾を回避するため、4社グループとしても免許申請を取り下げ、申請内容を検討し直した上で、再申請を探る方針に転じた。KCTに資本参加する港湾運送元請事業者は4社グループの意向に沿って港湾運送労組とCYとCFSの一貫直営体制について協議するが、現状維持こそが「港運秩序」を保つことになるとの主張に阻まれ、再申請の見通しが立たなくなった。4社グループ内でも運輸当局の行政指導の下に新会社を設立、免許申請したにも関わらず運輸当局自体が一貫直営体制の変更を示唆し始めていることへの不満が高まった。港湾当局が港湾運送業の集約化が大詰めを迎えている情勢下で有力な新規事業者の進出を認めると秩序を乱す恐れがあるので、埠頭使用が暫定であり、免許申請の地域、貨物、業種も限定されているから既存業者を使用してはどうかと既存業者の使用を言い出し、これに対し海運当局は既存業者で合理的な体制が確保できれば良いが適格な既存業者がなければ、新規事業者の免許が必要と反発し、運輸当局内の不協和音を表立たせ、それぞれの所管業界の意向に沿って代弁する足並みの乱れを浮き彫りにした。4社グループの第1船 あめりか丸の就航を翌月に控えてKCTの免許申請を巡ってのやり取りが交わされていた。官民挙げてのコンテナ化への取り組みに疑問を投げかける場面であった。4社グループはPSW航路に就航するコンテナ船の第1船から第4船の処女航海スケジュールを発表した。第1船 あめりか 丸は事前に発表した予定の3日遅れで就航した。理由は あめりか丸が神戸麻耶埠頭で立ち往生したためで、地元港湾労組が荷役を拒み立ち往生したと記憶している。地元港湾労組が正式の手順を踏んでコンテナ船を対象に荷役拒否、つまり港湾ストライキにおよんだのかそうでなかったのか定かでない。はっきりしているのはKCTが免許を再申請することなく時が経過し、論議を呼ぶこともなくなった。この背景には運輸省海運港湾両局長による異例の調停があったと聞く。

PSWに続いて豪州航路のコンテナ化

　海運集約体制下で定期航路のコンテナ化に取り組む新たな課題を抱え込んだ。こうした国内事情を背景に日本船社は直面する課題に取り組む、切羽詰まった対応を迫られた。定期航路を経営する主要海運会社は航路ごとにカルテルである定期船同盟を形成している。かつては船腹供給量を需要の動きに合わせ、加盟船社の航権を制限、シェアを固定し運賃率も統一したため、加盟船社の相対的な安定経営に寄与した。利用者である荷主側に船腹供給と安定運賃を保証することで相互依存と信頼関係を保った。同盟は既得権を守るため新規参入を基本的に認めない欧州型の閉鎖同盟と、新規参入・脱退が自由な米国型の開放同盟に大別される。開放同盟は加盟・脱退が自由であるため、状況によって制約を受けない盟外活動を誘発し、都合次第で同盟に戻る企業行動を選ぶ船社が現れる。閉鎖同盟の地域で新規参入船社は盟外活動を選ばざるを得ず、同盟という手段で市場を独占することが不可能であることを露呈することになる。コンテナ化する定期航路で形成する同盟の形態によって船社の対応が分かれる。

　日本船社6社によるコンテナ化の取り組みは開放同盟を基盤とする太平洋航路を舞台に開幕した。海造審が示したガイドラインに沿って、国内外の事情を踏まえて協議、検討を重ね、目前の課題を解決し、実績を積み重ねてきた。シーランドが米国内の沿岸輸送でコンテナ化に着手して以来、10年余りの短い期間で、目覚ましく発展し、世界の3大経済圏である米国、日本、欧州を結ぶ基幹航路は全てコンテナ化され、在来定期船に代わって大型高速のコンテナ船が就航した。基幹航路のコンテナ化と並行して拠点港と結ぶフィーダー・サービス網の整備も伸展した。開放同盟に属するPSW、PNWおよびニューヨーク航路など北米航路の日本船社のコンテナ運営体制には在来時代の航権が反映している。マトソンの対日コンテナ航路開設を機に具体化したPSW航路については日本船6社にマトソンを加え2グループに分かれて対応したが、PNW航路のコンテナ化には6社、ニューヨーク航路のコンテナ化には昭和海運を除く5社が参加、それぞれ日本船社が単一グループでスペース・チャーター方式による共同配船を開始した。閉鎖同盟に属する豪州航路と欧州航路のコンテナ化に参加する日本船社の組み合わせが北米航路とは異なるだけでなく、同盟の枠組み内で外船社と提携しコンソーシアムを結成し、共同運航を開始した。豪州航路のコンテナ化計画は早くから取り上げられ、PSW

航路に続いて具体化した。欧州航路やニューヨーク航路に先駆けてコンテナ化されたのにはそれなりの理由があった。豪州航路の定期船貨物は質量ともにコンテナ化に適していた。加えて欧州/豪州航路がコンテナ化され、豪州側でコンテナ輸送体制が整備され、所要設備・機器を利用できる状態であった。米国船社が大西洋航路のコンテナ化を主導、守勢に回り防衛体制を築く伝統的欧州船社としては欧州/豪州航路のコンテナ化で反転攻勢に転じる構えを見せた。在来定期船時代の日豪航路は日本船3社、欧州系3社、豪州系1社が同盟を構成し、各社の権益を尊重し合い安定した航路運営が評価されていた。しかし、コンテナ化を機に豪州国営船社が台頭し、同盟加盟問題が持ち上がり、難航する交渉を経てコンテナ協調体制を確立した。日本と豪州東南部を結ぶ定期航路のコンテナ化は欧州やニューヨーク航路の主要航路に先駆けてコンテナ化された。在来定期船時代の豪州航路は郵船、商船三井、ジャパン・オーストラリア・ライン（JAL：山下新日本と川汽の提携）の日本船3社、イースタン・アンド・オーストラリアン・スティームシップ（E&AおよびP&O）、オーストラリア・ウエスト・パシフィック・ライン（AWP）、チャイナ・ナビゲーション・カンパニー・リミテッド（CNCO）の欧州系3社、インド・チャイナ・スティームシップ・ナビゲーション（ICSN）の豪州系1社で定期船同盟を結成し、加盟船社がそれぞれの歴史的な権益を尊重し合い、航路運営は比較的に安定していた。コンテナ化を促進した要因に、まず同航路の在来定期船貨物の大半がコンテナ化可能貨物で、しかも往復航荷動きが比較的均衡していることがあった。次に日豪両国で港湾労働力不足と荷役費の高騰により荷役の合理化の必要に迫られていた。こうした中で強く後押ししたのがオーバーシーズ・コンテナズ・リミテッド（OCL）とアソシエーテッド・コンテナ・トランスポーテーション（ACT）が69年3月に欧州/豪州航路をコンテナ化したことであった。OCLとACTの発足の経緯と構成船社については第3章で記したので、ここでは省く。OCLは1,130TEU積みコンテナ船6隻、ACTが同型コンテナ船3隻をそれぞれ就航させ、合計9隻で英欧諸港とシドニー、メルボルン、フリーマントルを結ぶ航路で運航を開始した。ACTはさらに欧州/豪州航路に続き北米/豪州航路でコンテナ輸送を開始した。1960年代前半を通じてコンテナ化に消極姿勢を保っていた英国船社が米国船社の攻勢を受けて防衛体制を整え反転して攻勢に転じたことが航路運営に反映したと言える。欧州/豪州航路のコンテナ化により豪州側のコンテナ輸送体制が整備され、諸設備・機器を利用できる一方で、在来船による効率的なサービスを期待できなくなっていた。コンテナ化を契機に豪州国営船社オーストラ

リアン・ナショナル・ライン（ANL）の台頭と同社の同盟加入問題が持ち上がり、各社間の交渉が難航したものの、最終的に3グループの組織に落ち着き、協調配船によりサービスが開始された。日本船3社グループは郵船、商船三井とJALから分かれた山下新日本の3社で形成、オーストラリア・ジャパン・コンテナ・ライン（AJCL）はE＆A、AWP、CNCOの3社にACTが一部資本参加し設立された合弁会社。ANLおよびドミニオン・ナビゲーションとICSNとの合弁会社フリンダース、それに日本側からJALから分離した川汽の3社でイースタン・シーロード・サービス（ESS）を形成した。3グループは運航体制を次のように決めた。日本船3社グループは1,150TEU積みリフトオン・リフトオフ（LOLO）船を各社1隻合計3隻建造し、スペース・チャーター方式により協調配船する。AJCLは1,120TEU積みLOLO船2隻を運航する。ESSは570TEU積みロールオン・ロールオフ（RORO）船を各社1隻合計3隻建造し、専用ターミナルを供用し、協調配船する。各グループのコンテナ・サービス体制は69年8月にESSのオーストラリアン・エンタープライズを第1船に順次投入し、翌年10月にAJCLのアリアケが就航し完了した。この間に日本船社は69年9月に川汽のRORO船「おーすとらりあん しいろうだあ」（640TEU積み、21.3ノット）を皮切りに同年10月に郵船の「箱崎丸」（1,010TEU積み、23.1ノット）、12月に商船三井の「おーすとらりあ丸」（1,166TEU積み、22.4ノット）、翌年5月に日本船3社グループの共有船「東豪丸」（1,170TEU、23.1ノット）が就航し、日本船社によるコンテナ輸送体制を確立した。

　ここで69年の世界の主要港のコンテナ貨物取扱量の順位をみると、上位3位にニューヨーク・ニュージャージー、オークランド、ロッテルダムの3港が名を連ね、4位にシドニー、5位ロサンゼルス、6位アントワープ、7位横浜に続いて8位にメルボルンが入り、9位フェリクストウ、10位ブレーメン・ブレーマーハーフェンと続いた。ベストテンにシドニーとメルボルンの両港が仲間入りしていることが、コンテナ貨物取扱量の増大を示唆した。豪州ではコンテナ化に伴い輸出構造の変化が起きていた。資源依存型経済から脱却し、工業製品輸出を増大させ均衡がとれた経済への移行に成功していた。コンテナ化がこの輸出構造の変化の一端をになった。日本船3社グループとAJCLは71年1月からLOLO船計5隻によるウイークリー・サービス体制を確立する一方で、ESSはRORO船3隻で10日間隔のサービスを始めた。その後、日本船3社グループのRORO船「兵庫丸」（655TEU積み、20.9ノット）が73年10月に就航し、ESSとの協調配船を開始したことによりRORO船でのウイークリー・サービス体制を確立した。豪州航路のコンテナ化では日本船3社グループとAJCL

によるLOLO（リフトオン・リフトオフ）船と、日本船3社グループとESSによるロールオン・ロールオフ（RORO）船との2種類の運航形態が確立したことが特徴。とりわけ日本船3社グループだけがLOLO船とRORO船を併用することになった。このため日本船3社グループはLOLO船の運航についてAJCLとの間で、RORO船の運航についてESSとの間で、それぞれ協調配船について協定を結んだ。さらに日本船3社グループ間でも、LOLO船とRORO船を統合した3社協定を締結した。合弁会社フリンダースは代替船建造への多額の投資負担に起因する経営難に陥り、75年に撤退した。ESSはANLと川汽の2社で構成することになり、ANLがフリンダースの航権および新造船を譲り受け、自社の新造船と合わせて輸送力を強化する一方で、航路運営を東南アジア・極東方面へ拡張した。67年に在来船が就航していた豪州/欧州航路では往復の航海日数が70日であったが、69年には36日に短縮された、在来船が欧州で11港に寄港していたが、コンテナ船はティルバリー、ハンブルク、ロッテルダムの3港だけ、各港で大量のコンテナを捌くのでコンテナ1個当たりの荷役コストと時間も大幅に圧縮された。コンテナ船によるコスト削減効果がてきめんに現れ、またたく間に在来船を駆逐してしまった。

豪州航路に続くPNW航路のコンテナ化

　豪州航路に続いてPNW航路が70年5月からコンテナ化された。6社はPNW航路のコンテナ化に先立ち予想される荷動き量から逆算して、750TEU積み、3隻を投入し、1航海30日ラウンドの10日間隔で配船することを決めた。6社が郵船と昭和海運、商船三井と山下新日本、川汽とジャパンの組み合わせで3グループに分かれ、各グループがいったん1隻ずつ共有建造し、3隻を対象にスペース・チャーター方式により運航することで合意した。川汽とジャパンの853TEU積み、21.7ノットの「ごうるであろう」を第1船に、郵船と昭和の839TEU積み、22.2ノットの「穂高丸」、商船三井と山下新日本の1,094TEU積み、22.5ノットの「米州丸」を相次いで就航させ、70年10月から1航海30日ラウンド、月間3航海のサービスを開始した。その後、6社は73年半ばからPNW航路で増配に踏み切った。「あらすか丸」（1,183TEU積み、23.1ノット、商船三井）が73年6月に就航したのに続き、74年4月に「らいおんずげいと ぶりっじ」（1,441TEU積み、22.8ノット、川汽）、同年5月に「氷川丸」（1,277TEU積み、22.5ノット、郵船/昭和）の3隻を投入、既存船3隻と合わせて計6隻による5日間隔のサービスを実施した。第1次石油危機の発生にまたがっての増配と

あって、当初懸念された船腹過剰の問題は発生しなかった。この増配を機に川汽とジャパン、商船三井と山下新日本は既存船の共有を精算し、ジャパンが「ごうるでんあろう」を、山下新日本が「米州丸」をそれぞれ単独保有に変更した。郵船と昭和は「穂高丸」と「氷川丸」の共有を継続した。

ポートランド・ケース

ところでPNW航路に第1船「ごうるでんあろう」が就航し、6社によるコンテナ・サービスが順調に滑り出したかに見えたが、思わぬことが起きた。6社のコンテナ船がポートランド港に寄港しないことが発表されると、同港が直ちに米国海事法と独禁法に抵触するとの理由でワシントン州控訴裁に提訴した。米連邦海事委員会（FMC）に対しても6社のスペース・チャーター協定認可の取り消しを求めた。6社が同港に寄港しないこと、つまり不寄港としたことがポートランド港にとって6社の不寄港によってポートランド地区の貨物がフィーダー・サービスなどによって他港経由に移行することは貨物の自然な流れを阻害することを提訴の理由にあげた。FMCが6社の協定を再審査することになり、再審査の期間中、6社の協定が効力を停止され、米国寄港ができなくなり、不利な立場に追い込まれた。同港は1950年代にはシアトル港と同等の貨物量を取り扱っていたが、資金力不足でコンテナ化の流れに取り残されたと見る向きもあった。一方、シアトル港は中西部シカゴと結ぶ最短距離の立地条件の優位性を強調し、コンテナ船の誘致運動を展開していた。70年8月12日にワシントン州控訴裁が6社に対し「70年8月28日以降ポートランドに寄港しない場合には本航路のサービスを中止すべし」と命令したため、6社は外地寄港地をバンクーバー1港とする変則配船を余儀なくされた。しかし、同年12月にポートランド港と和解が成立し、「ごうるでんあろう」が12月11日に同港に寄港するのを皮切りに20日ごとに寄港することになり、同港もFMCへの申し入れを撤回した。また翌71年12月には6社のスペース・チャーター協定が合法との審決が下り、この問題は一件落着となった。だが、本来船社の自由であるべき寄港地の選択に対する不当な干渉として広く耳目を集め"ポートランド・ケース"として語り草となった。このことがニューヨーク航路のコンテナ化での寄港地選択に暗い陰を落とした。ニューヨーク航路のコンテナ化に際し、北米東岸で公平に寄港する配船形態の採用を余儀なくされた。北米東岸のフィラデルフィア、ボルチモア、ノーフォークの3港に7週中少なくとも2回、ボストンには1回寄港する。不寄港の場合、フィーダー・サービ

スでカバーする。また、東カナダについては航権を持つ郵船、商船三井、川汽の3社だけが自社船を寄港させ、自社船を寄港できないジャパンと山新の2社は寄港船に限られたスペースを確保するなど込み入った対応を求められた。"ポートランド・ケース"はPNW航路にとどまらずニューヨーク航路に波紋を広げた。日本中心の定期航路のコンテナ化ではPSW航路で日本船社6社、豪州航路でジャパンラインと昭和海運を除く4社、PNW航路で日本船社6社、欧州航路で日本船3社、ニューヨーク航路で昭和海運を除く日本船5社が参加し、日本船社による当面のコンテナ化計画を一巡させた。PSW航路、PNW航路、ニューヨーク航路の対米航路のコンテナ化は米国の独禁政策との関連で米連邦海事委員会（FMC）の監督下で進められた。日本船社は加盟・脱退が自由な開放型の米航同盟の加盟船社として盟外船社の存在を前提に厳しい航路環境下での競争を迫られた。コンテナ化を機にコンテナ化以前の実績、航権などが白紙還元されることではない。コンテナ化を劣勢挽回の機会ととらえる船社と既得権益を重視する船社との間で、コンテナ化を巡って思惑が微妙に交錯し、せめぎ合う。日本船社による主要定期航路のコンテナ化は長距離航路の欧州航路とニューヨーク航路を残す段階へと進展した。

長距離航路・欧州航路のコンテナ化浮上

　欧州航路のコンテナ化にはそれまでの先進国間を結ぶ定期航路のコンテナ化とは異なる特徴があり、新たな様相を呈した。大型高速船を運航し、規模の経済（スケール・メリット）追求を要請される長距離航路で、投資負担を抑え配船ルート数を拡大するため複数船社がコンソーシアムを結成したこと。海員組合による90日間の長期ストを契機に新しい競合ルートとして開拓されたシベリア・ランドブリッジ（SLB）輸送との先が読めない競争が待ち構えていた。欧州同盟に加盟する郵船、商船三井、川汽の日本船社3社は欧州航路のコンテナ化で対応が分かれた。郵船、商船三井は英国、西独船社と提携し、同盟内で50％近い最大シェアを占めるコンソーシアムを結成した。川汽は水面下で郵船、商船三井との同一行動を試みたが結局断念し、新興コンテナ船社と新しいコンソーシアムを結成する道を選んだ。日英独以外の欧州船社も新たにコンソーシアムを結成してコンテナ化に対応した。長距離航路に大型高速コンテナ船を投入する投資リスクの不安を抱えながら積極的にコンテナ化を推進する手法としてコンソーシアムを選択したことは当然の帰結であった。
　1969年1月、日本、英国、西独3カ国船社代表がサンフランシスコで会議を

開き、欧州航路のコンテナ化について協議した。ここでは3カ国船社が欧州航路のコンテナ化を早急に実施するとともに、コンテナ船を効率的に運航するため船型を統一し、可能な限り協調配船するなど基本的な事項を協議した。日本国内では海造審が2回目の追加答申（69年8月5日）に欧州航路のコンテナ化計画を盛り込み、郵船、商船三井の両社が計画している大型高速船5隻を71年秋の就航を目途に一挙に整備する必要を示唆し、後押ししていた。サンフランシスコで会議の後、同盟ベースでも検討されたが、同盟としての協調体制についての合意形成に至らず、3カ国船社だけの協調に焦点が絞られ、69年10月に欧州航路のコンテナ化を議題に初めて本会議が開かれたときには「トリオ・グループ」の名称が使われていた。英国船社は既述の通り、OCLとACTを発足させ、コンソーシアムとして世界的なコンテナ化に対処していた。西独ではハンブルグ・アメリカ・ラインとノルトドイッチャー・ロイドが在来船配船で協調していた。コンテナ船の運航では別会社を設立し、コンテナ・サービス体制を整えていた。70年に両社は合併し、合併を機に社名を「ハパックロイド」に改めた。一方、日本船社は郵船と商船三井の両社が協調体制を組み、英独船社の動きに対応した。トリオ・グループのメンバー間で協議を重ねた結果、71年4月に3か国船社でのトリオ・グループ結成について正式合意した。日本から郵船と商船三井の両社、英国からOCLとベン・ライン・コンテナ、西独からハパックロイドのトリオ・グループ参加が決まった。この時点でトリオ・グループは71年12月から翌年5月までの第1段階としてコンテナ船8隻でパナマ運河経由欧州折り返しのウイークリー・サービスを実施し、最終的に郵船3隻、商船三井2隻、OCL8隻、ハパックロイド4隻の計17隻で3日半間隔のサービスを実施する方針を決めた。日本を含む極東と欧州を結ぶ欧州航路に1,950TEU～2,450TEU積み、航海速力25ノットのコンテナ船17隻を投入する計画を策定した。この計画は欧州航路の往複航合計約1,500万トンに上る荷動き量の見通しに基づき策定され、周囲を「壮大な計画」として驚かせた。トリオ・グループのコンテナ化計画はシーランドが66年に北米大西洋岸/欧州航路にフェアランド号を投入したことを皮切りに、69年にオーストラリア・ヨーロップ・コンテナ・サービス（AECS）、ACTが欧州/豪州航路のコンテナ化に相次いで踏み切ったことが背景にあり、欧州地域のコンテナ化の進展を目の当たりにした英独船社の背中を押した。トリオ・グループは第1船「鎌倉丸」（1,950TEU積み、26.3ノット）を71年12月に投入してから17隻目の「シティ・オブ・エジンバラ」（2,450TEU積み、26ノット）の73年9月就航まで2年がかりでコンテナ化を完了した。当時、鎌倉丸は1,950 TEU

鎌倉丸（1,838TEU）（鎌倉丸）
　日本郵船がトリオグループの欧州航路に投入した当時、世界最大級のコンテナ船。主機はタービ
ン2基で計8万馬力、巡航速力、26ノットの高速船だったが、燃油価格の高騰から1980年に船
橋部分を切断して27,600馬力のディーゼル主機2基に換装した。姉妹船は鞍馬丸、北野丸のK
シリーズ船。（写真・東京都港湾局提供）

積み、26.3ノットの超大型高速船の代表格として第3世代船最初のコンテナ船
と呼ばれ、鎌倉丸就航から第1次石油危機発生前までに就航した「超大型高速
船」を第3世代船と通称した。トリオ・グループ加入の郵船が鎌倉丸に続き
「鞍馬丸」（1,950TEU積み、26.3ノット）、「北野丸」（2,450TEU積み、26.3
ノット）の3隻、商船三井が「らいん丸」（1,950TEU積み、26.4ノット）、
「えるべ丸」（1,950TEU積み、26.5ノット）の2隻計5隻を投入した。第3世代
船に分類された日本船5隻を含め17隻の船隊整備を終え、本格運営を開始した
矢先に第1次石油危機が発生した。燃料費の暴騰で4倍に跳ね上がった燃料コ
ストが重くのしかかった。トリオ・グループ内先行グループの日本船2社の船
腹拡充の動きは続いた。郵船が76年9月に「春日丸」（2,450TEU積み、25.9ノ
ット）、商船三井が77年9月に「てむず丸」（1,950TEU積み、26.1ノット）を
それぞれ追加投入した。78年時点で、トリオ・グループが大型高速コンテナ
船19隻を運航し、日本、東南アジア全域と欧州を結ぶ欧州航路でのウイーク
リー・サービス体制に移行した。欧州側ではハンブルク、ブルーメルハーフ
ェン、ロッテルダム、ルアーブル、サウサンプトン各港に寄港、スカンジナ
ビアなど不寄港地向けにフィーダー・サービスを実施している。トリオ・グ
ループに続いてスカンジナビア3か国3船社とオランダ船社のネドロイドの4か

ScanDutch の投入船、"Toyama"（2,422TEU、36,000dwt、26 ノット）
　欧州航路のコンテナコンソーシアム、ScanDutch は 1971 年に EAC（デンマーク、現・Maersk）、Swedish East Asia（SEACO、スウェーデン、のちの Brostrom、現・Maersk）と Wilh.Wilhelmsen（ノルウェー）の北欧 3 船社による Scan Service でスタート。Nedlloyd（蘭、現・Maersk）が 30％を所有、参加して ScanDutch となり、1973 年に Messageries Maritime（MM・仏、その後の CGM. 現・CMA CGM）が本社機能（コペンハーゲン）、運航、営業、機器など全てを一本化したコンソーシアムで、現在のオペレーションのみ一体化した Alliance と全く異なる。コンテナ化の進展とともに、メンバー社それぞれのビジョンが異なり、アイデンティティーも失われることから 1991 年に解体した。"Toyama" は Wilh.Wilhelmsen の投入船。Scan-Dutch の日本総代理店は Dodwell・Nedlloyd 合弁の Eurobridge だった。

　国4船社で構成するスカンダッチ・グループが72年4月に発足した。スカンダッチ・グループは6月から6隻のコンテナ船を順次就航させ、73年7月にフランス船社メサジェリー・マリテイム（MM）がコリガン号の就航とともに同グループに参加したことで、同グループは平均2,500TEU積みコンテナ船7隻の運航体制に移行した。日本、東南アジア全域と西地中海、欧州大陸のフォス、ロッテルダム、ハンブルク、ルアーブル、エーテボリを結び、欧州大陸と兼営でフォスに途中寄港した。また、この時点でマレーシア国営船社マレーシア・インターナショナル・シッピング・コーポレーション（MISC）が79年央に同グループに参加し、2隻の増配を決めた。トリオ、スカンダッチに続いて3つ目のコンソーシアムとしてエース（ACE）グループ[*]が75年6月に発足した。エース・グループは川汽をはじめネプチューン・オリエント・ラインズ

---

[*] Asian Containers to/from Europe（ACE）

（NOL）、オリエント・オーバーシーズ・コンテナ・ライン（OOCL）、フランコ・ベルジアン・サービス（FBS）で結成した。エース・グループの中核メンバーの川汽は75年9月に「せぶんしーずぶりっじ」（2,304TEU積み、25.8ノット）を投入した。エース・グループは77年央に平均1,700TEU積み8隻の船隊整備を完了した。この後、大韓船洲公社が77年に、エース・グループに参加し、翌78年度にコンテナ船1隻を投入した。（朝陽海運、79年参加）エース・グループは9隻のコンテナ船によるウイークリー・サービス体制に移行した。79年に日本、東南アジア全域と欧州側のサウサンプトン、ハンブルク、ブルーメルハーフェン、ロッテルダム、アントワープ、ルアーブル各港への寄港を始めた。運航面をみると、3グループ（コンソーシアム）ともスエズ運河経由の運航ということでは同じであるが、スカンダッチとエース両グループは同一船で日本、東南アジア諸港に寄港しているのに対して、トリオ・グループが日本、東南アジア地域から独立した欧州向け直航船を運航し、サービスの差別化を狙っている。欧州航路のコンテナ化が同盟船社の3つのグループ、つまりコンソーシアム形成を中心に進展する中で、マースク、DSRセネター（東独）、POL（ポーランド）が独立運営体制でコンテナ輸送サービスを継続した。中でもマースクは68年5月、川崎汽船との共同で当面、年間12航海、70年8月から6航海増配し年間18航海とする条件で欧州同盟に加盟した。さらに寄港地制限に基づく英国への寄港を認められない条件付きであった。言うまでもなく在来船時代の欧州同盟への加盟の話である。川汽は66年、欧州航路で定期船サービスを開設、欧州同盟加盟の機会をうかがっていた。そこにマースクが提携話をもちかけてきた。同盟の準メンバー待遇のマースクは航路の延長を認められていなかった。川汽はマースクの呼びかけに応じ、「川崎マースクライン」（KML）として月間2航海の配船を認めるように申請した。この申請は拒否され、同盟が67年10月に開く総会で2度目の加盟申請も拒否することになれば、実力行使で臨む意向を固めていた。しかし、再度の加盟申請も拒否された。マースクは同盟脱退も辞さない覚悟で68年3月から欧州／日本航路での配船を強行、川汽も集荷面で協力した。一方、同盟に加盟する郵船、商船三井は欧州船社に代わって日本政府に同盟尊重を基調とする定期船政策に変更がないことを打診する行動を起こした。ここで運輸省当局（当時）は英国船社が日豪航路で盟外船配船を計画する一方で（欧州）同盟を守ろうとしている矛盾を突き、逆に日豪航路の盟外船配船について自粛措置をとれないようなら、日本政府も欧州航路の盟外船配船に積極的に手を打てないと問題を投げ返す。それでも郵船と商船三井は盟外配船

が日本船社に与える影響が大きいので、運輸当局に問題解決に向けて善処してもらいたいと積極介入を要望した。欧州航路の盟外船問題では官民ともに苦い経験を味わっている。

　海運界で語り草になっている「三井ファイト」である。51年、三井船舶（当時）が欧州同盟に再三加入申請し拒否され、盟外配船に踏み切った。閉鎖同盟（クローズド・コンファレンス）の代表格の欧州同盟は新規船社の参入を拒み、加盟船社間のシェア割りまで取り仕切る強い統制機能を保持していた。三井船舶の盟外配船に対し同盟も三井船舶を相手に運賃競争を挑み、3年にわたって激しい争いを繰り広げた。そして財界までも巻き込む大問題に発展した。そんな悪夢の再現を回避したかった。マースクの実力行使を伴う交渉の結果、同年5月に同盟加盟が正式に認められた。マースクに盟外配船を断念させるため川汽がマースク説得を試み、一方、郵船、商船三井は同盟に川汽とマースクの加盟承認を働きかけ、円満解決に漕ぎつけた。運輸当局は「三井船舶が10年前に加盟のため数年にわたり血みどろの争いを続けた後、日本郵船のアンダーウィングという厳しい条件で加盟したことを考えると、今回、川崎汽船が無血入城ともいうべき形で加盟したのは幸運」と斡旋の成果を誇示した。川汽がマースクと配船数を50対50とすることで合意したので、運輸当局は川汽の欧州同盟加盟によって世界規模の定期船会社が3社になり、日本船社の航権拡大に期待を寄せた。日本船社による積み取り比率の拡大を政策課題に取り組む運輸当局の姿勢を読み取れる。一方、荷主筋はこれまで最も堅固と言われてきた欧州同盟が長期間にわたり盟外船と争い損失をだすことを回避したということは同盟の力が相対的に低下した証し、と評した。同年6月、川汽の第1船として「仏蘭西丸」が日本から香港、ケープタウン経由で欧州側最初の寄港地ハンブルクを目指した。欧州航路はコンテナ化不可避の情勢に直面していたが、川汽とマースクとの間でコンテナ化対応を巡って食い違った。当時、パレット輸送を採用するマースクはコンテナ化に消極的であった。コンテナ船事業で世界最大のメガキャリアに成長するマースクが当時、定期航路のコンテナ化の将来をどのように見通していたのかについて真意を推し量りかねる。川汽とマースク両社の提携関係は73年末に解消された。川汽はKML時代の実績が認められ、74年に単独加盟してコンテナ化を急いだ。川汽との提携解消後、マースクは73年末に初めてコンテナ船を建造し、世界最大のメガキャリアに向けて第一歩を踏み出した。

早くもPSWおよびPNW航路で増配へ

　ここで話をPSWおよびPNW航路の増配問題に戻す。箱根丸就航以降、総じて対米輸出が堅調に推移したため、日本船社のコンテナ貨物積み取り高は順調な伸びを見せ、69年末には在来船の配船を取り止めた。マトソンが採算悪化を理由に太平洋航路のコンテナ輸送からの撤退を発表する一方で、外船社が相次いでコンテナ船を投入、コンテナ輸送に乗り出した。日本と極東を含めたPSW航路での内外船社のコンテナ競争は激しさを増し始めた。こうした中、日本船社のコンテナ船船腹量が不足し、早くも増配問題が持ち上がった。2社グループが1,006TEU積み、22.6ノットの「比叡丸」（昭和）、1,198TEU積み、23ノットの「白山丸」（郵船/昭和）の2隻、4社グループが1,164TEU積み、22ノットの「あじあ丸」（商船三井）、1,441TEU積み、22.3ノットの「くいーんずうえい ぶりっじ」（川汽）、1,441TEU積み、22.8ノットの「ぱしふぃっくあろう」、1,198TEU積み、23ノットの「山新丸」の4隻計6隻を投入、船腹量を増強した。6社はPSW航路での6隻増配と同時にPSWおよびPNW航路にそれぞれ3隻ずつ新造する増配船建造計画を策定し、運輸省に提出した。しかし、この計画提出後に6社は計画の再検討を迫られた。72年を境に太平洋航路で船腹過剰傾向が強まってきたのだ。6社間で協議した結果、船腹過剰が著しいPSW航路と比較的船腹需給の均衡が保たれているPNW航路で船腹調整することになった。白山丸は73年3月から3航海、くいーんずうえい ぶりっじに船名変更する前の「しるばああろう」が同年6月から3航海、1,183TEU積み、23.1ノットの「あらすか丸」が同年9月から4航海それぞれPNW航路に臨時投入された。「あらすか丸」は74年1月、PSW航路に復帰した後、同年4月からPNW航路に投入された。PSW航路からPNW航路に順次交代で臨時投入する船腹調整を経て、PSW航路の2社グループは復帰後の白山丸を加えた4隻を運航するウイークリー・サービス体制を確立した。また、4社グループは「ぱしふぃっくあろう」と「山新丸」が就航したことにより、74年4月から8隻で週2航海の配船体制に移行した。こうした航路事情を踏まえて同盟が動いた。同盟は73年10月8日に運賃水準の安定と盟外船の排除を目的に二重運賃制の導入を決めた。同じ10月には日米海運会談が開かれ、議題に不正集荷の禁止、過当競争の防止を巡る日米船社間の協調を取り上げ、協議した。この会談を受けて日本船社はプール制の採用について基本案を作成し、73年11月に翌年1月から実施することを発表した。PNW航路6社は73年半ばか

ら第2次増配に踏み切った。「あらすか丸」（商船三井）の就航に続き、74年4月に1,441TEU積み、22.8ノットの「らいおんずげいと ぶりっじ」（川汽）、同年5月に1,277TEU積み、22.5ノットの「氷川丸」（郵船/昭和）の3隻を投入、既存船と合わせ、計6隻で5日間隔の配船体制に移行した。PSWおよびPNW航路の増配船を含めた配船体制が整ったところで、6社は75年3月、FMCの認可を取得し、プール制を導入した。

ニューヨーク航路コンテナ化で日本起点の主要定期航路コンテナ化一巡

　欧州航路に続いてニューヨーク航路がコンテナ化された。日本を起点とする主要定期航路のコンテナ化はニューヨーク航路を残すだけで第1幕終盤を迎えていた。日本と北米大西洋岸およびメキシコ湾諸港を結ぶ定期航路の開設はパナマ運河開通（1914年8月）直後に遡る古い歴史がある。北米大西洋岸〜欧州航路が既にコンテナ化され、荷主からのコンテナ化要請が強まり、コンテナ化への転換が早いと見られていた。しかし、日本船社はニューヨーク航路のコンテナ化については躊躇した。日本の輸出貨物を太平洋岸経由で北米大西洋岸やメキシコ湾岸（ガルフ）向けに海陸一貫輸送するミニ・ランドブリッジ（MLB）が新しい輸送方式として発展すると、ニューヨーク航路をコンテナ化することによって独立航路として採算を維持できるのか将来性に疑問符を付ける向きがあった。官民一体となった日本船社は短距離航路のコンテナ化を優先し、その投資効果を確かめる必要があったことに加え、MLBの発展次第では米国東岸向け貨物の物流が変化し、ニューヨーク航路のコンテナ化の将来性、見通しを暗くする経営判断が働き、コンテナ化計画が短距離航路の後回しで策定された事情がある。海造審は66年9月の答申に続く2回目（69年8月）の答申で、ニューヨーク航路は貿易上の見地から早急にコンテナ化すべきで、欧州航路と同程度の大型高速コンテナ船を投入、ウイークリー・サービスを実施、運営体制は実績を尊重しながら共同して一単位で運営すること、つまり日本船社5社が一本化して大型船を投入、ウイークリー・サービスを実施する運営体制の方向性を示唆した。この答申に基づき運輸省は5社に対し、早急に実施計画を提出するよう通達した。外国船社のコンテナ化が予想以上に早まっていることが背景にあることに加え、ニューヨーク航路のコンテナ化に消極的な態度に翻意を迫る意味合いがあった。この通達を機に5社の協議が進み、第27次計画造船で7隻を建造し、72年9月から1航海49日ラウンドのウイークリー・サービスを実施し、状況に応じて漸次増配する基

本方針を固め、中間報告書を運輸省に提出した。この時点で各社はジャパン
が1,300TEU積み、25.5ノット、川汽が1,500〜2,000TEU積み、26ノット以上、
郵船、商船三井、山下新日本の3社が1,700〜1,800TEU積み、25〜26ノットを
各1隻ずつ計7隻の建造を計画したが、運営体制および各社のシェアについて
は継続協議することとした。ニューヨーク航路のコンテナ化を巡っての協議
が難航した最大の要因は往復航荷動きのインバランス(不均衡)で、ウイー
クリー・サービスを維持しながら採算を維持するために寄港地の選定問題の
協議で手間取る。日本船社はPNW航路のコンテナ化で米国側寄港地の選定問
題で苦い経験をしている。いわゆるポートランド・ケースである。ニューヨ
ーク航路のコンテナ化と相まってPSW、PNW航路の増配が実施された。スペ
ース・チャーター協定の米連邦海事委員会(FMC)への認可申請に先立ち、
事前に米国側寄港地の意向を打診し、反対が出ないことを確かめた上で届け
出る慎重な姿勢で臨んだ。それでもFMCの暫定認可の取得に手間取った。事
前の準備が難航し当初予定より遅れたものの、山下新日本の1,620TEU積み、
24.5ノットの「東米丸」が72年8月に第1船として就航し、日本船社によるニ
ューヨーク航路のコンテナ・サービスを開始した。ジャパンラインの1,300TEU
積み、25ノットの第2船「ジャパンアンブローズ」が同年9月に、商船三井の
1,800TEU積み、26ノットの第3船「にゅーよーく丸」が同年9月に、郵船の
1,800TEU積み、26ノットの第4船「黒部丸」が同年12月に、商船三井の
1,800TEU積み、26ノットの第5船「にゅーじゃーじー丸」が73年3月に、郵船
の1800TEU積み、26ノットの第6船「木曽丸」が同年4月に、川汽の1,800TEU
積み、26ノットの第7船「べらざのぶりっじ」が同年7月順次就航した。7隻が
出そろったところで日本船社5社がニューヨーク航路でウイークリー・サービ
ス体制に移行した。実際にコンテナ船7隻が就航し、ウイークリー・サービス
が始まると、MLBが発達する中、日本船社5社グループ、USL、マースクなど
伝統的な当航路就航船社を中心に同盟だけで年間500万トンを輸送し、独立
航路として運営できることを裏付け、好調な滑り出しを見せた。ニューヨー
ク航路のコンテナ化は構造的な問題を抱えながらも、好転する航路環境に支
えられ実施計画通りにスタートし、日本中心の主要定期航路のコンテナ化が
一巡した。日本船社のコンテナ化の歴史に一区切りつけた。ニューヨーク航
路のコンテナ化の将来性について不透明感を拭い切れない幕開けとなった
が、73年にはいると、円が変動相場制に移行し、円高が進んだにもかかわら
ず、輸出貨物は増加し、復航でも東カナダ、北米大西洋岸南部積み貨物が好
調で、往復航荷動きの不均衡が縮小し、早くも増配問題が論議を呼んだ。し

かし、同年末に第1次石油危機が発生したため、増配問題は棚上げされた。翌年になって往航貨物の活況が続き、増配問題の論議が再燃した。荷動き好調とは言え、MLBの発展や燃料油価格の高騰に起因する採算低下などが問題となり、協議は難航した。74年12月になって、増配すなわち8隻目は航路の合理化推進とプール制の導入を前提に建造することで合意が成立した。この合意に基づき合理化が進められた。75年1月1日以降、各社の各船のスペースを再配分、寄港地問題の均一化、名古屋港への定期寄港などが実施された。また76年1月1日以降、東カナダの寄港地を2港から1港に絞った。石油危機を発端とした世界的な不況が忍び寄り、荷動きは不振に陥り、減速航行による燃料費節減、母船寄港によるフィーダー・サービスコストの節減を余儀なくされた。76年に入ると、荷動きは徐々に回復し、年初の予想をはるかに上回る活況を呈し、同年12月に就航した増配船八州丸（1,730TEU積み、26ノット、川汽/ジャパン/山新の建造）が就航、5社がニューヨーク航路に8隻を投入、1航海49日と56日ラウンドの2通りのスケジュールによるウイークリー・サービス体制へと移行した。

海員・港湾ストライキの影響

　コンテナ化開始以来、10年が経つ間に日本船社は大規模な港湾および海員ストライキの試練に見舞われた。71年の国際港湾倉庫労働者組合（ILWU）ストライキ、72年の全日本海員組合の90日間におよぶ長期ストライキ、77年の60日間におよぶ国際港湾労働組合（ILA）ストライキであった。中でも71年のILWUストライキは23年ぶりの史上空前の大ストライキと言われた。ストライキは同年7月1日協約期限切れとともに始まり、10月8日まで続き、米大統領のタフト・ハートレー法発動により80日間の冷却期間を経た後、1月17日第2波ストに突入、翌年2月20日に新協定に調印、ストは終了した。スト期間中、北米西岸24港は正味134日にわたって港湾荷役を完全にストップした。冷却期間中、北米西岸向けに貨物が殺到し、日本船社によっては自社船や他社船を臨時配船し、あふれた貨物を摘み取り急場を凌いだ。コンテナ船は在来船に比べ港湾ストライキに弱いと言われる。コンテナ船荷役に適した臨時寄港地が少ない時代にストライキが実施されると、コンテナ船の逃げ場がない。海員ストライキの場合、日本船は国内港湾に帰着するとすべて停船し、コンテナ運営は麻痺状態に陥る。外国船社とスペース・チャーター協定を締結している場合でも外船のみの間引き運航となる。ストライキにより本船の配船間隔

は乱れ、団子状態となり、コンテナの回転が落ち込み、復旧には長時間を要する。コンテナの回転を正常に戻すのに数か月から半年かかった。コンテナのインベントリー・コントロールが難しいのはストライキ発生時に限ったことではない。往復航の需要が均衡し、かつ高消席率でコンテナ船を運航できれば、採算を維持できるが、それだけ恵まれたコンテナ航路は存在しないのが現実である。貿易構造に起因する往復航インバランス（不均衡）が発生し、インベントリー・コントロールを難しくする。コンテナ船事業が抱える宿命的な課題である。

　海造審は2回目（69年8月）の答申で、コンテナ船の大型化に伴い外貿埠頭公団によるコンテナ埠頭について需要に応じコンテナ・バースの長さとコンテナ・ヤードを拡張する必要があることを提言した。当時の世界のコンテナ船就航状況をみてみる。* 近海・沿岸航路を除く内外船社15社がコンテナ船76隻、100万重量トンを保有していた。所有国別ではコンテナ船の先駆者である米国が62隻、重量トンで77.9％を占め、他国を圧倒、PSW航路のコンテナ化に着手した日本が6隻、9.1％で続いた。所有会社別ではシーランドが最も多く30隻、31万4,841重量トンで30.6％を占め、マトソン、ハドソン・ウォーターウェイ、ユナイテッド・ステーツ・ラインズ（USL）、シートレインと米国船社4社が続く。ハドソン・ウォーターウェイはシートレインの持ち株会社なので、両社を合わせると、15隻、19万重量トン、19.3％でシーランドに次ぐ。これにマトソンが9隻、13万重量トン、13.3％、USLが4隻、8万重量トン、8.5％で続く。69年1月末時点でのコンテナ船就航状況をみると、北米大西洋岸/欧州航路が20隻、30万重量トン（30.8％）、北米太平洋岸/沖縄/ベトナム航路が15隻、18万重量トン（18.9％）日本/北米太平洋岸航路が12隻、17万重量トン（17.8％）で、在来定期航路のコンテナ化が進展している一方でコンテナ船の多くが軍用貨物輸送に従事していることを示している（注：集計時点でシーランドは長さ35フィート・コンテナ、マトソンが長さ24フィート・コンテナをそれぞれ使用している関係で、コンテナ船運航腹量をTEU換算ではなく重量トンで表記した）。航路別のコンテナ船就航隻数の内訳は北米大西洋岸～欧州航路がUSL4隻、アトランティック・コンテナ・ライン（ACL）4隻、コンテナ・マリン・ライン（アメリカン・エクスポート・イスブランセン・ラインズ：AEILのコンテナ船運航会社）4隻、ハパックロイド3隻、シーランド5隻、北米太平洋岸/沖縄/ベトナム航路がシーランド10隻、シートレイン4

* 日本郵船調査室編「経済・貿易・海運動向」2月号別冊「世界コンテナ船就航状況」（1969-2-26）より、欧州内小型船を除くフルコンテナ船対象

隻、ハドソン・ウォーターウェイ1隻、日本〜北米太平洋岸航路で日本船社6社の6隻をはじめシーランド4隻、マトソン2隻をそれぞれ運航していた。第1章で、USLが68年5月、第2世代初のコンテナ船アメリカンランサー号をニューアークとロッテルダム、ロンドン、ハンブルクを結ぶ航路に就航させたこと、同号の航海速力は約22ノットで16ノット前後の第1世代コンテナ船と比べものにならなかったことを記した。USLはニューアークとロッテルダム、ロンドン、ハンブルク各港を結ぶ航路にアメリカンランサー号を皮切りに68年12月までに4隻を投入、運航を開始した。第2世代コンテナ船として登場した4隻のコンテナ積載能力は平均1,200TEU積み、約22ノットで、第1世代コンテナ船を寄せ付けない船隊整備の時代の到来を印象付けた。ACLは67年7月から11月にかけて北米大西洋岸〜欧州航路に平均525TEU積み、20ノットのコンテナ船4隻を投入した。コンテナ・マリン・ライン（CML）は同航路にコンテナ積載能力738TEU積み、16.5ノットの改造船2隻と928TEU積み、21ノットの新造船2隻を投入した。ハパックロイドは68年1月から1年かけて同航路に728TEU積み、20ノットのコンテナ船3隻を投入した。シーランドといえば同航路に長さ35フィート・コンテナ平均326個積み、17ノットの改造船5隻を運航し、競合船社との競争力で劣勢に立たされていた。北米太平洋岸/沖縄/ベトナム航路では前章で述べたとおりシーランドの独壇場、海軍の軍事海上輸送部（Military Sea Transportation Service : MSTS）との破格の契約を結び他社を寄せ付けず異彩を放っていた。ハドソン・ウォーターウェイが所有する9隻は1966、7年に全船とも戦時標準型船を改造したコンテナ船で、コンテナ積載能力177FEU積み、16ノット。9隻中1隻がMSTSに用船された。子会社シートレインは177FEU積み、14.5ノット、6隻を所有、6隻中4隻を北米太平洋岸/ベトナム航路で運航した。ハドソン・ウォーターウェイとシートレインがベトナム向けに運航する5隻が長さ40フィート・コンテナ積み仕様を採用していることからみて、シーランドに先んじられながらMSTSへの食い込みを図った結果といえそうだ。日本〜北米太平洋岸航路では日本船社6社がコンテナ積載能力平均728TEU積み、平均22.4ノットのコンテナ船6隻を運航する。シーランドは積載能力平均35フィート・コンテナ446個積み、平均16.5ノットのコンテナ船4隻、マトソンが長さ24フィート・コンテナ464個積み、16.5ノットのコンテナ船2隻をそれぞれ運航した。航海速力で日本船社6社がシーランド、マトソン両社を凌いでおり、新造船と改造船の格差を浮き彫りした。日本船社6社としては所要航海日数で両社と有利に渡り合える競争環境下で定期航路のコンテナ化の幕開けを迎えることができた。シーランドが所有する30隻は全て先の

第2次世界大戦中に建造された戦時標準型船を戦後に改造したコンテナ船で、30隻合計のコンテナ積載数が長さ35フィート・コンテナ1万173個、31万4,841重量トン、平均16.5ノットといった内訳。前章で記したとおりシーランドの日本〜北米太平洋岸航路への進出は一般商業貨物のコンテナ輸送サービスの開設が第一義ではなく、米本国からベトナム向け軍用貨物のコンテナ輸送を終えて空になったコンテナの本国への回送途中、日本に寄

SL7型コンテナ船
　1972年から大西洋、太平洋航路に就航したSea-Landの世界最高速のコンテナ船（33ノット）で、1,968TEU、主機はタービン2基、計12万馬力。太平洋を5.5日で横断したが、燃油価格の高騰で。建造船8隻のうち、6隻は総額2億750万ドルで米海上輸送司令部（Military Sealift Command）に売却され改装、2010年の「砂漠の嵐」の作戦行動に参加した。現在はノーフォーク港でReserved Fleet（予備役船隊）として保船管理されている。

港し、一般商業貨物を積みとる、いわゆる“帰り荷”狙いとあって、一般商業貨物のコンテナ輸送専業の競合船社と競争条件を比較すること自体にどれ程の意味があるのか考えさせられる。だが、北米大西洋岸/欧州航路で、シーランドの最大のライバルであるUSLが第2世代コンテナ船の運航を開始し、シーランドの地位を脅かしている。時間の経過とともにUSLの航海速力約22ノットに太刀打ち出来ないことを痛感することになる。北米太平洋岸/日本航路についても同じことが言える。軍用貨物のコンテナ輸送の帰り荷狙いのコンテナ船事業がこの先いつまでも続くのか見通せないマックリーンではなかった。案の定、マックリーンは北米大西洋岸〜欧州航路と北米太平洋岸〜日本航路で巻き返しを図り、首位の座に就く構想を練っていた。69年1月、コングロマリット、レイノルズ・タバコ会社とマックリーン・インダストリーズの提携を発表し、同年夏にはレイノルズの子会社となったシーランドが航海速

力33ノットの超高速新鋭船「SL−7」8隻の建造計画を発表した。アメリカンランサー号を運航するUSLはニューアークとロッテルダムを6日半で結んでいることを喧伝していた。USLはさらに6隻を追加建造するため9,500万ドルの補助金を申請していた。SL−7ならニューアークとロッテルダムを4日半で結ぶとやり返した。オークランドと横浜を太平洋横断5日半で結ぶことも強調した。さらに航海速力33ノットのSL−7は56日で世界一周できる計算なので、8隻を世界一周航路で運航しウイークリー・サービスを提供できると構想を膨らませた。まずは北米太平洋岸〜日本航路への投入を計画した。シーランドがSL−7を北米太平洋岸〜日本航路に投入する計画はマックリーンの戦略的優位に立つ策の具体化であった。しかし、コンテナ船業界の競争を指して軍拡競争のようなものとは良く言ったものだ。一旦始まるととどまるところを知らないと言うのだ。シーランドがコングロマリット、レイノルズの潤沢な資金力を背景にSL−7で首位交代を目指す。追い上げられる立場に立たされたUSLが拱手傍観を決め込むわけにいかない。69年1月、コングロマリットのウォルターキデイがUSLを買収した。USLは資金調達で後ろ盾を得たところで対抗策を打ち出す。米国と日本を結ぶ航路に8隻の高速コンテナ船を投入する計画を発表した。コンテナ積載数1,000TEU積み超、航海速力20ノット以上の最新鋭船16隻を発注した。16隻が就航すると、コンテナ輸送能力で競合他社と有利に競争できる。ここでマックリーンが奇策を打った。レイノルズの資金力を頼りに総額12億ドルでUSLに大胆な取引を提案した。USL発注済みコンテナ船16隻を20年間借り受ける提案である。この提案が実現すると、シーランドは大西洋、太平洋両航路で競合他社を圧倒できるシェアを手にできると目論んだ。だが、この提案は競合他社の猛反対に遭い、結局、政府に差し止められ頓挫した。マックリーンの目論みが外れたところで、69年になると、USLが米国と日本を結ぶ航路に8隻の高速コンテナ船を投入する計画を発表した。シーランド、USLの対日航路でのコンテナ化強化策が波紋を呼んだ。日本船社によってはPSW航路のコンテナ化開設時に消席率を往航60％、復航40％と想定し、初年度の採算が各船当たり減価償却後約5億円の赤字と手堅く試算した。68年度は輸出の急増が世界貿易の拡大、とくに米国の輸入増大が日本の輸出に有利に働いたこともあるが、日本の強い輸出競争力によるものであった。米国向け輸出が電気製品を中心に旺盛な伸びをみせていた。コンテナ貨物の半分以上が高運賃率の電気製品で占められている夢のような話を耳にした。壊れやすく、盗難に遭いやすい電気製品はまさにコンテナ適合貨物の筆頭である。電気製品の輸出が増え、コンテナ化で海上運賃が下がり、

在庫費用が圧縮され、保険料も下がる。日本製品は米国市場に続いて欧州市場を制覇する勢いで伸びた。68年、テレビの輸出は350万台だったが、3年後の71年に620万台に、同時期にテープレコーダーは1,050万台から2,020万台に増えた。人件費の高騰で一度は頭打ちとなった繊維製品もコンテナ化で息を吹き返した。輸送コストが下がったおかげで、一時とは言え競争力を回復したのである。USLは70年9月、ニューヨーク航路に最初のコンテナ船を投入した。日本船社がPSW航路の増配を表明する。66年9月の海造審の答申（1回目の答申）にはPSW航路の増配は盛り込まれていなかった。PSW航路の増配だけでない。日本とシアトル・バンクーバーを結ぶ航路（PNW航路）のコンテナ化も想定していなかった。想定しなかったといえば日本〜豪州航路で川汽と豪州国営船社オーストラリアン・ナショナル・ライン（ANL）の提携が決まり、郵船、商船三井、山下新日本の日本船3社との調整問題が急浮上したことも。日豪航路のコンテナ化の実施動向は既述のとおりである。シーランドが日本からシアトルに先行寄港し、ロサンゼルスとオークランドに南下しパナマ運河経由でプエルトリコ、北米大西洋岸に寄港するスケジュールを発表した。シーランドが投入するコンテナ船の航海速力が日本船社とマトソンの航海速力より下回ることから競争上、シアトル先行寄港を選択したに違いない。反対にこのことが日本船社にPNW航路のコンテナ化を新たに検討課題とするきっかけになった。

日本〜ニュージーランド航路と日本〜西豪州航路のコンテナ化

　豪州航路との関連で日本〜ニュージーランド航路のコンテナ化が具体化した。日本〜ニュージーランド航路のコンテナ化は76年10月25日に開設され、ジャパンと商船三井の共有コンテナ船1,446TEU積み、「ごっどういっと」が第1船として就航した。日本・ニュージーランド間の定期航路は日東商船（海運集約後にジャパンライン）が54年9月に開設、その後、在来船により年間12航海の配船を開始した。58年にクルセーダー・シッピングが参入、59年に大阪商船（海運集約後に大阪商船三井船舶）、62年にチャイナ・ナビゲーション・カンパニー・リミテッド（CNCO）がそれぞれ運航を開始した。73年中頃からニュージーランドの港湾事情が悪化し、滞船の長期化により定期航路の運営が難しくなった。4社は合同調査グループを結成、73年8月以降、定期航路の合理化とサービス向上策について検討を重ねた結果、4社はスペース・チャーター方式によりコンテナ化することを決めた。当初、日本船2社が第1

船を共有建造し、第2船は外船社2社がオーストラリア・ジャパン・コンテナ・ライン（AJCL）から1,138TEU積み、アリアケ（後にアオテアに船名変更）を用船して投入し、その後、第3船は時期を見て新造することを計画した。第3船の建造は当分の間見合わせることとし、2隻による1航海約35日ラウンドのサービスを実施した。外船社2社はコンテナ化を機に、ジョイント・サービス名としてクルセイダー・スワイヤ・コンテナ・サービス（CSCS）を使用することに改めた。77年4月からシッピング・コーポレーション・オブ・ニュージーランド（SCNZ）がCSCSに参加した。寄港地は東京、名古屋、神戸、オークランド、ウエリントン、ポートチャルマースの6港。ニュージーランド航路がコンテナ化された時点で、日本～西豪州航路では郵船、商船三井、川汽の日本船3社とノルウェー船社クヌッセン・ラインの4社が在来船を配船していた。コンテナ化適合貨物が増加し、荷主のコンテナ化への関心が高まってきたとみてクヌッセン・ラインが790TEU積みRORO船2隻を新造し、78年3、4月に配船すると発表した。これに先駆け、日本船3社は77年に入ってコンテナ化を早める方向で協議した結果、在来船によるコンテナ輸送に加えて、78年2月から352TEU積み船2隻による新たなコンテナ・サービスを開始した。第1船が同年2月下旬、第2船が同年3月中旬に就航し、横浜、名古屋、四日市、大阪、フリーマントルに寄港した。

地中海航路のコンテナ化

　欧州航路とりわけ日本・極東と欧州北部地域を結ぶ航路のコンテナ化の進展は従来地中海経由であった貨物をコンテナ船の配船数が多い北欧州諸港経由に切り替えさせた。こうした貨物の流れの変化はフランスやイタリアなどにとって自国貨物が他国の港で揚げ積みされるという点で等閑視するわけにいかない変化であった。両国の国営船社は日本船社に地中海航路のコンテナ化の必要性を訴え、71年中頃、日仏伊3カ国の6船社が「地中海クラブ」を結成し、早期に同航路のコンテナ化を実現するためスペース・チャーターなど諸問題を協調して解決することになった。地中海クラブ参加メンバーは日本船社の郵船、商船三井、フランス船社のシャルジュール・レュニ（CR）とメサジェリー・マリテイム（MM）、イタリア船社のロイド・トリエススティノ（LT）、ラウロ・ラインの6船社。（ただし、MMはCRとの提携関係を解消、新たにスカンダッチ・グループ参加を決め、73年9月に地中海クラブを脱退した）。各社は郵船2隻、商船三井1隻、CR1隻、LT1隻の建造を計画してい

たが、竣工がいずれも73年以降で、船隊が出揃うのが早くても74年末の予定。これでは欧州航路のコンテナ化から3年も遅れることになり、地中海航路の地位の低下がきわめて憂慮された。折しも自社船竣工まで720TEU積み、19ノットの中型船3隻を用船、スペース・チャーター方式で共同運航し、コンテナ・サービスを開始する案が浮上した。この3隻はCRが大西洋航路に投入する予定で建造中の中型船であったが、同航路の採算が悪化し、CRとしては極東航路への転配を検討していた。自社での単独運航に一抹の不安があるところに、地中海クラブが結成されたこともあって、メンバー各社に3隻をスペース・チャーター方式で共同運航する案を提案、各社も3隻を自社船完工まで用船することで合意した。地中海クラブは72年10月に地中海起こしの「メダリアナ」を第1船に地中海航路のコンテナ・サービスを開始した。73年6月末までに「メデレナ」と「メドルフェア」が就航し、中型船3隻を1航海75日ラウンドの25日間隔で配船した。当初、東回り世界一周とし、神戸、東京、パナマ経由フォス、ジェノア、ケープタウン経由シンガポール、香港、神戸と寄港した。サービス開始直後にCRとの提携関係を解消、新たにスカンダッチ・グループ参加を決めたMMが73年9月に地中海クラブを脱退した。1,300〜1,400TEU積み大型船の建造が順調に進み始めた矢先に起きた。LTの「ニッポニカ」が73年10月就航したのに続き、74年3月に同社所有の「メディテラニア」、同年9月に郵船の「博多丸」（1,409TEU積み、22.6ノット）、同年10月に商船三井の「もんぶらん丸」（1,406TEU積み、23.1ノット）が順次就航した。74年4月以降は月間2航海のサービス体制を確立するとともに、大型船に限って、バルセロナ、ポートケラン、基隆の3港への定期寄港を開始した。用船期間終了となった「メダリアナ」は74年10月に返船した。75年6月のスエズ運河再開に伴い同年10月から全船スエズ経由の折り返し配船に変更し、日本/西地中海航路の所要航海日数を1週間短縮した。また、この航海日数の短縮によってスケジュールに余裕が生じたので、76年6月以降、トリエステ寄港を開始した。CRの新造大型船「シュバリエ・バルベレ」が77年9月に就航したのを機に「メデレナ」と「メドルフェア」の2隻を返船し、大型船5隻による2週間間隔のサービス体制に移行した。時を進めて86年当時、6社構成でスタートした地中海クラブは4社となり、87年にはCRが脱退、残り3社でサービスを継続、89年8月から従来の10日間隔サービスから9隻によるウイークリー・サービスを実施した。92年4月から船型を2,000TEU積みに統一しサービス向上に努めた。しかし、地中海航路は船腹過剰による競争の激化で赤字に苦しめられるようになり、93年6月、LTが地中海クラブに対し半年前の解約通知、事実

上の脱退通告におよんだ。寄港地の再編や紅海ジェダ寄港の実施など採算向上策を摸索したものの、有効策とはなり得ず、結局、93年末で地中海クラブの解散が決まった。地中海クラブの解散はその後の郵船、商船三井がそれぞれ新たな協調関係の枠組みつくりに向け踏み出した転換点の一つと言える。章を改めで詳述する。

第5章

成熟期

日本船社による日本を起点とする主要な定期航路でのコンテナ船第1船就航を振り返ってみる。

　「箱根丸」が1968年9月にPSW航路に就航して以降、「箱崎丸」が69年10月に豪州航路に、「ごうるでんあろう」が70年5月にPNW航路に、「鎌倉丸」が71年12月に欧州航路に、「東米丸」が72年8月にニューヨーク航路に相次いで就航した。その都度、日本船社による当該航路のコンテナ化の幕を切って落とした。わずか4年の短い期間で日本を起点とする主要な定期航路をコンテナ化した。短期間のコンテナ化と並行して海上と陸上を結ぶ一貫輸送の結節点であるコンテナ・ターミナルの整備計画が具体的に進展した。

外貿埠頭公団とコンテナ・バース整備

　運輸省（現国土交通省）は海運造船合理化審議会（海造審）の答申に沿って外貿埠頭公団法を制定、京浜、阪神両外貿埠頭公団を発足させ、京阪神公団が75年度までにコンテナ・バース11バースずつ計22バースを整備する計画を策定した。この計画に基づき京阪神公団は72年度までに京浜公団が東京大井コンテナ埠頭に5バース、横浜本牧コンテナ埠頭に3バース計8バース、阪神公団が神戸ポートアイランドに4バース、大阪南港に4バース計8バース合計16バースを整備する計画の大筋を決めた。

　箱根丸のPSW航路就航から3カ月後、運輸省は68年12月に京阪神公団コンテナ・バースに対するコンテナ内外船社の需要動向を調査した。外船社を除く日本船社を対象とした調査結果を航路別に整理すると、PSW航路用は68年度に供用開始中の東京品川埠頭と神戸摩耶埠頭の公共コンテナ・バース2バース計4バースに加え、72年度に東京大井コンテナ埠頭と神戸ポートアイランドに各2バース計4バース（公共バース含め8バース）、豪州航路用は69年度に横浜本牧コンテナ埠頭と大阪南港に各2バース計4バース、PNW航路用は一時的に東京品川埠頭と神戸摩耶埠頭の公共コンテナ・バースを供用するが、70年度夏までに東京大井コンテナ埠頭と神戸ポートアイランドに各1バース計2バース、欧州航路用は70年度に東京大井コンテナ埠頭と神戸ポートアイランド各1バース計2バース、ニューヨーク航路用は71年度に東京大井コンテナ埠頭と神戸ポートアイランド各1バース計2バース、東南アジア向けフィーダー・サービス用は71年度に東京大井コンテナ埠頭1バースといった内訳で、日本船社だけで19バースの需要のあることが判明した。この時点で、外船社を含めた京阪神公団コンテナ・バースの需要が72年度までに整備する16バースを上回

り、供給不足が濃厚となった。

　京浜公団が翌69年1月に東京大井コンテナ埠頭（2バース）と横浜本牧コンテナ埠頭（3バース）の借り受け者の申し込みを募集すると、横浜本牧コンテナ埠頭にはシーランドの3バースをはじめ複数の外船社分を含めると、応募が7、8社で12、3バースに上り、京阪神公団が募集する東京、横浜、大阪、神戸の4港の中で横浜が最も高い競争率を見せ、横浜本牧コンテナ埠頭に絞っても需給の逼迫が表立った。京阪神公団が72年度までに16バースを整備する計画を拡大方向で見直し、加えて整備テンポの繰り上げにより需給緩和を図ることも検討課題に上った。

　海造審は第4章で記したとおり、69年8月のコンテナ輸送体制に関する追加答申、いわゆる2回目の答申で、内外船社によるコンテナ化が当初の予想より早いテンポで進展している状況を踏まえた体制整備の必要性を示唆した。欧州およびニューヨーク航路のコンテナ化、外船社対策上、急がれるPSW・PNW航路の増配実施計画を骨子に船型の大型化に伴い需要に応じて外貿埠頭公団によるコンテナ埠頭の整備を見直す必要性までも示唆した。

　シーランドの対日航路でのSL－7就航計画発表を機に日本国内に動揺が走り、急拠、海造審の追加答申をまとめあげた。ところで、箱根丸就航時、国内寄港地の東京、神戸両港でコンテナ荷役用ガントリー・クレーンを設置する港湾施設といえば、東京品川埠頭と神戸摩耶埠頭の公共コンテナ・バース2カ所に限られた。急場凌ぎの施設利用ではなく、上記のとおり京阪神公団が72年度までにコンテナ・バース16バースを整備する計画に裏付けられた暫定使用であった。応募状況が示すようにコンテナ航路の開設時期に合わせ順次、コンテナ・バースの整備が進んだ。

　京阪神公団は1969年8月31日から75年10月1日にかけてコンテナ・バースを25バース供用開始した。6年弱の短い期間で当初の整備計画22バースに3バースが増設された。コンテナ化の進展に伴うコンテナ・ターミナルに対する旺盛な需要が背景にあった。京浜公団が東京大井コンテナ埠頭に8バース、横浜本牧コンテナ埠頭に4バース計12バース、阪神公団が神戸ポートアイランドに9バース、大阪南港に4バース計13バース合計25バース供用開始した。日本船社による初めての自営コンテナ・ターミナル運営は川崎汽船が69年8月に阪神公団から大阪港南港埠頭1号バースを借受け、開業したことにさかのぼる。続いて川汽は同年9月に京浜公団から横浜港本牧埠頭8号バースを借り受け、自社専用ターミナル事業を展開した。その後、71年に3号バースを借り受け、91年には8号バースへ移転して業務を集約した。横浜港では貨物の増加に伴い

借り受けバースが手狭になったため、2006年12月にA-5およびA-6バースに移転し、大型船2隻が同時着岸できるようにした。さらに2016年には大黒埠頭C-4バースに移転し、ヤード面積の拡張、岸壁水深の増深、ガントリー・クレーンの高規格化に対応している。神戸港では82年にポートアイランドPC-12バースで開業、87年には六甲アイランドのRC-3バースに、2004年にはRC-4・5に移転し、マースクと共同でRC-3・4・5の3バースを借受け、07年に3バースの再整備を完了した。公団バースの借り受け状況をみると、東京大井コンテナ埠頭の1号、2号バースを川汽、3号、4号、5号バースを大阪商船三井船舶（現商船三井）、6号、7号バースを日本郵船、8号バースをジャパンラインと山下新日本汽船の両社で、横浜本牧コンテナ埠頭の5号、6号バースをシーランド・サービス、7号バースを郵船、商船三井、山下新日本、昭和海運の4社、8号バースを川汽が、神戸ポートアイランドの1号バースをシーランド、2号バースを山下新日本とジャパンの両社、3号、4号バースを郵船、5号バースをアメリカン・プレジデント・ラインズ（APL）、6号バースをユナイテッド・ステーツ・ラインズ（USL）、7号バースを商船三井とジョンスワイヤ・エンド・サンズ（ジャパン）の両社、8号、9号バースを商船三井が、大阪南港の1号バースを川汽、2号バースを郵船、商船三井、山下新日本の3社、3号、4号バースを川汽がそれぞれ借り受け専用使用した。外船社の中でシーランド、APL、USLの米船3社が単独で借り受け、コンテナ・ターミナルを拠点とした体制整備で先行した。

外貿埠頭公団解散と港勢伸展

　京阪神公団は81年4月25日付け法律改正で解散が決まった。外貿埠頭公団が東京、横浜、大阪、神戸の4港で進めてきたコンテナ・ターミナル整備の業務は港別に設立された運営組織に移管され、コンテナ化初期以来果たしてきた役割を終了した。

　時を進めてコンテナ船の大型化に対応した各港のコンテナ・ターミナル整備状況を概観してみる。コンテナ化の進展、とりわけコンテナ船の大型化がもたらした港勢の伸展を読み取れる。

　日本初のコンテナ船が使用した東京港の品川埠頭は岸壁延長555㍍、水深10㍍、3バースのままだが、東京大井コンテナ埠頭の8バース（岸壁延長2,000㍍）はコンテナ船の大型化に対応して、2004年までに水深15㍍の高規格7バースに再整備された。1992年から2001年にかけて青海コンテナ埠頭で岸壁延長

1,050㍍、水深15㍍の3バース、岸壁延長520㍍、水深13㍍の2バースが供用開始した。また、2017年11月には中央防波堤外側コンテナ埠頭で岸壁延長230㍍、水深11㍍の1バースと岸壁延長400㍍、水深16㍍の1バースが供用開始した。

　横浜港では本牧埠頭に9バース、大黒埠頭に3バース、南本牧埠頭に3バース合計15バースが整備された。コンテナ船の大型化に対応して、大水深の6バースが整備されている。南本牧埠頭には水深18㍍の1バースと水深16㍍の2バース、本牧埠頭には水深16㍍の3バースが整備されている。中でも南本牧埠頭MC3はターミナル面積が約20ヘクタール、取付け部を含め延長400㍍、水深18㍍の大水深耐震強化岸壁を備え、国内初の24列対応型ガントリー・クレーンが設置され、2015年4月から供用開始している。

　大阪港では18列対応を含め合計21基のガントリー・クレーンを設置するコンテナ対応バースの9バースが稼働している。C1〜C4の4バースは水深13.5㍍、岸壁延長350㍍、C8は水深14㍍、岸壁延長350㍍、C9は水深13㍍、岸壁延長350㍍。夢洲（ゆめしま）のコンテナ・ターミナルで2002年9月に供用開始したC11は水深15㍍、岸壁延長350㍍、03年10月に供用開始したC10も水深15㍍、岸壁延長350㍍、09年10月に供用開始した岸壁延長650㍍のC12は400㍍区間の水深が16㍍、250㍍区間の水深が15㍍、C12の供用開始に伴い、C10/C12の3バースの一体運用が開始した。さらに13年度から水深16㍍、岸壁延長250㍍のC12岸壁の延長工事に着手し、17年2月から暫定使用を開始した。C10/C12岸壁は大規模地震発生時に備えて耐震強化を図っている。

　神戸港は2010年8月、国から大阪港とともに「阪神港」として「国際コンテナ戦略港湾」に選定された。14年10月には神戸・大阪の両埠頭公社を統合し、「阪神国際港湾㈱」を設立し、国、神戸市、阪神国際港湾㈱が一体で港勢拡大への取り組みを始めた。ところで神戸ポートアイランドでは1975年8月時点で、岸壁延長300㍍のコンテナ・バース、9バースが供用開始していた。

　ポートアイランドは世界初の海上文化人工都市構想に基づき建設が進められた。1−2期の総面積が833万平方㍍あり、コンテナ・バースの他ライナーバース15を数え、さらに国際交流施設、ファッション、住宅など都市機能を備えている。99年3月には複合機能倉庫として神戸港国際流通センター（K-DIC）が供用開始した。ポートアイランドの南部に位置する第2期のコンテナ・バースはコンテナ船の大型化に対応して整備された。94年4月に商船三井が神戸埠頭公社からPC14、15の2バースを借り受け、日本初の水深15㍍の大水深・高規格コンテナ・バースとして供用を開始した。これに伴い商船三井は旧ターミナルのPC7・8・9の3バースを神戸埠頭公社に返還し、新たに借り受けた新ターミ

神戸ポートアイランド
　高度経済成長で増加した港湾貨物の取扱量の増加と、世界の海運界のコンテナ化に対応するため、1966年に着工したコンテナ港湾を中心とした都市機能を持つ世界最大（当時）の人工島で埋立面積は436ha。六甲山地の土砂で埋め立て、跡地は須磨ニュータウンとして住宅地開発した。一期工事（コンテナ12バース、ライナー（一般外貿）15バース）。C1〜12までの各面積は8万〜10万㎡で、岸壁水深は全て12m。1981年に竣工。ターミナル運営は㈶神戸港埠頭公社だった。当時の神戸港のコンテナ取扱量はニューヨーク、ロッテルダムに次ぐ世界3位だった。写真は一期工事竣工頃の1981年頃撮影。（神戸市港湾局提供）

ナルは従来の神戸国際コンテナターミナル（KICT）の名称で開業した。98年2月にはPC16、17の2バースが供用を開始した。03年4月に供用開始したPC18は水深16㍍の岸壁部分が公共バースで、後背地に神戸港初の奥行き500㍍のターミナルを整備した。PC18東面に水深16㍍の岸壁を整備し、10年4月から供用開始した。PC14〜17の岸壁も耐震化工事を、PC15〜17は11年に水深16㍍の3連続大水深バースに整備を完了した。こうした中でPC1〜5は都市機能も含めたウオーターフロントに再開発され、親水公園を整備し大学・物流機能施設を誘致した。72年以降整備を進め、多機能型複合都市づくりを目指してきたのが六甲アイランド。水深13〜16㍍の大型コンテナ・バース、5バースが稼働している。RC2は水深13㍍、岸壁延長350㍍、RC4/5は水深14㍍、岸壁延長各440㍍、RC6/7は水深16㍍、岸壁延長各400㍍。

　郵船は94年4月、神戸港埠頭公社からRC6/7の連続バースを借り受け、「日本郵船神戸コンテナ・ターミナル」の運営を開始した。同社は71年12月、ポートアイランドのPC3で自営ターミナルの運営を開始し、翌72年10月には隣接するPC4を借り受け、連続2バースの運営を実現した。さらに82年4月には

PC11に進出し、神戸港でコンテナ・ターミナルを合計3バース体制を整備した。その後、ポートアイランドから新たな人工島の六甲アイランドに移転し、94年4月、RC6/7の連続2バースを神戸港埠頭公社から借り受け、大型船の就航および大量輸送の要請に対応するコンテナ・ターミナルの運営に移行した。同社の日本国内の自営ターミナルとして初めてトランスファークレーンによる荷役方式を採用、16基のトランスファークレーンの運転席にはコンピュータ端末機を設置し、管理棟のコントロールセンターから無線で送信する作業データによる効率的な積み下ろしが可能になった。トランスファークレーン方式は従来のストラドルキャリア方式に比べヤード内のレイアウトに余裕があり、ストラドルキャリアがヤード内を縦横無尽に走行しているのに対し、トランスファークレーンは一定の直線上を往復するので、現場の技術作業員の安全確保につながった。94年11月、横浜港で横浜港埠頭公社から借り受けていた本牧埠頭A7から当時では最大級バースであった大黒埠頭C4バースに移転した。大型コンテナ船に対応するための移転であった。荷役機器は半年前に開業した六甲RC6/7バースと同様にトランスファークレーン方式を採用した。スーパーガントリークレーンにはハイテク機器を取り入れ、半自動化システムを導入するなど効率的なターミナル運営を目指した。

　共用開始から20年余を経た東京港の大井コンテナ埠頭は大消費地の首都圏向けの輸入貨物の増大に伴うコンテナ取扱量の増加およびコンテナ船の大型化に対応する設備面での能力不足を露呈した。95年、東京港埠頭公社が大井コンテナ埠頭の再整備に着手した。しかし、東京港では課題解決に対応できる代替用地を当分の間確保できず、おまけにコンテナ関連機能が集積した物流拠点になっていることから、稼働中のコンテナ・ターミナルのオペレーションを阻害しないように配慮された。このため通常の荷役作業に大きな支障をおよぼすことなく順次高規格化していく非常に困難な再整備事業を余儀なくされた。再整備により総延長2,300㍍の8バースから総延長2,354㍍の7バースに再編成された。郵船のターミナルは旧6号300㍍から新6号330㍍に、旧7号300㍍から新7号350㍍にそれぞれ延長された。同時に荷役方式は六甲、大黒の各ターミナルに続きストラドルキャリア方式からトランスファークレーン方式に変更した。新7号ターミナルは98年10月に、新6号ターミナルは2000年9月にそれぞれ開業し、順調に取扱量を伸ばし続けた。

　六甲アイランドでは関西国際空港への国際航空貨物のアクセス基地の神戸航空貨物ターミナル（K-ACT）が94年6月にオープンした。なお、日本初の公共コンテナ埠頭として67年に完成した麻耶埠頭は役割を終え、新港東地区・

兵庫地区などとともに既設埠頭を再整備し新設した港湾用地に企業誘致した。突堤間を埋め立て再整備された「麻耶埠頭」からコンテナ化初期当時の港勢を伺い知ることはできない。

　昨今、毒性の外来種ヒアリの侵入が報じられると、環境省は国内68港湾のコンテナ・ターミナルの管理者を対象に水際対策を通知し、日本国内で68を数えるコンテナ・ターミナルが稼働している事実を一般人に広く伝える。

名古屋港で日本初の自動化コンテナ・ターミナル稼働

　コンテナ・ターミナル整備を4港に焦点を絞って記述したことで、4港以外でコンテナ化初期以来、港湾整備の重点施策の一環としてコンテナ・ターミナルを整備してきた港湾の存在を割愛しかけるところだった。日本国内でコンテナ・ターミナル整備の歴史に新たな足跡を刻んだのが名古屋港である。同港のコンテナ・バースは13を数え、飛島埠頭南側には水深16㍍の耐震強化岸壁を備えた日本初の自動化コンテナ・ターミナルが05年12月から稼働している。この自動化ターミナルは自働搬送台車（AGV）と遠隔自働トランスファークレーンを採用し、飛島コンテナ埠頭（TCB）が運営している。名古屋港では日本船社6社（旧中核6社）および名古屋港管理組合が1970年12月に名古屋コンテナ埠頭（NCB）を設立し、30年以上にわたり運営してきたが、NCBは水深（12㍍）やヤード面積に制約があり、コンテナ船の大型化やコンテナ取扱量増加に対応できなくなってきた。こうした局面を打開する計画として浮上したのが飛島コンテナ埠頭（TCB）建設計画であった。飛島物流サービス（トヨタ自動車の100％出資の物流会社）が中心となって、トヨタ自動車が完成車積み出し基地として使用していた飛島南地区ヤードを水深16㍍、奥行き500㍍の大水深高規格バースに改造する計画。飛島物流サービス、名古屋港の港運業者6社、日本船社3社の10社が2003年7月にTCBを設立した。TCBは05年12月、岸壁延長400㍍の第1バースの供用を開始した。このコンテナ・ターミナルは伊勢湾スーパー中枢港湾の中核ターミナルのモデルとして位置付けられ、22列のガントリー・クレーン3基を配置、8列対応のトランスファークレーン11基には管理棟から遠隔操作する方式を採用している。

ニクソン・ショックと極東シフト

　時を70年代に戻し、まずは戦後初の円切り上げと対米輸出の「極東シフ

ト」の背景を記す。長らく貿易収支の赤字に悩んでいた米国が1971年8月、米ドルと金との交換性を停止した。いわゆる「ニクソン・ショック」が起きた。米国が戦後一貫して続けてきたドルを基軸通貨とする世界の固定相場制はいったん終わりを告げた。これにより世界の通貨は一時変動相場制に移行し、同年12月、米国のワシントン市のスミソニアンで新たな固定為替レートへ復帰する国際合意、いわゆる「スミソニアン合意」が成立した。円相場は20年以上続いた1ドル＝360円レートから変動相場制に移行し、スミソニアン合意で1ドル＝308円に16.88％の切り上げが決まった。戦後初めての円切り上げは日本の輸出産業に大打撃を与えた。

　スミソニアン合意による通貨再調整によっても世界の貿易不均衡や通貨不安が収まらず、73年1月には主要通貨は変動相場制に移行し、円相場も1ドル＝260円近くまで上昇した。円切り上げと変動相場移行に振り回される時代を迎え、世の中に円高への不安と焦燥が満ちあふれた。半面、円高進行に対処するため、製造業を中心に人件費などの安い国・地域への直接投資が急速に増加する。これらを契機に投資先の国・地域での経済的な発展を引き起こした。東アジアの4匹の竜と呼ばれた韓国、香港、台湾、シンガポールに加え、東南アジア諸国連合（ASEAN）の経済的発展が海運企業の興隆を促し、日本を含む先進国船社の追い上げ勢力へと伸長させた。戦後、日本船社は高度経済成長に伴う原材料輸入・製品輸出の拡大に支えられてきた。円高と変動相場移行を機にその流れが変わった。

　戦後急増した日本発貨物が伸び悩み始め、日本に代わって韓国、台湾など新興工業経済地域・国（NIES）が拡大を見せた。その背景にNIES諸国が急速な工業化と高い経済成長率を達成したことがあった。NIES諸国の輸出貨物の伸びがNIES船社の台頭を支えた。NIES諸国は重工業より組立加工型工業先行の産業で発展してきた。

　海運業をみても資源・エネルギー輸送が主力の不定期船より製品・半製品・部品輸送が中心の定期船の分野で、とりわけコンテナ化に対応し成長する環境が整っていたと言える。NIES諸国が日本に取って代わり始めただけでない。80年代に入ると、欧米製造業の一部が競争力を失い、消費物資の輸入への依存率を高め始めた。新たな生産拠点はNIESを含めた東南アジア諸国である。NIES船社が欧米船社を脅かす急成長を見せ始めた。北米航路のコンテナ荷動きが変化し始めた。日本積みが減る一方で東南アジア積みが増える、いわゆる対米輸出の極東シフトが進行し始めた。

川崎汽船、三国間サービス開設で先駆ける

　対米航路での荷動き変化に敏感に反応したのが川崎汽船。日本船社として初めて日本には寄港しない極東/北米太平洋岸直航配船を計画した。コンテナ化適合貨物を多く含む東南アジア・北米間の荷動きが着実に伸びているところに米国コンテナ船社が進出し、荷役費の高騰が重なり、在来船による定期航路の存続が危ぶまれると読んだ。ニューヨーク航路の主力船「ねばだ丸」と同形定期船4隻のうち3隻（「おれごん丸」「もんたな丸」「ころらど丸」）をリフトオン・リフトオフ（LOLO）式のコンテナ船に改造した。3隻は同型船で、改造仕様も同一の共同設計により川崎重工、日立造船、石川島播磨重工に1隻ずつ発注した。積載コンテナは長さ40フィート・コンテナのみで、船倉内に最大6列6段計194個、甲板上に7列2段計98個、合計292個積み。船倉内には固定式のセルガイドを整備、甲板上のコンテナはロッド方式で固縛。コンテナ荷役装置未整備の港への寄港も想定し、ガントリー・クレーン2基を装備した。「おれごん丸」が71年8月、「もんたな丸」が同年9月、「ころらど丸」が同年10月に順次完工し、1航海40日ラウンド、2週間間隔で日本不寄港の三国間サービスを開始し注目された。寄港地は釜山、香港、高雄、基隆、シアトル、ロングビーチを予定したが、中国との友好関係に配慮して台湾への寄港を中止した。

　この年の7月、キッシンジャー米大統領補佐官が極秘に中国を訪問、72年5月までにニクソン大統領が訪中することで、周恩来首相と合意したと発表した。69年11月の日米首脳会談で72年に沖縄返還の合意を取り付け、歴史的な外交成果を上げていただけに、日本側に衝撃が走った。驚天動地の秘密外交が進行していたのだ。米中が知らぬ間に頭越しで和解の内諾を取り付けていた。日本にとって最大の外交的悪夢として語り継がれている。

　71年10月25日の国連総会で中国の国連復帰が確定、国民政府（台湾）は国連脱退を声明した。国連で中国加盟・台湾追放が決まった瞬間である。複雑な米中関係を背景に川汽は三国間サービス開設を決め、併せて台湾への寄港中止を選択した。日本船社によるコンテナ化開始からまだ日が浅い時点で、単独で横並びにとらわれず新規需要開拓で積極策を打ち出した。しかし、新機軸の三国間サービスは期待通りに好成績を上げることができず、中断を余儀なくされた。

　米国向け荷動き好調の中、米国港湾倉庫労働者組合（ILWU）が71年7月1日

から翌年2月8日まで港湾ストライキを実施、続いて全日本海員組合が同年4月14日から7月13日まで実施した海員ストが、外国船社の進出とその後の定着を許し、日本船社の航路運営に深刻な影響を与えた。72年に入ると、対米輸出が鈍化したが、外国船社の進出は著しく、パシフィック・ファー・イースト・ラインズ（PFEL）、オリエント・オーバーシーズ・コンテナ・ライン（OOCL）シートレイン、ジム・コンテナ・サービスの各社が新たにコンテナ・サービスを開始した結果、海員組合のストライキを機に外国船社が輸送力を増強し、船腹過剰の傾向を強めた。シーランドが12万馬力、航海速力30ノットの超高速大型船8隻を西ドイツおよびオランダの造船所に発注し、うち数隻を太平洋航路に投入する計画を明らかにした。シーランドがこの計画を実行に移すと、船腹過剰に拍車がかかることは間違いなく、内外船社に脅威を与えた。先述のシーランドが発表した超高速大型船はSL－7型船として73年4月に登場した。シーランド・コマースを第1船に計5隻が順次就航した。平均航海速力30.8ノットでシアトル/神戸間を5日と23時間で航行し、第4船目から極東延航を開始することと併せて、独自のフィーダー・サービス網を拡充した。

　また、アメリカン・プレジデント・ライン（APL）は73年10月にPNW航路を運営していた子会社アメリカン・メイル・ライン（AML）と合併し、75年9月から西回り世界一周航路を再開したのに続き、76年6月からは極東/北米大西洋航路を取り止める代わりにPSW航路に6隻、PNW航路に4隻をそれぞれ投入し、ウイークリー・サービスを実施し、太平洋航路での輸送力を増強した。当時のソ連極東船舶公社（FESCO）は70年11月からPSW航路およびPNW航路に進出し、在来船8隻で月間3航海のサービスを開始、翌年に月間5航海に増配するとともに、PSWとPNW両航路の分離配船を実施した。72年9月に150ＴＥＵ積み前後のセミコンテナ船投入を機にコンテナ輸送力を増強し、76年12月末時点で、774TEU積み、コンテナ船3隻と368TEU積み、セミコンテナ船2隻でウイークリー・サービスを実施した。77年秋以降、792TEU積みK型船を投入し、PSW航路でウイークリー・サービス、370TEU積みをPNW航路に投入し、10日間隔サービスを開始した。さらに極東/北米/豪州間で三角配船を開始し、ソ連海運（現ロシア海運）の目覚ましい発展を印象付けた。

　しかし、後にソ連海運は不運に見舞われた。79年12月の旧ソ連軍のアフガニスタン侵攻により国際緊張が高まった。西側諸国の対ソ制裁措置、米国港湾労組のソ連船ボイコットの動きにより、ソ連船社が苦境に立たされた。国際港湾労働組合（ILA）は80年1月から米国東海岸でソ連船の荷役を拒否し、さらに荷主筋にもソ連船拒否の動きが広がり、ソ連船のコンテナ集荷は致命

的な打撃を受けた。このためソ連船社は80年春頃から大西洋航路の配船中止に追い込まれた。81年に入って、FESCOも唯一残っていた極東/北米西岸（PNW）航路でも配船を中止した。北米航路ではわずかにセミコンテナ船、在来多目的船を残すだけとなった。なお、アフガニスタン駐留ソ連軍は88年5月に第1次撤退を開始、続いて89年2月に撤退を完了した。ソ連軍のアフガン撤退に続き米ソ首脳が冷戦終結を宣言し、ソ連体制は崩壊へ向けて歩み始めていた。91年末にゴルバチョフソ連大統領が辞任表明、ソ連消滅となった。当時、先進国船社はソ連船が途上国並みの人件費を背景に極東・欧州航路に進出、船腹過剰の元凶となり、途上国の海運を育成する弊害を懸念し、便宜置籍に反対していたが、既にソ連の国力に余力はなく杞憂に終わった。

コンテナ化時代第2幕

　日本を起点とする主要定期航路のコンテナ化が一巡、一段落すると、コンテナ化時代第2幕は主要定期航路との関連航路や周辺航路へと波及する。

　日本/中東航路ではそれまでの先進国間のコンテナ輸送とは全く異なる船混み対策の即効薬としてRORO船が投入される特色があった。中東産油国は石油危機に伴う豊富なオイル・マネーで工業化を中心に建設資材、輸送機器、消費物資などを大量に購入した。スエズ運河再開前の75年、450万トンの荷動きがあり、スエズ運河再開後急増、80年には1,100万トンに達したと推定された。77年時点で、LOLOまたはRORO船を運航しコンテナ・サービスを提供している船社は25社、117隻、年間推定輸送力29万TEUと見込まれ、80年には29社、146隻、50万トンに達すると見込まれた。75年前半から発生した異常な長期滞船は76年になって、次第に改善に向かった。しかし、同年央から日本～中東航路に盟外船のイラン・エキスプレス・ライン、シースピード・サービス、ジューロ・コンテナ・ラインなどが進出した。船混み対策の即効薬として投入されたRORO船は中東諸港の港湾施設進展に伴いLOLOとの競合を余儀なくされた。いったんコンテナ化された貨物の中には、再び個品のばら積み輸送に切り替え困難な貨物が現れる一方、滞船解消後もコスト負担増覚悟でコンテナ積みを指向する貨物が存在した。インド・パキスタン同盟はコンテナ・ルールを導入し、在来船1船当たり特定港向けコンテナを20～50TEU積み取ることにした。このように同地域のコンテナ化に対処する船社に課題を投げかけた。

　欧州・地中海～南アフリカ航路のコンテナ化計画は荷動きが当初予想より大幅減少し、船腹過剰が懸念されているにもかかわらず、77年に実行に移さ

れた。おまけに盟外船が進出し、荷況低迷時にコンテナ化するとあって前途多難であった。日本船社間では日本/南アフリカ航路のコンテナ化時期を早くても81年と想定していた。日本・極東/西アフリカ同盟は日本/西アフリカ航路で在来船によるコンテナ・サービスを実施していた。ナイジェリアのオイル・マネーを背景に輸入が急増、港では船混みが深刻になり、滞船対策として小型のコンテナ船とRORO船が欧州・アパパ間に就航した。港湾施設改善の見通しが立たない状態では日本/西アフリカ航路での本格的なコンテナ化に二の足を踏む情勢であった。

世界の主要定期航路のコンテナ化一巡

　欧州/南アフリカ航路が1977年にコンテナ化された。世界の主要な定期航路のコンテナ化が進展する中、依然南アフリカと欧州を結ぶ定期航路では在来船の配船が続いていた。在来船しか就航していなかった欧州/南アフリカ航路にコンテナ船が就航したことで、世界の主要定期航路のコンテナ化が一巡する節目を迎えた。欧州/南アフリカ航路のコンテナ化計画は74年3月に決まった。地中海を含めた欧州全域と南アフリカを結ぶ航路をコンテナ化する計画であった。サフマリンをはじめ英国船社ハリソン、オランダ船社ネドロイド、フランス船社メサジェリー・マリテイム（MM）とシャルジュール・レユニ（CR）、ベルギー船社CMB、西独船社ドイチエ・アフリカ・リニエンの伝統的船社が参加した。77年末、南アフリカと北欧州を結ぶ航路に2,450TEU積み、航海速力22ノットのコンテナ船10隻を投入、5.5日間隔で、南アフリカと地中海を結ぶ航路に1,300TEU積み、コンテナ船3隻を隔週でそれぞれ運航を開始した。78年末までに全船が就航した。日本・極東/南アフリカ航路のコンテナ化は同盟船社がコンソーシアム「サファリ・サービス」を形成、81年末から始まった。大阪商船三井船舶が81年末に1,770TEU積み大阪丸、日本郵船が82年3月に1,700TEU積み早川丸、サフマリンが同年6月に1,704TEU積みS. A. Vaal. ネドロイドが同年10月に1,700TEU積みネドロイド・コロンボを投入し、自社船4隻によるサービス体制を整えた。日本・極東/南アフリカ航路は往航荷動量が少ない上に、復航貨物の大半が非鉄金属鉱、農産物などコンテナ化不適合貨物で占められており、コンテナ化が難しいと見られていた。しかし、欧州・地中海/南アフリカ航路が77年7月にコンテナ化されたことを機に、とりあえず在来船によるコンテナ積み取りルールを設け、検討を進めた。元々、コンテナ化は早くても81年と設定していた。欧州・地中海/南アフ

リカ航路のコンテナ化に後押しされ、追随した。

中東航路のコンテナ化

　再び日本中心の定期航路のコンテナ化に目を転じると、コンソーシアムを形成してのコンテナ化が進行していた。日本郵船、大阪商船三井船舶、川崎汽船、山下新日本汽船、昭和海運の日本船5社とP&OCLはコンソーシアム、オアシス・コンテナ・エクスプレス・ラインズ（OCEL）を結成し、79年11月、中東航路で1,016〜1,266TEU積みコンテナ船5隻を運航し、10日間隔のコンテナ・サービスを開始した。ところが、イラン・イラク戦争が翌80年9月から本格化し、88年9月の停戦発効まで8年にわたって長期化した。中東航路のコンテナ化はイラン・イラク戦争の影響を受ける厳しい幕開けとなった。80年3月から81年3月までの中東地域向け同盟中心の船積み量は前年同期を上回り900万トン近くに達した。イラン・イラク戦争の影響でイランとイラク両国向けは大幅に下回ったが、サウジアラビア、クウェートをはじめ他の地域向けが大幅に上回り、イランとイラク両国向けの落ち込み分を補った。また、コンテナ貨物も好調に推移し、約130万トンと初めて100万トンの大台に乗せ、同航路のコンテナ化が急速に進展した。荷動き量全体に占めるコンテナ化率は前年度の10％から一挙に14％台にはね上がった。イラク向けの伸びが著しく、1万2,000TEU、30万トンと前年度比で4倍近い実績を残した。クウェート向けも1万700TEU、27万トンと倍増した。サウジアラビア向けも9,000TEU、23万トン、アラブ首長国連邦（UAE）向けは7,600TEU、18万トンで50％増となった。ドーハ、バーレーンともに1,000TEU、2万6,700トンで前年度を下回った。一方、イラン向けは7,000TEU、19万トンで、前年度の1万600TEU、26万トンを下回った。ただ、同国向けコンテナ貨物はシベリア・ランドブリッジ（SLB）ルートで大量に輸送されており、この分を反映していない。中東地域の主要港での揚げ荷状況をみると、イラン・イラク戦争の影響を受けたイラクのバスラに代わってサウジアラビアのダンマンが230万トンと最大の揚荷港となった。続いてクウェートが150万トンと大幅に増えた。バスラは130万トンと前年度を130万トンも下回った。イランのウムカッスルも30万トンのとどまり、バンダルホメイニも戦争の影響により60万トンに縮小した。UAEのドバイは73万トンと増加した。中東航路では台湾のOOCLが77年から584TEU積みコンテナ船4隻により15日間隔のコンテナ・サービスを実施し、OCELに先行していた。寄港地は横浜、神戸、香港、シンガポール、ドバイ、ダンマン、クウェートで、バンダル

ホメイニへの寄港はイラン・イラク戦争のため中止した。92年前後から欧州航路が船腹過剰に陥り、欧州航路の途中寄港サービスとしてアジア/中東の貨物を積み取る船社が増加し、中東航路の独立したサービスが苦戦に追い込まれた。92年にP＆OCLがOCELから離脱、翌93年には日本船3社もそれぞれシンガポール接続のフィーダー・サービスに切り替え、日本から中東への直航配船は姿を消し、OCELが解散の憂き目を見た。

コンテナ化、南米西岸、東南アジア航路に波及

　日本郵船、川崎汽船、チリ国営海運カンパニア・デ・ナベカシオン・インテルオセアニカ（CCNI）の3社は81年3月から500〜600TEU積みコンテナ船3隻を日本・極東〜チリ航路に投入し「アンデス・エクスプレス・サービス」の名称で月間1航海の直航配船を開始、同時に多目的船4隻により月間1航海のセミコンテナ・サービスも並行して実施した。一方、去就が注目されていた大阪商船三井船舶は81年5月からセミコンテナ船4隻による月間1航海のチリ向け直航配船を単独で開始した。アンデスグループは82年の適当な時期にセミコンテナ船3隻を追加投入、月間1航海を月間2航海に増配しコンテナ・サービスを強化する方針を決め、単独配船する商船三井とのシェアを巡る協議を重ねてきた。商船三井が82年2、3月にもアンデスグループに参加する見通しとなった。
　日本/バンコック航路に配船する日本船4社と外船2社の6船社はコンソーシアム、ジャパン・バンコク・コンテナ・クラブ（JBCC）を形成、81年4月から350〜360TEU積みコンテナ船4隻を投入、スペース・チャーター方式でウイークリー・サービスを開始した。JBCCに大阪商船三井船舶、川崎汽船、日本郵船、関汽外航の日本船4社、タイ・インターナショナル・マリタイム・エンタープライズ・リミテッド（TIME）、チャイナ・ナビゲーション・カンパニー・リミテッド（CNCO）の外船2社が参加した。商船三井、TIME、CNCOの3社が各1隻計3隻、川汽・郵船共同で1隻を投入。同航路のコンテナ化ではシーランド、シンチャオ藤原ラインなど盟外船社が先行し、6船社加盟の同盟が巻き返しを図る展開となった。この1年前から同航路のコンテナ化について検討を進めたものの、往復航荷動き不均衡（インバランス）が著しい航路事情ということもあって、コンテナ化の協議は必ずしも順調に進まなかった。それでも盟外船対策上、コンソーシアムを形成することについて合意が成立したところで、TIMEがコンテナ船新造計画を具体的に提示し、コンテナ化対応を働きかけたため実現が早まった。TIMEはJBCCによるウイークリー・サ

ービス開始後も多様化する輸送需要に対応するため、同航路で多目的船3隻を
運航し、月間2航海の直航配船を継続した。

コンテナ化、成長期から成熟期へ

　日本船社は日本と中東、南・西アフリカ、南米西岸（チリ）、バンコクを
結ぶ定期航路でコンテナ・サービスを実施した。豪州航路のコンテナ化に関
連して西豪州、ニュージーランド両航路が、欧州航路のコンテナ化に関連し
て地中海航路がそれぞれコンテナ化され先行している。上記の定期航路がコ
ンテナ化されたことで日本を起点とする主要な東西航路と南北航路のコンテ
ナ化を一巡させ、既設コンテナ航路の拡充と併せて新たな段階に進む足掛か
りを固めた。日本船社が定期船同盟加盟船社の立場で主要貿易地域を往復す
る折り返し配船によるコンテナ・サービス網の整備を終えた。
　日本船社のコンテナ化が成長期から成熟期に移行する転機を迎えた。日本
をはじめ極東地区と北米太平洋岸地区を結ぶ航路に就航するコンテナ船腹量
は90万TEUを目前にしていた。北米太平洋岸地区から極東地区以外に就航中
のコンテナ船の年間船腹量はというと、北欧州向けが3社、8万7,000TEU、地
中海向けが5社、3万8,500TEU、豪州・ニュージーランド向けが3社、1万
4,500TEUにとどまっているのに比べ太平洋航路のコンテナ化が急速に進展し
たことが浮き彫りになった。この時点での太平洋航路のコンテナ船就航状況
を概観する。PSW航路で、日本船2社グループが750TEU積み2隻と1,200TEU
積み2隻計4隻によるウイークリー・サービス、日本船4社グループが平均
720TEU積み4隻と1,000TEU積み4隻計8隻による4日間隔サービス、APLが
1,186TEU積み4隻と1,066TEU積み2隻計6隻によるウイークリー・サービス、
シーランドが長さ35フィート896個、40フィート200個計1,096個積み「SL－7」
5隻によるウイークリー・サービスを実施している。PNW航路で、日本船6社
グループが750TEU積みと1,400TEU積み計6隻による5日間隔、APLが1,000
TEU積み2隻、1,066TEU積み2隻、792TEU積み1隻計5隻によるサービスを実
施している。前記の北米太平洋岸向け専航船に加え、北米太平洋岸に途中寄
港してから他航路に向かう途中寄港船がある。USL、マースク、ジムイスラ
エル、OOCL、大韓船洲公社（KSC）が月間1、2航海、北米太平洋岸に途中寄
港している。USLはAPLとシーランドが米国東岸航路から撤退後、米国東岸
航路に配船する米船社として1,000～1,300TEU積み9隻により北米太平洋岸経
由ウイークリー・サービスを実施している。マースクも1,250TEU積み9隻によ

り北米太平洋岸経由の米国東岸向けウイークリー・サービスを実施している。ジムイスラエルが1,426TEU積み4隻を含む計7隻により北米東西岸経由で地中海をカバーする隔週サービスを実施した。OOCL、KSCはスペース・チャーター方式による協調配船で、1,200TEU積み4隻、1,500TEU積み3隻計7隻を運航し北米太平洋岸経由の10日間隔サービスを実施している。盟外船社が太平洋航路の競争激化に拍車をかけた。PFELは当初、1,200TEU積みラッシュ船4隻で隔週サービスを開始し、コンテナ船に改造後、月間2航海半に増強した。ハパックロイドは大西洋航路から転配した1,100TEU積み4隻を投入し、10日間隔サービスを実施した。ネプチューン・オリエント・ラインズ（NOL）は500TEU積み4隻で月間4航海のサービスを開始した。さらに韓国、台湾、香港など極東主力船社の台頭が著しい。エバーグリーンは750TEU積み4隻で韓国、台湾、香港など極東地域から北米太平洋岸向けにウイークリー・サービス、フェニックス・コンテナ・ラインが600TEU積み3隻で極東地域から北米太平洋岸向けサービスを実施、クヌッセン・ラインは310〜380TEU積み改造セミコンテナ船7隻で、香港、東南アジア、西豪州と北米太平洋岸を結ぶサービスを実施した。以上のコンテナ船隊は東京、横浜、名古屋（清水）、釜山、仁川、香港、基隆、高雄とロサンゼルス、ロングビーチ、オークランド、シアトル、ポートランド、バンクーバー諸港を結び付けた。同時に太平洋航路が北米太平洋岸周辺地区向け貨物の他に米国東岸、ガルフ（メキシコ湾岸）諸港、中西部を結ぶ内陸一貫輸送のゲートウェイとしての役割を果たしていることを浸透させた。同盟船に限っても年間1,000万トンの荷動きが推定されるコンテナ航路に発展したことが、旺盛な荷動き目当ての新規参入を誘発し、航路運営混乱の萌芽となった。

　77年以降、世界のコンテナ船隊とコンテナ航路網の整備は拡張期に入った。77年が欧州・地中海/南アフリカ航路のコンテナ化開始時期と重なる。先進国間を結ぶ航路のコンテナ化は基幹航路のコンテナ化との呼び方で定着し、南北航路のコンテナ化と区別した。予想を上回る速さで南北航路のコンテナ化が進展した。コンテナ航路網は南北航路のほか域内航路やフィーダー・サービス航路を含め複雑、多様化し始めた。第1次石油危機により落ち込んだ先進国貿易が76年から78年にかけて回復したものの、その後、鈍化傾向に転じた。主要な定期航路のコンテナ化の過程でコンテナ荷動きの伸びはめざましく、そのコンテナ化が成熟期を迎えると、世界のコンテナ荷動きが鈍化する。南北航路のコンテナ化の伸びが世界のコンテナ荷動きの成長鈍化を下支えする展開へと転換し始めた。コンテナ荷動きが鈍化する中でのコンテ

ナ船隊拡充が船腹過剰を招き、運賃競争を引き起こす。79年秋に大西洋や太平洋航路で混乱の兆しが現れた。80年に入って熾烈な運賃競争を繰り広げる最悪の事態に陥った。コンテナ船社がコンテナ化以来初めて最悪の混乱に直面した。有力同盟船社の同盟脱退を機に同盟船社と盟外船社の間で、続いて同盟船社、盟外船社それぞれの仲間内での運賃競争を引き起こした。80年2月、シートレインが大西洋西航同盟を脱退、大西洋航路での運賃競争の口火を切った。シートレインの同盟脱退を機に、同盟も運賃を約30％引き下げて対抗し、熾烈な運賃競争へと突き進んだ。同盟脱退時点でのシートレインは世界第6位のコンテナ船社で、29隻、2万9,625TEUを運航していた。米国景気の停滞により欧州から米国向け荷動きが大幅に落ち込む中での運賃引き下げはコンテナ船社の採算を悪化させた。7月には多目的船3隻を配船していたユーロ・ブリッジ・ラインズが配船を中止、撤退した。9月にはシートレインが大西洋航路のサービスを中止、航権と船舶用船権をトランス・フレイト・ラインズ（TFL）に売却し、大西洋航路から撤退した。10月に米国のファーレル・ラインズは主力航路の運営を中止、航路規模を縮小した。この後、シートレインは80年12月に太平洋航路からも撤退、81年末に会社更生法の適用申請を余儀なくされ、コンテナ船市場から退場した。大西洋同盟加入の"ビッグ7"と呼ばれた7船社からシートレインとファーレルの2社が離脱、シーランド、USL、ハパックロイド、アトランティック・コンテナ・ライン（ACL）、ダート・コンテナ・ラインの5社が残り、活躍目ざましい盟外船社はこの5社に挑む展開となった。

ニューヨーク航路の採算悪化

　既述のとおり日本船5社は72年以降、スペース・チャーター方式でニューヨ

ーク航路のコンテナ化に取り組んだ。80年代に入って採算が悪化し、5社合計で年間100億円を超す赤字を計上し、収益改善の課題が浮上した。こうした事態を重く見た運輸省（現国土交通省）は5社に対し合理化策の検討を指示した。5社は82年末から各レベルでの協議を重ねた。この間、大阪商船三井船舶が集荷を含めた運営の一本化と大型代替船の投入を提案すると、川崎汽船などが損益プールの導入を逆提案し、協議がまとまらず、紆余曲折をたどった。こうした局面を打開するため、同航路での保有シェアが大きい日本郵船と商船三井がトップ会談を経てまとめあげた合理化案を共同提案した。この共同提案の骨子は各社が独自に集荷し、運航は東京とニューヨークに設置するマネージメント・センターが一元管理・運営する一本化構想に基づき徹底的に合理化し5社合計で80億円を節減することであった。また、5社共同で既存船8隻を大型船6隻以上に代替する建造計画を策定し、86年春頃に第1船竣工を予定していた。その1年後には極東に延航する、極東延航には8隻が必要なので、その場合2隻を追加建造し大型船8隻で日本、極東地域を含めたニューヨーク航路運営を構想していた。川崎汽船が86年7月以降に5社グループから離脱を表明したことをきっかけに情勢が一変した。川汽に続いてジャパンラインも同年10月以降の5社グループからの離脱を表明したことで、同航路の運営体制を巡る協議が新たな局面を迎えた。従来の枠組みにとらわれず外船社との提携を視野に入れ日本と極東地域を含めた航路運営に舵を切り合理化を図る選択肢が表立った。北米航路の再編問題で口火を切ったのは商船三井であった。商船三井は率先してスペース・チャーター方式の共同運航体制の見直しを提起した。

北米航路の安定化

1984年の米国海事法施行後の北米航路では競争が激化し、同年10月には太平洋復航運賃同盟（Pacific Westbound Conference: PWC）が解散し、北米航路は一時、混乱状態に陥った。翌85年1月には太平洋復航運賃協定（Transpacific Westbound Rate Agreement：TWRA）が発効した。TWRAは旧同盟船社を中心とする緩やかな運賃協定で、サービス・コントラクト（SC）やボリューム・インセンティブなどの運賃制度も導入した。TWRA盟外船社が活発に活動し、運賃は低下傾向を示し、同盟船社の積み取り比率は縮小した。一方、太平洋航路往航では日本を除く極東・東南アジアと北米を結ぶ既存の同盟関係が解消され、85年8月に太平洋往航運賃協定（Asia North America Eastbound Rate Agreement :ANERA）が締結された。ANERAは日本以外の極東と北米を結ぶ航路での運賃協定で、日本船社はこれまで関連同盟に加盟していなかった。新しい運賃協定は締結されたが、87年に運賃競争が激化し、運賃協定から脱退する船社が続出した。88年9月には北米航路の安定化を目指して主要船社13社が「航路安定のため、関係船社間協調の道を摸索する」ことで合意し、太平洋航路協議協定（Transpacific Discussion Agreement :TPDA）を設立、米連邦海事委員会（FMC）に届け出て、同年10月16日に認可された。TPDAが発足した時点で、13社は太平洋航路往航でシェア84％を占める大勢力であった。TPDAは2回の総会を経て、89年3月に太平洋航路安定化協定（Transpacific Stabilization Agreement :TSA）に生まれ変わった。TSA発足に対して当初荷主側から同盟・盟外船社の提携により運賃が急上昇するのではないか、TSAはスーパーコンファレンスではないのかなどの懸念が表明され、しばらく荷主側との話し合いが続いた。運賃下落で船社の赤字が恒常化し、サービスの維持が困難になっている現状を説明し、理解を求めた。また、TSAの情報交換の主目的は各社が一層の合理化を進めることである点を粘り強く説明した結果、荷主側の理解を得られるようになった。この間、日本の運輸省（現国土交通省）もTSA支持の立場を堅持した。しかし、90年になると、米国の成長鈍化により北米航路の荷況にかげりが生じ、船腹需給バランスが崩れ、激しい運賃競争が再発した。こうした状況下でTSAが90年5月に全面値上げ（GRI）を実施し、荷主のTSA離れが始まり、TSAのシェアが発足当初の84％から一時期74％まで落ち込んだ。その後シェアを徐々に取戻し、92年には85％まで回復した。TSAが航路安定化のための機能を果たし、運賃修復が進む中、95年末にアメリカン・プレジデント・ラインズ（APL）の現地生産部品（コンプリート・ノック・ダン：CKD）に対する格安なI/A行使が引き金となって運賃の大崩落が起こった。運賃が大崩落する過程でTSAメンバー船社とTSAに参加しない船社の間の運賃格差は消滅した。コンテナ船事業運営で模範的船社として評価されていたAPLはこの時点の戦略の失敗で自滅した。97年11月、運賃競争が激化する中、APLはシンガポールのNOLに買収された。

商船三井、率先して共同運航体制を見直し

　商船三井は競争力強化の経営戦略の一環として、既存のスペース・チャーター方式の共同運航体制を見直した。スペース・チャーター方式の共同運航

協定は3年ごとに米連邦海事委員会（FMC）の認可を受ける必要があったが、FMCはスペースの拡大に対して規制的な態度を示すため、需要増大に対応した共同運航協定が迅速に改定されない場合が生じた。共同運航を荷動きが急増する極東諸港に拡大するにはFMCから新たな認可を得る必要があった。FMCが認可に当たって厳しい条件を付けることが予想された。こうした事情を踏まえて商船三井は83年から率先して共同運航体制の改編を提起した。共同運航体制の改編はFMC の認可を受けてPSW航路で具体化した。日本船6社による共同運航体制は85年3月から郵船・昭和、商船三井・川汽、ジャパン・山下新日本の3グループに改編された。これを機に商船三井は川汽やデンマーク船社のイースト・エイシアティック・カンパニー（EAC）との間で日本/北米西岸航路、極東/日本/北米西岸航路を対象に全面的、部分的なスペース・チャーターによる共同運航を実施したが、86年3月には川汽との共同運航を、88年3月にはEACとの共同運航を解消し、90年7月にはPSW、PNW両航路で単独配船に移行し、商船三井として北米インターモーダール体制を完成した。北米インターモーダールの拡大が日本船社に北米西岸航路と北米東岸航路の調整問題を提起した。従来の5社体制を編成替えして3グループ体制に移行した。88年7月にジャパンと山下新日本が「日本ライナーシステム」（NLS）を設立したことで、同年10月から郵船・商船三井グループ、川汽・OOCL・NOLグループ、そしてNLSによる運航へと移行した。後述する85年6月5日の「今後の外航海運政策について」と題する答申（6・5答申と略す）に先立ち、商船三井と川汽は85年3月、PSW航路で提携する4社グループから離脱、共同配船を開始した。しかし、翌86年には単独運航に移行し、長くは続かなかった。PSW航路での提携解消に続き、6社はPNW航路での共同配船の解消を決めた。70年以降続けてきた6社一本化での運営体制に終止符を打った。商船三井と川汽は極東/日本/PNW航路で新たに共同配船を開始した。この共同配船も88年6月には解消し、単独運航に移行した。川汽は各船の一部スペースを現代商船（HMM）に提供し、投入船5隻を単独で運航し、すべての寄港地では自営ターミナルの使用を中心に統一するサービスの提供体制に移行した。極東/日本/PNW航路にPSW航路から2,250TEU積み4隻を転配、さらに同型船1隻追加投入、香港、台湾、韓国にも寄港し、1航海35日ラウンドの定曜日サービスを開始した。従来、PNW航路でシアトルに寄港していたが、新サービス開始では北米内陸部への玄関港、タコマ港への寄港に変更した。タコマ港には川汽の100%子会社インターナショナル・トランスポーテーション・サービス（ITS）が出資・運営する「ハスキー・ターミナル」（通称）があ

り、重要なサービス拠点として機能していた。こうして川汽はアジアと北米を結ぶ南北2航路で単独配船体制を確立した。

川汽、外船社との協調配船推進

　ここにきて川汽は海外の顧客が求めている高頻度輸送と寄港地多様化に対応するために単独運航を見直し、他船社との協調の必要性を感じ始め、外船社との協調配船推進に舵を切った。OOCL、NOLとの3社連合で極東・日本/米国東岸東回り世界一周航路を開設することで合意した。3社は欧州航路のエース・グループのメンバーとして協力関係にあった。3社はシンガポールを起点に香港/高雄/釜山/神戸/横浜/ロングビーチ（パナマ経由）/チャールストン/ノーフォーク/ニューヨーク/セントジョンに順次寄港した後、スエズ運河経由の直航でシンガポールに戻る東回り世界一周ルートにより極東諸港への直航サービスを開設した。新サービス開設に先立ち、川汽は85年11月から、既に同航路でサービスを実施しているOOCL、NOL両社から一定のスペースを購入し、日本以外の極東貨物のみを対象にサービスを開始した。同月から極東・日本〜米国東岸東回り世界一周航路のサービス開始までの期間、川汽のニューヨーク航路のサービスは日本地域貨物を日本船5社グループで、極東地域貨物を新サービスで積み取る2本立ての形態をとることにした。86年6月に3,000TEU積み1隻を投入、翌87年3月にOOCLから用船の2,900TEU積み1隻、NOLの2隻、OOCLの5隻と合わせて新造船9隻によるウイークリー・サービスを開始した。しかし、このサービスでの収益確保が難しいと判断し、91年12月に協調配船から離脱し、2000年に再開するまで北米東岸航路の運営を休止した。

山下新日本とOOCL、NOL、ジャパンラインとエバーグリーン提携

　山下新日本とジャパンライン両社は85年3月から極東/日本/ＰＳＷ航路で共同配船を実施していたが、山新が86年4月からOOCL、NOLと提携することを決めた。ジャパンと山新は72年4月から共同で東京港大井コンテナ埠頭8号バースを借り受け使用していた。山新がOOCL、NOLとの提携に踏み切ったことで、今度はジャパンが同バースのユーザーであるエバーグリーンとの提携に舵を切り、85年5月に北米西岸航路での協調配船することで基本合意に達した。ジャパンとエバーグリーンは86年4月から極東/日本/北米西岸航路でサービスを開始する配船形態について検討を進め、14隻を投入して3ルートを開設

することで正式合意に漕ぎつけた。2,728TEU積み6隻で香港を起点に台湾/日本/PSW航路でウイークリー・サービス、1,200TEU積み4隻で韓国起点に日本/PSW航路でウイークリー・サービス、1,500TEU積み4隻で台湾を起点に香港〜日本〜PNW航路で10日間隔サービスを実施し、極東地域に重点を置き北米西岸航路をカバーする配船形態に移行した。山下新日本汽船の米国西岸航路との提携、ジャパンラインのエバーグリーンとの提携話が矢継ぎ早に持ち上がった。日本船5社はニューヨーク航路で大型コンテナ船の代替建造を計画していた。そのさなかに川汽の5社グループからの離脱が決まったので、残る4社（郵船、商船三井、山下新日本、ジャパン）で建造計画を具体化することで決着するはずであったが、今度はジャパンが85年5月にエバーグリーンとの提携について基本合意し、4社グループからの離脱を決めた。3社はジャパンに再考を求めたものの、ジャパンとしてはニューヨーク航路の先行きの運賃水準を勘案した場合、大型船（2,500〜2,800TEU積み）6隻を投入して採算性を維持できるか見通しが立たず、少ない資本投下でニューヨーク航路を維持する最善の方策はエバーグリーンとの提携が残された選択肢と主張し、翻意できないことを強調した。元々、5社が6隻体制で10日間隔サービスを前提に計画していた。計画を変更し3社で建造するとなると、1社当たりの負担が過大になる。3社の中でも山下新日本の去就が注目された。3社体制によるニューヨーク航路運営への参加を決めた山下新日本は運賃プール制に参加しないとしながらも、一本化構想を将来の選択肢として残すことに賛意を示していた。一方、3社が86年10月以降の新サービス開始に向けて新造船を発注する期限が間近に迫り、結論をだす瀬戸際に立たされていた。こうした中で、山下新日本は運輸省をはじめ関係金融機関の了承を得て新造船1隻の建造を前提に3社体制に参加する基本方針を固めた。結局、3社体制で日本、極東を含めてニューヨーク航路を運営することで最終合意した。先述の東京、ニューヨークに設置するマネージメント・センターが一元管理する航路運営を目指した。3社は既存の1,800TEU積みを代替し2,500TEU積み新造船5隻と用船1隻を投入することで決着した。新造船5隻は郵船、商船三井両社が2隻ずつ、山下新日本が1隻建造する。新造船建造で3社統一仕様を採用し建造船価の低減を目指した。船社、発注造船所の異なる大型コンテナ船建造で統一仕様を採用するのは初めての試みであった。内外船社間の提携は日本船社グループの北米航路での配船体制にも波紋を広げた。

　日本郵船と昭和海運の2社グループは日本/PSW航路で1,000〜1,300TEU積み4隻を投入し、ウイークリー・サービスを、極東/北米西岸航路で1,000〜

1,200TEU積み4隻を投入し、10日間隔サービスをそれぞれ実施していた。運賃競争が一段と熾烈化すると見て、2つのサービスを一本化し2,000TEU積み大型船6隻によるウイークリー・サービスの実施を検討した。山下新日本とジャパンライン両社が外船社と提携、6社グループから離脱するPNW航路では残った4社（郵船、商船三井、川汽、昭和）によるサービス継続を提案したが、すでに商船三井と川汽が共同配船の実施を決めていたため、商船三井・川汽と郵船・昭和の2グループに分かれスペース・チャーター方式による協調配船を実施することになった。このため日本/PSW航路と極東/北米西岸航路を一本化し、大型船6隻による新サービスへの再編を迫られた。ここで浮上したのがPSW航路とPNW航路に5隻ずつ投入する案であった。5隻のうち2隻を日本/PSW航路、日本/PNW航路で折り返し運航しウイークリー・サービスを実施する。残り3隻を極東/日本/PSW航路、極東/日本/PNW航路で運航し、隔週サービスを実施する内容で、極東地域での重複寄港を織り込んだ実質的なウイークリー・サービスの提供を目指した。

　商船三井は84年からデンマーク船社のイースト・エイシアティック・カンパニー（EAC）と提携、極東/北米太平洋岸航路で月間400TEUを等価交換する年間契約のスペース・チャーターを実施した。商船三井はEACの極東/北米西岸航路でのサービスで400TEUのスペースを、EACが商船三井と川汽で共同配船する極東/日本/PSW航路の極東積み400TEUのスペースをそれぞれ交換するものであった。85年8月から等価交換のスペースを400TEUから600TEUに増やすことで年間契約を更改した。これを機にEACは1,000TEU積みの代替船として1,600TEU積みを用船し逐次投入した。因みにEACは1991年、ベンラインを吸収したが、EACは93年、マースクに吸収合併された。

海運集約体制解消

　コンテナ化の進展が成熟期を迎える頃には混乱期の萌芽を感じさせる動きが現れた。日本船社にとって一つの時代が終わり転換期を迎えたことを告げる、そんな出来事が起きた。海運造船合理化審議会（海造審）が1985年6月5日、運輸大臣（現国土交通大臣）に「今後の外航海運政策について」と題する答申（以下6・5答申と略す）を提出した。この答申は64年以来、約20年間続いた海運企業体制を見直し、海運集約体制および定期航路運営について規制緩和の方針に即した行政執行への転換を明示した。84年4月の諮問以来、21回にわたる小委員会での議論を経て答申にまとめ上げた。各企業の経営が自主性を発揮、

活性化を図ることを前提に、従来の画一的な行政指導を改め、政府介入を極力避けるべしと、中核会社を核とした集約体制の見直しを求めた。63年7月1日に施行された「海運業の再建整備に関する臨時措置法（再建整備法）」が84年7月に失効し、集約体制のよりどころであった法的根拠を失ったこと、経済情勢が多様化する中で集約行政により企業間関係を調整することが限界にきたとの認識が背景にあった。集約体制下で使用されてきた「中核会社」ないし「系列会社」「専属会社」の名称が廃止され、新たな名称を付さないことまでも答申で「注記」し、20年にわたった海運集約体制の終結を明示した。また、6・5答申は貿易立国の日本にとって定期船海運は経済社会の安定的な発展に重要な意義を持ち、日本の外航海運活動の中でも重要な地位を占めており、今後ともその秩序ある維持発展に努める必要がある、特に、拡大著しい極東/北米市場への進出は重要な課題であると、貿易構造の変化への対応の必要性を強調した。定期航路運営体制を巡る問題点にも言及した。

66年と69年の2つの答申白紙還元,単独運営容認

　定期船同盟憲章条約の発効、国旗差別政策などによる同盟中心の航路秩序の変化、共産圏海運および極東中進国海運の進出、コンテナ化に伴う市場構造の変化などの問題が生じていることも併せて指摘した。さらに米国新海事法により元々弱かった同盟の航路秩序維持機能がますます低下することが懸念されている北米関係定期航路では問題解決を同盟に委ねることは難しいし、北米関係定期航路では日本船社の運営体制の合理化の必要性が指摘されている事情を踏まえて、66年と69年の答申を受けて採用してきた日本船社間のスペース・チャーターを中心とする現行体制を見直すことが適当と判断した。スペース・チャーター方式は日本船社間の過当競争の排除、過剰船腹の投入を防止、単独運航に比べて相対的に小さい資本費、運航費による相対的に大きなサービス頻度などの利点により、コンテナ輸送体制の急速な整備、定期船海運の国際競争力の維持強化に貢献するとともに、荷主からも高頻度のサービス提供などの面から評価されてきたと考えられる。しかし、スペース・チャーター方式には迅速な意思決定の困難性、創意工夫、自主的改善の制約など短所があり、また、スペース・チャーター方式が日本/北米市場を上回る市場となっている極東/北米市場の日本船社の進出を遅らせる要因となったと分析した。日本・極東/北米定期船市場では大幅な船腹需給ギャップおよび米国新海事法により導入されたサービス・コントラクト（SC）などの個別

的運賃制度により、運賃水準の不安定化傾向が強まることが予想される。加えてスペース・チャーター方式導入時とは日本船社の状況はかなり異なってきており、スペース・チャーター方式には航路運営上の問題が見受けられる。また、66年と69年の答申の考え方自体が望ましい北米航路の運営を考える上で、一つの足かせになっていることを否定できないので、2つの答申を一旦、白紙還元し、日本船社の自己責任による多様な企業努力を最大限に尊重する方向を探ることが望ましいと、2つの答申の白紙還元を宣言した。迅速な意思決定、荷主ニーズへのきめ細かな対応などの利点がある単独運航も新たな選択肢として考慮されるべきと、スペース・チャーター方式から脱却した単独運航容認を鮮明にした。一方で答申は日本船社があらゆる努力を払い体質を強化したとしても、日本船社を巡る諸般の状況から考えて、日本船社すべてが単独運航できる状況にならないと思われると見通し、航路の状況によっては単独運航が事実上不可能で何らかの形の共同運航が必要となる場合もあろう、共同運航方式には投資負担の軽減、危険の分散などの利点もあるので、商業ベースの判断で共同運航方式を採用する場合にも共同運航の欠点を克服し、荷主ニーズに応じられるような共同運航方式を採用する必要があると説く。このように北米関係定期航路の運営体制について、日本船社は自己の企業体力、航路運営に対する考え方から判断して最も適切な方法を自己の経営責任で選択していくことが望ましい、例えば、単独運航の能力と意図を持つ日本船社にはその自主努力を重んじた自由、闊達な経営を認めるべきである。また、共同運航方式を採用する場合にも、パートナーの選択、実施方法などについて、自由な商業ベースの企業判断に拠ることを可能にするよう弾力化をはかるべきであると提唱した。集約体制下にあった日本船6社は66年の答申に基づきカリフォルニア航路（PSW航路）のコンテナ化で2グループを形成するとともに、運輸省の行政指導の下に各グループがコンテナ船のスペース・チャーター方式を採用した。シアトル・バンクーバー航路（PNW航路）では6社が、ニューヨーク航路では5社がそれぞれグループを構成する船社が各社間の協調と企業の独自性を同時に維持できる方式としてスペース・チャーターを採用し運営してきた。PSW航路のコンテナ化から時を経ること17年にして「66年と69年の2つの答申」は白紙還元され、日本船社は北米航路で単独運航を選択肢としたコンテナ船事業を展開する転機を迎えた。海造審の答申を待つまでもなく日本船社の間で北米航路のコンテナ船運営体制再編問題が持ち上がり、外船社との提携を含め着地点探しで揺れ動いていた。背景には貿易構造の変化があった。貿易構造の変化はコンテナ貨物の荷動き動

向に反映した。日本船社が自国貨物の船積みに軸足を置いたコンテナ船運営体制を続けているうちに、日本以外の韓国、台湾、香港など極東地域での船積みが伸展した。いわゆる日本出し貨物の極東シフトが進み、日本船社の対応の遅れが顕在化した。66年と69年の2つの答申はあくまで日本を起点とした定期航路のコンテナ化のガイドラインであった。極東〜北米市場が著しく拡大し、その対応が重要課題になることまでは織り込んでいなかった。従ってスペース・チャーター方式による日本船社の協調体制が足かせとなり、直面する重要課題への対応を阻害している現状を打開し、北米航路で単独運航を選択肢とした運営体制の構築を容認した。こうした方針転換を待つまでもなく日本船社の間で極東シフトに基づく運営体制について内外船社との提携を含めた検討が水面下で躍動していた。日本船6社が従来の北米航路のコンテナ船運営体制を再編し、転換期を迎えたこの時期に、北米航路の衝撃的な損益見通しが示された。

開銀、北米航路の損益見通し試算

　日本船6社は83年度に北米航路で約370億円の経常赤字を計上した。荷動き活況が寄与した84年度は赤字額が約200億円に改善した。しかし、84年6月の米国新海事法成立に伴い、北米航路で運賃同盟が事実上崩壊し、7月から運賃戦争に突入する様相を呈していた。大宗貨物の家庭電器製品、自動車部品などの運賃は25〜40％下落した。運賃市況が悪化する一方で、87年12月にはコンテナ船腹量が北米西岸航路で46％、北米東岸航路で65％それぞれ大幅に増加する船腹過剰の到来が想定されていた。コンテナ船腹過剰が運賃下落に拍車をかけ船社経営を苦境に陥れる情勢であった。こうした情勢下に日本開発銀行（開銀：現日本政策投資銀行）審査部は日本船6社にどのような影響をおよぼすかを焦点に審査し、最悪のケースを想定し北米航路の損益見通しを試算した。開銀は試算に当たって、85年7月から始まった北米航路の運賃戦争が向こう2年間続くこと、87年半ばから修復が見込まれているが、収益改善は半年遅れること、6社とも北米航路から撤退せず、計画通り配船を続けること、対ドルレートは1ドル＝230円と設定する、など4点を前提条件とした。試算結果によると、6社合計の経常赤字は85年度400億円、86年度800億円、87年度750億円、3年間合計1,950億円の巨額に上ることが判明した。ただ、前提に設定した対ドルレートは試算した時点で、1ドル＝約200円となり、1円の為替変動の経常収支への影響を1億円として、30円では1社当たり年間30億円、6社合計180億

円の運賃収入減となる。対ドルレートの変動により86年度の赤字が4桁に膨らむ可能性があることのほか、86年度以降の運賃下落についても見込まずに試算している。その上で運賃戦争が2年間続いた場合の企業体力への影響について分析した。6社とも82年度以降進めてきた不定期船、タンカー部門の合理化が効果をあげ、資産処分や株式含み益の減少によって、87年度いっぱい債務超過を回避し持ちこたえると診断した。6社は当面の運賃戦争に耐えられるとはいえ各社が生き残りの道筋を明確に示さないと、88年度以降どうなるか不透明であり、船社経営が歴史的な転換期を迎えると危機感をにじませた。

　こうした試算、診断を待つまでもなく6社は85年9月のプラザ合意後の円高を乗り切るため、円高抵抗力の強化を迫られていた。所有船の海外売船を進め、売却後に新しい海外船主と用船契約を結び、外国人船員で運航することによってコストがドルに切り替わり、ドルコスト化が実現する。ドル建て運賃収入比率が大きい船社経営にとって即効薬である。ただ、所有船の海外売船によるドルコスト化には自社船員の早期退職など犠牲が伴う。船社によっては企業の存続を名目に100隻を超す日本籍船の海外売船を断行し、自社船員の4割近くを早期退職に追い込む身を切られる犠牲が伴った。緊急雇用対策を巡る産別労使交渉がまとまり、第1次石油危機に直面しての構造改革以来の第2次構造改革を経験した。

日系自動車メーカー、米国での現地生産体制具体化

　日本船社が北米航路の運営で苦境に立たされる一方で、日米貿易摩擦と円高進行を背景に日系自動車メーカーによる米国での現地生産体制が具体化し始めた。現地生産化に伴い、新たに発生する輸送需要への対応を迫られた。米国で鉄道輸送の規制緩和を巡る議論が巻き起こっていた。本書冒頭「はじめに」の第5章要約で記した海陸複合一貫輸送サービス進展とともに登場した鉄道によるコンテナを2段積みで輸送するダブル・スタック・トレイン（DST）輸送に追い風が吹いた。コンテナの鉄道輸送を飛躍的に発展させたのはDSTが紆余曲折を経て普及したことである。米国の鉄道会社が州際商業委員会（Interstate Commerce Commission: ICC）の管轄下で保護され、コンテナ輸送の進展に協力的でなかった。

　75年11月、フォード政権がICCの規制緩和に踏み切り、翌年議会が鉄道の規制緩和に動き出し状況が好転した。マルコム・マックリーンが20年前にコンテナの基本コンセプトは輸送単位を共通化しトラック、鉄道、船によりシー

ムレスな貨物輸送を実現することにあると主張した。確かにICCは箱根丸就航の翌69年7月に海陸一貫輸送のスルーレート（通し運賃）を即日認可した。恐らく一貫輸送の各輸送単位の運賃を単純加算した通し運賃であったため、使い勝手が悪く本来の効率化を実現する内容とはかけ離れていた。かたちばかりの通し運賃として存在したが、80年に米国議会が2件の法案を可決したことで状況が一変した。米国内でトラック輸送の規制が緩和され「帰り荷」の集荷が認められた。鉄道運賃についてごく少数の例外を除きICCの決定権を奪い、初めて鉄道会社と荷主が自由に運賃を決められるようになった。長期契約を結び貨物を確保できるようになった鉄道会社がコンテナ輸送に本腰を入れ始めた。2段積みしたコンテナを荷役しやすい車高の低い貨車が設計された。往路で外国貨物、復路で国内貨物を輸送し、復路に空コンテナを運ぶ無駄が省かれることになった。なお、1995年末にICC廃止法案に大統領が署名し、ICCは廃止された。残った規制業務はSurface Transportation Board（陸上運輸委員会）に移管された。ICCは1887年以来108年の米国の外航海運と航空を除く内航海運、鉄道、トラック、バス、パイプラインなど運輸産業を所管してきた独立運輸規制機関としての歴史に幕を下ろした。ICC廃止は1980年初からの規制緩和の流れに一区切れを付けた。原案段階では米連邦海事委員会（FMC）の廃止も盛り込まれていたがこちらは見送られた。

インターモーダール・サービス競争時代到来

　シーランドが80年に極東/北米同盟を脱退し、米国内陸地点までのインテリア・ポイント・インターモーダール（IPI）サービスを開始したのを機にインターモーダール・サービスの競争時代が始まった。IPIサービスでは荷主が鉄道運賃含みの一貫輸送運賃を船社に支払い、鉄道会社がコンテナの往復運賃を船社に請求する。船社は空コンテナの鉄道運賃を新たに負担せざるを得なくなり、そのことが採算を悪化させコンテナの鉄道輸送コストの低減が大きな課題として浮上した。83年7月、APLが初めてDSTで編成した列車の運行実験を実施し大成功を収めた。シームレスなコンテナ輸送の進展を阻んでいた障害物が取り除かれた。APLは84年から自社専用のDST運行の商用化を実現した。機関車とレールは鉄道会社の設備を利用したが、台車を保有あるいはリースした。またインターモーダール会社アメリカン・プレジデント・インターモーダール（API）を新設し運航管理も自前で行う体制を整えた。海陸複合一貫輸送の揺籃期にAPLに代表される同盟船社が主導権を握り鉄道会社を

先導する形で、海陸複合一貫輸送に新風を吹き込んだ。この時点でAPLは世界一周航路を廃止し、米国西岸航路および西岸経由東岸向けDST輸送に注力するサービス体制の構築を目指した。

　APLに続いて85年8月、日本郵船が日本船社として初めて100％出資で専用列車の運行管理、コンテナ追跡を主たる業務とするセンテニアル・エキスプレス（CENTEX）を設立し、専用DSTの自社運行を開始した。社名の由来は郵船の創立100周年に設立されたことによるものであった。初列車は8月9日金曜日に19両のDSTと2両のフラットカーにコンテナを積載し、ロサンゼルスを出発した。スケジュールはロサンゼルスを毎週金曜日に出発、シカゴ、シンシナティには月曜日に到着し、直ちにコンテナを降ろした後ロサンゼルスに戻るコンテナを積み、同じ月曜日の夜にシカゴ、シンシナティを出発、木曜日にロサンゼルスに戻る1週間ラウンドであった。DSTの自社運行でサザン・パシフィック鉄道（SP）、バーリントン・ノーザン鉄道（BN）、コンレイル鉄道（CR）、CSX鉄道、ノーフォーク・サザン鉄道（NS）と提携し、全米にDSTの運行ネットワークを張り巡らした。郵船の当時のDST網をみると、BNはシアトル、ポートランドと中西部の拠点シカゴを結び、CRがシカゴと東岸のボストン、ニューヨークを結び、SPがオークランドとカンザスシチーを結び、カンザスシチー経由でシカゴとセントルイス、CSX鉄道がセントルイスとシンシナティを結ぶ。またSPはロサンゼルスとエル・パソ、サン・アントニオ、ヒューストン、ニューオーリンズを結び、エル・パソ経由でカンザスシチー、サン・アントニオ経由でダラス、ヒューストン経由でメンフィスをそれぞれ結んでいる。NSがメンフィスとアトランタ、メキシコ国営鉄道（FNM）がエル・パソとメキシコ・シティを結んでいる。

　日本から7,000マイル（約1万1,200㌔）離れたシカゴまで従来25日かかった所要日数を16日に短縮した。コンテナ船がシアトル、ロサンゼルスに毎週3便寄港し、両港からシカゴに毎日運行するDST便がメーカー在庫3日分の生産管理に貢献した。日本とシカゴを結ぶ所要日数は94年8月時点で13日に短縮された。また、郵船は88年6月、全米第3位の国内フォーワーダーでトラック業者のグレーター・サウス・トラフィック・サービス・インク（GST）を買収し、鉄道、トラックを利用した米国内陸物流参入の足掛かりとした。一方、アジアでは96年、香港のバイヤーズ・コンソリデーターのOCSを買収し、米国の大量販売小売業者との物流事業参入を図った。

　郵船のCETEX設立に続き、商船三井がMOインターモーダール（MOI）、川崎汽船がザ・レール・ブリッジ・コーポレーション（RB）をそれぞれ設立

コンテナ2段積み列車

　コンテナ輸送の革命と言われた、コンテナ2段積み列車（Double Stack Train）の運行はAPLが1984年にロサンゼルス～シカゴ間で世界で初めて開始した。同社は子会社を通じて国際・国内輸送を統合し、1987年には28万FEUをDSTで輸送した。DST輸送は当時、主流だったCOFC/TOFCと較べ、スラック・アクション（連結器の遊びによる発停車、加減速によるショック）が殆どなく、また、大量輸送で運行コストは従来比で50%以下とされ、輸送品質とコスト競争力が高い。APLは1979年に輸送機器（機関車、貨車など）を自前で所有し、線路を鉄道会社から借りるLinertrain方式を導入し、定時運行など輸送の安定性も確保した。（Union Pacific鉄道提供）

した。商船三井のMOIはDSTの運行を主軸としたインターモーダール輸送の効率運営に取り組んだ。商船三井は85年12月からロサンゼルスを起点にシカゴとコロンバスを終点とするDSTの運行を開始した。DSTは当初、15両編成で週1便・定曜日・定時刻にロサンゼルスを出発した。商船三井がコンテナを2段積みする台車をリースし、サザン・パシフィック鉄道にスケジュールを指定して運行を委託する方式を採用した。ロサンゼルスとセントルイスの区間はサザン・パシフィック鉄道、セントルイスで分離し、イリノイ・セントラル・ガルフ鉄道がシカゴまで、コンソリディテッド鉄道がコロンバスまでの区間でDSTを運行した。シカゴとコロンバスからは両市をハブ・センターに鉄道またはトラックで接続輸送した。コロンバスを選んだのは米国ホンダ社のオハイオ工場向けCKD輸送の利便性を考慮してのことであった。DSTの運行は86年11月にはコロンバスからニューヨークまで延長され、東京・ニューヨーク間の輸送所要日数を1日短縮し16日とした。87年5月からはシアトル発シカゴ・ニューヨーク向け、同年6月からロサンゼルス発ダラス・ヒューストン向けDSTの運行を開始した。88年になると、5月にロサンゼルス/メンフィス線、10月にロサンゼルス/カンザスシティ線を開設、9月にはロサンゼルス/シカゴおよびロサンゼルス/コロンバス線をそれぞれ週2便に増強した。89年

にはロサンゼルス/アトランタ線の運行を開始した。DSTは決まったスケジュールで運行される。発車定刻までにコンテナの台車積載を完了させなければならない。コンテナ船が定時に入港着岸するには途中寄港地を含めて全航海をスケジュール通りに維持しなければならないので、鉄道ダイヤ並みの運航が求められた。各港での専用ターミナルの整備やコンテナ船の船型の大型化へと波及する。インターモーダール輸送の進展に伴い、貨物の輸送状況をオンラインで把握、荷主にその情報を提供し、通関や鉄道輸送の関係書類をコンピュータによるデータ化のため情報システムを整備することになった。84年の米国新海事法が内陸までの通し運賃を認めたことがインテリア・ポイント・インターモーダール（IPI）サービスの発展を後押しした。80年代末には北米西岸で荷揚げされた貨物の約60％がDSTを利用し内陸部に輸送されるまでになった。DSTによるIPIサービスが順調に発展する中で重要さを増したのが北米西岸のコンテナ・ターミナル内に鉄道引き込み線を敷設するオンドックレイルターミナルである。オンドックレイルターミナルとDSTが効率的に運用されてIPIサービスが持ち味を発揮する。商船三井は84年10月、ロサンゼルス市との間でロサンゼルス（LA）港に専用コンテナ・ターミナルを建設するためのバース借受け契約を締結した。28万平方メートルの敷地に商船三井が自社のコンテナ荷役に最適な設計と設備を整備する岸壁延長540㍍で、4基のガントリークレーンを備え、大型船2隻が同時に着岸できるコンテナ・ターミナルを建設し、87年10月から運用を開始した。荷役はコンピュータによるオペレーション制御を徹底させ、コンテナを地上に置かずに車上に蔵置するオンシャーシー方式で迅速に貨物を受け渡すことができる。85年に設立した現地法人Transpacific Container Service（Tra Pac）がターミナルの経営を担当した。インターモーダール輸送をLA起点からシアトル起点へと拡張したことに対応し、88年7月にはシアトルに専用コンテナ・ターミナルTra Pacシアトルを設営した。総面積は23.7エーカー（約9万5,000㎡、89年に29エーカーまで拡張）で、50トン型ガントリークレーン2基（89年に1基追加）を装備した新鋭のターミナル。さらに90年4月にはオークランドに専用コンテナ・ターミナルTra Pacオークランド（バース35）も設営した。敷地面積12.6エーカー（約5万㎡）、50トン型ガントリークレーン2基を装備したコンピュータ制御の新鋭コンテナ・ターミナル。

　川汽は86年にロングビーチ（LB）港でDSTを自社専用コンテナ・ターミナルに導入し、米国内陸部向けIPIサービスを本格展開した。また、川汽は90年に独自の「リーファーブリッジサービス」を開始し、米国中西部での冷凍・

冷蔵貨物の安全で効率的な海陸複合一貫輸送を実現した。従来、米国中西部の食肉産地から西岸まで輸出用の食肉を運ぶ場合、冷凍・冷蔵トレーラートラックで西岸まで輸送した後、港湾地域でリーファーコンテナに積み替えるのが主流であった。積み替え時に外気に触れる衛生上の問題や貨物の抜き荷などが課題になっていた。米国現地法人の技術陣がこの課題を解決した。DSTには通常、40フィートコンテナを2段積みで5列の計10本を積む、その内の中央の1本分を発電機と大きな燃料タンクを搭載した特殊なコンテナ（パワーパックユニット：PPU）とし、残り9本分のリーファーコンテナに電源を供給するシステムを実用化した。輸送中の発電機の故障に備えてバックアップ用の発電機を搭載し、片方の機能が停止しても、もう一方が自動的に起動して電源を確保できるように工夫した。さらにリーファーコンテナの運転状況はPPUに設置したモニターにより遠隔監視し、トラブル発生時にチエックポイントへ修理の指示をだし、限られた時間内に迅速に修理する体制を整えた。このリーファーブリッジサービスは主として日本と韓国向け食肉輸出の需要に応え、信頼性の高い輸送モードとして安定した実績をあげ続けた。DSTの特性を活用した応用例と言える。

　日系自動車メーカー向け現地生産部品（コンプリート・ノックダウン：CKD）輸送で要求される適時性を確保するには海上から陸上への接続で手間取らないIPIサービスが打ってつけである。北米西岸の主要港湾で自社専用コンテナ・ターミナルを設営することが必須条件となった。自営専用コンテナ・ターミナルと専用DSTが効率よく運営されてIPIサービスが持ち味を発揮する。日本船社は80年代後半から米国内陸部への大規模投資に踏み込み、90年代入りを前に一通り内陸投資を終え、どうにかシーランド、APLの米船2社やマースクと比べても見劣りしないIPIサービス体制を整備した。APLの一連の体制整備は貿易摩擦を背景に日系自動車メーカーが米国内での現地生産を開始した時期とも重なる。貿易摩擦の緩和策を印象付ける日系自動車メーカーの対米完成車の海上輸送で米船社起用が浮上した。米国向け完成車の前年実績の1割程度を目途に海上輸送で米船社を起用、自動車専用船（PCC）を用船する政策判断が背景にあったと見る。まず日産自動車が87年6月竣工の米船社のマリン・トランスポート・ラインズ（MTL）の4,000台積み自動車専用船（PCC）の用船を決めた。これを皮切りにトヨタ自動車が米船社のオーバーシーズ・シップホールディング・グループ（OSG）を起用、5,000台積みPCC1隻の用船を決めた。またトヨタは米船社のセントラル・ガルフ・ラインズ（CGL）を起用、同型船1隻の追加用船を決めた。日産、トヨタに続いてホン

ダ技研工業も米船社を起用、4,000台積みPCC1隻を用船する計画を決めた。5,000台積みPCCの運航はOSGが川崎汽船に、CGLが日本郵船にそれぞれ委託することが併せて決まった。米国、カナダでの現地生産が急速に進展することに加え、船価も底入れしたと見て川崎汽船が自動車船の整備計画に着手した。先述の海造審の6・5答申は日本船社に北米航路で従来の枠組みにしばられることなく独自の経営戦略で航路運営する選択肢を認めた。川汽は86年4月からPSW航路で独自の北米戦略に基づき単独配船に乗り出した。同社が既存船の代替を含め大型船3隻を新造、4隻を用船する自動車船の船隊整備計画を決めた。7隻の内訳は5,500台積みPCC 2隻とCKD用コンテナ積載可能なノック・ダウン・カー・キャリア（CKCC）5隻。川汽はCKD輸送需要の急増を見越したコンテナ船隊をはじめCKD輸送体制と米国集荷体制の拡充を進めた。86年11月から2,500TEU積みコンテナ船3隻を順次代替投入し、翌年4月には新造船6隻を揃えた。船隊整備に対応してDST運行体制を見直した。87年4月以降PNW経由のシアトル〜シカゴ〜ニューヨーク間のDST運行を開始、15両編成の週1便を定曜定時発着での運行を目指した。PSW航路経由ロングビーチ〜シカゴ〜ニューヨークの既存サービスを15両編成のロングビーチ〜シカゴと20両編成のロングビーチ〜ニューヨークとに分離運行し、86年10月以降の需要増大に対応した。米国でカースチームシップ社と集荷営業で「Kライン・カースチームシップ・コーポレーション（KCC）」、DST運航では「ザ・レール・ブリッジ・コーポレーション」の現地法人を設立、緊密な関係を維持してきたので、船隊、DST増強に伴い、人員の増強や組織の拡充を進め、米国内貨物の集荷を重点に営業活動を強化した。

CKD輸送で船社の投資負担増大

　日系自動車メーカーは海外現地生産でも国内並みのカンバン方式を採用し、精度の高い生産管理に対応する一貫輸送サービスの提供を要求する。コンテナ船社がCKD輸送を引き受けるに当たってDST網の自主整備が不可欠で、船隊増強と併せて米国内での体制整備に係わる投資負担の増大が重くのしかかる。日本船社にとって完成車輸送の大口顧客である日系自動車メーカーのCKD輸送で欧米船社に後れを取るわけにいかない事情がある。さらに追い上げられていたアジア船社との差別化に成功し、簡単にはこの格差が縮まらないと見た。しかし、情勢変化を拱手傍観するアジア船社ではなかった。確かに80年代までアジア船社の投資は船舶を中心に海上部分の整備に重点を

進めてきた。公共ターミナルや鉄道会社が運行し、どの船社でも利用できる「ブロック・トレイン」といった公共サービスを使わざるを得ず、インターモーダール輸送での先進国船社との格差は非常に大きいものがあった。しかし、90年代に入ると事情が変わり始めた。インターモーダール輸送の公共サービスの質が急速に改善してきた。インターモーダール輸送がコンテナ船社主導で進展する状況を横目でみてきた鉄道会社がDSTによるコンテナ輸送に取り組む従来姿勢を改め、積極姿勢に転換した。鉄道会社はDSTの台車保有を増加させ、ブロック・トレインの運行本数も増やし、船社の意向に沿った運行ダイヤを編成することで、対船社セールスを活発化させた。

　アジア船社の中でOOCLが素早く対応した。OOCLは85年12月にSPとDST運行について正式契約した。86年1月からロングビーチ経由で米国中西部、ガルフ、米国東岸向けにDSTを定曜日での運行を開始した。1列車23両編成で積載能力は230FEU。ロングビーチから毎週月曜日にDSTを運行する定曜日サービス。米国とメキシコ国境のエル・パソでシカゴ向け15両とヒューストン、ニューオーリンズ向け8両に分離編成し、中西部、ガルフ、東岸地域向けにサービスを実施した。40カ所以上の主要内陸都市へはシカゴ、ヒューストン、ニューオーリンズ、ダラスのハブ・センターを活用し、一貫輸送サービス網を広げた。DSTを運行する場合とブロック・トレインを運行する場合の格差が縮小、専用DSTを持たない船社でも、インターモーダール輸送ができるようになった。専用DSTを整備した船社でもブロック・トレインと使い分けるのが一般的になり、DST輸送の主役が専用DSTからブロック・トレインに代わりはじめた。OOCLのDSTによる定曜日サービスから読み取れるようにアジア船社に追い上げられる先進国船社の巻き返し策は思惑外れに終わったといえる。港湾でも同じような傾向が見られた。北米航路のコンテナ荷動き増大を背景にインターモーダール輸送が発展し、米国西岸の主要港が船社誘致合戦を活発に繰り広げた。シアトルとタコマ、ロサンゼルスとロングビーチが隣接するライバル関係にある。各港湾局は内陸アクセス機能に重点を置いたインフラ整備を競いあった。船社借り受けの専用コンテナ・ターミナルはもちろんのこと公共ターミナルのインターモーダール輸送関連施設の改善されたため、専用コンテナ・ターミナルを持たない船社の場合で内陸への接続でのネックが縮小した。といって公共ターミナルの改善が専用DSTや専用コンテナ・ターミナルの利点を完全に失わせたわけではない。よりきめの細かいサービス提供や不測の事態が発生した場合の対応能力では依然として専用コンテナ・ターミナルが上回っている。専用コンテナ・ターミナルと公共ターミナルの格差が縮

小したことは事実であり、自主投資を抑制した船社でも費用対効果の観点から許容範囲のインターモーダール・サービスを提供できる状況になった。

　90年代半ばになると、日系自動車メーカーの船社起用が変化した。語り草となっているのが、マツダが北米向けCKDと自動車部品輸送で起用船社を大胆に変更したことである。日本船3社、米船2社にマースクを加えた6社を起用してきたが、95年5月から北米航路復帰間もないハパックロイドとエバーグリーン、韓進海運の3社に変更した。ハパックロイドは86年に採算悪化のため太平洋航路から撤退して以来、7年ぶりの復帰を果たした。郵船とNOLの提携に続きハパックロイドが参加し、93年4月からアジア/北米西岸/北米東岸/（パナマ運河経由）/欧州/アジア航路で2,200〜3,000TEU積み12隻を投入、1航海84日ラウンドのウイークリー・サービスをパシフィック・アトランテック・エキスプレス（PAX）のサービス名で開始した。ハパックロイドは既存の北米西岸航路にもスロットチャーターの形で参加した。繰り返しになるが、CKD輸送には現地工場のカンバン方式に対応した厳格な定時配送が求められる。インターモーダール輸送のサービス水準の高さで定評を得ている日本船3社、米船2社、マースクの6社が起用されてきた。OOCL、NOLのアジア船社のCKD輸送への進出が著しく、6社の独壇場ではなくなりかけていたところにマツダの起用船社変更が起きた。マツダの北米向けCKDは広島から神戸港に輸送され本船に積み込まれる。広島から神戸までの横持ち費用について円高で負担が増している船社負担分の荷主負担を巡っての交渉決裂が起用船社変更の理由と伝えられた。

　自動車部品でもCKDほど定時性が求められない補給部品の輸送では荷主の対応が分かれる。内陸までの陸上輸送が伴う場合はサービス水準が高い船社を起用するが、米国西岸周辺までの輸送では安い海上運賃を提供する船社を起用する荷主がいると聞く。いずれにしてもコスト削減の要請が起用船社の変更を招くことは自動車業界にかぎったことではない。経済のグローバル化が進む中で生産、販売網に則した物流システムを構築、運用する荷主が現れている。

　日本船社のインターモーダール輸送への積極投資が日本船社のサービスを向上させる一方で、構造的コストアップ要因を新たに抱えこみ負担増による採算悪化を余儀なくされた。広い米国内に深く踏み込むことでコンテナの回転率が低下した。所有ないしはリースするコンテナ数が増加し、コンテナの減価償却費、リース費用あるいは修理費用は増大した。インターモーダール輸送には常に東行貨物が西行貨物を上回る構造的な問題があるため、内陸で空になったコンテナを港に回送する費用が膨らむ。米国船社は西行貨物を帰り荷として集荷

し、アンバランスを解消するため、グループ内のインターモーダール会社の国内貨物集荷力を強化した。日本船社も米国内貨物の集荷に努めているものの、空コンテナ回送費用の負担は相対的に重くのしかかった。

　船隊整備で先行する川汽に比べ消極姿勢と映った日本郵船が87年夏以降にCKD輸送需要の急増に対応する狙いで、船隊整備に動き始めた。昭和海運と提携する郵船はPSW航路を既存船含め郵船3隻、昭和2隻の計5隻で運営している。新造船は郵船の2,500TEU積み1隻と2,800TEU積み1隻、昭和の2,700TEU積み2隻の計4隻。87年7月から9月にかけて郵船発注の2,800TEU積み3隻が就航した時点で、2,500TEU積み1隻をPNW航路に転配し、PSW航路で新鋭大型船6隻のウイークリー・サービスの新体制に移行した。郵船は日系自動車メーカーの現地生産化に伴うCKD輸送需要を88年時点で月間8,000FEUに急増すると見込んだ。しかし、この時点ではCKD輸送のゲートウェイとなるPSW航路のロサンゼルスとPNW航路のシアトルまたはタコマの比率がどう推移するのかを読み切れないため、2段構えの配船体制で臨むことにした。6隻のコンテナ船は極東延航を前提に運航したが、ロサンゼルスから北米内陸部へのCKD輸送が予想を上回った場合には6隻のうち2,800TEU積み4隻による日本折り返し配船で対応する次善策も織り込んだ。郵船は83年6月に港湾物流部を新設した。総合物流業への脱皮を目指すグランドデザインの社内組織への反映といった意味合いが込められていた。ここにきて海上輸送と陸上輸送をカバーする北米航路の基本戦略を一元的に策定・管理する社内組織が必要になり、既存組織を再編し「北米事業部」を新設し、物流企画課、定航課、輸出課、輸入課の4課で構成した。北米事業部の新設を機に物流拠点の整備、DSTの増強、内陸デポ・ターミナルの整備など北米航路の運営体制の強化、再構築に拍車をかけた。歴史的な転換期を迎えての構造改革が功を奏し、難局を乗り切る日本船社がいる一方で、過大な投資負担に耐え切れず厳しい選択を余儀なくされる日本船社も出現した。そのことが88年に始まった。

日本船定期船事業、6社体制から3社体制に集約

　第1章で記したとおり88年7月に昭和海運が累積する定期船事業の赤字に耐え切れず、中国を除く定期船部門から全て撤退した。PSW航路のコンテナ化以来、20年間にわたる郵船と昭和の提携関係は88年6月末で解消された。郵船は同年7月からPSW航路で単独配船、PNW航路では大阪商船三井船舶との共同配船を開始し、極東延航を実施したが、商船三井との提携は2年後の90年7

月に解消した。郵船は新たに現代商船（HMM）と提携、郵船4隻、HMM1隻の合計5隻による1航海35日ラウンドの定曜日ウイークリー・サービスを開始した。日本を除く極東での寄港地は韓国1港に絞り、香港、台湾はトランシップでカバーするサービス体制に移行した。

　市況の悪化は昭和以外の日本船社にも波及し、ジャパンラインと山下新日本汽船は折半出資で設立した日本ライナーシステム（NLS）に定期船事業を分離し、NLSは88年10月から業務を開始したが、3年後の91年10月に郵船がNLSを合併した。郵船はNLSのニューヨーク、韓国・日本/カリフォルニア、香港・台湾/カリフォルニア、極東・日本/北米西岸、豪州、極東/東南豪州、ニュージーランド、中東・ガルフ、中米・カリブ、日本/バンコックの10航路の運営を継承した。郵船によるNLSの合併によって日本船社の定期船事業は4社体制から3社体制に集約された。日本船6社によるコンテナ化開始以来20年の節目の年に6社体制に終止符を打ち、まず4社体制に移行、さらに3年の時を経て3社体制に集約された。日本船社はコンテナ船事業で四半世紀にわたり3社が内外船社間での離合集散、合従連衡を繰り返し、生き残りをかけて苦難の道を歩み始めた。

　郵船はNLS合併を機にNOLと提携し、新サービスを開始した。ただし、PNW航路でのHMMとの提携は94年10月までスロットチャーター方式で継続した。新サービスでは単独配船当時に比べPSW航路で1ループ（サービス）増便し、香港、台湾への週2便寄港、香港までであった極東延航をシンガポールへの直接寄港を実施し、成長著しいアジア諸国から北米西岸までの所要航海日数を短縮した。新サービスの一つシンガポール・カリフォルニア・エキスプレス（SCX）の往航では日本寄港を取りやめ、アジアと北米西岸を直航するサービスに改編した。コンテナ船事業が巨額な赤字を抱え、合理化による採算改善を図るため、既設航路の休止や兼営を手掛け、HMMとのスロットチャーターを終了した。

　96年になると郵船、NOL、ハパックロイドの提携関係にP&O コンテナ ラインズ（P&OCL）が参加し、グランド・アライアンス（GA）結成へと発展した。一方、大阪商船三井船舶は99年4月にナビックスラインを吸収合併し、社名を「大阪商船三井船舶」から「商船三井」に変更した。

　商船三井は郵船、NOL、ハパックロイド、P&OCLの4社提携によるGA結成に先立ち、95年にAPL、ネドロイド、OOCL、MISCとの5社提携でザ・グローバル・アライアンス（TGA）を結成し、本格始動するグローバル・アライアンス時代をけん引した。

国際物流ニーズが多様化とグローバル・キャリア指向

　世界のコンテナ航路運営の焦点は北米、欧州、大西洋の3大航路に絞られた。世界一周航路開発に続いて3大航路を結び付け新規航路に進出する船社が現れた。主要船社が3大航路の中で未開設の航路への進出により、3大航路を全てカバーする「グローバル・キャリア」を目指す動きが活発になった。既述のPAXサービスが一つの具体例である。北米航路で提携中の郵船、NOLがハパックロイドとともに3社グループを形成し、アジア/北米西岸/北米東岸/欧州を結ぶ新たなPAXサービスを93年に開設した。郵船はパナマ運河経由で北米東岸までのサービスを提供していたが、PAXサービスの開設によって郵船、NOL両社が大西洋航路に進出した。また、ハパックロイドは86年以来7年ぶりで北米航路復帰を果たした。3社グループに96年からかつてのトリオ・グループメンバーのP＆OCLが加わりアライアンスGAが結成された。これによってP＆OCLは念願の北米航路への進出を実現した。P＆OCLが北米航路への進出を念願したように、北米航路に特化していたAPLにとって欧州航路への新規進出が課題であった。APLの欧州航路への新規進出は既存船社への資本参加の形で実現しかけたが、最終局面で参加予定の船社が買収され頓挫した。APLは最終的にTGA参加によって欧州航路進出を果たした。APLの欧州航路進出は商船三井からスペースを借り受ける形であった。APLは商船三井のスペースを利用することで、自社船を投入せずに欧州航路進出を果たしており、初期投資の規模を極小化し、軌道に乗るまで自社スペースを抑えている。さらに韓進海運もDSRセネターと朝陽商船でトライコングループを形成し、大西洋航路に進出した。トライコングループの世界一周航路の大西洋航路部分と韓進海運の北米航路の間でスロットの相互借り受けを実施するものであった。韓進海運の大西洋航路に進出にしても、当面はトライコングループの大西洋航路のスペースを借り受けただけである。

　グローバル・キャリア指向の背景には何があったのだろうか。荷主の物流グローバル化への対応とコンテナインベントリー・コントロールが挙げられる。製造業の生産体制の国際分業が進み、物流ルートが錯綜、複雑化している。海外工場からの逆輸入、海外工場から第三国への輸出など国際物流ニーズが多様化している。小売業でもサプライチエーン構築は自国内にとどまることなく世界規模に拡大し、グローバル・サプライチエーンとして機能し始めた。こうした複雑、多様化するニーズに応えるため船社としてもあらゆる

サービスを提供できる航路網の整備が不可欠の情勢に直面した。従来にも増してコンテナインベントリーの巧拙がコンテナ船社の採算を維持していくうえで重要な要因となった。コンテナインベントリーはコンテナ船社にとって宿命的な課題である。荷動きの偏りから生じる空コンテナの地域的な偏在が常に付きまとう。主要地域を効率よく結ぶことによりコンテナ過不足の平準化と柔軟な空コンテナ回送のための手段を確保できる。

　先進国船社が海上部分以外でアジア船社とサービス差別化を図る課題として注力してきたのが情報システムの整備である。インターモーダール輸送の発展に伴い、船社が提供するサービスは海上部分に留まらず、戸口から戸口までの荷受け、荷渡しの一貫輸送を拡大させた。荷主からの問い合わせ内容が変わる。自社関連のコンテナが、どのコンテナ船に積まれ、そのコンテナ船がどこを航行しているのか、どの港のコンテナ・ターミナルに置かれているのか、さらにどの鉄道に積み替えられたのか、どこを走っているのか。コンテナ単位の情報を瞬時に把握し、的確に提供する必要がある。これが非常に難しいことである。それだけに荷主の問い合わせに正確に貨物情報を提供できれば、顧客に対する有力なセールスポイントになる。先進国船社は「カーゴ・トレーシング・システム」と総称する貨物の位置情報検索システムを競って構築した。コンテナの位置関係を把握することはコンテナ関係費用の削減に結びつく。コンテナ船就航の定期航路では往復航需要インバランスが発生し、必要コンテナ数の地域的過不足は避けられない。地域ごとの空コンテナ余剰数と不足数を正確に把握することによって、空コンテナの効率的回送、高収益貨物の選別集荷が可能になり、コンテナ関係費用を削減できる。この時点では先進国船社がアジア船社に先行して貨物、コンテナ関連情報システムの開発を進め、優位性を保っている。アジア船社がこの分野で最低限必要な体制を整えてきた。単純なコスト競争力ではアジア船社に太刀打ちできないとみた先進国船社は収益力向上に結び付くシステムの開発に取り組んできた。ネット・コントリビューションと呼ばれるコンテナ単位の利鞘を把握・管理するシステムである。既に欧米船社の中には営業マンの端末からネット・コントリビューションを検索できる体制を整え、単品利鞘管理の発想を末端まで浸透させる情報通信戦略を強力に推進している。日本船社も早くからコンテナ単位の運賃収入及びコストを把握し、FAKレート（Freight All Kinds：品目無差別運賃）受け入れの下地を整えていた。コンテナ船社と在来船社の「共存」を基本とする同盟運営の時代は運賃体系を変更し、コンテナ単位のFAKレートの採用には利害調整の難しさが伴う。一方、有力盟外船社

はコンテナ単位のFAKレートと数量割引を併用する運賃体系を採用し、比較的高運賃の貨物を摘み取り、同盟に強力な攻勢を仕掛けた。このように利ざや管理の発想は古くからあり、米国船社で利ざや管理の経験があるスタッフを採用するなどの努力を重ねた結果、航路単位のシステム稼働に漕ぎつけた。こんな経緯をたどった。北米航路でグループ化が進展した。アジア船社の追い上げに対する先進国船社の巻き返し戦略の一環なのだろうか。コンテナ船の大型化により規模の経済（スケールメリット）の追求、船型の大型化に見合ったコンテナ・ターミナルの大型化によるコンテナ単位の荷役コスト合理化、米国内陸向け一貫輸送体制の整備の先進国船社のアジア船社との競争を見据えた差別化対策はどれ一つをとっても競争条件の平準化が進み、決め手にならない厳しい現実に直面している。同盟船対盟外船の対立の構図は崩れ、コンテナ化の歴史の後景に押しやる。先進国船社対アジア船社の関係も対決から共同配船による提携を主軸に協調関係の確立を摸索する方向に転換し始める。

第6章

激変期

1984年6月、米新海事法が発効した。この法律は目的に①規制手続きの確立②国際海運慣行と調和した効率的な海上輸送システムの提供③国防上の要求も満たす自国籍船隊の育成など3項目を規定し政策宣言をかかげた。政策宣言には米国海運の起死回生策と世界の定期船業界の秩序回復と調和のとれた海運政策を樹立する狙いを込めた。このレーガン政権下の海運政策を分かり易く言い換えると、政府介入をできるだけ少なくし、米国船に対する不当な差別を排除し、強い米商船隊を作ることを骨子としていた。米国政府が政府による規制をできるだけ少なくすることにより米国産業の競争力を強化する目的で推進してきた規制緩和政策は航空業界を皮切りにトラック、鉄道両業界に続いて海運業界へと波及した。

同盟の弱体化

　84年米新海事法は二重運賃制を廃止するとともに、インディペンデント・アクション（加盟船社に認める運賃・サービスの自由裁量権：IA）制度を全ての定期船同盟規約に導入することを義務づけた。さらにタイム・ボリューム・レート（特定品目を対象に数量・期間を限定した割安運賃：TVR）とサービス・コントラクト（一定期間に一定量以上の貨物の船積みを確約した荷主に対し特別運賃またはサービスの提供：SC）の導入を容認した。
　二重運賃制の廃止が同盟の拘束力を弱める狙いで規定された。当時、日本からの輸出同盟は"公取5原則"に基づき9.5％、輸入同盟が米国ボナー法に基づき15％までの運賃格差を同盟荷主と同盟外荷主の間に設ける二重運賃制が認められていたが、84年米新海事法施行に伴い廃止を余儀なくされた。
　IA制度は84年米新海事法施行以前から既に存在していたが、IA制度の強制導入によって同盟の価格協定という重要な機能が無力化し、北米航路の競争環境を悪化させることになった。SCの導入が荷物の多寡により荷主を差別してはならないとする従来の大原則から逸脱し、荷物の多寡により荷主を差別扱いできるようになり、大手荷主に有利な環境を醸成するきっかけとなった。IA、TVRとSCが大口荷主優遇運賃制度と呼ばれるゆえんである。IA、TVRとSCなどの導入によって、それまでも航路秩序維持機能が弱かった米国関係同盟はさらに弱体化し、船社間競争が激化する要因となった。船社側の要請が反映する形で独占禁止法適用除外の明確化と協定の早期認可が規定された。同盟船社は独禁法適用除外を巡って苦杯をなめている。81年の米国大審院判決が船社の共同行為に独禁法の適用を認め、関係7船社に対し、罰金計

15億円、損害賠償金計120億円の支払いを命じていただけに、同盟船社にとって独禁法適用除外の明確化は不可欠と考えられた。それだけに同盟船社としては二重運賃制の廃止と引き換えに独禁法適用除外の明確化と協定の早期認可といった要請を反映させたと言える。

84年米新海事法の施行によって、同盟船社は事前通告すれば同盟運賃タリフと異なる運賃で荷主と契約する権利、IAを認められた。同盟運賃タリフの有名無実化が米国を起点とする航路運営を混乱に陥れた。84年米新海事法施行から5年間に北米太平洋航路で起きた事例を紹介する。85年4月、米国船社ライクス・ブラザーズ・スチームシップが撤退、同年11月、西独のハパックロイドが撤退した。87年3月、米国の名門船社ユナイテッド・ステーツ・ライズ（USL）が倒産した。88年6月、日本船社の昭和海運が定期航路から全面撤退（中国航路を除く）、同年10月、山下新日本汽船とジャパンラインが合併、定期船部門が日本ライナーシステム（NLS：91年10月、郵船が吸収合併）として再出発、同年10月17日、太平洋航路協議協定（Transpacific Discussion Agreement：TPDA）が成立、89年3月6日、TPDAを発展させた太平洋航路安定化協定（Transpacific Stabilization Agreement：TSA）が発足した。ライクスとハパックロイドは北米太平洋航路での激しい運賃競争に堪え切れなくなり見切りをつけ撤退した。有識者はUSLの倒産は世界一周航路の採算悪化に加え84年米新海事法が導入を認めたIAとSCを乱用した結果が招いた自縄自縛と突き放した。

運賃値下げ競争の根源は船腹過剰

84年米新海事法施行に当たって、米国船社はIAの強制導入こそが米国海運の起死回生策の妙薬だと議会で証言した。85年6月から某米船1社が電気製品2400ドルのIAを行使した。このIA行使を皮切りに北米航路の運賃値下げ競争が激化し泥沼の様相を呈した。電気製品、二輪車、現地生産部品（コンプリート・ノック・ダウン：CKD）、タイヤ、オートパーツ、一般雑貨と連鎖反応的に運賃値下げ競争が繰り広げられた。将来の過剰船腹時代に生き残るため、今のうちに荷物を抑えておき、盟外船社はもとより同盟内部の競争船社を倒してでも積み取りシェアを確保したい、そんな身勝手な行動を許したのが84年海事法に他ならない。同盟船の挑戦を受けた盟外船社も黙っていない。40フィート型コンテナを2,000ドルないしそれ以下でも引き受けると言い出す。IAを行使すれば荷物を独り占めできると考え、競争相手も同じ対抗策

を行使できることに考えがおよばない。常軌を逸した運賃値下げ競争の根源は船腹過剰であった。この時点で日本・極東と米国・カナダを結ぶ北米太平洋航路は世界最大の市場で、東航の荷動きは3,000～3,500万トンと多い。配船する船社も同盟船と盟外船合わせて約30社、250隻、年間5,000万トンの容量があり明らかに供給過剰だ。さらに1年後には供給船腹が3割増える見込みだ。西航は荷動きが減少し1,500トンがやっとで消席率50％で運航することになる。同盟船社、盟外船社の中にも心ある人達は正気に立ち返って公正な競争をしたいと呼びかけるものの、泥沼から抜け出す方策に結びつかない。運賃値下げ競争の根源である船腹量について概観してみる。北米太平洋航路の船腹量は83年末に東西両岸合わせて船腹過剰のピークに達したと思われた。83年末の船腹量193万TEUを基準にみると、3年後の86年末時点で船腹量が355万9,000TEUに84％増強された。東西両岸別にみると、北米西岸向けが83年末の152万7,000TEUから86年末の263万4,000TEUに73％増、北米東岸向けが83年末の40万3,000TEUから86年末の92万5,000TEUに2.3倍増となった。もともと船腹過剰のピークであった83年末の船腹量が86年末まで3年間にさらに膨張した。一方、荷動きは84年が東西両岸合わせて4,200万トン（195万TEU）、85年が4,000万トン弱（186万TEU）、円高・ドル安の影響を受けた86年が3,600万トン（167万TEU）と推計した。85年の消席率は西岸向け61％、東岸向け59％、86年の消席率は西岸向け48％、東岸向け46％に低下と見込まれた。肝心の運賃はIAの乱用で下限に張り付いたかに見えたが、有力船社が有力品目で10％から20％引き下げるIAを行使し、大方の予想を覆した。このころになると米船大手や代理店トップが専門紙に「IAがある限り船社は泥沼から這い上がれない。1984年米新海事法はシッピング・アクトでなくシッパーズ・アクトだった」と本音を吐露し、荷主筋の反発を買った。

米連邦海事委員会（FMC）、公聴会開催

　86年1月、香港で太平洋復航運賃協定（TWRA）、太平洋往航運賃協定（ANERA）、アグリーメント8600が船主会議を開き、全関係船社の責任者が一堂に会し、混乱の収拾について協議した。米国の独禁法と海事法の制約を受けながらの協議となったが、反省の機運が出てきた。米連邦海事委員会（FMC）が同年6月にオールド・ドミニオン大学との共催で「1984年海事法は是か非か」をテーマに公聴会を開き、明るい一つの期待を抱かせた。公聴会には米国の上下両院の海事専門委員、世界中の荷主協会代表、港湾業界代

表、海運関係弁護士など合わせて200人余が出席した。海運界代表3人の召喚が決まった。米国と欧州の代表とともにアジア代表として日本郵船の高橋宏取締役北米事業部長（当時）が出席した。高橋氏は「やはりアメリカ海運政策は間違っている！」と訴え、会場から猛烈な野次と意地の悪い質問攻めにあい負けずに応酬した。米国のCBSと日本テレビが取材クルーを送り込み、公聴会の一部始終を収録し、1カ月後に日本テレビが「明日の世界と日本—波高し世界の海運」の40分番組として、堺屋太一氏の解説付きで放映された。公聴会での弁論態度が米国政府の高官や上院議員に受けて「お前は勇敢だ。日本のダーティ・ハリーだ」と言われ、以来、「ダーティ・ハリー・オブ・ジャパン」が高橋氏のニックネームとなったと語り継がれている。この公聴会から17年経った2003年時点の米国海運は見る影もなく衰退した。「太平洋の覇者といわれたUSLは倒産、APLはシンガポールのNOLに買収され、コンテナリゼーションの創始者で史上最強と言われたシーランド・サービスはデンマークのマースクラインの傘下に入った。栄光の米国海運、今いずこだ」と衰退振りを嘆き「（中略）今では更なる集約合併で3社のみとなった。それでも日本海運は1隻も損ずることなく、発展拡張を続け、今も健在である！」と胸を張った。

太平洋航路協議協定（TPDA）に13社参加

　話を船主会議に戻す。船主会議は86年1月に香港で、3月にサンフランシスコで相次いで開かれた。出席船主が真剣に討議した結果、エバーグリーンの同盟脱退の形のまま、予定通り運賃修復の実施を決めた。これで運賃下落に歯止めがかると楽観視する船社が現れた。一方で、たまたま極東地域からの出荷好調で少し強気になっていても、IA行使が認められ、先食いSCが残っている限り、荷動き落ち込みを機にエゴ丸出しで独走する船社が現れるのは目に見えていると有識者は船主会議の実効性に疑問符をつける。米船社が84年海事法改正の必要性を感じ動き始めても米国独禁法の共同謀議禁止事項の壁に拒まれ、大手荷主の圧力で表立った議論に発展しなかった。こうした中で88年10月17日に成立した太平洋航路協議協定（TPDA）には北米航路に配船する同盟船社9社と独立船社4社の計13社が参加した。13社はAPL、シーランド、マースク、OOCL、NOL、日本郵船、大阪商船三井船舶、川崎汽船、NLS、エバーグリーン、陽明海運、現代商船、韓進海運で、航路秩序の安定と船社経済の立て直しについて協議した。TPDAは同年11月22日に東京で第2

回本会議を開き、太平洋航路安定化協定（TSA）結成で合意し、12月に米連邦海事委員会（FMC）に認可申請した。FMCは89年3月5日にTSAの申請を認可し、TSAは翌3月6日から正式に発足した。TSAは何を目指したのか。TSAの骨子として5点を挙げた。①参加船社のコンテナ船腹量の10％前後を例外なく季節的変動に即応して封印、凍結して船腹削減する②この船腹調整をチェックする機関としてTSA内部に運営委員会を設け、第三者監査機関により四半期ごとに精査する③TSAの有効期間は少なくとも1年間とする④TSAからの離脱を1年間は認めない⑤これと並行して、13社は同盟船が同盟ベースで、独立船はそれぞれの立場で自発的に運賃水準を段階的に引き上げ、船社経済の改善とひいては航路秩序の安定に努力する。これを通じてこそ荷主業界へのサービス向上に奉仕することが出来るのである。

　88年末時点の参加13社のコンテナ船腹量は315万TEUを数え、北米航路に配船する全船社の船腹量380万TEUの約82％を占めるので、10％前後の削減を達成すれば、市場に与える心理的安定感は大きいものの、依然として20％を超す供給過剰は残る。これに対し荷主業界は船社が一方的に船腹調整し、野放図に運賃を値上げするのかと批判した。船社にとって季節的変動のある荷動きに合わせて船腹調整し、安売りの防止とコストセーブを行うのであって、荷動きピーク時でも顧客にベストのサービスを提供する必要があるのだと説き、期中平均しての20％以上の過剰スペース供給であることへの理解を求めた。

協議協定の輪広がる

　TSAの成立によって、一時の危機的状況を脱し、参加船社の業績は改善基調に転じたが、基本的に赤字航路であることに変わりない。IAやSC乱用の弊害の根本的な除去は当面不可能と見ての緊急避難の対症療法に過ぎないと限界も指摘された。TSA成立に刺激を受けて、92年2月にアジアでアジア協議協定（Intra-Asia Discussion Agreement：IADA）が、同年9月に欧州／アジア航路でEurope Asia Trade Agreement（EATA）が結成され協議の輪を広げた。肝心の運賃率は上向いたのだろうか。75年5月に電気製品の運賃は2,921ドル/85万1,179円だった。有識者はその電気製品を例にあげ84年4月の3,335ドル/75万4,711円から86年11月2,480ドル/40万396円に値下がりしたことを指摘した。ドルで26％、円で47％も下落した。さらに93年4月末には電気製品の運賃は2,880ドル/33万4944円なので、18年前の39％まで下落したことになる。

　84年米新海事法施行が定期船同盟の独占禁止法適用除外を明確に示し、海

陸一貫輸送の通し運賃（複合運賃設定権）を認めインターモーダール輸送の発展に貢献した。半面、同盟船社の収益にマイナス影響を与えた。同盟船社に二重運賃契約制の廃止とIA・SC導入を義務付けた。IA・SC導入で同盟運賃が実質自由化された。二重運賃契約制の替わりとしてSCが導入された。SCは同盟全体に対する契約として公開されるのが基本。またIAを行使しても、その内容は米連邦海事委員会（FMC）に届け出ることを義務付けた。同盟タリフの形骸化に一定の歯止めをかけたかにみえたが、現実は厳しい。荷主が同盟船社の優遇運賃を利用しながら盟外船社も併用することが可能になった。

北米航路の運賃急落

　結果として84年米新海事法施行によって北米航路の運賃は大混乱に陥った。日本発米国西岸向け同盟運賃は85年1月から86年1月にかけて急落した。85年1月時点に比べ40フィート・コンテナ単位サーチャージを含むオール・イン・レートで自動車のCKDが約18％、電機製品が約26％、タイヤが約25％それぞれ下落した。電機製品とタイヤの下落幅が大きかった。86年末の下落幅はCKDが10％、電機製品が18％、タイヤが14％にそれぞれ縮小した。IA導入によって同盟船社が同盟タリフにしばられず独自運賃を設定できるようになったので、各船社がIAを乱発し、運賃は急落した。それまで同盟の運賃維持を営業の基本に据えてきた同盟船社の中に従来の方針を転換する動きが現れた。船腹過剰を背景に生き残るためには積み取りシェアを拡大するため運賃競争も辞さないと公言する。同盟船社が運賃修復を巡る話し合いを重ねても運賃下落に歯止めがかからない。日本船社が86年、北米航路で過去最高の692億円（6社計）の赤字を計上したことが事態の深刻さを浮き彫りした。

北米航路の米国船社は2社に減少

　北米航路の赤字採算が日本船社の業績を悪化させる深刻な事態を重視した日本興業銀行（現みずほ銀行）産業調査部は後に興銀調査271号95．No.5で定期船をテーマに取り上げ「レポート 定期船業界の構造変化と将来展望」を刊行した。レポートは産業人読者を対象にしながらも、定期船海運が特殊な概念や専門用語が多く、一般には理解しにくい業界との印象が強いことに配慮し、レポート導入部から定期船のイロハから説き起こしている。日本船社の定期船部門は海運業収入の5割を占める主力部門である。その定期船部門の半

分を占める北米航路が長年にわたり赤字を続け、90年代に入って欧州航路も
赤字に転落した。定期船の収益改善は日本船社にとって最重要な経営課題の
一つになった。外国船社の一部には収益をあげている定期船社が存在するこ
とも事実である。収益性の差異はどこから発生するのか。低収益性を克服す
るにはどのような方策が必要なのか。このことがレポート刊行の問題意識だ
と強調する。レポートは定期船＝コンテナ船の歴史、現状を考察・分析し、日
本船社固有の問題点を摘出した上で「今後の日本船社にとって重要なのは根
底からの脱日本であろう」と将来像を描いた。続けて「すべての日本的なる
ものから抜け出すことが、日本定航船社を国際船社という新たな段階へ導く
ものと考えられる」と日本船社への期待を込めた。このレポートの刊行は日
本船社のコンテナ化以来四半世紀の節目の時期と重なった。裏返すと、日本
船社のコンテナ化は半世紀の折り返し地点で苦境に立たされていた証しであ
る。レポートには課題ごとの分析・考察に基づく報告が豊富に盛り込まれ、
至言と思える箇所を本稿で引用したことを断っておく。84年米新海事法施行
以降、北米航路の採算の悪化が原因で撤退や倒産に追い込まれる船社が続出
した。86年に連邦破産法11条（日本の民事再生法に相当）を申請したUSLの
大型倒産については第1章で記したとおり、過去最大級であった。91年時点で
北米航路を運航する米国船社はシーランドとAPLの2社を残すだけとなった。
米国船社以外では85年にハパックロイドが北米航路から撤退し、93年に日本
郵船との提携（PAXサービス参加）で再進出を果たした。日本船社でも88年
に昭和海運が定期船部門から撤退した。84年から94年にかけて15社が北米航
路から姿を消したことが同盟機能の弱体化を如実に物語っている。

北米航路のグループ化

　北米航路の主要同盟船社は90〜91年に4つのグループ（郵船・NLS・NOL、
商船三井・川汽、APL・OOCL、マースク・シーランド）に統合された。マー
スク・シーランド提携に先立ちNLSを統合した郵船がハパックロイド、NOL
との3社提携に踏み切ったことが北米航路でグループ化を促進し、東西航路で
大手船社の提携関係を再編する転換点となった。商船三井は90年までにPSW
航路とPNW航路で単独で定曜日ウイークリー・サービスを開始し、週2便体
制を確立した。しかし、この直後に郵船・NLS・NOLの3社グループがいわゆ
る「3Nサービス」を実施することで合意したと発表した。続いてマースク・シ
ーランドの2社グループが91年5月から合計33隻を投入し、PSW航路3便、

PNW航路1便、PSW/PNW航路兼営の1便、合計週5便のサービスを実施すると発表した。PSW航路3便のうち1便は北米東岸航路との兼営であった。

　有力船社の提携による週4便から週5便の定曜日ウイークリー・サービス開始の発表は、商船三井がそれまで単独で週2便の確立を当面の目標にしてきた配船体制を陳腐化させた。そこで商船三井は川汽に北米西岸航路での全面的な提携を打診した。両社は提携について基本合意に達し、91年6月から商船三井11隻、川汽10隻、合計21隻をスペース・チャーター方式により共同運航することにした。PSWおよびPNW航路でそれぞれ週2便、合計週4便の定曜日ウイークリー・サービスを開始することになり、当初目標の単独配船を白紙に戻した。川汽は91年末にOOCL、NOLとの米国東岸航路での共同配船を中止した。

　この時点で米国東岸航路に直接配船する日本船社は郵船、商船三井、NLSの3社であったが、郵船が91年10月、NLSを親会社のナビックスラインから買収し、NLSの航権を継承した。さらに郵船は92年2月、商船三井に対して米国東岸航路（ニューヨーク航路）での日本船社のコンソーシアムを93年3月で解消する解約を通知した。郵船から解約通知を受けた商船三井は米国東岸航路で自社単独での配船を断念する代わりに、郵船、ハパック、NOLの3社グループが運航するアジア/北米/欧州航路のうち、極東・日本/米国東岸航路でスペース・チャーターすることで同意した。商船三井は1船当たり380TEUのスペースを保有する形で米国東岸航路でのサービスを継続した。

欧州同盟の弱体化

　同盟機能の弱体化は北米航路に限ったことではない。同盟と言えば、北米航路の開放型同盟と欧州航路の閉鎖型同盟に分類される。閉鎖型同盟の欧州同盟は歴史が最も古くかつ強固な同盟として知られてきた。欧州同盟は往航同盟と復航同盟で組織され、協定運賃を設定しているほか各船社の寄港地、配船数、積荷を制限していた。話を欧州同盟が3コンソーシアムを基盤に同盟加入船社の年間積み取りシェアを固定していた当時に戻す。80年代後半まで同盟加入船社の年間積み取りシェアはインター・グループ・アグリーメント（IGA）に基づき決めていた。決定方式の概略をみると、トリオ・グループ、スカンダッチ・グループ、エース・グループの3つのコンソーシアムが全体の88.5％を占め、単独船社のマースクが8.0％、マレーシア国営船社のマレーシア・インターナショナル・シッピング・コーポレーション（MISC）が3.5％と

続いている。全体の88.5％を占める3コンソーシアムの内訳はトリオが約50％、スカンダッチが約19％、エースが約14％で、欧州航路のコンテナ化に当たって形成された先発、後発グループの順番を反映したシェア割りと映る。さらにトリオとエースのそれぞれのグループ内での内訳をみると、トリオの英国船社2社が45％、日本船社2社が30％、ハパックロイドが25％、エースのOOCLが41％、NOLが31％、そして川崎汽船が28％で、日本船社の所属グループ内での立ち位置を読み取れる。欧州航路のコンテナ荷動きは80年代から増加に転じたが、同盟船社が荷動き増に対応できない状況が続いた。コンソーシアムが荷況に敏感に反応しかねる柔軟性の欠如を露呈した。

　コンソーシアム内部でサービス改変についてメンバー間での意思統一を図るのに手間取った。荷動き増の中で、1社1隻に割り当てられるスペースが少なく、顧客に十分なスペースの提供が難しくなっていく。一方、盟外船社は自由に船隊整備を進め、荷動き増に対応しシェアを伸ばしていった。1985年時点で同盟船社の積み取りシェアが全輸送量の60％程度に縮小し、過当競争を制限し利潤を安定させるはずの年間積み取りシェアを固定するIGAが機能不全に陥った。盟外船社を含めた航路安定化協定が太平洋航路で実行に移されたのに続き、欧州航路でも共倒れの危機を乗り越え安定を希求する機運が高まった。

　同盟船社と盟外船社の間で航路安定化の協議が始まり、1989年11月から欧州航路安定化協定（Europe Stabilization Agreement : ESA）が発足した。しかし、従来の欧州同盟の機能は実質的に衰退していた。業を煮やす同盟船社が現れた。88年、エース・グループ加入の朝陽海運と大韓海運の韓国船2社が脱退し、エース・グループ自体がIGAから一時脱退する事態を招き、IGAの求心力が急速に弱まった。

トリオ・グループ解散と新体制移行

　商船三井もトリオ・グループの20年間の契約期限切れを迎えるのを機に、契約の延長に不賛同の意向を表明し、ハパックロイドとの間で新しいコンソーシアム結成を構想した。こうした折に、まずP＆OCLがトリオ・グループからの脱退を決めたのを機に、90年4月にトリオ解散を決めるに至った。IGAの5割近いシェアを占めた最大のコンソーシアムのトリオ・グループが契約期間を延長せず、91年2月末で解散、20年間の歴史に幕を閉じた。トリオ解散に伴い、トリオ存続に異を唱えた商船三井は当初、ハパックロイドとの提携を検

討したが、結局、郵船、ハパックロイドと日独船社3社で提携することにした。P&OCLとベン・ラインの英国船2社はP&OCLがマースクと、ベン・ラインがスカンダッチと（92年以降はEACと）それぞれ提携、新体制へと移行した。トリオ解散後に日独船社3社は「トリオⅡ」（ニュートリオとも呼ばれた）を名乗った。トリオⅡ3社は91年3月からハパックロイド7隻、郵船6隻、商船三井4隻、共同用船1隻合計18隻を投入、ジャパン・サービス（JS）とアジア・サービス（AS）の2本立て構成で定曜日ウイークリー・サービスを実施する計画を発表した。旧トリオ当時とは違って3社が個別に集荷し、運賃プール制は実施しないことで合意し、JSでは日本から欧州主要港までを最短の航海日数で結び、また、ASは日本で清水に寄港してからアジア諸港をカバーし、欧州でサザンプトンに先行する配船を計画。ハパックロイドの4,400TEU積み新造船5隻、商船三井の3,600TEU積み新造船4隻を含め92年半ばに出そろう3社運航船腹量は38万1,222TEUとなり、トリオ当時の3社に比べ44.5％増加し、スカンダッチ/ベン・ライン（16万8,000TEU）を上回り、P&OCL/マースク（36万TEU）ともそん色ない船隊規模に達した。

　商船三井は91年2月からプールポイント制を採用しない共同運航のシステムに基づき旧トリオ当時に比べ積み取り量を約1.5倍に増やし、とりわけ極東市場での積極的な集荷による経営活動の拡大を実現した。ところが郵船と商船三井はトリオⅡ移行直後に日本船社間で締結している積み取りシェア協定の取り扱いを巡って食い違う課題に直面した。

　郵船は欧州航路で2社間協定を締結し、郵船61.675に対し商船三井38.325の積み取りシェアを取り決めていることを重視した。欧州航路でシェアを拡大したい商船三井は投入船腹に準じたシェア割りを要求、これに対し郵船は同航路の歴史的背景や既得権を考慮すると商船三井の要求を受け入れることができないと突き放し、両社の思惑の食い違いを浮き彫りした。商船三井がトリオⅡ移行後に旧トリオ当時の運賃プール制を実施しない合意が成立したため、積み取り量を約1.5倍に伸長したと公表していることからみて、商船三井の要求に沿って決着したと推測する。このことが原因なのか推し量りかねるがトリオⅡは当初、契約期間を91年3月から96年2月までの5年間を予定していたが、結局、契約期限を1年繰り上げ95年2月末で解散することに決まった。ここで商船三井を揺るがす事態が発生した。92年9月、トリオⅡメンバーである郵船とハパックロイド、NOLの3社がアジア/北米/欧州航路で新たに提携することを発表した。この発表は欧州航路でのトリオⅡ協定が有効期限とともに改編することを示唆するものであった。商船三井はそう受け止めて、来る

べき欧州航路での改編に備えて、自前で1航海63日ラウンドのウイークリー・サービを実施するため、現行の配船隻数4隻に加えて欧州航路向けに4,700TEU積み大型コンテナ船5隻の新造船建造を決めた。新造船5隻は95年1月から5月にかけて順次竣工した。商船三井は欧州航路再編を見越した提携相手の選定作業とともにグローバル・アライアンス構想実現を目指しての提携相手の選定作業を平行して進めた。商船三井がグローバル・アライアンス構想実現で郵船に先駆け巻き返しを図りたい思惑をのぞかせた。

グローバル・アライアンス構想と商船三井

　東西航路での主要コンソーシアムが大きな改編期を迎える中、従来どおり航路ごとに提携相手を選択してコンソーシアムを結成するのか、あるいは東西航路を一体化した形で提携相手を選択してコンソーシアムを結成するのかの選択肢があった。商船三井は後者の道を選んだ。大手船社同士の戦略的な事業提携、すなわちグローバル・アライアンスの構想を描いた。商船三井はこの構想を実現するための提携相手を選択する5つの基準を設けた。互いに競合することを避けるため、得意マーケットが違う船社を選ぶこと、良質な船隊を保有していること、財務的に健全な船社であること、そして5つ目が互いにカルチャーを共有できることであった。具体的な提携相手の選考は転法輪社長（当時）が陣頭に立ち当時定航部の責任者であっ生田専務との二人三脚で進めることになった。92年11月、商船三井は95年以降の提携相手としてP&OCLとネドロイドにそれぞれ打診を開始した。P&OCLとの間では全世界での提携を視野に入れての話し合いが進み、93年5月27日にはP&OCLとの間で提携についての同意文書を作成することで合意した。また、ネドロイドとの間での話し合いの進行中に、93年9月にOOCLの首脳から商船三井に対し、欧州航路と北米航路で提携する可能性について打診された。OOCLは北米航路でAPLと北米航路で協調関係にあり、商船三井に対する打診もAPLの意向を踏まえたものであった。グローバル・アライアンス構想の実現に向けて第一歩を踏み出した矢先の93年9月10日、P&OCLが商船三井に対し、マースクと提携することになったことを理由に、先の同意文書の作成については白紙撤回したいと申し入れた。やむを得ず商船三井はP&OCLの申し入れを受け入れ、P&OCLとの提携を断念した。一方、P&OCL以外の提携相手との話し合いは順調に進み、まずネドロイドとの間で提携について確認書（Letter of Commitment）を取り交わした。続いて94年3月15日に商船三井、OOCL、

APLの3社が首脳会議を開き、3社にマレーシア・インターナショナル・シッピング・コーポレーション（MISC）を加えた5社でアライアンスを結成することを最終確認した。

　郵船、商船三井、ハパックロイドの3社が94年3月3日、共同会見を開き、95年2月末日で、トリオⅡを解散することを発表した。この時点で商船三井は欧州航路で95年3月1日以降、トンネージ・シェア・アグリーメント（TSA）グループとの共同運航で新たなサービスを開始することを決めた。商船三井、ネドロイド、APL、OOCLの4社は香港会議の最終合意を受けて、94年5月9日、それぞれまず提携協議書に署名し、具体的な協議に移った。その結果、商船三井、APL、OOCLの3社がアジア/北米西岸航路、商船三井、ネドロイド、APL、OOCLの4社がパナマ経由アジア/北米東岸航路、商船三井、ネドロイド、APL、OOCLにCGM OrientとMISCを加えた6社が北欧州航路について提携協議書に署名した。東西航路にまたがるアライアンスの名称は商船三井、ネドロイド、APL、OOCLの社員から愛称を募集し、「ザ・グローバル・アライアンス」（TGA）が採用された。TGAはグローバル・アライアンス構想の具体化で先駆けた証しであった。APLが念願の欧州航路進出を果し、ネドロイドは北米東岸限定ながら北米航路でサービスを開設した。商船三井にしても、郵船との提携解消後途絶えていた北米東岸航路での自社配船を再開できた。北米西岸航路では川汽との提携期限を残していたため、全面提携開始を96年に持ち越した。東西航路の運営に関する3つの提携関係を含むTGAの内容は多岐にわたった。ともあれ商船三井が主導権を発揮し、グローバル・アライアンス構想を具体化し先鞭を付けた。TGAによるサービスは95年3月、北米東岸航路と欧州航路から始まった。これには事情があった。北米東岸航路のスペース・チャーター協定や欧州航路のトリオⅡ3社の協定がこの時期を目途に終了を予定していた。またCGMは94年10月にアジア/欧州航路から撤退し、TSAの残りメンバーのネドロイドとMISCがそのスペース提供を継承した。OOCLが欧州航路のコンソーシアム、エース・グループのメンバーとしての契約期間を95年末まで残していたため、TGA によるサービス参加は96年1月以降となった。APLは95年3月時点ではスロット・チャータラーとしてではあるが、初めて欧州航路に参入する点で意義深いことであった。結局、TGAによるサービスの全面的展開は96年1月からに持ち越した。欧州航路でOOCLが参加し、1航海56日ラウンドの航海日数で合計24隻による週3便の定曜日ウイークリー・サービスを開始した。北米西岸航路では合計32隻を投じて西航週6便、東航週5便の定曜日ウイークリー・サービスを開始した。TGAは東西

航路合わせて合計65隻の大規模な共同配船を開始、その中で商船三井は北米東岸航路に4隻、北米西岸航路に9隻、欧州航路に9隻計22隻を投入した。TGAの協定は東西航路にまたがる大規模な船舶の共同配船によって、就航頻度、サービス範囲、航海日数を短縮するだけにとどまらなかった。コンテナ・ターミナル使用の重複を避け、共用することによってコスト削減を図った。商船三井は96年2月に高雄の自営ターミナルから撤退し、APLの高雄ターミナルの共同使用者となった。96年8月にはTGAメンバー4社がシンガポール港湾局との間で10年間のバーチャル・ターミナル協定を締結した。この新しい契約形態では固定費と変動費で構成するユニットコスト料金を支払うことにより、取扱貨物量の増大によって単価が引き下げられる自営ターミナルに近い利用が可能となり、またバースのみならずヤードについても優先使用できることになった。使用バースは3バースで、TGAメンバー全体として数量割引料金が適用されるなどコスト削減に寄与した。TGAメンバー間の協調は船舶の調達にまで深化した。

　96年、商船三井、ネドロイド、APL、OOCLの4社は均等出資で4,158TEU積みコンテナ船3隻を建造し、OOCLの運航で欧州航路に投入した。TGAメンバーは協調体制を強化する狙いでの協議を陸上設備やインターモーダール関連施設へと進められていったが、協議途中に提携関係にねじれ現象が起き、協議を中断し、さらにTGAの解消を余儀なくされた。

郵船、ハパックロイド、P&OCL、NOLの4社提携で
「グランド・アライアンス」（GA）結成

　一方、郵船はトリオⅡから商船三井離脱後もハパックロイドとの2社協定を継続、95年3月から2社で18隻を1航海63日ラウンドで2ループ・サービスを運営する体制に移行した。この2社提携はより多くの船社が参加するグローバル・アライアンスの形成を目指し、関係各社と長期にわたる協議を重ねた結果、95年5月、郵船、ハパックロイドにP&OCLとNOLが加わる4社提携による「グランド・アライアンス」（GA）結成の運びとなった。GAが本格稼働するまでに一定の時間を要した。まず欧州航路で96年1月に郵船、ハパックロイドの2社グループにNOLが参加、3社が27隻、3ループで1航海63日ラウンドのサービスを、次いで同年6月からP&OCLが参加し4社グループで34隻、4ループのサービスを提供する体制へと移行した。GAの枠組みによる顧客に多彩なサービスを提供する体制が整ったところで、郵船は96年2月、5,800TEU積みシ

リーズ船5隻を発注、欧州航路での船型の大型化に着手した。欧州航路の輸送需要が堅調に拡大する中、大型船の整備を進め99年から2000年にかけて6,200TEU積み14隻を順次発注、さらに大型化が進展するとの見通しで04年から05年にかけて8,200TEU積み8隻を発注、06年末から順次竣工させ、欧州航路の基幹船隊の整備に弾みをつけた。欧州航路でのトリオ・グループ解散を契機にスカンダッチ・グループが91年12月、エース・グループが95年12月に相次いで解散した。エース・グループの契約期間が95年末まで残っていたことがTGA加入を決めたOOCLのサービス開始時期を遅らせた。スカンダッチ解散後にネドロイド、コンパニエ・ジェネラレ・マリティム（CGM）、MISCの3社で構成するトンネージ・シェア・アグリーメント（TSA）グループが北欧州航路のほか地中海航路でも定曜日ウイークリー・サービスを開始した。

地中海航路とメドクラブ

　一方、地中海航路では郵船、商船三井、ロイド・トリエスティノ（LT）の3社がコンソーシアム「メドクラブ」を結成し、2,000TEU積みのコンテナ船9隻を投入し、1航海63日ラウンドの定曜日ウイークリー・サービスを実施していた。この航路がアジアと北欧州を結ぶ海上ルートの通り道にあたり、同盟の規制を受けない独立船社が途中寄港で貨物を積み取るため、船腹需給や運賃が安定せず、メドクラブの収支は悪化していた。加えてTSAグループ3社がメドクラブに対し競争圧力をかけた。メドクラブ内部で対策を協議したがまとまらず、93年6月、LTがメドクラブからの離脱を通告した。残る郵船、商船三井は2社での航路維持が難しいと判断、93年12月末でメドクラブの解散を決めた。郵船はメドクラブ解散後に新たな提携相手探しで思わぬ苦戦を強いられた。94年1月から日本/アジア/西地中海航路でCMA、陽明海運と3社でスペース・チャーター方式により運営することとしたが、採算が厳しい状況が続き、投入船を引き揚げ、CMA、陽明海運の2社の8隻によるウイークリー・サービスに変更、しかも日本は不寄港とした。郵船は2社から週当たり440TEUのスロットを購入、日本出し貨物はシンガポール接続で対応したが、最終的には96年4月に同航路の休止を余儀なくされた。郵船の西地中海航路直航サービスへの再参入は98年のGAによる「ループM」開設を待つことになった。GA設立時点の96年当時の西地中海向けサービスはマルタ接続サービスであった。GAの「ループM」開設により、98年に8隻、1航海56日ラウンドのウイークリー・サービスの西地中海航路直航サービスが復活した。しかし、ル

ープMは2006年2月から投入船1隻を減らし、日本寄港を中断した。メドクラブ解散後、商船三井は地中海航路での単独配船を見合わせる代わりに、TSAの中心メンバーであるネドロイドと交渉し、93年8月にはTSAから週300TEUのスペースを買い取る契約を成立させ、94年1月以降実施した。郵船、商船三井は紅海・東地中海航路でサービス拡充と配船合理化を図るため「コンコルド・エクスプレス・ライナーズ」（CXL）のサービス名で共同配船を実施した。CXLは在来船サービスから始まり、マネージメントセンターを設立、本社業務の大半を同センターに業務委託した。また、配船合理化で黒字転換した時期もあった。CXLアテネオペレーションセンターを設立、アテネ以西のオペレーション業務を東京からアテネに移管した。メドクラブによるウイークリー・サービス開始に伴い、ピレウス接続で東地中海や北アフリカ接続サービスを開設した。しかし、東地中海航路のコンテナ化が進む時代の流れに逆らえず、メドクラブ解散に合わせて93年末をもって8年間の共同運航を解消した。商船三井はTGA結成に向けて提携相手の選定作業を進める過程でP＆OCLとネドロイドに接触、欧州航路をはじめ全世界を視野に入れた提携について話し合いを始めた。P＆OCLとの間で同意文書の作成で合意し、ネドロイドとの話し合いに移った93年9月に、商船三井はOOCLからAPLの意向も踏まえて欧州航路と北米航路での提携について打診された。この時点でOOCLはAPLと北米航路で協調関係にあり、両社の意向を反映した打診であった。ここで商船三井は懸案のグローバル・アライアンス実現に向けての手応えを確かなものにした。既述の通り93年10月29日にはネドロイドとの間で提携に関する確認書（Letter of Commitment）を交わした。94年3月15日には香港でOOCL、APLとの首脳会談を開き、商船三井、ネドロイド、APL、OOCLにMISCを加えた5社でアライアンスを結成することを最終確認した。

マースク方針転換

P＆OCLとマースクの提携から読み取れるのはマースクの方針転換である。世界の主要航路で単独配船を基本にしてきたマースクが方針転換し、欧州航路でP＆OCLとの提携に踏み切った。マースクは欧州航路でのP＆OCLとの提携に続き、北米航路ではシーランドとの提携へと動いた。マースクは91年1月にシーランドと北米航路での協調配船について合意したと発表した。シーランドはPSW航路とPNW航路にそれぞれ2,472TEU積み6隻を、また日本・極東/PSW/ハワイ/グアム航路に元USLの船隊5隻を投入し、定曜日ウイークリ

ー・サービスを実施してきた。一方、マースクはPSW航路とPNW航路に5
隻、極東・日本/北米西岸・東岸/欧州航路にシリーズ建造中の4,000TEU積み
を含む12隻を投入している。マースクとシーランドは北米/アジア航路の新サー
ビスで東航、西航ともそれぞれ週5便を提供する前例のない計画を明らかに
した。シーランドはAPLと提携交渉を進めていたが、マースクとの提携が決
まったことで交渉を取り止める見通しとなった。マースクの北米航路でシー
ランドと、欧州航路でP&OCLと提携する協調配船の構図が固まった。ともあ
れIGA崩壊によって海運同盟代表格の欧州同盟が維持してきた秩序維持機能を
喪失し、単なる運賃カルテルへの転換を余儀なくされた。

提携相手のねじれ現象

　84年米新海事法が北米航路で同盟運賃タリフを有名無実化したことに続いて
欧州同盟の弱体化が現実問題となった。同盟船社は競って船腹拡張に走った。
91年から92年の2年間に同盟船社の運航船腹量は約1.5倍に増加し、盟外船社の
船腹拡張ペースさえ上回った。同盟船社の船腹拡張に対応して盟外船社も船腹
を拡張し、欧州航路に就航するコンテナ船腹量全体が急速に拡大した。アジア
から欧州向け荷動きは順調な伸びを続けていたが、荷動きの伸びを見込んで発
注された大量の新造船が竣工すると、航路環境が一気に悪化した。北米航路を
運営する米国船社がシーランドとAPLの2社を残すだけとなった。
　90年代に入ると、欧州航路でも91年にイースト・エイシアティック・カン
パニー（EAC）がベン・ラインを吸収合併、93年にはマースクがEACを吸収
合併した。94年にフランス国営船社CGMが欧州航路から撤退し、欧州航路で
運航する船社は欧州1国1船社の状況に変わった。（注：CGMはMessageries
Maritime（MM・フランス郵船）と Compagnie Generale Transatlantique
（CGT）が1977年に合併した会社）。アライアンス結成後に大手船社間の
M&Aをきっかけに提携相手のねじれ現象が起きる。TGAは96年1月からサー
ビスを全面的に開始した。その年の9月にコンテナ船の船腹量規模で世界10位
のP&OCLと世界7位のネドロイドが合併について合意が成立したと発表し
た。TGAメンバーのネドロイドとGAメンバーのP&OCLが合併し、97年1月に
P&Oネドロイド・コンテナ・ライン（PONL）が誕生した。PONLがTGAと
GAのどちらのアライアンスに所属を統一するのか帰すうが注目された。
PONLは97年6月、GA参加を表明した。ねじれ現象が続いて起きた。97年11月
にGAメンバーのNOLがTGAメンバーのAPLを買収し、買収後に両社のコン

トリオグループに投入した Ben Line のコンテナ船
　Ben Line Group Ltd.と Cunard -Ellerman の共同事業である Ben Line Containers Ltd.は
トリオグループ（27 隻）に 58,440gt（2,804TEU）型 3 隻（Benalder、Benavon、City of Ed-
inburgh）を投入。Ben Line は 1974 年に米社と提携しオフショアドリルに参入、海運事業は
1991 年に East Asiatic Co.（EAC、デンマーク）の定期船部門と統合し、EAC-Ben Line とな
り、1993 年に Maersk に売却した。一方、Cunard -Ellerman のコンテナ事業は、その後、1991
年に P&O が買収し、P&O Containers になり、1996 年に Nedlloyd（蘭）と合併、P&O Nedl-
lloyd になった。P&O Nedlloyd は 2005 年に Maersk に売却し Maersk は世界最大のコンテナ
船社となった。

テナ事業部門のブランド名をAPLに統一することにした。この合併は欧米で
は「アングロ・ダッチ・ベンチャー」と呼ばれたと聞く。言い方をかえる
と、提携するとすれば欧州人同士で、同一企業でやるしかないという発想の
ようだ。しかし、こうした発想を覆す出来事が間もなく起き、さらに周囲を
驚かせた。
　97年4月、APLとNOLの両社がコンテナ船業界を揺るがす再編話を発表し
た。P&OCLとネドロイド・ラインの合併が与えた衝撃の余韻を残す中での発
表であった。NOLがAPLの親会社APLリミテッドの全株式を8億2,500万ドル
で取得することで合意した。買収後もAPLは米国籍船社としてサービスを継
続することも併せて合意した。NOL傘下に入るAPLは商号、商標などを従来
通り継承し、オークランドに拠点を構える運営体制を変更しないことを明ら
かにした。米国政府の運航差額補助（ODS）を意識してか、APLが米国籍船
に米国船員を配乗させる雇用の確保を強調した。この補助金を受給しAPLは

毎年5,000万〜7,000万ドルの船員費負担を軽減したとの見方がある。買収によって両社合計の売上高（96年度1〜12月）は40億ドルで世界最大級の船社にのし上がった。両社合計の運航船隊は113隻を数え、うちコンテナ船隊が76隻、運航船腹量が20万TEUの規模。この買収の背景にはAPLが北米航路の運賃下落で業績を悪化させ、他社との合併を視野に入れていたことと、NOLがサービス規模の拡大を摸索していたため、両社の利害が一致したことがある。両社は合理化を進め、年間で少なくとも1億3,000万ドルのコスト削減を見込んだ。シンガポール籍のNOLが米国籍のAPLを経営統合し、統合後のコンテナ事業は被統合会社APLに統一することになり、NOL/APLとしてTGA参加に決まった。このことによって立場が微妙になったのがOOCL。OOCLとAPLは太平洋航路で協調関係を維持してきた。香港に本拠を構えるOOCLとシンガポールに本拠を構えるNOLは中国と東南アジア市場に重点を置き事業展開しており、同じアライアンスに所属することで重点市場の重複による調整が難しくなる可能性が指摘された。案の定、OOCLは97年12月、TGAを離脱しGA参加を表明した。同時にMISCもOOCLと行動を共にし、TGAを離脱すると発表した。TGAは97年末で解散することになった。

　ネドロイドのTGA離脱が確実になったところで、残るTGAメンバーと現代商船（HMM）との間で太平洋航路とアジア/欧州航路でのスペース相互交換について合意に達した。当時、HMMはコンテナ運航船腹量で世界第9位にランクされ、一層のサービスの向上とコスト削減を図るためTGA参加を決めた。商船三井、APL、HMMの3社は98年1月22日、新たに発足するアライアンスの呼称を「ザ・ニューワールド・アライアンス」（TNWA）に決めた。ネドロイドの参加、OOCLとMISCの離脱を経てTNWAとして3社共同サービスを開始した。なお、98年4月から陽明海運がスロット・チャータラーとして参加し、1年後に自社船を投入し、4社共同サービスに移行した。

同盟船社と盟外船社の異例の提携

　ところで川汽はOOCL、NOLとともに3社でエース・グループを形成していた。先述のとおり3社はエース・グループの協定期限を95年末まで残していることもあって、95年まではNOLを除く2社が欧州航路で運航した。川汽は北米航路と欧州航路の両航路で提携する相手に現代商船（HMM）を選んだ。HMMが両航路での盟外船社船ということで、同盟船社の川汽が盟外船社HMMと提携する異例の提携という意味で注目された。しかし、肝心の両社の

提携交渉が難航し、欧州航路での提携中止を発表し、北米航路での提携に縮小となった。川汽の北米・欧州航路の両航路での提携相手に陽明海運（台湾）が登場した。川汽は北米航路でHMM、陽明両社と個別に2社提携を結んだ。96年に川汽、陽明にCOSCOが加わり3社グループのアライアンス「CKY」を結成した。ところでGAへのP＆OCLの加入が波紋を投げかけた。かつてマースクとの提携を理由に商船三井とのアライアンス結成交渉を断ったP＆OCLである。最有力同盟船社マースクは北米航路でシーランドと、欧州航路でP＆OCLとそれぞれ提携していたが、P＆OCLがマースクとの提携解消と郵船、ハパックロイド、NOLの3社グループとの提携を発表した。マースクはシーランドとの北米航路での提携継続を早々に発表していた。欧州航路での提携についてはP＆OCLが突然、提携解消を発表する異例の展開であった。P＆OCLは新たなグループ、つまりGA加入によって北米航路進出を果たした。一方、マースクは新たにシーランドと欧州航路でも提携関係を結び、両社の提携関係を北米・欧州航路に拡大することになった。結果としてP＆OCLの提携解消通告がマースクとシーランドの提携関係の拡大・強化に導くきっかけとなった。そんな推論が成り立ちそうだ。

　グループ化やアライアンス構築によりサービス体制強化を図ったのは同盟船社だけではない。盟外船社の韓進海運は北米西岸/アジア/欧州航路で振り子配船する独自のサービスを実施する一方で、北米東岸航路では陽明と提携していた。欧州航路で中国のシノトランス（中国外運集団）との共同配船を決め、さらに朝陽商船/DSRセネターで構成するトライコン・グループとの提携に動いた。まずはトライコン・グループが運航する世界一周航路の大西洋航路部分と韓進の北米航路との間でスペースを相互交換することから始める。米国を代表する老舗船社APLが伸長著しいとはいえシンガポール船社NOLの100％子会社になる、いわば「小が大を制する」買収劇であった。アライアンスとの関係ではAPLがTGAに、NOLがGAにそれぞれ加入しており、NOLのAPL買収によって新たな再編課題が持ち上がった。97年6月、PONLはGA加入を表明した。続いて同年11月、NOL/APLがTGA加入を表明し、PONLとNOL/APLの帰属先が決まり、アライアンスの提携相手のねじれ現象の解消に目途がついた。NOL/APLのTGA加入表明はTGAに加入するOOCLの立場を微妙なものにした。香港に本拠を設けるOOCLとシンガポールに本拠を設けるNOLは中国と東南アジアで市場的な優位性を保ってきており、両社が同じアライアンスの提携相手となった場合、優位市場が重複し調整が難しくなることは明らかであった。結局、OOCLは97年12月、TGAを離脱し、GA

への加入を表明した。と同時にMISCもOOCLと行動を共にすることを発表した。こうした加入メンバーの組み替えによってTGAは96年1月からフル稼働したものの、同年末には解散を余儀なくされた。98年時点で、TGAは商船三井、現代商船（HMM）、APL/NOLで形成する「ザ・ニューワールド・アライアンス（TNWA）」に再編された。TGA加入3社は98年1月1日から新しいアライアンスを発足し、協定期間を10年間に設定したが、当面は提携の期間や範囲を限定し、メンバー全員の合意を取り付け、期間の延長や範囲を拡大していく慎重な方針を確認した。M&Aが頻発する中、最初から長期固定した提携を組むことは難しく、また独立性が強い船社との提携に際しては発足時から全面的なサービスの統合を図ることは期待し難いことを浮き彫りした。TGAとTNWAではアライアンスの運営上の違いがあった。TGAの場合、議決を必要とする案件については全員一致が原則であった。TNWAの場合、基本的な案件については全員一致であったが、その他の案件については提供スペース換算で3分の2の多数決で決めることにした。この結果、1つのサービス・ループでの寄港順路の変更や投入船の入れ替えなどを迅速に意思決定できるようになった。NOLが加入先をGAからTNWAに変更することに伴い、GAは郵船、ハパックロイドの従来メンバーに加え、一時去就が注目されていたP&Oネドロイド・コンテナ・ライン（PONL）のほかOOCL、MISCの3社が新たに加わり、5社で構成するアライアンスに模様替えした。

　CKYは2003年の韓進加入を機にアライアンスの名称をCKYから「CKYH」に改めた。14年4月、エバーグリーンがCKYHに参加し、名称を「CKYHE」に改めた2年後の2016年には既存メンバーの韓進が経営破綻した。アライアンス再編の動きは寡占化に向けて加速した。

98年海事法改正問題浮上

　98年改正海事法が99年5月から施行された。84年米新海事法が15年振りに改正された。84年米新海事法は米国輸送業界の規制緩和の一環として16年海事法を全面改正する意味合いが強かった。定期船同盟への反トラスト法適用除外と引き換えにIAやSCなどの競争促進手段が導入された。最初の法案提出から6年がかりで施行に漕ぎつけた。84年米新海事法施行が86年、北米航路で運賃を急落させる結果を招いたことを先述した。米国議会で98年海事法改正問題が浮上すると、共和党が多数派の議会では政府組織合理化による連邦予算削減を巡る論議が活発に交わされ、海運の規制緩和とFMCの予算問題が俎上

に上るようになった。因みに98年度FMC予算1,500万ドルが承認された。95年に入って、米国大手荷主団体の全米産業運輸連盟（NITL）が84年米新海事法の基本システムを大幅に変更する独自の見直し法案を作成し議論を呼んだ。荷主側は同盟に与えている独占禁止法適用除外の見直し、非公開SCの制度化、タリフ届け出制の廃止、そしてFMCの廃止などを改正案の盛り込み、同盟側に攻勢をかけた。こうした意見に対し世界の船社から定期船業界の秩序を破壊するものだとして反対の声があがった。97年には上院が主導権を握り、3月に商業科学運輸委員会の水陸輸送・商船小委員会が委員長ほか3人の共同提案者とともに"Ocean Shipping Reform Act（OSRA）"（S,414）を提出した。この法案は前年上院に提出されたS,1356を微修正したもので、小委員会での公聴会を経て委員会を通過、上院本会議での採決待ちの段階に漕ぎつけた。だが、ここで政治力を誇る港湾労組がSCの規定に反対し、結局本会議の採決に至らず、翌年に持ち越した。98年に入ると、年初から改正に向けての動きが活発となり、2月には港湾労組と船主団体、港湾局グループ間で妥協が成立、改正の実現に向けて大きく動き出した。この妥協はSCの規定にかかわる箇所で、2方式だったSC制度を、全ての契約に届け出を義務付け、荷主名や運賃を除く主要条件は公表とし、組合が求めればSCに関する情報を提供するなどと改正、港湾労組が納得したことで事態が一挙に進展した。港湾労組と船主団体、港湾局グループ間での妥協成立後はことが順調に進み、上院本会議を通過、通過したS,414が下院に送られた。下院本会議でS,414に付帯された海事法の本文と関係がない箇所が一部変更されただけで可決された。この後、所要の手順を踏み、クリントン大統領が署名し、99年5月1日からの施行が確定した。98年改正海事法を巡る法案審議の過程で、下院運輸・インフラ委員会が作成した法案にSCに対するIAの容認、FMCによるタリフ遵守の監視の廃止、タリフ届け出制の廃止、船社単位の非公開SCの導入などが盛り込まれた。この運賃自由化スケジュールに97年10月までにFMCを段階的に廃止するFMCの存廃に関わる事項が組み込まれたが、98年度FMC予算1,500万ドルが承認されたことからみてFMCの段階的廃止は立ち消えとなった。

日本の港湾慣行と日米摩擦

　日本の港湾慣行を巡る"日米摩擦"の決着に14年の長期におよぶことになるとは予想しない政治問題が持ち上がった。日本の事前協議を槍玉にあげた。「事前協議」の4文字に特別の意味合いはない。日本の港湾慣行である事

前協議制度の内包する問題が日米摩擦の火種となった。事情通には多くを説明しなくてもおおよそ見当がつく話題かもしれない。日本の港湾の事前協議制度についてさらってみる。使用者側の日本港運協会（日港協）と労働者側の全国港湾労働組合協議会（全国港湾）および全日本港湾運輸労働組合同盟（港運同盟）が産業別の中央労使関係を結び、港湾の労働問題に対処している。日港協と全国港湾および港運同盟が産別労使協定の「港湾労働者の雇用と生活保障に関する協定」を締結した。この協定に基づき港湾労使は港湾労働者の雇用や職域に影響を与える可能性がある事案について事前に話し合う「事前協議制度」を導入した。港湾労働の職域確保を目的に導入された事前協議制度がコンテナ化を契機に港湾の合理化が進む中で、港湾運送事業の業域確保のための歯止め機能を果たしてきた。導入時からコンテナ時代の"落とし子"の意味合いをにじませていたと言える。

　コンテナ船就航時に利用するコンテナ・バースを変更する船社は原則として2か月前に日港協を通じて中央労使で構成する事前協議に関する協議会に協議を申し入れ、「重要事案（重要案件）」および「軽微事案（軽微案件）」に区分し、中央および地区労使で具体的な作業を協議し了承を得たところで、そのことを船社に報告する「二者二者協議」を基本とした。二者二者協議による事前協議の基本システムが稼働し始めた。日港協は86年3月、全国港湾、港運同盟との間で運輸省の立ち会いのもとで事前協議に関する確認書を取り交わした。この確認書で事前協議に当たっての重要事案と軽微事案の区分を規定した。

　重要事案は①フルコンテナ船、RORO船などの革新船による新規サービス開始②公社コンテナ・バースにおけるフルコンテナ船以外の配船③新規公社コンテナ・バースの開始に伴う作業体制④使用コンテナ・バースの移動⑤コンテナ・バースにおける作業体制の変更⑥船社の共同配船の参加、変更、脱退などで作業体制の変更にかかわるもの⑦その他、これに準じ、港湾労働者の雇用と就労に直接影響をおよぼす事案など7項目。軽微事案は①増配船および船舶の大型化②寄港地の変更および恒常的な追加寄港③自動車専用船にKD（ノックダウン：自動車部品）およびその付属部品などを併積するもの④臨時配船⑤臨時寄港⑥その他、これに準じ、港湾労働者の雇用と就労に間接的に影響をおよぼす事案など6項目。96年に入ると、外船社をはじめ米国、欧州連合（EU）から外圧が強まった。こうした外圧に押される形で日港協と日本船主協会港湾協議会（船港協）および外国船舶協会（外船協）は10月に事前協議制度の運用改善について協議し、確認書を取り交わした。

確認書の骨子によると、軽微事案については事前聴取（ヒアリング）を省略し、それまで月1回であった処理方法と通知を週単位で処理するように手続きを迅速化する。船社から毎週末までに申し入れがあった事案の重要事案か軽微事案に区分する処理を翌週水曜日までに決めて船社に通知する。重要事案は船社と日港協が毎月おおむね20日前後の水曜日に協議し、おおむね25日前後に開く中央事前協議会に付議し処理する。軽微事案扱いになった事案は直ちに中央労使に通知、中央労使から地区労使に連絡し処理する。ただ、軽微事案であっても労働者の雇用と就労に影響をおよぼす案件、あるいは申請内容に疑義がある案件はその問題点を指摘し、重要事案に準じて扱うことにする。日港協は10月の常任理事会で、船港協および外船協との間で協議を進めてきた事前協議の制度運用の簡素化について大筋合意したことを承認した。日港協が常任理事会での承認を取り付け、船港協および外船協と翌週に確認書を取り交わし、同年11月から適用する段取りを決めた。外圧を背景に確認書の手交に漕ぎつけたことで、外圧の鎮静化に期待を寄せたと推測する。

日本船3社に制裁措置

　ところが96年11月、FMCは日本の港湾慣行である事前協議制度について問題提起し、それが改善しない場合には日本船3社（日本郵船、商船三井、川崎汽船）が米国の港に寄港するごとに10万ドル（約1,200万円）の課徴金を課す制裁措置を発表した。この発表は米国内で98年改正海事法の法案審議が本格化し始めた時期と重なる。米国内で98年改正海事法問題の審議が本格化する中で、FMCの存廃が問われている折にFMCが海運行政での威信の確保を目指して先走り、国内向けに存在意義を誇示する行動に出たとうがった見方を耳にしたくらいだ。FMCは対日制裁の法的根拠に通称ジョーンズ法と呼ぶ「1920年商船法19条」を持ち出したが、同条項の対日適用の前例がないため、米政府内でもFMCの対日制裁が疑問視されたそうだ。一般に馴染みが薄いとはいえ、FMCは司法機能を併せ持つ独立行政機関で委員4人の投票による決定には強力な法的効力が伴うだけに侮れない存在であることに変わりない。まるで日港協が船港協および外船協の3者協議で大筋合意に漕ぎつけた確認書の内容を見透かし、FMCが依然納得していないと言わんばかりに不満を表明する行動に出た。日本船主協会（船協）と日本船3社は直ちにFMCに意見書を提出、FMCの一方的制裁措置は相手国企業に対する最恵国待遇および内国民待遇を定めた日米友好通商航海条約に違反するのみならず、世界貿易機

関（WTO）の精神に違背するとして、制裁措置の即時撤回を求めた。一方、運輸省（現国土交通省）は日港協、船港協、外船協に対し、事前協議制度の改善のため、当事者間で協議するよう要請した。この要請を受け船港協、外船協、日港協の3者は97年1月29日に事前協議制度問題改善協議会（改善協議会）を開いた。運輸省は同日、在米日本大使館を通じて改善協議会の協議結果を外交ルートで米政府に伝えるとともに、FMCが日本船3社に対し発動を予定している制裁措置の即時撤回を申し入れた。船港協、外船協、日港協の3者は2月18日に2回目の改善協議会を開いた。続いて船港協、外船協、日港協に運輸省を加えた関係4者は3月14日、改善協議会の2回目の作業部会（WG）の会合を相次いで開いた。FMCは97年2月26日（日本時間27日）、FMC制裁規則が正式に告示され、同年4月14日に発動されることとなった。制裁発動を決めた理由に①日本港運協会が事前協議を通じて港湾を支配し、競争を排除している②事前協議の運用が透明性を欠き、日港協が一方的に荷役事業者を割り当てている③日本政府が港湾運送事業免許の発給で、米国船社を差別しているなど3点を挙げ、1航海で複数の港に寄港する場合は、最初の港でのみ10万ドルの課徴金を徴収すると補足した。さら日本側が米国船社に報復措置を講じた場合、課徴金額を10倍の100万ドルに引き上げると強硬姿勢を見せた。日本船3社は万一、制裁発動の事態となっても、北米航路のコンテナ・サービス継続の姿勢を明らかにし顧客に支援を要請した。顧客筋は97年11月にFMCが制裁措置の検討を発表してから3カ月経過しているのに、運輸省（現国土交通省）が指導力を発揮しておらず、問題解決を難しくしていると懸念を表明した。運輸省は日本船3社が北米航路で週8便配船しており、仮に1航海につき課徴金10万ドルを徴収されると、3社合計の制裁金額は年間（52週）4,160万ドル（約50億円）に上ると試算した。96年度上期の実績に基づく97年3月期の北米航路収支は3社合計で140億円の赤字が見込まれ、制裁が発動されると、50億円の赤字が上乗せされると試算し、関係3者による改善協議の進展に全力を挙げる意向を強調した。関係4者が3月18日に開いた3回目の改善協議会で事前協議制度の改善案について大筋合意した。この時点では、3者と関係4者による協議を重ねた結果、国内調整がまとまり一区切りついたかに見えた。協議の舞台を外交協議の場に移し、決着を図ることになった。2月下旬にオルブライト米国務長官（当時）が、続いて3月にゴア米副大統領（当時）が相次いで来日し、慌ただしく首脳会談を開いた。首脳会談の議題に日米港運問題を取り上げ、両国の関心の高さをうかがわせた。3月24日、橋本龍太郎首相（当時）は東京都内の迎賓館でゴア米副大統領と会談し、席上、FMCによる日本船3社

に対する制裁を即時撤回するよう強く要請した。首相が事前協議制度改善問題に初めて言及したのに対し、副大統領は「日本の慣行の改善は日本のためになる」と、一層の改善を求める意向の表明にとどめ、FMCの制裁撤回については一切言及しなかった。首相は関係4者が改善協議会で事前協議制度の改善案について大筋合意し、改善に向けて第一歩を踏み出したところだけにFMCの性急な制裁措置が同制度改善にとって逆効果だと強調、制裁措置の即時撤回を求めたが、制裁撤回に向けた手応えが得られないままの首脳会談に終わった。近く開催予定の日米海運協議で日本政府が大筋合意の内容をしっかり説明し、制裁撤回に向けて米側の理解を求める必要を痛感させた。

制裁措置の発動延期

　日米海運協議は97年4月2日（米国時間）からワシントンで開かれ、協議が難航したものの、日米政府は11日に基本合意に達した。日本側が港湾運送事業への米船社の参入を一定条件付きで開放することを認めた。この日米基本合意によりFMCの制裁措置の発動は同年9月4日まで延期された。協議が難航した背景に米国側が米国船社に港湾運送事業免許を付与するよう強く求めたことがあった。日米間で運輸省が港湾運送事業法に規定する免許基準に適合すると認めた場合に限り、外国船社（子会社を含む）が借り受けている専用バースでの港湾運送事業に限定する免許の申請を受理してから約4カ月で交付する方向で準備していることを確認した。米国側が免許制度の廃止を含む港湾の規制緩和について98年末までに結論をだすべきだと日本側に迫った。これに対し、日本側が運輸政策審議会や行政改革委員会での議論、国会での法改正作業などの手続きが必要で、規制緩和の時期を明示できないと主張し、日米双方の溝が埋まらず、覚書に日米双方の主張を併記するにとどめた。なお、事前協議に関する疑義、または紛争を持ち込むことができる不服申立て制度を設けることを決めた。日本船3社に対するFMCの制裁措置の発動は当面回避したものの、7月末までに事前協議制度のさらなる近代化・簡素化に向けて関係者間の協議を進め、最終的な改善案にまとめ上げる課題を抱えた。日米政府は日本国内での事前協議制度の改善作業の進捗状況を確認するため、必要に応じ二国間協議を開くことを申し合わせ、時間稼ぎに歯止めをかけた。米国側が改善作業の進捗状況次第で二国間協議の開催を日本側に求め、国内調整の促進を督促する構えをみせた。日本側の国内調整の遅速を見極め、いつでも二国間協議の開催を求める用意があると言わんばかりに。それ

だけではない。FMCが二の矢をついで来た。FMCは97年4月14日、日本船3社に対する制裁措置発動の同年9月4日への延期の発表と併せて米船2社（シーランド、APL）と日本船3社（日本郵船、商船三井、川崎汽船）に対し、7月1日と8月5日の2回、日本国内での事前協議制度の改善についての関係者による協議の進捗状況や米船社の港湾運送事業免許の取得に向けての動きなどを報告するよう求めた。FMCが日米船社に報告書の提出を求めたのは次の6項目。①事前協議制を改革するための協議の進展状況②計画中または実施済みの事前協議制の変革。それにより得られる、もしくは期待される効果③将来の事前協議制度、関連する見直し作業、不服申立て制度における日本政府の役割④船社が港湾事業者と自由に契約を結べる範囲⑤港運免許の取得と港運事業を展開するための米船社の努力⑥その他、この問題に関してFMCの注意を喚起したい事項。

　船港協、外船協、日港協に運輸省（現国土交通省）を加えた関係4者は改善協議会を月1回、作業部会（WG）を1、2週間に1回開き、7月末までに事前協議制度のさらなる改善案の取りまとめを目指した。関係4者は4月16日にWGの1回目の会合を開き、事前協議の対象となっている重要事案と軽微事案の区分の見直しから検討を始め、区分の見直しについて調整がついたところで、議論を二者二者協議の見直しに進めるWGでの議論の進め方を決めた。そんな折に橋本首相とクリントン大統領との間で日米首脳会談が4月25日午前（米現地時間）、ワシントンのホワイトハウスで開かれた。橋本首相として初の公式訪米であった。前年の96年4月、橋本首相とモンデール駐日米大使は普天間基地の5〜7年以内の全面返還を発表していた。このことに続き開かれる首脳会談とあって、主要議題は在日米軍の兵力維持・日米防衛協力のための指針の見直し。この首脳会談を機に日米防衛協力のための指針（ガイドライン）の合意へと進展し、日本側は日本周辺有事の際の米軍への後方地域支援や民間空港・港湾の提供など40項目を確認した。日本政府は同年11月、米軍普天間飛行場を名護市のキャンプ・シュワブ沖海上のヘリポートに移転する構想を地元に提示し、太田知事ら地元は態度を保留した。国内で名護市の海上航空基地建設を巡る深刻な政治問題に発展する端緒となった。ともあれ運輸省は日米首脳会談開催の機会に日米港湾問題を議題に取り上げられるようであれば、首脳会談の格好の機会に不当なFMCの制裁措置の完全撤回を求めることを画策した。しかし、初の首脳会談が日本国内で沖縄県での米軍基地整理・縮小と日米地位協定見直しの議論が沸騰する中で開かれたものの、公式には規制緩和や経済全般についての意見交換にとどまった。米国側が日米首脳会

談で取り上げる経済問題は過去の合意済み事項の実施を求めるにとどめ、個別問題は担当者レベルで最大限努力していく必要があると強調、日本側が個別問題については事務方に指示し最大限努力していると回答し、個別問題に絞った議論に踏み込めなかった。日米首脳会談の議題に載せ、FMC制裁問題の一挙解決に持ち込みたかった日本側の意図は実現せず思惑外れとなった。日本側にとっても重要な外交案件は沖縄を取り巻く日米安全保障問題であって、海運分野のFMC制裁問題を首脳レベルで解決の糸口を見つけ出す優先案件に位置付け難い日米外交状況であった。日米首脳会談開催後に関係4者は、WGの会合を4回開き、事前協議の対象案件の区分の見直しと二者二者協議の見直しについてそれぞれの立場で意見を述べ、一通り議論を尽くしたと判断した。そこでWGの上部会合である改善協議会の会合を開き、初会合の席上、それまでのWGの会合の議論を整理し中間報告することを決めた。WGの議題を巡って船社と日港協の意見がまとまらず、双方の考え方の溝が埋まらないまま、改善協議会を開き議論しても合意が得られるのか、先行き不透明であった。WGの会合で船社が事前協議の対象案件の区分の見直しについて重要事案を港湾労働者の雇用と就労に影響をおよぼす事案に絞るべきとか、外船社が軽微事案の廃止を主張、日港協が見直しの必要性を認めながらも、軽微事案に重要事案が含まれていると主張した。二者二者協議の見直しについても外船社が日港協を経由しない港湾元請けとの直接協議の導入を主張し、考え方の違いを浮き彫りした。そんな中、米政府筋はもともとWGの議論に期待を寄せていなかったと前置きし、日本の港湾にいかに競争を導入するかではなく、議論が既得権をどう守るかに集中していると素っ気なく突き放す所見を投げかけてきた。関係4者のトップが一堂に会する改善協議会の初会合に先立ち、トップ会談での局面打開を督促する圧力をかける動きに見えた。5月29日に開かれた改善協議会の初会合は大方の予想通り、4回のWG会合での協議内容を整理し中間報告するにとどまり、その後の協議をどう進めるかについて結論が出ない膠着状態に陥った。船社側が港湾コストの低減のため、さらなる事前協議改善が必要と説くと、日港協側が現行制度で問題ないと反論し、双方の考え方の違いとその溝が埋まらない。関係4者が最終合意に向けて港湾労組の意見をどう反映させるか避けては通れない問題を抱えている。難題を抱えて国内調整をどう図るのか先行き不透明感を強めた。この時点でFMCによる日本船3社に対する制裁回避の着地点が見えない難しい局面を迎えた。関係4者の協議が暗礁に乗り上げる中で、一人の重要人物の突然の訃報が報じられた。改善協議会の初会合が開かれた97年5月29日午後10時58分、日港協会長

の高嶋四郎雄氏が急逝した。死因は腹部大動脈破裂、行年83歳。故人は伊勢湾海運社長だった76年5月27日、小川遁三前会長が73年5月に退任して以来空席となっていた日港協会長に就任した。以来21年間にわたって会長を務めてきた。港湾運送業界をはじめ関連業界に絶大な影響力を発揮してきた。日港協は6月4日、故高嶋四郎雄会長の後任に、尾崎睦会長代理（上組社長）の会長昇格を内定し発表した。18日の総会で尾崎睦氏の会長就任を正式に決定した。高嶋会長の急死で空席となっていた会長職だが、日港協は事前協議問題など直面する課題に対処するためには後任会長の選出が急務と判断し、3日の副会長会議で尾崎氏が会長に推薦され、尾崎氏の会長就任が内定した。尾崎氏は会長代理兼副会長として、故高嶋会長とともに事前協議制度改善で中心的役割を担い、次期会長候補として有力視されていた。運輸省は米政府が高嶋氏死去をどう受け止めているか在日米大使館を通じ情報収集に動いた。FMCが日本船3社に対する制裁理由を盛り込んだ最終規則で8項目のうち6項目で日港協を名指しした経緯から、日港協の恣意的な運用が事前協議を不透明なものにしているとみて、その中心人物の高嶋氏個人に絞って圧力をかけてきたとの観測が流れた。当然のことながら米政府は高嶋氏死去にこれといった反応を示すことはなかった。運輸省は日港協が尾崎会長のもとで新体制を発足させるまでWGや事前協議改善協議会の会合を正式に開けないと国内調整を中断させた。7月末までに事前協議の抜本的な改善策を取りまとめることができるのか不安視された。関係4者による協議の行方さえ予測不能の事態を迎えた。空白期間を抱えて関係4者が改善協議会の会合を6月24日に再開することを決めた。その前日23日、東京で日米海運協議が開かれた。24日に改善協議会が開かれる日程を事前に入手して日米海運協議開催の運びとなったのか、それとも日米両運輸当局の予定のすり合わせで偶然一致したことなのか定かでない。ともあれ日米海運協議は23日、約2カ月半ぶりに東京で開かれ、懸案の事前協議制度の改善について7月末までに関係者間で最終結論を出すことを改めて確認した。米側は4月の日米海運協議での合意に基づき関係者が7月末までに事前協議制度のさらなる改善について最終合意することを要請した。一方、日本側は協議が遅れる中で関係者が最終合意を得るため努力しており、7月末までに何らかの結論を出したいとの意向を表明した。ただ、関係者の議論の進み方によって港湾労使間の労働協約改定に踏み込む場合もあり、労働協約改定の組合問題にかかわることになり、簡単には最終合意を得るのは難しいと問題解決の難しさを訴え、米側の理解を求めた。この日米海運協議で公式に関係者が7月末までに最終合意することを再確認する一方で、

日本側は議論が労使問題を内包する方向に広がる中での最終合意が困難と窮状を訴え、楽観を許さない先行き見通しを明らかにした。関係4者の改善協議会が中断した時点で、船社と日港協の主張は事前協議の区分の見直し、船社と港湾運送事業者（元請け）の直接協議、軽微事案の廃止の3点で対立したままで、なかでも船社と元請けの直接協議、事前協議の対象から軽微事案を外すことについては日港協が強く反発してきた。尾崎新体制下の日港協が関係4者協議にどのように臨むのか注目された。3週間以上の中断期間を経て6月24日、関係4者は改善協議会の5回目の会合を開いた。中断後の初会合での日港協の尾崎新会長の発言が注目を集めた。尾崎氏は18日に開いた新会長就任会見で、関係4者の協議が港湾労使協定の変更に踏み込む場合も予想されるとの前提で、今後の協議に全国港湾などの参加を考慮する必要があることを示唆した。関係4者協議に港湾労組が参加することについて外船社が前向き姿勢であるのに対し、日本船社が慎重姿勢を示していると言われ、調整役の運輸省にとって港湾労組の意見を関係4者協議にどう反映させるか頭の痛い問題であった。そして関係4者が最終合意期日の7月31日を迎えた。結局、23日に開いた日米海運協議で再確認した期日までに最終結論を出すことができなかった。

　FMCは9月4日（米国時間）、事前協議制度の改善がみられないとして日本船3社に対する制裁措置を発動した。4月11日、日米海運協議で覚書を締結し、FMCが発動を保留した制裁措置を発動する振り出しに戻った。日本船3社の所有または運航する定期船が米国の港に寄港するごとに10万ドルを課す制裁措置を発効させた。続いて日本船3社に期日を10月15日と定め9月分の課徴金400万ドルの支払いを求めた。9月分課徴金の支払い期日を10月15日に控え、運輸省はぎりぎりまで合意取り付けに努力し、米船社を除く運輸省を含めた関係者間の協議で事前協議制度の改善について事実上の合意を得た。

日本船3社とFMC合意、課徴金150万ドル支払いで制裁強化回避

　10月10日（米国時間）、ワシントンで日米海運協議が開かれた。日本側から事前協議制度の改善についての進捗状況を説明するとともに、FMCによる制裁措置の撤回を求めた。事前協議制度の改善などについて米国側は港湾労使問題に日本政府の介入を求め協議が難航した。FMCは日米間で協議継続中にもかかわらず、日本船3社が課徴金の支払いを留保していることに対し、今度は米国沿岸警備隊に日本船3社の運航船舶の入出港を差し止めるよう要請する強行措置にでようとした。このような状況の中、日米政府は17日（米国時

間）、斉藤邦彦駐米大使（当時）とアイゼンシュタット国務次官補（当時）の次官級協議を開き、事前協議制度の改善などについて大筋合意に達した。これを受けてFMCは日本船3社に対する出入港拒否の追加制裁の発動を20日まで保留することを決めた。FMCの出入港拒否の追加制裁は日本船3社の本社や現地法人に貨物が問題なく届くのかといった問い合わせや抗議の電話が殺到する事態を招いた。10月は米国のクリスマス商戦に向けた荷動きが増加する時期だけにFMCの追加制裁問題が荷主業界に波紋を広げた。日米次官協議の大筋合意によりFMCは日本船3社への出入港拒否の追加制裁の発動を保留したものの、依然として課徴金の徴収に固執したため、日本船3社は10月27日、9月分の課徴金400万ドルを150万ドル（約1億8,000万円）に減額して支払うことでFMCと合意し、制裁強化を回避させた。日本船3社にとって追加制裁の発動保留と引き換えに課徴金150万ドルを支払わされる釈然としない大筋合意となった。その後、11月10日（米国時間）、斉藤駐米大使とオルブライト米国務長官（当時）との間で事前協議制度の改善について関係者間で合意が成立したこと、今後、日本の港湾慣行についても問題が発生した場合には、原則として、まず日米間の協議による解決を試みるとともに、米国務省などからFMCに対し、協議中は制裁措置を控えるよう勧告することを確認した書簡が交換される形で決着し、FMCは13日、日本船3社への課徴金制裁の無期限停止を発表した。ただ、この制裁措置の凍結は「必要な場合にはさらなる行動をとることを留保している」ことを暗示し、完全撤回の先送りであった。日本側はFMCによる制裁措置が日米友好通商航海条約に違反する行為であるため、その全面撤回をもとめて、98年1月、日本側の申し入れにより、同条約に基づく協議を開き、今後とも強く撤回を申し入れていく意向を表明した。また、日本側はFMC制裁問題から対抗立法の必要性を痛感した。外国政府が日本船社に対し不当に差別的な負担金・課徴金の納付を義務付けるなど一方的な制裁措置を実施する場合に、日本として対等な立場を確保し、不当な措置に対抗できるようにするため、当該国船社に対し、その国が徴収する負担金・課徴金に相当する金額の納付を通告できるようにすることなどを内容とする対抗立法の一部を改正する法律が議員立法により97年12月12日に成立し、19日公布、施行された。

課徴金制裁は玉虫色決着

　FMCが99年5月、日本船3社に対し米国の港に寄港するごとに10万ドルの課

徴金を徴収する制裁措置を完全撤回した。日本船3社への制裁撤回にあたり
FMCは日本側の日米友好通商航海条約に違反する行為との主張には言及せ
ず、日本側は運輸省が国内での規制緩和論議の進捗を評価されたと受け止
め、船社も長年の懸案が解決したことで運輸省と外務省の努力を評価した。
しかし、日本船3社がFMCによる課徴金制裁の無期限停止以前に支払った150
万ドル（約1億8,000万円）は返還されることがない玉虫色の決着となった。さ
らにFMCは日本の港湾運送に関する最近の状況を調査するとの理由で日本船3
社と米国船2社（シーランド、APL）から90日以内に報告を求める課題を投げ
かけた。日米5船社がFMCから求められた報告内容は次の4項目。①事前協議
の対象となる重要案件が過去180日以内に提起されたか。提起された場合は97
年の4者合意が順守されているか。さらに紛争が生じた際の手続きや、運輸省
（現国土交通省）の対応②日港協を通さない別方式の実現を船社から関係者
に働きかけたか、またその際の反応③日本政府の港運規制緩和への取り組
み、各社におよぼす影響④ターミナルの使用・運営について新たな規制要員
の有無。また、米船社のみに、近い将来、港運事業に参入する用意がある
か。また港運事業免許の申請を巡る運輸省、日港協、船社などとのやり取り
についても回答を求めた。日本船3社に対する日本の港湾慣行についての定期
報告はFMCが2011年1月に停止を命令するまで長丁場となった。米国では
FMCが日本船3社への制裁撤回に踏み切った99年5月に98年改正海事法が施行
の運びとなった。FMC制裁問題が唐突に持ち上がり日本船3社をはじめ日米両
国政府を巻き込む政治・外交問題に発展した。FMCが日本船3社から課徴金
150万ドルを徴収する一方でクリントン政権をも巻き込み、日米関係の最悪事
態を回避させる"マッチポンプ"役に徹する結果を招いた。

　FMCの背後に、かねてより日本の事前協議制の透明性を問題視する米国船
社とりわけシーランドの存在が透けて見えた。そのシーランドがマースクに
買収されたことで、事実上、米国船社から離脱した。米国籍船社はAPLを残
すだけだが、APLはシンガポール船社NOLの100％子会社。FMCが所管する
海運行政上、NOLをどう位置づけるのか、今後、FMCの出方をみて判断する
しかなさそうだ。

事前協議制と二つの確認書

　閑話休題と言うのもおこがましいが、「事前協議制」と聞いて二つの確認
書の存在が筆者の脳裏に浮かぶ。「コンテナ埠頭の運営に関する確認書」と

「外貿埠頭公団のコンテナ・ターミナル運営に関する確認書」で、どちらも今では廃語と化した「中核6社」と呼ばれた日本船6社が日港協との間で取り交わした書面だ。前者は69年、つまり日本船6社が太平洋航路のコンテナ化に着手した翌年に、後者はそれから10年経った79年に取り交わされた。日本船6社が1969年に日港協との間で取り交わした確認書には①船社はコンテナ埠頭の港湾運業務の運営を既存の港湾運送業者に委託すること②船社は港湾運送事業近代化の主旨を尊重し、港湾運送事業者がその施設を充実整備する必要性を認めて、これに協力すること③船社はコンテナ埠頭の港湾運送業務の一貫責任体制が確立されることを要望し、その円滑な実施に協力すること④日港協は船社のコンテナ埠頭の専用使用に支障が生ぜしめないよう協力することなど4項目を盛り込んだ。確認書の原本を引用しているわけでなく、意訳して表記したことを断っておく。なお、「船社」は日本船6社を指している。上記4項目は確認書の形式を整えているが、当事者間の暗黙の了解を文章化した書面として扱われたと聞く。発端は66年9月の海運造船合理化審議会（海造審）の答申であった。「わが国海上コンテナ輸送体制の整備について」の答申を受けて、外貿埠頭公団法が68年8月に制定され、同年10月には京浜・阪神両外貿埠頭公団が発足する速さであった。

翌年68年4月には港湾近代化促進協議会（近促協）設立され、運輸省（現国土交通省）歴代事務次官経験者が近促協トップに転出、コンテナ化を巡って海運・港運両業界が緊張を高める局面に仲介役として登場し事態の収拾を図った。運輸省の筋書きどおりにことが運ぶ背景には実力人物の存在があった。運輸省が港湾の近代化を進めるに当たって外貿埠頭公団の必要性の検討を始めると、日港協はコンテナ埠頭の整備が避けられない情勢下で対策を講じる必要に迫られた。船社にとって世界の海運界を相手に競争力を保っていくためには一元的なコンテナ・ターミナルの運営が欠かせない。自らコンテナ・ターミナルを運営する必要がある。しかし、港湾運送事業法の規定もこれあり、コンテナ・ターミナルを自営することは得策でない。ここはコンテナ・ターミナル運営のノウハウを吸収し蓄積することこそ急務との考え方があった。この考え方が系列港運事業者（元請け）と資本提携により新会社を設立し「船社港運」を育成する形で具体化した。一方、港湾運送業者の中にはコンテナ化がどのように展開するのか予測し難い中で、大規模な資本を投下するのは負担も危険も大きい。とは言えコンテナ・ターミナル運営は港湾運送であり、港湾運送事業者の業域なので、その業務を明け渡すわけにいかないと業域確保の考え方があった。

そしてコンテナ・ターミナルの業務も港湾運送業務の延長線上にあると主張し、外貿埠頭公団が整備する公団埠頭、コンテナ埠頭を全て借り受ける共同出資の「新日本埠頭株式会社」設立構想へと発展した。既存業務の喪失どころか港湾運送業務の存在意義が問われかねないと危機感を露わにした。実は、日港協は69年に「船主港湾協議会（船港協）」に「わが国海上コンテナ埠頭の運営体制」と題する書面で5項目についての協議を申し入れた。この時点の船港協は海運集約前年の63年7月、日本船9社の港湾運送料金の審議機関として設立され、海運集約を境に日本船6社の構成に変わり、日港協と折衝窓口機能を果たした。その後、日本船社の合併再編が進み、港湾問題への取り組みが困難となり、92年4月1日付で船協内部組織に改編し、日本船3社とその他5社の船協会員船社で構成する組織として活動した。かつての船主港湾協議会と船協港湾協議会の略称・船港協が改編前後で一致した。69年の日港協の申し入れに対し、当時の船港協はおおむね理解を示す回答をしたものの、一貫責任体制の導入と系列の維持が内包する矛盾を解消できず、一貫責任を実現する方式について協議した。結局「チャンピオン形式」を採用することで合意した。船社が既存の港湾運送業者を採用することを条件にコンテナ埠頭の専用使用を認めるもので、船社が提示した起用業者案を日港協が内部で検討し、回答する条件でチャンピオン形式を採用した。この形式は代表港運業者を決めることによって複数船社による埠頭の共同利用や同一船社の航路による系列の違いなどに対応しながら一貫責任を実現するというもの。船港協と日港協がチャンピオン形式採用による一貫責任の実現の導入で合意したことで、外貿埠頭公団のコンテナ埠頭の専用使用について船社が借り受け、港湾運送業者がコンテナ・ターミナル運営業務を引き受け、職域を確保することで折り合った。船港協と日港協の折衷体制の確立の背景には近促協議トップの座に就いていた重要人物の事実上の斡旋があった。日港協が新日本埠頭構想を打ち上げ、船社と対決姿勢を示し、船社が不安を募らせている機会に、日本船6社が社長会を開き、妥協の方向を見い出してもらいたいと件の人物に仲介を依頼した。こうした経緯を経て69年確認書が取り交わされ、長きにわたってその人物名にちなんだ裁定として語り継がれてきた。79年の確認書では日港協の意見を尊重して港湾運送業者を決定するとか、新たに「使用2カ月前に日港協と「事前協議」することを確認した。筆者にとって事前協議論の原点はこの確認書にあった。因みに日港協は76年5月、当時副会長の高嶋四郎雄氏（故人）の会長就任を決めた。79年の確認書は高嶋体制下で取り交わされ、それから21年にわたって見え隠れした。この確認書が取り持つ縁で培わ

れた人間関係がFMC制裁問題を機に蘇った。

　運輸省（現国土交通省）は国内調整の一環で日港協を相手に水面下で意向打診を始めた。運輸省の現役事務次官が日米協議を前に日港協の高嶋会長（当時）と面談した。高嶋会長が運輸省に出向き事務次官と面談する通常の手続きとは反対で、出向いたのは当時の事務次官であった。この面談に先立ち件の人物が運輸省の依頼を受け高嶋会長に電話連絡した。

　FMC制裁問題で米国側に報復措置も辞さないと態度を硬化させていた高嶋会長から最悪事態回避を暗示させる言質を得るのが精一杯だったと伝えられている。日米海運協議が既述のとおり暫定合意に漕ぎつけたことに一定の評価を下し、事前協議制度についても議論を重ねた上で、具体的な改善策を提示していくと前向き姿勢に転じた。仲介の一本の電話がこの時点では表面上ながら局面好転を印象付ける瞬間であった。古証文に近い確認書手交の裏面で形成された人脈が長い年月を経て蘇った気がする。1984年海事法施行に続き、98年改正海事法が99年5月に施行された。米国関連航路では定期船同盟が姿を消し、同盟に代わって航路運営を主導しているのは控訴力にかける航路安定化協定となった。

　船社にとってコンテナ荷動き動向を見極め、臨機応変に需給均衡を図るための船腹調整が重要課題になった。この課題解決の役割を果たすのがコンソーシアム。

　しかし、コンソーシアムの強力な体制整備に立ちはだかるのが欧米海運政策の変化である。欧州には同盟発祥の地として「海運自由の原則」を順守し、政府が同盟に不介入の立場を貫いてきた伝統があった。独占禁止法に基づく競争促進の立場から同盟機能を制限してきた米国とは異なっていた。しかし、欧州委員会が94年以降、同盟に対して厳しい姿勢で臨み始めたのだ。欧州委員会が問題にしたのは内陸運賃協定問題とコンソーシアム規制の2点であった。米国が84年新海事法で内陸までの通し運賃を認めているのと対照的に、欧州委員会が94年12月、欧州航路で欧州同盟（FEFC）が採用している内陸までの一貫輸送タリフを違法と認定し、同盟加入13船社に対して一律1万ECU（約120万円）の過料を課した（注：ECU：エキユーは79年3月13日から98年12月31日までを期間とするバスケット通貨）。欧州共同体（EC）は86年に競争法の適用範囲を定める理事会規則NO,4056/86を採択、同盟の協定を競争法適用除外とした。その一方で、欧州委員会は同盟の内陸運賃協定を違法と裁定した。理由は競争法適用除外の対象が海上部分に限られ、陸上部分まではおよばないとの解釈に基づくものであった。同盟の内陸までの通し運賃

が違法ということになると、欧州域内輸送部分の運賃競争が激化し、航路採算を悪化させる懸念が広がった。米国のように内陸の奥行きが深く、鉄道輸送が適しているのと違って、欧州域内輸送の主役はトラックと海上輸送である。86年時点のロッテルダム港で陸揚げしたコンテナの内陸接続状況によると、トラック輸送が53.4％、海上輸送が24.6％で、トラックと海上輸送が8割近くを占め、鉄道輸送が11.1％、バージ輸送が10.9％と続き、このことを裏付けている。欧州と米国では内陸向け一貫輸送事情の違いを読み取れる。

欧州委員会競争当局が同盟の内陸運賃協定を違法と裁定

　欧州委員会の競争法適用除外問題が欧州域内のトラックとフィーダー輸送に波紋を広げた。内陸運賃協定の違法問題のことの起こりはドイツ荷主協会ほか4団体が欧州委員会にFEFCの内陸運賃設定行為について異議を申し立てたことであった。ドイツ荷主協会ほか4つのドイツ産業団体は89年4月、欧州委員会にFEFCが内陸輸送に関し不当に競争を制限し、荷主の利益を損ねていると異議を申し立てた。このことを機に欧州委員会とFEFCが異議通知書と反論書を取り交わし、続いて欧州委員会競争局がこの件についての報告書を作成する手順を経て、欧州委員会はFEFCの内陸運賃協定を違法と裁定した。FEFCは欧州委員会の裁定が国際物流において海運が果たしている現状を認識していないと反発し、95年3月、欧州第一審裁判所（CFI）に欧州委員会の裁定差し止めを求め提訴し係争問題に発展した。この問題は、CFIが2002年2月、同盟の内陸運賃協定を違法としながらも罰金を免除する判決を言い渡し、罰金が課されず船社側に実害がないので同盟が控訴を見送り一審判決確定で決着した。欧州委員会は94年10月に大西洋航路でもトランス・アトランティック・アグリーメント（TAA）の内陸協定を違法と判断し、TAAは欧州委員会を相手取り係争問題に持ち込んだ。この問題もTAAの内陸運賃、二重運賃制、価格調整目的の船腹調整協定について違法と判断しながら罰金を課さない判決であったのでTAAが控訴せず、一審判決確定で決着した。TAAは同盟と盟外船社で構成する組織で、船腹調整による航路環境改善や運賃修復で一定の成果を上げていた。欧州委員会はTAAを一つの同盟とはみなせないことを理由に競争法適用除外の対象ではないと判断した。TAAは二重運賃制や船舶管理に関する部分を廃止し、トランス・アトランティック・コンファレンス・アグリーメント（TACA）に改組したが、内陸運賃協定に関する部分については司法判断に委ねることにした。CFIが違法決定差し止め命令を下

したことによって、差しあたって判決まで内陸運賃協定の存続が認められた。この件もCFIは欧州委員会が違法とした行為については大部分でその判断を支持しながらも、罰金については無効とし、上訴期限までに双方が控訴を見送り判決確定となった。司法判断では同盟の行為が独禁法違反に当たると認定する一方で船社に巨額な罰金を課すことを免除あるいは無効とし、船社に実害を与えていない。しかし、一連の判決により、船社側は罰金の賦課を免れたとは言え、内陸運賃設定については独禁法上の違法行為と認定されたので、以後、同様の行為は同盟では実施されなくなった。ともあれ同盟内での価格調整のための需給調整について違法との司法判断は確定している。EU競争当局が一連の訴訟を通じて同盟への独禁法適用除外制度を維持することについて懐疑的な意向を表明するようになり、2000年代に入り公式に制度の見直し方針を公表した。こうしたEU競争当局の動きに危機感を持った船社側は後述する欧州関係航路に配船する船社で構成するロビー団体のEuropean Liner Affairs Association （ELAA）を結成し、独禁法適用除外制度の存続を求め、EU側との折衝を組織的に展開する構えを固めている。

　EUは86年に競争法適用除外に関する理事会規則（No,4056/86）を採択、同盟の協定を競争法適用除外の対象にした。86年以来9年におよぶ検討を経て、コンソーシアム規制に関する新たな欧州委員会規則（NO,509/95）が95年4月に発効した。新規則は競争法適用除外とするコンソーシアムの条件を定めたことに加え、適用除外となるコンソーシアム活動についても一時的な船腹調整を含む7項目を列挙し、ただし書きでコンソーシアム・メンバーが船腹の一定比率を使用しないと取り決めている場合は、競争法上の適用除外とはしないことを明示した。コンソーシアムの条件の中では貨物シェアについて、同盟の場合30％、盟外船の場合35％と上限を定めた。適用除外に伴う義務として、荷主との協議、サービス条件の公開、仲裁・斡旋結果の委員会への報告、委員会の請求に対する報告などを明確にした。同盟機能を制限し、個別船社の独自性を保証する姿勢を打ち出したと受け止められた。この時点では同盟自体は形を変えながら存続し続けることになろうが、同盟だけを中心にはことが運ばず、盟外船も踏めた航路安定化協定に加えて複数船社で構成するアライアンスによる大規模コンソーシアムが業界安定化のための新たな軸になり得るとみられた。しかし、欧州委員会のコンソーシアム規則はコンソーシアムの船腹調整機能は一時的なものしか認めず、コンソーシアム活動に運賃に関する内部協議を含めていない。ということはコンソーシアムの恒常的な船腹調整や運賃の内部協議は競争法適用除外の対象とはならず、競争法

上の違反行為に問われかねない。新たな秩序の構築を担うコンソーシアムの機能が海運規制政策の厳しい監視の目にさらされている。86年に競争法適用除外を定めた理事会規則（No.4056/86）を採択して以来15年経ち、定期船市場も変化している状況を踏まえ、欧州委員会は2003年3月から競争法適用除外制度の見直しに着手した。これを機に欧州委員会の見直し作業は年を追って急ピッチで進んだ。まず03年に競争法適用除外について予備的な論点の抽出を狙いに、同盟の必要性などについて21項目の質問を用意、関係者からコメントを募集した。04年6月には予備的調査で同盟の適用除外を正当化する決め手となる根拠を見いだせなかったとして、適用除外制度の見直しを提案するディスカッションペーパーを公表した。この後、欧州関係航路に配船する船社で構成するロビー団体のELAAが同年8月に競争法適用除外制度廃止の代替案を提示した。ELAA代替案の狙いは船腹需給や荷動きなどを情報交換する場を設け、引き続き競争法適用除外の対象とすることに定められた。ELAAが代替案を提示したことを受けて、欧州委員会は同年10月にホワイトペーパーをまとめパブリックコメントに添付した。ホワイトペーパーは同盟の競争法適用除外および技術協定を除外する規定の廃止について検討を促す要旨で作成された。05年12月、欧州委員会は同盟を競争法適用除外の対象とする規則を廃止する案を盛り込んだ最終報告書を公表、閣僚理事会に付託するとともに、欧州議会に諮問した。欧州議会は07年7月4日、欧州委員会の提案を条件付きで採択した。外航海運に対する競争法における競争ルールを規定したガイドラインが機能することを条件とした。競争法適用除外問題の結論はEU閣僚理事会の最終判断を待つだけとなった。EU閣僚理事会は06年9月25日、欧州委員会の提案を2年後の08年10月18日に実施することを決めた。この決定の4日後の同年9月29日、欧州委員会の競争総局（DG Comp）がガイドライン作成のためのイシューペーパー（IP）を公表した。同盟を競争法適用除外の対象としない規則、いわゆる競争法適用除外規則の廃止後、競争法を船社間協定にどのような方法で適用するかを示すガイドライン作成がIP公表の目的。このガイドラインは07年9月14日に公表された。この中で、技術協力が目的の水平協力協定は5年間認めたが、定期船分野の情報交換については競争を制限するものを基本的に認めず、需給構造、情報交換の特性、情報交換の頻度などを要素として最終的にDG Compに判断を委ねた。08年7月、欧州委員会は最終的なガイドラインを公表した。この時点で、EUが欧州委員会の提案を08年10月18日に実施することが本決まりとなった。これによってFEFCをはじめ欧州関係同盟は1879年設立以来の129年の長い歴史に幕を閉じた。EUの競

争法適用除外問題の焦点はコンソーシアムに対する適用除外に移った。欧州委員会は2000年に船社間のコンソーシアムを競争法適用除外とする理事会規則No.823/2000を採択し、5年ごとに見直すことを決めた。有効期限が10年4月25日までに延長された時点で、日本船主協会（船協）は欧州委員会が5年間の延長を提案していることに注目するとともに、コメントを提出し、コンソーシアムに対する適用除外が質の高い定期船サービスを提供し、多様な荷主ニーズに応えるため不可欠とし、長期に維持されるよう強く求めた。欧州荷主協議会（ESC）もコンソーシアムの存続について強く反対しなかった。欧州委員会は09年9月28日、理事会規則No.823/2000を15年4月25日までに再延長する規則を新たに採択した。その後、有効期限は20年4月25日まで5年間再々延長された。18年に入り欧州委員会が再々延長された規則の見直しについて関係者から意見を公募した。これに対し18年11月に経済協力開発機構（OECD）の世界的運輸政策プラットフォームである国際運輸フォーラム（ITF、本部・パリ）が特別報告書を発表、規則の延長に慎重な審議を求め、実質的に反対を表明した。ITFの見解表明は欧州委員会の競争総局（DG Comp）が進めている競争法適用除外規則の見直し議論に大きな影響を与えることが予想されるとあって注目された。その競争総局（DG Comp）は10年4月25日に期限切れとなったコンソーシアムを競争法適用除外とする規則の延長可否を検討した結果、条件付きで5年間さらに延長することを決めた。欧州の競争法適用除外問題は日本で独占禁止法（独禁法）適用除外問題を巡る議論に発展し波紋を広げた。議論の口火を切ったのは公正取引委員会（公取）。日本では1999年に独禁法適用除外制度が見直され、34の制度が廃止された。外航海運も検討対象となったが、当時外国でも認められていることを理由に、独禁法適用除外の対象として存続となった。公取はEUの欧州委員会が03年に競争法適用除外規則の見直しに着手したことを注視し、成り行きに関心を寄せた。公取は05年1月から外航海運市場の実態と独禁法適用除外制度について広範囲にわたる意見聴取やアンケート調査を実施した。この調査結果に基づき06年3月から「政府規制等と競争政策に関する研究会」（規制研）で、外航海運の競争実態と競争政策上の問題について検討した。規制研は5回の会合を重ね、議論の結果を最終報告書にまとめた。最終報告書の骨子は外航海運に対する独禁法適用除外制度を廃止することが適切だが、一定の猶予期間を設けることであった。規制研の議論が最終報告書にまとまったところで、公取は国土交通省（国交省）に公取の意向を伝えた。外航海運政策と外航海運の独禁法適用除外は海上運送法に規定されていて、国交省が海上運送法の所管省である。国

交省は所管省として外航海運の独禁法適用除外制度の在り方について検討するコメントを発表した。公取が規制研の最終報告書に基づき外航海運の独禁法適用除外を一定の猶予期間を設けての廃止を提案し、最終判断を国交省に預けた。また公取は06年4月13日、59年に公取5原則で指定した外航海運特殊指定を廃止、一般指定扱いとした。国交省は外航海運の独禁法適用除外制度の在り方について検討するとの見解を示し、関係者から意見を聴取するとともに、交通政策審議会海事分科会での議論を始めた。外航海運の独禁法適用除外制度の存廃が日本経済への影響が避けられないことから国益の観点から検討を進める考えを示した。また国交省成長戦略会議の外航海運検討会は10年に報告書を発表し、独禁法適用除外制度の在り方に関する議論を速やかに整理するよう求めた。国交省は11年5月17日、外航海運の独禁法適用除外制度の見直しについて公取との協議を進め、2015年度に再検討することになったと発表した。制度を維持し、見直しの先送りであった。日本が先んじ適用除外制度を早急に廃止すべき積極的な理由が見当たらないこと、EUの競争法適用除外制度廃止後の影響を踏まえると、適用除外制度廃止が日本船社、荷主や経済全体に与える悪影響が懸念させることを理由にあげた。公取は16年2月、外航海運の独禁法適用除外制度の在り方について報告書にまとめた。船社、荷主関係者から聴取、実態を調査し適用除外制度を維持する必要について検討した結果をまとめた。結論は同盟、コンソーシアム、配船協定いずれも独禁法適用除外とする必要があるとは言えず、外航海運に対する適用除外制度も維持する必要がないということであった。この結論に基づき公取と国交省が協議した結果、16年6月に外航海運の独禁法適用除外制度を当面維持することにした上で、運賃同盟については有効性を確認、必要な見直しをおこなうことになった。独禁法適用除外問題の議論が制度の存廃を当面棚上げし、運賃同盟の見直しに焦点を移す"玉虫色"に変わったように映る。運賃同盟の見直しについては①その役割が著しく低下、締結件数が減少傾向にあることを踏まえて、今後、新たに届けられるものについては、海上運送法第29条第2項各号に適合するかいなかの審査をいっそう厳密にし、件数の抑制を図っていく②荷主団体、船社と意見交換することなどで今後速やかに、各運賃同盟に関し届け出にかかわる行為が実際におこなわれているか確認、確認できなかった場合は運賃同盟にかかわる船舶運航事業者に対して、同盟から速やかな脱退など必要な見直しをおこなうよう求めていく。こうした結果、運賃同盟の締結件数が減少し、国際海上輸送サービスの安定的供給に支障が生じないと判断される場合には、運賃同盟に対する独禁法適用除外制度を廃

止の方向で見直し、運賃同盟以外の船社間協定については諸外国における競争法適用除外制度、荷主の利益への影響や船社間協定の類型ごとの状況を踏まえ、必要と認められる場合は公取と協議して見直すことになった。公取は12年9月6日、貨物運送の運賃カルテル行為があったとして日本船3社など十数船社を立ち入り検査、13年9月初旬、日本船3社を含む世界十数船社を立ち入り調査、14年3月18日に4船社に対し貨物運送を巡る独禁法違反を認定と矢継ぎ早に行動を起こした。

第7章

大型化

本稿の主題から話が少し脇道に逸れる。明治維新を主題に論考する書籍について論評する一文が気を引きメモ書きしておいた。歴史を振り返るとき、どうしても今の知識を過去に投影して、歴史過程がある法則性・論理性に貫かれて整然と進んでいたように思いなしてしまう。でもリアルタイムでは常に一寸先は闇で何が起こるか分からない。

　明治維新もその時点では150年後に今のような日本になると予測した者はいないし、今のような日本になる必然性もなかった。言い換えると、われわれの知っている明治、大正、昭和という歴史とは別の形の日本があり得たと言うことだと、論者が自らの歴史観の一端を披歴した。日本船社によるコンテナ50年の歴史を振り返る暗中模索の段階で出くわした一文であった。

　時代や状況が異なる出来事を対比するには慎重でなければならない。当然のことと承知しているつもりだ。日本船初のコンテナ船箱根丸が就航した1968年が「明治維新100年」と重なる。政府は1966年3月、閣議で「明治百年記念準備会議」を設置し、この準備会議が明治百年記念の式典日（68年10月23日）を決め、段取り通りに運んだ。ということは「明治維新150年」の節目の年に当たる2018年に日本船3社がコンテナ船事業を再編・一本化して新たな形でコンテナ輸送サービスを開始し、日本船社によるコンテナ化の歴史に新たな足跡を刻んだことになる。

　再び偶然の発見。政府は2018年に明治維新150年の記念式典を挙行した。この政府の動きに呼応するように保守層の一部から「明治の日」制定の動きも浮上した。先述の論者はこの式典が明治維新150年を歴史の評価とはかけ離れ、長期政権への野心を忖度した官製祝賀行事と決めつけた。手放しでの維新称揚を警戒する声も出て、歴史上の位置づけを巡っての議論へと発展したが、議論の広がりが見られず鎮静化した。

　歴史談義はこのあたりまでとして主題に戻る。1968年の日本は高度経済成長真っ盛りであった。経済成長率は13.7％と3年連続10％を上回る成長を続け、景気上昇期間も岩戸景気を超え、戦後最長となった、いわゆる「いざなぎ景気」であった。国民総生産（GDP）は西ドイツ（当時）を抜いて米国に次ぐ世界2位の経済大国に躍り出た。米国の輸入増大が日本の輸出に有利に働いていた。

　米国のコンテナ船就航計画に衝撃を受けたのは立法措置による企業の集約、既述の海運集約の直後で、5年以内に減価償却不足を解消する課題に取り組み始めた矢先であったからだ。外航船腹量が1,000万総トンを超えるまでになった。とは言え、戦後の急速な船腹拡充が借入金で賄われ、その償還と金利負担が重くのしかかり、企業の国際競争力に乏しく、政府はその保護を狙

いに外国用船を規制した。しかし、経済協力開発機構（OECD）への加盟時（1964年4月28日）に一部猶予期間を残しながらも長期用船規制を全廃され、日本海運は外国海運との競争にまともにさらされるようになった。

海運業の稼ぎ頭は定期船事業

既述のとおり日本船6社で始まったコンテナ化が50年の歳月を経て日本船3社が事業統合した新会社ONEに到達する過程に「法則性」なり「論理性」が貫かれていたと考える人はいまい。偶然の重なりと見るのが自然であろう。戦後復興と高度成長を下支えする海運業の稼ぎ頭であった定期船事業とは言え、コンテナ船運営体制について「一本化」の発想を求めること自体無理というもの。

米国で進展しているコンテナ化事情を調査・研究した上で、日本なりに選択した方策である。後付けで官庁主導の海運集約で発足した日本船6社（定航6社と呼んだ）が共同出資によりコンテナ船社を設立する先見性に基づく施策が実行できなかったのかと疑問符をつけるのは簡単だ。

筆者も日本船6社によるコンテナ船事業一本化の報道に接し思わず「一本化に50年かかったのか」と疑問符を付ける誤りを犯した。歴史の必然性という呪縛に捉われていたことを率直に認める。先人の業績を跡付ける過程で思い知らされた。当時の日本船6社の中には"シーランド研究者"と目される常勤監査役を配置する船社があった。勧められるままに当該役員を取材する機会を得たものの、その時点で進行中の日本船6社のコンテナ船運営体制との乖離が原因なのかコンテナ輸送の原理・原則を説く物静かな口調に奇妙に違和感を覚えるだけであった。他にもコンテナ輸送の在るべき姿を力説する実務担当者に出くわしても、こちらの勉強不足が災いし、的確に対応することなく時間を経過させてしまった。現実は行政課題や理屈で割り切れない当事者間の利害得失が複雑にからみあい、単純にはことが運ばないもの。背景や諸事情を深堀りせず、再び足を運ぶことなく目の前で進行中の事象に関心を寄せる。短期間で策定した当該航路のコンテナ化計画の具体化こそが当面の課題であり、官民挙げて課題解決に向けて取り組んでいる最中に軌道修正を求める表立った議論など見当たらない。財政基盤が脆弱な中で巨額の投資が伴うコンテナ船事業という新たな課題を投げかけられた。

1968年6月時点で、日本船6社は太平洋航路で定期船、いわゆる在来定期船を月間でPSW専航船8航海、PNW専航船9航海、PSW途中寄港船22航海、

PNW途中寄港船3航海の頻度で配船していた。太平洋航路を舞台にこれだけの定期船を専航船と途中寄港船を組み合せて配船し、在来貨物の積み取り実績作りでしのぎを削っていた。手始めに68年末までにPSW航路に平均728TEU積みコンテナ船6隻を就航させた。当時、定期航路就航中のダブル・デッカーと呼ばれるクレーンを自装する在来定期船の貨物積載能力が1万トン前後であったため、1万5,000トンを超える積載能力を持つ750TEU積みコンテナ船が時代の先端を行く"大型船"と喧伝された。日本を起点とする定期航路に就航する定期船の大型化の始まりであったと言える。

長続きしない荷動き好調

　1970年代半ばまでは対米輸出の基調が堅調に推移したことに伴い、日本船社のコンテナ船船腹不足が顕在化し、PSW・PNW航路向けに1,000～1,400TEU積みコンテナ船を追加発注し、大型化に向けて一歩踏み出した。こうした急場に官民一体となって迅速かつ積極的に推進した結果、荷動き好調とコンテナ輸送の高い輸送効率に支えられ、採算的にも好成績を収めた。しかし、この好調さは3年と続かなかった。好調な荷動き目当てに外国船社の進出が著しくて船腹過剰の傾向を強めた。日本船6社が1968年、PSW航路に投入したコンテナ船6隻の平均船型は767TEUであった。50年の歳月を要したこととは言え、その後の船型大型化の進展には改めて驚かされる。日本船6社が71年から74年にかけて追加投入した増配コンテナ船6隻の平均船型は1,241TEU積みに大型化した。70年に開設したPNW航路のコンテナ船3隻の平均船型は928TEU積みであった。73年から74年にかけて追加投入した増配コンテナ船3隻の平均船型は1,300TEU積みに大型化した。

　日本船5社が72年、ニューヨーク航路に投入したコンテナ船4隻の平均船型は1,724TEU積みで、翌73年に投入したコンテナ船3隻の平均船型は1,927TEU積みに大型化し、川崎汽船は73年7月に2,068TEU積みコンテナ船を投入した。

　既述の通り、ニューヨーク航路に先立ち欧州航路がコンテナ化された。日本を起点とする定期航路で最も航海距離が長い欧州航路のコンテナ化では大型・高速コンテナ船による高品質なサービスの提供が求められた。日本船社の日本郵船と商船三井が参加するトリオ・グループが1971年12月から73年11月まで2年がかりで投入したコンテナ船17隻の内訳は1,950TEU積み4隻、2,450TEU積み13隻で、72年4月時点で、オーバーシーズ・コンテナーズ・リミテッド（OCL）の「トーキョー・ベイ」が2,450TEU積みコンテナ船第1船と

して就航した。また、郵船は76年8月に18隻目の春日丸（2,450TEU積み）を、商船三井が77年9月に19隻目の「てむず丸」（1,950TEU積み）をそれぞれ投入した。春日丸は就航時点で、日本船最大級のコンテナ船として登場した。

　トリオ・グループのコンテナ船は当初、神戸、東京、ハンブルク、ロッテルダム、サウザンプトン、東京に順次寄港し、パナマ運河経由で折り返す配船形態をとった。コンテナ船を順次、追加投入し、72年6月からパナマ運河経由とケープタウン回りの世界一周航路の配船形態に移行した。スエズ運河が75年6月に再開したため、76年1月から全船スエズ運河経由の折り返し配船に変更した。船型は2,450TEU積みに大型化した。高速化も進展した。全船の航海速力を26ノット級でそろえた。

石油危機で大型化・高速化足踏み

　米国船社シートレーンは71年7月、単独で5万8,000馬力のガスタービン推進機関搭載の26ノット、1,886TEU積みコンテナ船4隻を大西洋航路に投入した。同年12月、トリオ・グループの8万馬力の蒸気タービン推進機関を搭載する26ノット、1950TEU積み第1船鎌倉丸が就航した。高速化傾向の頂点に達したのがシーランドの12万馬力の蒸気タービン推進機関搭載の航海速力33ノット、1,975TEU積み超高速コンテナ船（SL－7）8隻が72年9月から73年12月かけて太平洋、大西洋両航路に就航した。超高速コンテナ船8隻が出そろったところで石油危機が発生した。第1章でSL－7について記した通り、石油危機によって燃料油価格が4倍に高騰した。このことがコンテナ船の質的転換を迫った。コンテナ化初期段階で就航したコンテナ船、その後に大型化、高速化したコンテナ船のいずれの既存コンテナ船は燃料消費の経済性についてあまり考慮されてこなかったため、石油危機発生によって一挙に不経済化した。その代表格が1日当たりの燃料消費量が500トンとも600トンとも言われたSL－7であった。規模の経済を追求し続けてきたコンテナ船の大型化・高速化が一段落し足踏み状態を迎えた。新造コンテナ船の建造では既存コンテナ船より低速化し、ディーゼル機関を搭載し、省燃費性能を強化した。これと並行して就航中コンテナ船についても減速運航をはじめ主機換装、大型化改造、推進器換装など様々な工夫をこらし省燃費運航が図られた。

　石油危機に伴う世界的不況が浸透し、新たなコンテナ船の就航を鈍化させたものの、船腹需給面では投資意欲に燃える新興船主が旺盛な発注を続けていることに加え、既存コンテナ船の代替発注、減速運航、主機換装や大型化

改造など工事中不稼働に伴う追加船腹需要が生じたことも見逃せない。造船会社にとって妙味があるタンカーの受注が激減した。造船会社は競って値引き要請に応じ、手持ち工事量を確保するため赤字覚悟で建造を引き受ける受注競争が造船不況を招いた。造船不況により新造船の建造船価の低落を見越し、新規発注に動き出すコンテナ船社が現れた。とりわけ目立ったのがマースクとエバーグリーンの両社。第4章で記したとおり、マースクは68年5月、川崎汽船と共同で「川崎 マースクライン」（KML）として欧州同盟に加盟した。両社は73年末にKMLを解消した。

マースク、セミコンテナ船を代替し積極策に転換

提携解消の背景にはコンテナ化への取り組み姿勢の違いがあった。欧州航路のコンテナ化が不可避の情勢下で、当時、パレット輸送方式を採用するマースクがコンテナ化に消極的であった。川汽にはマースクのコンテナ化への対応が消極的と映った。マースクとのたもとを分かち川汽は単独で欧州同盟に加盟し、コンテナ化を急ぎ、コンソーシアム、エース（ACE）・グループを結成した。一方、第1次石油危機が発生した73年12月末時点で、マースクはコンテナ積載数3,250TEU（1隻当たり250TEU積みと推定）のセミコンテナ船13隻を運航し、香港起こしシンガポール、基隆、神戸、東京、ロサンゼルス、オークランド（復航だけ寄港）、ニューヨーク、フィラデルフィア、ボルチモアに寄港する極東・日本/米国西岸/米国東岸航路でセミコンテナ船によるウイークリー・サービスを実施している。

KML解消後の75年9月から同航路に1,815TEU積み6隻と1,942TEU積み3隻の新造コンテナ船9隻を投入し、従来のセミコンテナ船を一挙に代替、ここを分岐点にコンテナ船の運航船腹量を拡充し積極策に転換したことになる。

81年11月から82年3月にかけて2,500TEU積みコンテナ船4隻を発注し、投入船の大型化を目指した。極東・日本/北米航路でPSW・PNW航路を分離、独立させ、復航サービスの強化に重点を置く北米航路の再編計画を固めた。続いて欧州同盟に攻勢をかけた。

81年11月、年間積み取りシェア拡大と英国への寄港権を要求し、欧州同盟に脱退通告を突きつけた。欧州航路は船腹過剰に伴う激しい過当競争によって運賃水準が大幅に低下し、航路秩序の回復が急がれる状況に直面していた。同盟側には東南アジア地域での強力な盟外船社エバーグリーンとの間で運賃協定、積み取りシェア協定など具体策について協議を進めており、マー

スクの同盟脱退を回避したい事情があった。結局、同盟とマースクはマースクの同盟残留を前提に85年末までの期限付き「ニュー・メンバーシップ・アグリーメント」なる協定を新たに結ぶことで合意し、脱退問題は半年ぶりに決着した。第6章で記したとおり、当時、欧州同盟は強固な閉鎖型同盟として、3コンソーシアムを基盤にインター・グループ・アグリーメント（IGA）によって同盟加入船社の年間積み取りシェアを固定し、競争を制限して利潤の安定化を維持していた。

マースクは同盟と新協定を結ぶことによってIGAシェア8％を確保するとともに、英国、アイルランドを含む北欧州諸港での積み揚げ権も認められた。同盟内外から要望が寄せられていた運賃体系見直しについても結論を出した。同盟は82年7月からコンテナ単位の品目別ボックス・レート（CBR）の導入を決めた。手始めに復航で実施し、その後往航に広げる手順を決めた。CBR導入はマースクが求めていた運賃体系でもあり、マースクは同盟の対応次第では同盟脱退を辞さない構えをみせていたので、同盟が大転換を迫られた背景にはマースクの強い思惑があった。かつて同盟加入に際して盟外船活動を辞さない強硬姿勢で臨んだマースクが今度は権益拡大でも存在感を印象付けた局面であった。なお、IGAは既述のとおり、3コンソーシアムの中で最大コンソーシアムのトリオ・グループが90年に分裂したのを機に廃止の憂き目を見た。

79年末時点ではコンテナ船運航船腹量上位15社の中で、コンテナ船9隻を運航するマースクは11位であったが、その後1年間で15隻、1万7,514TEUを増強した。80年末時点で、コンテ船24隻、3万4,248TEUを運航し、15社中3位に躍進した。因みにその時点の1位はシーランドでコンテナ船34隻、5万8,442TEUを運航、34隻にはSL－7型8隻が含まれた。また、80年中にD－9型12隻（2万1,336TEU）が竣工した。2位がハパックロイドでコンテナ船30隻、4万3,001TEUを運航していた。前年79年末時点では1位がハパックロイドのコンテナ船24隻、3万7,371TEU、2位がシーランドのコンテナ船23隻、3万2,234TEU、1年後に1位と2位が入れ替わった。

エバーグリーン、85年にマースクを抜き首位躍進

一方、エバーグリーンは既述のとおり、台湾の起業家チャン・ユンファ（張榮發）が1968年に設立した海運会社で、75年7月から600TEU積みコンテナ船4隻を投入、極東を起点とする配船形態でコンテナ・サービスを開始し

Evergreen の創業者、張榮發会長。
Evergreen を一代で海、空の総合運輸企業に育てた。

1927 年 10 月台湾生まれ、2016 年 1 月死去。独学で航海士の免許を取得、船長を務めたのち、1968 年に 42 歳で Evergreen Marine（張栄海運）を設立、中古の在来船でアジアを起点に中東、南米・カリブ航路で在来サービスを開設、1975 年にアジア～北米東岸航路でコンテナサービスを開始、1984 年に 2,700TEU 型 24 隻で 1 航海 80 日の世界初となる東西双方向の世界一周ウィークリーサービスを開始、成功し、グローバル船社となった。1989 年に EVA Airways（張栄航空）を設立、1991 年に日本を含むアジア、欧米路線を開設したほか、台湾、中国、タイにホテルチェーンを展開、文化事業で交響楽団を持つ。2012 年春に日本への観光客誘致、東日本大震災への援助から旭日重光章を叙勲した。

た。サービス開始後、直ちに大型化の改造工事を実施する一方、代替船として大型新造船を発注した。台湾と日本の造船所で同一船型を大胆に連続建造し建造コストを抑制した。79年末時点で、エバーグリーンはコンテナ船15隻、1万6,244TEUを運航し、15社中13位であったが、翌80年末に15隻、1万9,456TEUで前年に比べ3,212TEU増やし、大型化を図り15社中9位に順位を上げた。

82年5月の2,728TEU積みコンテナ船16隻の同一船型の一括発注を断行し、85年にはコンテナ船31隻、4万6,852TEUを運航し、前年の15社中9位から2位のマースクを抜き首位に躍り出る勢いを見せた。その後、同一船型の連続建造は2,728TEU積みから3,428TEU積みに大型化した。85年を起点に10年刻みに両社の隻数、コンテナ船腹量（TEU）、順位の推移をみると、マースクは95年、71隻、16万2,153TEU、1位、2005年、327隻、91万335TEU、1位、2015年、611隻、304万6,779年、1位とコンテナ船業界の首位の座を占めけん引し続けた。エバーグリーンは95年、42隻、12万4,273TEU、4位、2005年、148隻、43万3,958TEU、3位、2015年、202隻、94万1,964TEU、5位と首位の座をマースクに譲り渡して以降、順位に変動が見られるものの、上位5社以内の順位を守り続けている。

新造船の船価はその時々の国際市況に影響を受けるため、コンテナ船の建造コストの差は発注する時期と発注の仕方によって発生する。マースクが総合コングロマリットのAPモラー・グループに所属し、海運市況に左右されることなく安定的に資金調達でき、戦略的な船隊整備を図ることで高く評価され、加えてグループ内にオデンセ造船所をかかえていることが新造船建造で有利に働くと言われてきたが、2012年にオデンセ造船所は売却された。

APLの発想の転換が大型化テンポを加速

　コンテナ船大型化の歴史を振り返るとき決まって登場するのが、1988年に太平洋航路に就航したアメリカン・プレジデント・ライン（APL）の4,340TEU積み、「プレジデントトルーマン」である。752TEU積みの日本船社初のコンテナ船箱根丸が就航して以来、ちょうど20年経った時点に船型の大型化の転換点を迎えた。それまでコンテナ船の大型化はパナマ運河の通航制限を念頭に置き検討された。APLはパナマ運河の通航制限を超えるコンテナ船の就航を断行、従来の常識を打ち破った。発想の転換である。スエズ運河の通航再開から13年が経っていた。プレジデントトルーマンの就航を機に船幅がパナマックス幅を超える船という意味で、「オーバー・パナマックス」とか「ポスト・パナマックス」と呼ぶコンテナ船が建造され、大型化に拍車をかけ、大型化更新のテンポを加速した。先行者メリットが長続きしないのがコンテナ化の宿命である。当然、APLの後塵を拝したくない他のコン

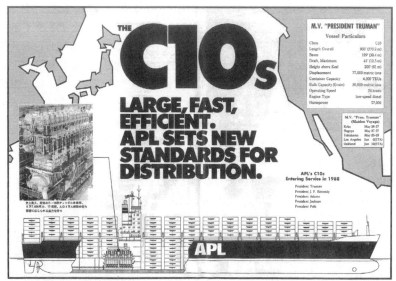

C10 型コンテナ船（世界初のノン・パナマックス船）
　American President Lines（米国）が 1988 年 5 月に PSW（日本～カリフォルニア）に 5 隻投入した全幅が 39.3m(オンデッキ最大 16 列)の世界初のノンパナマックス型(当時)4,300TEU積みコンテナ船。ディーゼル主機は 5.7 万馬力で世界最強（当時）、航海速力 24 ノット。U.S. Lines（米国）のジャンボ・エコノシップは 4,500TEU だったが、全幅は 32.3m（オンデッキ 10 列）以下で、運河通峡が可能だった。

テナ船社がオーバー・パナマックス型コンテナ船の建造に走り、様相が一変する。

　日本船社として初めて郵船が94年12月、欧州航路に4,743TEU積みオーバー・パナマックス型コンテナ船を就航させ先駆けた。その2年後の96年に就航したマースクのレジナマースクは6,416TEU積みで、6,000TEU積みを超した。郵船は97年から日本船社の先陣を切って、6,200TEU積み5隻シリーズを半年間で投入した。97年にはマースクが公称7,060TEU積み「ソブリンマースク」を就航させ先行したが、最大で8,736TEUのコンテナを積載可能と言われた。

シーランド買収で世界最大コンテナ船社誕生

　20世紀末にコンテナ船の船型の大型化は8,000TEU超を視野に入れた時代を迎えた。99年に入って、マースクによる南アフリカのサウス・アフリカ・マリン・コーポレーション（サフマリン）の定期船部門の買収、シーランドの事業分割と分社化、マースクによるシーランドの外航コンテナ輸送部門の買収などが相次いで起き、世界のコンテナ船市場を揺るがした。まず、APモラー・マースクが同年2月にサフマリンからサフマリン・コンテナ・ラインズ（SCL）を含む定期船部門を2億4,000万ドルで買収することで合意した。買収後もSCLはアントワープに本社を置き、運航隻数約50隻、運航船腹量8万TEUを独立運営し、アフリカを中心に西・中央アジアでコンテナ・サービスを継続した。続いて同年3月、シーランドを傘下に収めるCSX コーポレーションがシーランドのコンテナ船およびコンテナ・ターミナル運営事業を3分割し、分社化する事業再編案を明らかにした。コンテナ船事業を外航と内航の二つの事業会社、ターミナル事業も別会社でそれぞれ運営し、収支を明確化することによってサービスとコスト競争力の強化を狙った。98年に140万TEUのコンテナ貨物を取扱った。国内では米国本土とアラスカ、ハワイ、プエルトリコを結ぶ航路でコンテナ船16隻を運航している。ターミナル事業は米国以外でも26カ所で運営している。95年以降、太平洋航路の北米向け東航の運賃水準が急落し、コンテナ船社の採算が大幅に悪化した。98年からアジア発の荷動き活発化を背景に、運賃値上げの動きが出てきたが、運賃が下落前の水準に戻らず、依然として船社経営は厳しい。シーランドについてもここ数年、身売りのうわさが絶えなかった。そして同年7月、マースクを傘下に収めるAPモラー・グループとシーランドを傘下に収めるCSX コーポレーションとの間で、マースクがシーランドの外航コンテナ船事業を買収することで合意し

た。買収対象はコンテナ船、コンテナ、香港など一部を除くコンテナ・ターミナルのほかCSXに対するリース債務で、買収金額は8億ドル。99年年初時点で、シーランドは79隻を運航、約20万TEUを取り扱っている。マースクは買収後、マースクの米国現地法人マースク・インクが本社を置く、ニュージャージー州マジソンで「マースク・シーランド」の名称を使いコンテナ船事業を運営することを明らかにした。運航船腹量は両社合わせて約250隻、50万TEU超となり、運航シェアも10％を上回った。マースクは05年のP＆Oネドロイド買収を機にマースク・シーランドのライン名をオリジナルの「マースク・ライン」に戻した。さらに19年11月以降、法人名を「マースクAS」に変更した。この機会に本書文中では社名を正確に表現することが煩雑になると考え、特段区別して表記する必要がある場合を除き、敢えて通称「マースク」で統一して表記することを断っておく。

　マースクはシーランド保有の米国籍船を引き受けることによって、米安全保障計画（MSP）に基づき米国の国家安全保障上の利益の順守を義務付けられる。外国航路に就航中の米国籍船はシーランド19隻、マースク4隻で、このほか米国政府との間で船舶管理契約を結んでいる船舶などがマースクの25隻。マースクは米運輸省海事局（MARAD）にシーランドの補助金受給船15隻の米国籍船舶管理会社「USSM」への移管を申請し、MARADは同年12月に認可した。これによってマースクによるシーランド買収手続きはほぼ完了した。

　この買収は米独禁法当局と欧州委員会が承認済みで、運航船腹量約250隻、55万TEU、船腹量シェア12％の世界最大のコンテナ船社が正式に発足する運びとなった。

　米国現地法人マースク・インクの補助金受給船はすでに対象となっている4隻とシーランドの15隻を合わせて19隻に増えた。なお、シーランドの外航コンテナ輸送部門の売却後、CSXはシーランドの内航コンテナ輸送と香港など一部のコンテナ・ターミナル事業の運営に特化した。事業を継承したCSXラインズ・エルエルシーは03年2月に投資ファンドが設立したベンチャー企業、ホライゾン・ラインズに3億ドルで売却した。ホライゾン・ラインズは14年末にサービスを中止、アラスカ航路をマトソンに、ハワイ航路をPashaに、それぞれ売却、プエルトリコ航路は中止した。また、シーランドの香港、アデレード（豪）、ゲルマースハイム（独）、リオハイナ（ドミニカ）のターミナル事業を継承したCSXワールド・ターミナルズ・エルエルシーは05年2月にアラブ首長国連邦（UAE）のドバイ・ポーツ・インターナショナル FZEに11億

4,200万ドルで売却した。マースクとシーランド両社は良好な提携関係を継続してきており、いつ合併してもおかしくないというのが大方の見方であった。

　マースクは北米航路でシーランド、欧州航路でP＆OCLをそれぞれ提携相手に選び、グループを形成していたが、95年5月にP＆OCLが突如、マースクとの提携関係解消に踏み切った。P＆OCLの提携関係解消の原因の一つがP＆OCLの北米航路進出問題であった。マースクとの提携関係を解消したP＆OCLが新たに選んだ提携相手が郵船、ハパックロイド、NOLの3社で構成するグループであった。第6章で記したとおりP＆OCLの参加でアライアンスGAが発足した。GA加入によってP＆OCLは念願の北米航路進出を果たした。一方、マースクは欧州航路でシーランドとの提携を決め、両社の提携は北米・欧州両航路にまたがるグループ運航へと拡大した。有力独立船社同士で形成するグローバル・アライアンスが誕生した。

2006年に初めて年間船腹増加量100万TEU超え

　1995年時点で、マースクはコンテナ船運航船腹量18万831TEUで世界1位に躍り出ていた。マースクに世界首位の座を譲ったシーランドが運航船腹量18万TEUで2位につけていた。後にマースクがシーランドの外航コンテナ船事業を買収したことで、単独で北米・欧州両航路を運航する「メガキャリア」が誕生、多くのコンテナ船社を巻き込むグローバル・アライアンス形成の潮流を加速させるきっかけとなった。

　世紀が改まった2001年にはハパックロイドが7,500TEU積み、2002年末にカナダ船主が韓国三星重工に、公称コンテナ積載個数、8,100TEU積みを発注した。全長334㍍以上、船幅42.8㍍（上甲板横17列）の「メガ・コンテナ船」と呼ばれ巨大化を印象付けた。

　2003年にはOOCLが8,000TEU積みを就航させた。2003年に世界でコンテナ船465隻が発注された。その内、74隻が8,000TEU積み、22隻が9,000TEU積みであった。

　2004年時点では28隻の8,000TEU積み、14隻の9,000TEU積みが発注された。これらのコンテナ船が2006年以降に相次いで竣工した。2006年に竣工したコンテナ船は371隻、船腹量135万6,502TEU、解撤が12隻、1万5,466TEU、竣工から解撤を差し引いた純増が359隻、134万1,036TEUであった。

　2006年に初めて年間の船腹増加量が100万TEUを超した。2006年末に1万

TEU以上のコンテナ船は2隻、2万2,000TEUであったが、2008年8月末には14隻、16万TEUに増加した。8,000TEU以上になると、2008年8月末に186隻、163万5,000TEUを数え、コンテナ船の大型化と船隊の拡大傾向が一層顕著になった。

郵船は2006年12月から08年3月にかけて、同社にとって最大船型となる8,600TEU積みメガ・コンテナ船8隻を現代重工業とアイ・エイチ・アイマリンユナイテッドで相次いで竣工させた。コンテナ船の大型化の趨勢は9,000TEU超から1万TEU超の時代に移行していた。

リーマン・ショック発生でコンテナ化史上初めてマイナス成長

しかし、2008年9月15日、リーマン・ショックが発生、金融危機が世界に波及した。さすがに世界のコンテナ船業界は2008年から2009年にかけて世界不況に翻弄された。

2008年の世界のコンテナ荷動きは年初から8月までの累計で対前年増加率5.1％とプラスの伸びを維持したが、2009年は年初から8月までの累計で対前年増加率がマイナス8.6％を余儀なくされた。マイナス成長はコンテナ化の史上初めてのこと。世界経済のマイナス成長が第2次世界大戦後初めてのことであった。

2012年には当時、世界最大船型の1万6,000TEU積みが発注された。2013年には世界初の最大船型1万8,270TEU積みが竣工した。また、コンテナ船運航船社6社が代替により各社船隊の最大船型の記録を更新した。

マースクが1万8,270TEU積み5隻を、CMA CGMは1万6,000TEU積み2隻を、APLは1万3,900TEU積み3隻をそれぞれ竣工させた。エバーグリーンはギリシャ船主N.Sレモスから1万3,800TEU積み2隻を、郵船はオリエント・オーバーシーズ・インターナショナル・リミテッド（OOIL、香港）から1万3,100TEU積み4隻を、商船三井はNOLから1万3,900TEU積み3隻をそれぞれ新造用船した。

2013年のコンテナ荷動きは主要航路で夏場の繁忙期に活発化し、年後半にかけての落ち込みも限定的であったことが奏功し、前年比プラスで推移したが、運賃市況は新造超大型船の就航および代替既存船の転配が影響し下落した。荷動き堅調下での運賃市況下落が響き、大半のコンテナ船社が赤字に苦しむ中でマースクだけが大幅な黒字を計上し存在感を増した。

2014年のコンテナ船新造船竣工量は197隻、141万4,775TEUであった。コン

テナ船運航船社の上位20社の竣工量が164隻、137万1,866TEUで、この竣工量
は20社の既存船腹量の8％に相当した。世界ランキング1位はマースクの26
隻、22万2,047TEUで、20隻連続建造中の1万8,270TEU積み8隻を竣工させた。
2位はエバーグリーンの18隻、19万5,200TEU積みで、30隻シリーズ建造中の
8,480TEU積み10隻を竣工させ、20隻シリーズ建造中の1万3,800TEU積み8隻を
新造用船した。3位のチャイナ・シッピング・コンテナ・ラインズ（CSCL）
が10隻、11万2,800TEUを竣工させた。CSCLは2014年時点で世界最大船型1万
9,000TEU積み2隻を含む1万TEU以上の大型船を多く竣工させ、船腹量シェア
の順位を前年の16位から3位に押し上げた。

2015年の竣工量、首位MSC、2位CMA CGM、3位マースク

2015年のコンテナ船新造船竣工量は222隻、175万2,856TEUであった。コン
テナ船運航船社の上位20社の竣工量が190隻、171万8,954TEUで、コンテナ船
運航船社の上位20社の竣工量が164隻、137万1,866TEUで、この竣工量は20社
の既存船腹量の10％に相当した。

世界ランキング1位はMSCの25隻、29万9,200TEUで、25隻は全て8,800TEU
超の大型船。2位はCMA CGMの27隻、26万4,767TEUで、3位はマースクの29
隻、25万7,625TEUであった。8,000TEU以上の竣工船は126隻、152万7,000TEU
に上った。

2016年8月末時点で、世界のコンテナ船運航船社上位20社の運航船腹量は
3,341隻、1,716万3,000TEUで、船腹量は前年同月比1％減少した。船腹量で上
位3社の順位は前年と変動がなく、マーケットシェアは1位がマースクの
15％、2位がMSCの14％、3位がCMA CGMの11％で、3社合計シェアが40％に
上り、TEUベースで前年同月比8％増加した。

2016年3月、China Ocean Shipping Company（COSCO）とChina Shipping
Container Lines（CSCL）が合併して「China COSCO Shipping Corp, 上海」が
発足、同年11月に社名をCOSCO Shipping Linesに変更した。コンテナ船事業
は合併前の旧COSCOに集約され、同年8月末時点で、COSCOの隻数が89隻、
船腹量が69％、61万9,119TEU、それぞれ大幅に増加した。COSCOは順位を前
年の6位から4位に繰り上げた。

2016年6月、CMA CGMがシンガポールのNOLを買収、NOL傘下のAPLの89
隻、55万6,715TEUを吸収し、船腹量増加率を24％に伸ばした。

コンテナ・ロジスティクス・インテグレータ戦略

　2016年9月、世界ランキング1位のマースクを傘下に収めるAPモラー・マースク（APMM）がグループを運輸・ロジスティクスとエネルギーの2部門に分割する組織再編計画を2017年第1四半期から実施すると発表した。運輸・ロジスティクス部門はコンテナ船事業のマースク・ライン、コンテナ・ターミナル事業のAPMターミナルズ、フォーワーディング、サプライチェーンマネージメントのダムコ、海事サービスのSvizier、コンテナ製造のマースク・コンテナ・インダストリー（MCI）などで構成、経営を統合し、複数ブランドで事業を展開する。エネルギー部門は原油・ガス生産のマースク・オイル、プロダクト船運航で世界2位のマースク・タンカーズの他マースク・ドリリング、マースク・サプライ・サービスを加えた4社で構成、グループから24カ月以内に分離・独立させる。この組織再編計画に基づき、APMMは2017年8月、フランスの大手石油資本トタルとの間で、マースク・オイルが北海を中心に外洋掘削ドリル22基により日量55万バレルを生産し、50年以上の権益を持つ油田、ガス田事業を50億ドルで売却することで合意した。

　海外経済有力紙はトタルによるAPMMの石油・ガス事業買収話を「再び脚光浴びる北海油田」と報じた。マースク・タンカーズは投資会社APモラー・ホールディング・インベストに売却した。APMMはコンテナ・ロジスティクス・インテグレータを標榜し、ロジスティクス＆サービスの名称で提供するロジスティクス部門に集中投資し、2023年までに2018年比で売上高3割増を目指した。

"Marstal Maersk"（18,340TEU）
当時、世界最大船型の Triple E 型。2014 年にお披露目のため、就航前に建設中の横浜港南本牧
MC-3 に臨時寄港した。

コンテナ船の船腹量シェアで世界ナンバーワンを維持し続けるマースクが船型大型化の自社最大記録を更新、1万9,000TEUを達成し、経営資源をロジスティクス部門に集中し、サプライチェーン全体を事業として捉える垂直統合し競争力を強める事業戦略を打ち出し、コンテナ船業界に注目された。

マースクがこうした経営戦略を鮮明に打ち出したことが影響したかどうか定かではないが、2016年10月、日本船3社（日本郵船、商船三井、川崎汽船）がコンテナ船事業を統合、合弁会社（ONE）を新設することで合意し、この合意に基づき設立された新会社ONEが2018年4月の営業開始に向けて動き始めた。コンテナ船の大型化が2万TEU超時代を迎える中で、日本船社が新たな第一歩を踏み出した。

2017年9月、スイス船社のメディテラニアン・シッピング・カンパニー（MSC）とフランス船社のCMA CGMがそれぞれ2万2,000TEU積み超大型船を発注した。上位船社による超大型船の発注が1年半振りに再開した。

2万TEU超え大型船25隻竣工、過去最大量記録

2018年、新造船が179隻、127万7,000TEU竣工した。同年の新造船竣工の特徴は2万TEU以上の超大型船25隻が竣工し、過去最大量を記録したことであった。

25隻の内訳はCOSCOの11隻、マースクの5隻、エバーグリーンの5隻、CMA CGMの3隻、そしてONEの1隻で、25隻全船が欧州航路に就航し、2019年の欧州航路の船腹供給量は前年に比べ大幅に増加した。日本船社初のコンテナ船箱根丸（752TEU積み）就航から50年経つ節目の年に、2万TEU積み以上の超大型船が過去最大の25隻竣工し、コンテナ船の船型大型化の歴史に新たな足跡を刻んだ。

2018年にCOSCOは超大型船11隻を含め19隻、船腹量30万9,388TEUを竣工させ、コンテナ船運航船社上位15社の中で前年1位のマースクと入れ代わって、首位に躍り出て中国船社の躍進振りを印象付けた。

"MOL Triumph"（20,170TEU）
商船三井の2万TEUシリーズ6隻の一番船で、2017年竣工時に世界最大のコンテナ船。ONEの運航船としてTHE Allianceの欧州航路に就航中。1.4万TEU型と比較してTEUあたりCO₂の排出量が20〜30%低い。将来の排出規制強化を見据え、LNG主機への換装可能な設計。建造はサムスン重工（韓国）。

2018年は中国の改革・開放政策導入から40周年の節目

　中国経済は中華人民共和国以来、鄧小平の改革・開放路線への移行まで長期にわたり低迷し続けたが、78年から93年まで年率9.7％成長、93年から2005年までは年率9.1％成長を達成し、改革・開放路線への転換の効果を強調した。ただ、中国の統計技術について90年代の初期まで信頼性という点で必ずしも高くなく、先進国資本の大量流入の思惑が反映した可能性が高いとみられた。鄧小平による92年の南巡講話が市場経済の推進姿勢を鮮明に打ち出し、外資の流入を爆発的に増加させた。外資は製造業を主体に流入し、その立地は沿岸部に集中した。中国の輸出額は90年代には年率15％に拡大し、80年代に1.8％であった世界シェアが2000年に3.9％、2005年に7.5％と大幅に増加した。

　2003年時点で外資企業が40万社以上、設立認可を受けており、進出企業の貿易に占める割合は輸出入とも50％を超えるといわれている。中国が発表した2010年の国内総生産（GDP）が日本を抜いて世界2位となり、米国に次ぐ経済大国として影響力を拡大した。

　2018年は中国にとって記念すべき年であった。改革・開放政策導入から40周年を迎えた。改革・開放政策は文化大革命（1966〜76年）の教訓から生まれたとされる。78年2月の第5期全国人民代表大会（全人代）第1回会議で経済発展10カ年計画と新憲法を採択し、同年12月の11期3中全会で「改革・開放政策」に着手した。以来約40年間で国内総生産は224倍、国民の可処分所得が152倍になったと、物質的な豊かさが強調される。改革・開放政策が最初に導入された広東省深圳は改革・開放の最前線、先行地、実験区と呼ばれる重要拠点に変わった。特区指定前、人口3万人程度の漁村は約40年で高層ビルが林立する大都市に変貌し、中国を代表するハイテク企業が集積し「中国のシリコンバレー」と呼ばれるまでに様変わりした。

　習近平国家主席が2013年に古代の交易路をモデルに経済圏構想「一帯一路」を提唱した。この交易路の発着点だったイタリアが習氏の業績を誇示する格好の舞台となった。習氏は19年初めての外遊先に欧州を選んだ。18年末にはスペインとポルトガルを訪問しているだけに、極めて異例の日程と映った。米中摩擦が長期化すると見る中国が欧州への接近を強めている。中国、イタリア両国は19年3月に習氏提唱の経済圏構想「一帯一路」に関する覚書を締結した。主要7カ国（G7）が一帯一路に参加するのは初めて。

中国は欧州連合（EU）内のイタリアを抱き込むとともに港湾拠点を確保することで、欧州での米国主導の対中包囲網を突き崩したい中国の深謀遠慮が垣間見えた。「一帯一路」覚書締結を機にイタリア北部ジェノバ近郊の港町「バードリーグレ」で大型コンテナ船が入港できるコンテナ・ターミナルの建設が決まった。イタリア経済は08年の金融危機の打撃を受け、この町でも企業倒産が相次ぎ、地元経済のテコ入れ策として港の拡張工事を計画、出資者を募っていた。開発への出資を申し出たのがCOSCOであった。COSCOは16年にギリシャ最大のピレウス港の運営権を掌握していた。COSCOは中国企業として初めて、イタリアの港湾整備で40％出資した。EUは中国を地球温暖化などの共通目標に向かう提携相手とみなす一方、貿易や先端技術の主導権を争う競合相手と位置づけた。一帯一路について中国とEU加盟国の2国間で協議することが最良策ではないと、イタリアの対応をけん制する動きが表立ち波紋を広げた。経済分野で一定の成果を上げた改革・開放政策ではあったが、思わぬ逆風が吹いた。

　中国の台頭に危機感を強めるトランプ米政権が中国との貿易戦争に踏み切った。米中2大経済大国が互いに追加関税をかけ合う貿易戦争に突入した。一年経過したところで首脳会談を開き「一時休戦」で合意したものの、米中貿易摩擦の影響は世界経済に重くのしかかっている。首脳会談での「一時休戦」の再合意を繰り返すかたちで着地点を摸索しているものの、米側の政権交代を機に覇権争いが収束に向かうのか先行き不透明である。

　ここでCOSCOの会社沿革をさらってみる。1961年4月に中国交通部直属の国営船社として設立された。中国初の国際海運企業として誕生した。コンテナ輸送は改革・開放政策導入の1978年9月、上海COSCOの162TEU積みセミコンテナ船が上海から豪州向けに就航したのが始まりであった。94年1月、北京の総公司にコンテナ船事業を統括する部門としてCOSCO Container Lines（COSCON）を新設した。97年7月、COSCOに次ぐ中国第2位の大規模海運集団（グループ）のChina Shipping Groupが発足した。同年11月、天津、大連、上海、広州に海運事業の部門別新会社を設立し、コンテナ部門を上海COSCOと一体化させ、会社組織の「COSCON」として再出発した。既述のとおり、2016年3月、中国政府の国営企業再編計画の一環としてCOSCOグループとChina Shippingグループが合併し、新会社 China COSCO Shipping Corp,上海が発足した。新会社は同年11月、上海に本社を設け社名をCOSCO Shipping Linesに変更した。新会社発足後のコンテナ船事業は旧COSCOに集約され、COSCOの船腹量が大幅に増加した。COSCO傘下のターミナル事業会社

COSCO Pacific Ltd, は China Shipping 傘下のChina Shipping Ports Development と合併し、16年7月に社名をCOSCO Shipping Portsに変更した。ターミナル部門の同社は世界でコンテナ・ターミナル47を含む51ターミナルに資本参加し、年間1億20万2,200TEU（2017年）を取り扱い、世界ランキング1位の実績を残した。さらにCOSCOグループは上海国際港務グループ（SIPG）と共同で香港のOOCL親会社のOOILの買収に乗り出し、2018年7月に買収手続きを完了した。

　COSCOによるOOCLの買収に伴い、OOCLが運営権を保有していたロングビーチ・コンテナ・ターミナル（LBCT）の中国企業への売却について、対米外国投資委員会（CFIUS）が国家安全保障上の懸念を表明した。このため米国の第三者機関にいったん信託した後に入札を実施、19年10月にインフラ事業持ち株会社のMacquarie Infrastructure Partners（MIP）が率いるコンソーシアムにLBCT株式100％を17億8,000万ドルで売却、OOCLが向こう20年間LBCTを利用し続けることを取引条件に合意した。LBCTは17年10月に第2期工事を完了し、19年10月現在、総面積197エーカー、2バース、岸壁延長2,750フィートにガントリー・クレーン12基が稼働している。20年完成予定の工事が完了すると、総面積305エーカー、4,250フィート岸壁でガントリー・クレーン14基が稼働し、2万2,000TEU積みコンテナ船3隻が同時に荷役でき、大気汚染物質の排出を半減させる自動化技術を導入する最新鋭ターミナルに装いを新たにする。米経済誌フォーチューン発表の世界企業番付「フォーチューン・グローバル500」2019年版で、海運会社としてChina COSCO Shippingが前年の335位から279位へ56位も順位を繰り上げたのに対し、APMMは305位から294位へ11位の繰り上げにとどまり、COSCOが初めてマースクを抜いた。

　COSCOは改革・開放政策導入から40周年の節目の年にコンテナ船業界で欧州勢に対抗する確固たる地歩を固めた。

CMA CGMも2018年に創業40周年迎える

　2018年に創業40周年を迎える有力コンテナ船社があった。CMA CGMである。レバノン系フランス人ジャック・R・サーディ（18年6月死去）が1978年、コンパニエ・マリタイム・ド・アフレイトメント（CMA）を設立、1隻でベイルート、ラタキア、マルセイユ、リボルノ航路を開設した。一方、コンパニエ・ジェネラル・マリタイム（CGM）は1973年にメサジェリー・マリテイム（MM）とCompanies Generals Trans Atantique（CGT）の合併により

発足したフランス国営船社。CGMは同年7月に極東～欧州航路のコンソーシアム、スカンダッチ・グループにフランスを代表する船社として参加した。その後77年4月にマレーシア国営船社マレーシアン・インターナショナル・シッピング（MISC）が同グループに参加し、欧州大手5社とMISCで構成するグループとなった。しかし、CGMは92年、成績が振るわず不採算部門となった大西洋航路から撤退したのに続き、93年1月には運航部門を航路ごとに分社化する合理化策に着手したものの、業績が回復せず、極東～欧州航路の航権をスカンダッチ・メンバーのネドロイドとMISCの両社に譲渡し同航路からも撤退した。フランス政府はCMAの再建を支援してきたが、96年9月時点でCGMの民営化を決め、内外企業がCGM買収に名乗りを上げた。結局、フランス政府はCGMのCMAへ売却を決めた。CMAは1998年、オーストラリアン・ナショナル・ライン（ANL）の民営化の際に定期船部門を買収した。続いて翌99年にCMAとCGMが合併し、この買収を機に社名を「CMA CGM」に改めた。95年時点で、合併前のCMAはコンテナ船運航船腹量上位20社中20位（4万878TEU）だったが、2001年にはCMA CGMとANLを合わせた運航船腹量が20社中10位（14万1,770TEU）に繰り上がった。創業40年に当たる2018年4月現在でCMA CGMの運航船腹量は上位20社中3位（252万7,286TEU）に急拡大した。マースク、MSCに次ぎベストスリー入りを果たした。ターミナル部門には完全子会社のCMAターミナルズと、CMA CGMが51％、チャイナマーチャンツが49％保有する合弁会社ターミナルリンクがあり、18年にCMAターミナルズがAPLターミナル部門を含め32港で850万TEU、ターミナルリンクが13港で280万TEUを取り扱い、取扱量合計で世界ランク8位。ロジスティクス部門のシーバは160カ国以上の拠点で物流事業を展開し、海上で72万9,000TEU、航空で48万トンを取り扱った実績を残している。IT化、デジタル化を強化するため社内に最高情報責任者（CIC）ポストを設け、エクス・マルセイユ大学に技術革新を支援する起業支援拠点 Ze BOXを開設したほか、海上輸送契約のデジタル・マーケットプレイスのニューヨーク・シッピング・エクスチェンジ（NYSHEX）にハパックロイドなどとともに設立メンバーとして参画し、コンテナ追跡サービスのTRAXENSの本格的な商業利用を開始した。18年5月にはマースクとIBM（米国）が立ち上げたブロックチェーン基盤のトレードプラットフォーム「トレードレンズ」に加入した。因みにトレードレンズにはマースク、CMA CGMをはじめMSC、ハパックロイド、ONEなどが加入している。

MSC、マースクとアライアンス2M形成

　1995年時点でのMSCはコンテナ船運航船腹量上位20社中19位で、CMA CGMとともに、かろうじて上位20社に名を連ねていた。現在スイスのジュネーブに本社を構えるMSCの創業は1970年。いまなおグループ会長に就くイタリアのソレント生まれのGianluigi Aponteがベルギーのブラッセルに本社を設け、中古在来船で地中海〜ソマリアなど近海航路を開設した。M&A（企業の合併・買収）により運航船腹量やサービス網を拡大するコンテナ船社が多い中で、新造船建造と用船で船隊とサービス網を強化する経営手法が特色。非上場で業績を公開していないものの、70年創業以来、黒字経営を続ける健全経営と開設した航路から撤退していないことで名を成している。確かにMSC創業以降のM&Aの目まぐるしい変化の過程にMSCは登場しない。2001年にMSCの運航船腹量は上位20社中5位（22万9,629TEU）となり、18年4月現在には、さらに順位を繰り上げ、マースクに次ぐ2位（322万6,407TEU）に躍進した。

"MSC Isabella"（23,656TEU、2019年建造）
　2021年3月に横浜港南本牧MC-3、4にアプローチ中のMSC（スイス）が運航する世界最大級、最新鋭のコンテナ船。本船はGulsunクラスと呼ばれ、ハイブリッド排ガス浄化システムや省エネエンジン、高効率推進システムなど高い環境性能に加え、本船のコンテナ火災事故への対処を定義したDNV GLの新しいクラス表記、FCSを世界で初めて付与され。全船艙にサーマルカメラを設置し、コンテナ貨物エリアに追加の消火装置、危険性の識別を強化した消火装置などクラス表記の要件を全て満たした環境性能と安全性に優れる。全長は400mあり、デッキ面積はサッカー場4面分。MSCは1970年にジャン・ルイージ・アポンテ氏が創業、地中海起点の近海航路を運営し、航路網を拡大、1997年に極東〜豪州航路を開設し日本市場に参入、その後、太平洋、大西洋、欧州航路を運航するグローバルキャリアとなり、2022年1月にA.P. Moller-Maersk（デンマーク）の総船腹量を抜き、世界最大のコンテナ船社となった。2022年3月現在の総船腹量は655隻、430万8,612TEUで世界全体の17%（Alphaliner調べ）を占める。子会社でクルーズ客船運航のMSC Cruisesも船腹量、乗船客実績で世界一（写真：国交省関東地方整備局提供）

MSCは2015年にマースクとアライアンス2Mを形成、2社による共同配船協定（VSA）を締結し、世界最大のアライアンスの一角を占めた。MSCは市況変動が激しいコンテナ事業で東西航路と南北航路の組み合わせ運航により収益を均衡させ、コンテナ・ターミナル、ロジスティクス、フェリー、クルーズ客船などの事業に分散投資している。2000年設立のコンテナ・ターミナル運営会社ターミナル・インベストメント・リミテッド（TIL）は世界29カ国で54港のターミナルで合弁運営し、年間約5,400万TEUを取り扱い、世界6位にランクされたと伝えられている。ロングビーチ港でTILは同港最大のターミナルPier T（運営者：トータル・ターミナルズ・インターナショナル）をHMMと合弁運営している。ニューヨーク・ニュージャージー港ではNY/NJ港湾局とポート・ニューアーク・コンテナ・ターミナル（PNCT）のリース契約を結んでいる。アントワープ港では最新・最大のDeurganck Dock 、Delwaide Dockのターミナル、MSC PSA European Terminal（MPET）をPSAと合弁運営している。ロジスティクスのメドログはプロジエクト貨物から冷凍貨物まで取り扱い、トラック、鉄道、バージ輸送を組み合わせ、顧客の要望に応じ、通関を含むドア・ツー・ドアサービスを提供している。フェリー部門には地中海クルーズフェリーのGrandi Navi Veloci（GNV）、アドリア海を横断してイタリアとクロアチアを結ぶ南ヨーロッパ最大規模のフェリー会社Societa Navigazione Alta Velocita（SNAV）などがある。クルーズ客船事業には1989年にフロタ・ラウロ・ラインを買収して参入、95年に社名をMSC クルーズ（本社・ナポリ）に変更した。同社は欧州籍最大のFantasia Class（乗客定員4,363人）をはじめ17隻の低船齢の客船を通年で運航する。2018年の乗船実績は240万人を数えた。2021年5月、世界最大級の新造客船MSCベリッシマ（乗客定員5,700人）を日本市場に投入、九州と大阪を巡るクルーズと瀬戸内クルーズをそれぞれ8日間実施する計画を公表している。

　2017年までアライアンス2Mが大型船を相次いで竣工させ主導権を発揮した。マースクとMSCに次いでCOSCOが超大型船を欧州航路へ就航させ、COSCOが属するオーシャン・アライアンス（OA）の主要航路での船隊大型化を進展させた。コンテナ船の船型大型化の推移と主導権を握るマースク、CMA CGM、MSC、COSCO各社の概況について併せて言及した。

　マースクがグループ内の事業部門を再編し、持てる経営資源をコンテナ船などロジスティクス部門に集中投資する不退転とも受け取れる事業戦略を実行に移した。コンテナ輸送サービスでコンテナ船からサプライチエーン全体を事業として捉える垂直統合により競争力を強化するビジネスモデル。マー

スクをはじめCMA CGM、MSCなど欧州勢を中心に広がっている。古くは石油業界が自前で原油を開発、調達、輸送し、自社工場で精製加工して製品に仕上げて販売する方式を垂直統合のビジネスモデルとして導入した。海運界にも事業再構築の長期ビジョンにロジスティクス＆メガキャリア（L&M）構想を盛り込む日本船社が現れた。海運業を中核に総合物流企業を目指し、原料物流の川上部門と製品物流の川下部門を併せ持つメガキャリア部門と総合物流を担当するロジスティクス部門が協力し合い施設や情報を供用しロジスティクス部門の拡大を図るという構想であった。

　日本船3社は現在でも「総合物流企業」イメージを堅持し続け、看板を塗り替えていない。2020年3月末時点で日本船3社の海外ターミナル事業のONEへの移管が未了のままである。かつて日本船3社がかかげていた総合物流企業構想と現状では格差が生じ、現時点のONEはコンテナ船事業に特化した事業戦略に基づき運営されている。コンテナ船事業特化の事業戦略を展開しているのはONEだけではない。欧州船社のハパックロイドや台湾のエバーグリーンもONEと同一方向を指向している。

　COSCOを含めた垂直統合を主軸とする船社とコンテナ船事業特化を主軸とする船社との間で事業戦略を巡っての二極化が進行している。3アライアンスがコンテナ船業界をけん引する中で事業戦略の二極化が今後どのような形で現れるのか注目される。ここで船型大型化に話題をもどす。

　2万TEU以上の超大型船は2018年に過去最大の25隻が竣工した。また、3,000TEU未満の小型船が過去4年で最大の竣工量の96隻に上った。超大型船の追加投入に伴い、超大型の母船が寄港できない港をカバーするフィーダー船の代替やアジア域内サービスの強化に向け船隊の新陳代謝が進展した。

　2018年のコンテナ船総発注量は175隻、115万TEUで、前年比で92隻、44万2,000TEU増加した。船型別では3,000TEU未満の小型船が2015年の100隻を上回る106隻の大規模発注となる一方で、1万8,000TEU以上の超大型船の発注は前年の20隻に比べ12隻にとどまった。これによって2021年以降の竣工量は超大型船と小型船を中心に更に増加する見通しとなった。

　2019年10月、エバーグリーンが6隻、MSCが5隻計11隻の2万3,000TEUの超大型船の発注を発表した。アジア/欧州航路に就航する2万2,000TEU超の大型コンテナ船の新造船価は2015年以降下落してきたが、2017年にボトムアウト（底入れ）し、2018年に1億4,900万ドルまで回復したものの、再び2020年10月には1億4,400万ドルまで下落している。1万1,000TEU型の新造船価の約1.5倍相当の船価で、その倍のキャパシティーの船がつくれることから、超大型船へ

の投資が進んだことが良く分かる（「世界のコンテナ輸送と就航状況」2020年版）。

2019年8月末時点のコンテナ船就航状況

　2019年8月末時点のコンテナ船供給量は5,237隻、2252万5,000TEU。前年同月末比で、隻数は3,000TEUおよび5,000～7,999TEU型が49隻減少し、3,000～4,999TEU型が3隻、8,000～1万3,999TEU型が4隻、1万4,000～1万7,999TEU型が28隻、1万8,000TEU型以上が19隻計54隻増加し、総隻数は5隻増となり、船腹量は80万6,003TEU、3.7％増加した。平均船型は前年比で150TEU大型化し、4,301TEUとなった。

　航路別配船状況をみると、航路別シェアは東西航路が54.1％、南北航路が20.7％、アジア域内・欧州域内が14.4％、その他が10.8％で、東西航路と南北航路が9割弱を占めている。東西航路のうちアジア/欧州航路が航路別シェア22.2％を占め、船腹量が最も大きい。船腹量は500万3,000TEUと前年同月比6.4％増加し、隻数は船型大型化により1隻減少し345隻となった。平均船型は全航路最大の1万4,041TEUとなった。

　船型別隻数は1万3,999TEU型未満が31隻減少し、1万4,000～1万7,999TEU型が25隻増加した。北欧州航路で2万TEU超の大型船16隻が竣工し、これに伴い、北欧州航路から1万8,000～1万9,999TEU型の既存船が地中海航路に転配され、船型が大型化した。

　航路別シェアでアジア/欧州航路に次ぐアジア/北米航路が16.9％を占め、船腹量は381万3,000TEU、前年同月比5.2％増加し、隻数が12隻増加し450隻となった。平均船型は314TEU大型化し8,611TEUとなった。船型別隻数は5,000～7,999TEU型が20隻減少する一方、地中海航路および中東・南アジア航路からの転配や新造船の投入とみられる8,000～1万3,999TEU型、23隻および1万4,000～1万7,999TEU型5隻がそれぞれ増加し、とくに北米西岸航路で船型の大型化が進んだ。船腹量と隻数で大きな変化が見られなかったのが欧州/北米航路で、船腹量は前年同月比0.2％微増の107万3,000TEU、隻数は1隻減少し、211隻、平均船型は162TEU大型化し、5,223TEUとなった。船型別隻数は3,000TEU型未満が9隻減少する一方で、5,000～7,999TEU型が6隻増加するなど計8隻増加し、大型化が進んだ。

　東西航路の中で、前年同月比の船腹量が最大の減少率となったのがアジア/中東・南アジア航路。米国のイラン経済制裁に伴い中東域内経済情勢が悪化

し、船腹量は前年同月比8.5％減の168万2,000TEU、隻数は39隻減少し279隻となった。平均船型は362TEU大型化し、6,160TEUになった。船型別隻数は5,000TEU型未満が27隻、8,000〜1万3,999TEU型が21隻、1万4,000〜1万7,999TEU型が1隻、それぞれ減少し、サービス数減少により船腹量が減少した。その一方で、5,000〜7,999TEU型が4隻、1万8,000TEU型が6隻それぞれ増加し、大型船投入によるサービスの改編が図られた。

　欧州/中東・南アジア航路の船型別隻数は1,000〜2,999TEU型が7隻、3,000〜4,999TEU型が3隻、8,000〜1万3,999TEU型が3隻、それぞれ減少しただけで、その他の船型で隻数が増えず、船腹量が6.1％、3万9,498TEU減少し、61万3,000TEUとなった。

　次に南北航路のコンテナ船配船状況を概観する。アジア/中南米航路の船腹量は前年同月末比2.4％増の136万2,000TEUで、隻数は5隻増加し、163隻となった。

　平均船型は前年8,426TEUから微減の8,420TEUとなった。船型別隻数は3,000TEU型未満が3隻減少し小型船がなくなる一方で、5,000〜7,999TEU型が7隻、8,000〜1万3,999TEU型が2隻、それぞれ増加し、船型の大型化が進められた。

　アジア/アフリカ航路はアフリカ域内の経済発展を反映し、船腹量は前年同月末比6.9％増の97万9,000TEUで、アジア域内航路に次ぐ増加率となり、隻数は9隻増加し、191隻となった。

　平均船型は大型化し、5,422TEUとなった。船型別隻数は3,000TEU型未満が4隻減少した。一方、3,000〜4999TEU型が8隻、5,000〜7,999TEU型が3隻、8,000〜1万3,999TEU型が1隻、それぞれ増加し、船型の大型化に加え隻数増加によるサービスの拡充が進められた。

　アジア/オセアニア航路は豪州資源需要の減少に伴う豪州経済の伸び悩みが響き、船腹量が前年同月末比4.0％減の52万9,000TEU、隻数は5隻減少し、125隻となった。船型別隻数は3,000〜4,999TEU型が5隻、8,000〜1万3,999TEU型が2隻、それぞれ減少し1,000〜2,999TEU型と5,000〜7,999TEU型がそれぞれ1隻増加したものの、投入船の減少により船腹量の削減が進んだ。

　アジア域内航路の船腹量は前年同月末比7.7％増の237万3,000TEUとなり、中国国内輸送の旺盛な需要に支えられた。隻数は12隻増加し、1,165隻、平均船型は126TEU大型化し、2,037TEUとなった。

　船型別隻数は3,000TEU型未満が12隻減少し、3,000〜4,999TEU型が13隻、5,000〜7,999TEU型が5隻、8,000〜1万3,999TEU型が2隻、1万4,000TEU型が4

隻、それぞれ増加し、船腹量の拡大を読み取れた。

アジア域内航路の伸び、アジア/欧州航路とアジア/北米航路を上回る

　2019年8月末時点でアジア域内航路には3,000TEU型未満のコンテナ船が953
隻就航しているが、今後、3,000TEU型未満が減少する一方で、3,000TEU型超
が増加する配船状況が続くことを示唆している。船腹量の増減率で、アジア
域内航路が7.7%増の伸びを見せた。6.4%増のアジア/欧州航路、5.2%増のア
ジア/北米航路を上回った。とりわけReach Shipping Lines（中国）の存在が
ひときわ目を引く。同社は中国/台湾/マレーシア航路に平均船型1万4,500TEU
積み4隻を投入し、年間52航海のサービスを実施している。同社は船腹量5万
8,000TEU、シェア2.44%を占め、アジア域内航路に配船する160社の中で10位
にランクされている。なお、同社は19年8月末時点で撤退している。

　改めて2018年の世界のコンテナ荷動きを見ると、航路別シェアは東西航路
が約37%、南北航路が約15%、域内航路が約48%であった。前年比伸び率は
東西航路が2.3%、南北航路が2.9%にとどまり、世界全体の伸び率5.5%に対す
る寄与は限定的であったが、中国の国内輸送が14.9%増と高い伸びとなり、世
界全体の伸び率を大きく引き上げた。8割が国内貨物輸送、2割が輸出入貨物
の国内フィーダーで、船腹量7.7%増の背景には減税政策による国内製品輸送
の増加やインフラ投資増が国内輸送需要の拡大に貢献したと見られている。

カスケーディング

　ある航路で新造船の投入により船型を大型化する際に、既存船舶を玉突き
状に他航路に転配し、順次航路間で転配が繰り返され複数航路の船型が大き
くなることをカスケーディングと呼んでいる（「世界のコンテナ輸送と就航
状況」2019年版）。航路・船型別の隻数増減の比較表からカスケーディング
の傾向を読み取ることができる。

　8,000～1万3,999TEU型の場合、アジア/欧州航路で16隻、アジア/中東・南
アジア航路で21隻それぞれ減少したのに対し、アジア/北米航路で23隻、欧州
/中南米航路で5隻それぞれ増加した。

　5,000～7,999TEU型の場合、アジア/北米航路で20隻、アジア/欧州航路で5
隻それぞれ減少したのに対し、アジア/中南米航路で7隻、欧州/北米航路で6
隻、アジア域内航路で5隻、アジア/中東・南アジア航路で4隻それぞれ増加し

た。

　3,000～4,999TEU型の場合、アジア/欧州航路で9隻、アジア/中東・南アジア航路で15隻それぞれ減少したのに対し、アジア域内航路で13隻、アジア/アフリカ航路で8隻、欧州/中南米航路で8隻、欧州域内航路で7隻それぞれ増加した。アジア/北米東岸航路ではアジア/欧州航路からのカスケーディングとみられる1万～1万3,999TEU型を中心の大型船への代替が進んだ。

パナマ運河拡張工事と限界船型緩和

　第1章でパナマ運河とスエズ運河の拡張工事について記した。パナマ運河拡張工事以前は4,000～5,300TEU型超のいわゆるオーバー・パナマックスコンテナ船はスエズ運河経由で運航された。2016年6月26日、パナマ運河の拡張工事が終了し、限界船型が緩和され、最大1万3,000～1万4,000TEU型の通航が可能となった。これに伴い、アジア/北米東岸航路への投入船が大型化した。同航路のパナマ運河経由の平均船型はパナマ運河拡張工事終了後の2017年6末時点で、拡張工事前の前年同月末に比べ2,003TEU大型化し、さらに2019年8月末時

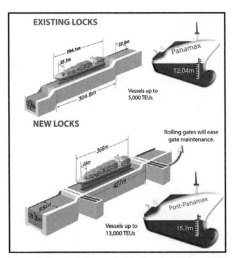

Figure 6: Comparison between the dimensions relating to the old and new locks (Autoridad del Canal de Panamá, 2012)

パナマ運河拡張後の能力比較

	拡張前	2016年6月の拡張工事完成後
通航可能コンテナ船	5,000TEUまで	13,000TEUまで
閘門（ロック）サイズ	全長304.8m×幅33.5m×水深12.8m	全長427m×幅55m×水深18.3m

パナマ運河の拡張工事

　パナマ運河の拡張で、従来、5,000TEUまでだった通峡可能船型が13,000TEUの大型船まで可能となった。環境にも配慮し、運河閘門の昇降に写真右の三連プールの水を使用し、約60％の水を再利用している。(Worcester Polytechnic Institute/Canal de Panama の "Responding to Challenges following the Panama Canal Expansion Project" から引用)

点では2015年6月末に比べほぼ2倍の8,692TEUまで大型化した。

　一方、スエズ運河経由の平均船型は2017年6月末時点では大きく変化しなかったが、2019年8月末時点では2015年6月末に比べ1,183TEU大型化し、9,062 TEUとなった。

　また2019年8月末時点でのパナマ運河・スエズ運河経由の運航船腹量・隻数をみると、パナマ運河経由の運航船腹量は127万8,000TEUで、前年6月末比10.5％増加し、隻数は9隻増の147隻、スエズ運河経由の運航船腹量は66万3,000TEUで、前年6月末比2.4％増加、隻数は増減無く73隻であった。

地球温暖化に伴う異常気象と喫水制限

　パナマ運河拡張工事以降、アジア/北米東岸航路の大型化は順調に進展し、隻数も増加してきたが、ここにきて地球温暖化に伴う異常気象が喫水制限を引き起こしかねない不安材料を提起してきた。2019年1月4日、パナマ運河庁（ACP）は未曾有の降水量不足を理由に喫水制限を前年より1か月以上前の2月11日に通常の50フィートから49フィートに引き上げた。その後も喫水制限を引き上げ続け、5月28日には43フィート（13.11メートル）にまで引き上げた。この喫水制限は数回の解除延期を経て7月25日まで続き、漸く45フィートに変更された。この喫水制限期間中、アジア/北米東岸航路で積荷制限が発生したため、代替の中型コンテナ船を臨時傭船する事態が発生した。

　2019年10月末時点で、喫水制限は46フィートで通常の50フィートに届かなかった。なお、前年の喫水制限期間は3月19日から6月26日までで、喫水制限は最大48フィートであった。ACPは2019年の5カ月間は運河開通（1914年）以来、最も雨量が少ない乾季であったと説いているが、大方は今後も地球温暖化に伴う異常気象が喫水制限を引き起こすことを想定している。パナマの降水量や乾季の期間が同航路の運営に影響することは避けられず、ひいては船

型の大型化に新たな課題を投げかけた。

スエズ運河で座礁事故発生

　2021年3月23日、スエズ運河がアジアと欧州を最短で結ぶ海上の大動脈であることを周知する座礁事故が起きた。衛星写真が運河をふさぐ大型コンテナ船を鮮明に映し出した。

　全長約400㍍、全幅約60㍍の船体が北向きに船首を右岸に、船尾を左岸に接触し運河を斜めにふさいでいる。運河をふさぐコンテナ船の移動が完了するまで最大数週間かかる可能性が浮上した。原油輸送にも支障が出るとの懸念から、米国市場で原油価格が上昇した。運航停止が長期化すればロシア産原油のアジア輸出や中東産原油の欧州輸出に悪影響を与えると懸念された。座礁で影響を受けたのは原油輸送だけではない。コンテナ輸送では世界の約3割がスエズ運河を通航している。スウェーデンの家具大手イケアは欧州メディアに対し、座礁したコンテナ船をはじめ他のコンテナ船にコンテナ多数を積載していることを明らかにした。中国からオランダに向かうエバーグリーンが運航する2万150TEU積みコンテナ船「エバーギブン」が運河通航中に座礁した。インド人乗組員25人にけががなく、燃料油流出はなかった。座礁事故発生に伴い運河への船舶の進入は停止された。スエズ運河庁は事故の影響で全長193㌔の運河内で足止めされている船舶は422隻に上ると表明した。

　運河庁とオランダの専門会社による共同チームが船首付近の土砂計3万立方㍍を浚渫船でかき出すと同時に10数隻のタグボートで押し引きして離礁を試みた。29日早朝、船尾の再浮上に成功し、数時間後に潮が満ちてくる流れを利用して船首を浮かせ、座礁状態から抜け出した。船体を安定させるためのバラスト水約9,000トンを抜き、船体を軽くしたことも奏功したと見られた。離礁に成功したエバーギブンはタグボートに曳航されて北上し、同日午後7時頃に運河途中のグレートビター湖に停泊した。運河通航は6日ぶりに再開した。当初懸念された通航停止の長期化は避けられた。運河通航が再開したことで、30日には専門家が乗船して原因究明に向けた調査を開始した。座礁原因の究明が焦点となる。

　エバーギブンは日本の造船最大手の今治造船グループ傘下の正栄汽船が所有する。正栄汽船が「荒天に遭遇し座礁した」と述べたのに対し、運河庁側が技術的問題や人為的ミスの可能性もあるとして調査を進める意向を示した。エバーギブンの救出費や運河にかかわる損失については同船の保険から

支払われる一方、他船に関する損害は最終的にそれぞれの船の保険が保証することになる。今回の事故は運河の国際的評価を大きく左右するだけに第三者による公正な調査の実施が注目された。

エバーグリーンは「エバーギブン」と同型コンテナ船を2018年に6隻、19年に5隻計11隻を竣工させた。11隻はエバーグリーンが加入するグローバル・アライアンスの「オーシャン・アライアンス（OA）」のアジア/北欧州航路に就航している。OAを構成するメンバーはCOSCO、CMA CGM、エバーグリーンの3社。2020年8月末時点で、OAはアジア/北欧州航路で76隻、134万2,963TEUを運航し、7つのサービスを提供している。

エバーグリーンはOAのサービス名「FAL6/LL/CEM」で11隻を運航、高雄を起点に青島/上海/台北/塩田/タンジュンペラパス/ロッテルダム/フェリクストウ/ハンブルク/ロッテルダム/コロンボ/タンジュンペラパスに順次寄港して高雄に帰港するスケジュールを組む。

エバーギブンの座礁事故を報じる新聞記事では船名に「超大型コンテナ船」の枕詞が付く。だが、世界最大級のコンテナ船は「メガマックス24型」と呼ばれる2万4,000TEU積みで、積載能力でエバーギブンを上回る。HMMが2020年4月から9月にかけてメガマックス24型シリーズ船12隻を就航させた。この時点で文字通り世界最大級のコンテナ船である。

HMMは2020年4月にアライアンスTAの正式メンバーとなったのを機にアジア/欧州航路に世界最大級のコンテナ船12隻を投入、超大型コンテナ船運航船社に躍進した。かつてAPLが発想を転換させコンテナ船の船型大型化に弾みをつけた。オーバーパナマックスの4,340TEU積みコンテナ船就航から32年経って2万4,000TEU積みが新たな時代の到来を告げた。ここまで4,340TEU積み出現以降の節目をとらえ船型大型化の軌跡をたどってきた。

「世界最大船型」の更新を繰り返しながら2万4,000TEU積みに到達した。不思議なことに2万4,000TEU積みが実際に就航した途端に従来の世界最大船型がそれぞれの時点で船型大型化の歴史に一石を投じた意義は記憶の後景に退いてしまう。

エバーギブンの座礁事故を契機にスエズ運河庁が再度、運河の拡張工事を断行しない限り、運河通航可能なコンテナ船の最大船型はメガマックス24型の出現で頭打ち状態に落ち着きそうだ。どうやらコンテナ船大型化一段落ということだろうか。「規模の経済（スケール・メリット）」の追求を原理・原則に大型化に取り組んできたコンテナ船社がさらなる大型化を摸索するに違いない。この先メガマックス24型を上回るコンテナ船の建造計画がどのよ

うな競争環境下で持ち上がり、どういうタイミングで具体化するのか皆目見当がつかない。従来の大型化が造船技術に支えられ実現してきたことを考えると、カギを握っているのはコンテナ船社の需要に応え先導する造船会社の動向かもしれない。

　いずれにしても、エバーギブンの座礁事故はスエズ運河が国際物流の要衝であることを広く知らしめる一方で、メガマックス24型を主流に展開するコンテナ船運航で安全性をどう担保するのか新たな問題を提起している。オーバー・パナマックス型コンテナ船の出現を契機に最大船型の更新を繰り返してきた。更新された時点で、従来の最大船型は通過点としての役目を終え、船型大型化の歴史の後景に押しやられる。目下のところ船型大型化を先導するメガマックス24型の就航先はアジア/欧州航路に集中しており、玉突き転配（カスケーディング）効果が他航路に波及し、平均船型の大型化を促進している。

　コンテナ船腹量の増大に見合ったコンテナ荷動き量を見込めないと、大型化が船腹過剰による過当競争を招来することになる。2M、OA、TAの3アライアンスの船腹量シェアはアジア/欧州航路で98％、アジア/北米航路で90％弱を占め、3アライアンスの寡占化が進展している。今や世界の大手コンテナ船社9社で構成する3アライアンスがコンテナ荷動き量に応じた船腹調整機能を発揮、適正な運賃水準を維持し安定収益を確保するカギを握っている。

第8章

3極・寡占化

船型大型化の天井が見えたところで、コンテナ船社は地球環境対策を織り込み、かつ採算性を追求する新たな競争局面に立たされている。船型大型化が「規模の経済（スケール・メリット）」の追求を原理・原則に進展してきた。巨額の固定資本を必要とするコンテナ化の命題は船型を大型化してコンテナ当たりの輸送コストを引き下げることである。

　船型の大型化に合わせて、荷役機器をはじめ港湾整備が進むと、荷役時間もコンテナ船の停泊時間も大幅に短縮され荷役コストが下がる。コンテナ化当初は長さ20フィート・コンテナが主流であったが、コンテナ化の進展とともに長さ40フィート・コンテナに主役の座を譲ることになる。コンテナ当たりの輸送コストを引き下げるには当然の流れである。

　コンテナ当たりのコストが下がれば運賃を下げることができ、運賃が下がれば集荷する貨物が増える。貨物量が増えれば、コンテナ当たりのコストがさらに下がる。こうした図式通りの好循環がコンテナ輸送の採算性を向上させ、コンテナ船社の財務体質を強化し新たな投資に振り向ける余力を生み出す。コンテナ輸送が規模の経済（スケール・メリット）が物を言う産業の代表格といわれる所以である。船型大型化の歴史はコンテナ船社が規模の経済（スケール・メリット）の追求を念頭に置き、変化する競争局面で有利に対応できるよう、コンテナ船の隻数を増やし、船隊規模を拡大してきたことを如実に物語っている。かつてパナマ運河を通航できる最大の船型と言う意味でパナマックス級と呼ばれる大型船はそれまでのコンテナ船に比べて輸送コストを格段に下げた。積載能力3,000TEU積みのコンテナ船が1,500TEU積みの建造船価の2倍にはならない。出力2倍の馬力のエンジンを搭載する必要はない。海上輸送は高度集中制御方式が急速に進み、乗組員の省力化時代に入っている。船型大型化に比例して燃料消費量が増えない。1980年代に建造されたコンテナ船の積載能力は4,200TEU積みに達した。1トン当たりの輸送コストは3,000TEU積みより40％、1,800TEU積みより60％下がったと試算された。当時、船型大型化の上限とみる常識の壁がAPLによって破られた。既述のとおり、オーバー・パナマックス型コンテナ船の登場が船型大型化に拍車をかけた。ただ、オーバー・パナマックス型コンテナ船は大水深で、接岸できる長さの岸壁を備える港にしか寄港できない。コンテナ船が大型化すれば当然のことながら港も大きくしなければならないし、現実に港も大型化した。港の運営にも規模の経済の原理が働き、コンテナ当たりのコストを可能な限り下げなくてはならない。港が大きければ大きなコンテナ船の寄港を促せる。巨大な高速クレーンを備えることによって短時間で荷役が完了、コンテナ船を

送り出せる。大きな港は道路や鉄道の交通の便が良く、貨物が滞留しないので、処理能力が高いほどコストが下がる。

オーバー・パナマックス型コンテナ船の登場が融通のきかない、不経済な船と映りかねないが、港の大型化が課題を解決してくれる。両端に大水深の港を持つ航路を開設し往復する。2点間を結ぶルートを高速で往復し、停泊時間も短縮すれば、大量の貨物を低コストで輸送できる。オーバーパナマックス型コンテナ船が効率的に運航されてきた。

ここにきて2万TEU超のコンテナ船が基幹航路に就航する現状では8,000〜1万3,999TEU型を「ネオパナマックス」、1万8,000TEU型以上を「超大型船」に船型を分類する呼び方に新たに現代商船（HHM）が20年4月からアジア/欧州航路に就航させた世界最大級の「メガマックス24型」が加わり、他航路での船型大型化を加速させる様相を強めた。

コンテナ船に関する限りオーバーパナマックスの船型分類は船型大型化の一里塚と映った。船型大型化を巡る関心は超大型船の動向に集まっている。定期航路のコンテナ化がコンテナ船業界の勢力図を塗り替える端緒となってきた。超大型船を中核に船隊を構成し、その船腹量を保有するコンテナ船社の代名詞として「メガキャリア」の呼び方が浸透している。

ネオパナマックスや超大型船がオーバーパナマックスに代わり、さらにメガマックス24型の出現で船型分類の基準の座を交代したとしても、コンテナ輸送が規模の経済を原理に進展することに変わりない。船型大型化によってコンテナ単位コスト削減効果をあげるには、大型化に見合った貨物量を集めることが必須である。大型船建造は貨物量が順調に拡大するとの期待を背景にしたものである。拡大する船腹量を埋めるため激しい集荷競争が展開される。必然的に運賃水準が低下する。運賃水準の引き上げは容易なことではない。運賃水準の引き上げが困難な状況で実施できる選択肢は限られる。コスト水準を低下させるか、それとも所与の運賃水準の中で利鞘の高い貨物を集荷するかである。

欧米船社は日本船社に先行して利ざや重視の集荷戦略を展開してきた。日本船社がこの分野で欧米船社を追い上げ、追いつくために日本船が抱える固有の問題解決を迫られた。北米航路で日本船社は1986年から長期にわたり赤字に苦しんだ苦い経験がある。

北米航路に続き欧州航路も赤字航路に転落し、重要な経営課題を抱え深刻な局面に立たされたときのことである。日本船社が赤字に陥った背景を分析した某金融機関が日本船の抱える固有の問題点を整理、浮き彫りした上で問

題解決の道筋を示した。

　貨物構成からみた日本船社の特徴は自国貨物への依存度が高いことである。日本発貨物のアジアシフトが進む中で低下傾向にはあるものの、日本発貨物が依然として基幹航路で3割以上を占めている。他のアジア船社に比べても自国貨物の割合が高い。

　アジア発貨物には日系メーカーの海外生産品が含まれるため、日系荷主依存度はさらに高まる。貨物の内容では自動車関係、電気製品への依存度が高いことが特徴的で、日本発貨物に限ると、自動車関係、電気製品が5割を占める。定期船が不特定多数の荷主を対象にするものでありながら、日本船社の日本発スペースについては自動車・家電業界の専用船的色彩すらある。こうした貨物構造を背景に、特定の日系荷主との間に濃密な関係を構築している。この企業間関係は長年にわたって築き上げられ、日本船社の企業風土を形成する大きな要素となっている、と指摘した。その上で赤字構造の背景を分析し、日本船社が抱える固有の問題として日本に基盤を置くことによる高コスト構造、日系大口荷主との長期的関係、日本市場の位置づけの低下など3点をあげる。

　日本に本拠を構える日本船社は日本で発生するコストの比率が他船社より大きい。日本で発生する固定費が大きいことに加え、日本積み貨物が占める比率が大きくコンテナ・ターミナル費用や陸上・フィーダー費用が嵩むコスト構造である。コストのドル化に努めているものの、円ベースのコストが残り、円高によって、この円ベースのコストの割高感が増幅された。次に日本船社は特定の日系荷主と密接な長期的関係を構築し、営業基盤としてきた。しかも日系自動車メーカーとの関係は定期船部門にとどまらず、自動車専用船部門を巻き込んだ全社的関係になっている。長年にわたって築きあげられた関係は日本船社にとって安定集荷の基盤になっている半面、国際的に見ても高水準の日系荷主のサービス要求に応えるには高度なサービス体制の整備が求められる。日系荷主はソフト面でも細やかなサービス対応をも求める。さらに荷主の国際化に伴って海外拠点でも国内並みのサービスレベルを維持する必要があり、日本船社にとって、そのための人的・組織的な負担は小さくない。一方、円高によって日本国内で発生するコストが割高になるため、日本貨物の利鞘は著しく低下する。日本船社は外国船社のように利鞘の薄い日本貨物を避け、利鞘の大きい東南アジア貨物を集荷するわけにいかない。逆に荷主との関係上、コストが嵩み収益性が低い貨物でも引き受けざるを得ないことも多く、このことが高収益貨物の選別集荷を阻害する要因となっている。

　産業貿易構造の変化に伴い、日本船社は日本市場の位置づけが低下する現

実を突きつけられた。日本貨物のシェアは1984年の37.7%から86年の33.0%、88年の28.6%、90年の27.7%、92年の22.9%と年を追って低下、この後上向かず94年には20.3%に低迷した。アジアでの日本市場の位置づけが急速に低下していることを裏付けた。

日本貨物がアジアの中で大きな位置を占めていた時代には自国市場と大口荷主を守る意義も大きく、先述の日系荷主との関係、日本的なシステムも有利に働いたが、日本市場の位置づけが急速に低下する中で、日本的なシステムを維持することのメリットが希薄となるだけでなく、その弊害部分が顕在化する状況に変わった。

外国船社も程度の差こそあれ自国荷主との関係は保っているが、アジア船社にとっての自国貨物の重みは日本船社ほど大きくなく、早い時期から第三国貨物を中心とした体制整備に努めたため、自国貨物の成熟化が成長の阻害要因になりにくかった。逆に大きな自国市場を持ち、その中で日本的システムに守られていた日本船社にとって、海外荷主に対する集荷営業は発想の転換が必要な事業であったと、日本船社が抱える固有の問題を浮き彫りにしている。日本船社は円高と日本貨物の地位が低下する中で、収益構造を改善するには従来の基盤であった日本的システムから脱却し、日本船社であることが持つ収益阻害要因を払拭する必要になろうと、まずは日系荷主との関係を再構築することを示唆している。

日本船社がコンテナ関連費用の削減、利ざや重視の集荷政策を展開しようとした場合、日系荷主との関係維持の判断が優先し実現に至らなかった側面が強い。収益を生まない長年にわたる関係から脱却し、新たな荷主関係を構築することで、収益性の高い貨物構造への変革、コスト構造の単純化が可能になるだろう。その過程で一部の特殊なサービスは整理され、サービス体制はよりシンプルで効率的なものに変化していくことになろう。

そこで生まれた経営資源を収益性の高い外国貨物の集荷に向けることも可能になろうと、日本船社の方向性について現状を分析した結果を踏まえ、この時点では思い切った施策を提案している。提案は日本船社のコンテナ運営体制の抜本的な見直しにまで踏み込んでいないものの、将来、日本船3社が事業統合により合弁会社設立に踏み切る構想を暗示したとも受け取れる。合弁会社ONEの発足から22年遡る1995年のことである。

1990年から99年までの期間に北米航路でアジアから北米向けコンテナ荷動き量に占める日本の比率は27%から13%へと大きく減少した。また、同じ期間に北米からアジア向けコンテナ荷動き量に占める日本の比率は38%から

32%に減少した。さらに欧州航路でも1992年から99年の期間にアジアから欧州向け往航で日本の比率は32%から16%へ半減、同じ期間に欧州からアジア向け復航で32%から24%へと減少した。

　東西2大航路で日本関連のコンテナ荷動き量はアジアで相対的に減少し、とりわけ日本出しの減少が著しく、日本のアジアでの生産・輸出拠点としての役割が後退し、地盤沈下したことを浮き彫りした。日本に代わってアジアでの生産・輸出拠点の中心に躍進したのが中国であった。コンテナ荷動き量では93年、中国が欧州航路往航の欧州向けで日本を抜いてトップとなり、95年、北米航路東航の北米向けでも日本を抜いてトップの地位を占めた。背景には円高があった。1985年のプラザ合意後の円高はコンテナ収支を圧迫した。

　円高は95年4月に1ドル＝79円台まで上昇し、戦後最高値を記録した。製造業がアジアを中心に海外に生産拠点を移転する一方で、国内産業の空洞化が90年代に一段と進行した。第5章でプラザ合意後の円高対策の一環として日本人船員の外国人船員への代替が急ピッチで実施されたことを記した。日本人外航船員は90年の7,554人から99年までに3,703人となり、日本船の隻数は同じ期間内に449隻から154隻に減少する一方で仕組船が増大した。

　日本船社はグローバルな事業展開を指向する欧米船社と成長著しいアジア船社の狭間で三国間輸送市場を拡大するため顧客への提案力を高め、価格面で対抗できる体制を整える必要があった。日本を経由しない三国間輸送の増強はコストの高い東京に拠点を構える本社が世界各地の航路を管理する体制の見直しを求めた。提言を待つまでもなく日本船社の海外代理店自営化の動きは90年代に入って北米拠点を中心に本格化した。

　日本船社は90〜91年には米国現地法人の設立を済ませ、従来の代理店依存の集荷体制から現地自営代理店による集荷体制への組織変更を進めた。米国に続いて日本船社は欧州拠点でも代理店の自営化を進め、各社ロンドンを地域本部とする自営体制を完成させ、世界の主要拠点の自営化を概ね完成した。

複合輸送進行基準

　こうした中、郵船は1996年9月中間期から従来の航海完了基準から、輸送期間の経過に応じて収益と費用を認識する「複合輸送進行基準」に変更した。日本船社として初めてコンテナ船を対象に会計処理基準の採用に踏み切った。

　日本船3社の当時の決算概況を振り返ってみる。

　郵船は96年9月中間決算で前年同期に比べ売上高が18.9％増の2,932億5,600万

円、営業利益が3.8倍の157億1,100万円、経常利益が3.2倍の102億3,800万円、中間利益が6.6倍の45億5,700万円の大幅な増収増益を確保した。部門別売上高は定期船が254億2,500万円増の1418億5,100万円、不定期船が162億9,800万円増の1105億1,600万円、タンカーが49億7,900万円増の365億6,900万円で、3部門とも2桁の増収となり、特に定期船の伸びが顕著であった。売上高の構成比は定期船が48.4%、不定期船が37.7%、タンカーが12.5%。営業各部門で営業強化に取り組んだ結果、18.9%の大幅増収、3部門とも2桁の増収を確保した。営業努力、各部門でのコスト削減、円安に加え、自動車船の収益向上をはじめ不定期船、タンカーが健闘、定期船の赤字幅を縮小した。また、コンテナ船の会計処理基準を複合輸送進行基準に変更したことで、営業利益は前年同期比3.8倍の157億1,100万円、経常利益が3.2倍の102億3,800万円と増益幅を広げた。郵船は96年5月時点で、中間期（カッコ内は通期）の業績見通しを売上高2,800億円（5,500億円）、経常利益75億円（145億円）、当期利益20億円（40億円）と公表していた。円相場は1ドル＝105円と設定、コンテナ船の会計処理基準を従来の航海完了基準から複合輸送進行基準に変更することを想定し、さらにコンテナ船の運賃水準の低迷や不定期船の下落なども見込んでいた。期初の予想通りコンテナ船は北米、欧州航路で運賃競争が激化し、赤字幅を広げ、振るわなかったのに対し、自動車部門がサウジアラビアなど中東向け輸出増で一時船腹不足を来たすほど好調を記録し、不定期船とタンカー両部門が予想以上に好成績を残し、コンテナ船の不振を補い赤字幅を縮小した。予想外に健闘した不定期船とタンカー両部門が拡大した定期船部門の赤字を吸収し、期初予想を大幅に上回る経常利益を計上する好業績をあげた。

　商船三井は96年9月中間決算で前年同期に比べ売上高が17.0%増の2,638億100万円、営業利益が62.8%増の52億7,400万円、経常利益が3.8倍の38億5,800万円、中間利益が25億6,500万円改善の12億7,100万円の増収増益を確保した。定期船は北米航路での輸送量減少を欧州、アジア、中南米・アフリカ各航路で輸送量を伸ばし、全体で増収となった。

　川汽は96年9月中間決算で前年同期に比べ売上高が8.9%増の1,720億6,800万円、営業利益が63.5%増の68億6,100万円、経常利益が2.6倍の40億3,400万円、中間利益が97.6%増の11億1,700万円の増収増益を確保した。定期船は北米、欧州航路の運賃下落が響き赤字幅が拡大したものの、円安とアジア航路の採算向上が寄与して全体の赤字幅は縮小した。大幅な増収増益を確保した商船三井と川汽の両社はコンテナ船の会計処理基準を複合輸送進行基準に変更していない。両社の複合輸送進行基準の採用については後述する。

商船三井は94年にバブル崩壊後の後始末が一段落し、バブル後遺症を払拭したところで、コーポレートガバナンス（企業統治）を強化するとともに、本業回帰と資源・エネルギー輸送を成長分野と見込んで重点配分し、本業での収益力拡充に全精力を注いでいた。

　この経営戦略が21世紀のグローバル経済の変化に適合し、2003年以降に好業績を生み出す原動力となった。定期船部門でコスト管理を徹底するため海外代理店の在り方の見直しに着手した。手数料収入に依存する第三者代理店に集荷コストを引き下げ、利益率の高い貨物の集荷を促しても効果が上がらない。米国内陸向けコンテナ輸送で大量のコンテナが滞留する事態が発生し、第三者代理店にコンテナ・インベントリーの効率的な管理を期待しても、当てが外れ煮え湯を飲まされるのが落ち。在来船時代の代理店経営感覚から抜け切れないままコンテナ化に対応する第三者代理店の限界を痛感させられる。そこで現地法人化による代理店の自営化を進めることになる。

　商船三井は91年に定期船部門の北米組織での完全自営化体制への移行を皮切りに92年に豪州の代理店、93年にオランダの代理店を順次自営化した。94年にフランス・ベルギー両国の代理店を自営化した。95年には上海とシンガポールで相次いで現地法人を設立した。96年には台湾、ブラジルで現地法人を設立、グローバル・アライアンス構想の具体化に適合する営業体制作りに邁進していた。93年8月、社内に急激な円高対策として「緊急対応委員会」を設置し、定航部門の増収策とコストの削減、管理部門の要員縮小と営業部門への再配置に取り組み、年間約90億円の採算改善を目指した。同年10月に集荷部門の強化のため「アジアマーケティング推進室」を時限的に設置し、アジア地域を中心とする貨物の流れを荷主ごとに把握し、市場開拓を狙いとした基礎データづくりを開始した。また、コスト削減はコンテナ経費、船舶修繕費、事務所経費を中心に合計200億円の3割方削減を目標に詳細を詰めた。トップダウンでコンテナの小修理を当面の間全面ストップした。同年10月1日付けで管理部門の組織を改編、10部2室を6部3室体制とし、情報システム室を企画部に統合した。緊急対応委員会による対策の一環で情報システム室は企画部に統合され要員が削減され、新規のシステム開発が凍結された。このことが大きな費用削減効果をあげた半面、日進月歩する情報システム技術への対応が遅れる弊害も生じた。このため、96年7月、情報システム業務を企画部から分離、情報システム室を再発足させた。同時に定航業務部内の関連業務を情報システム室に統合した。円高対策で設置された緊急対応委員会は94年6月の「業務改善委員会」設置によって発展的に解消された。

情報システム開発で失敗

　商船三井は86年度から3年間と93年からの3年間、2回にわたって当期損益は連続赤字となり、その期間の株式配当は見送り、無配に転落した。郵船が会計方針の変更に踏み切った96年度は復配を課題に業績回復を目指している最中であった。この時点で複合輸送進行基準について検討したことをうかがわせる痕跡は見当たらない。北米航路の業績が悪化した原因にインターモーダール体制整備の過程でコストに見合う運賃の設定で失敗したことをあげている。日本の家電・自動車メーカーが相次いで北米に生産拠点を設けた。商船三井は日系メーカーの動きに対応して内陸への輸送体制整備を進めた。とくに自動車輸送では日本から米国向け完成車輸送が減少しつつあるなかで、CKD部品の輸送サービスを拡充することがグローバル規模で完成車輸送のシェアを確保するうえで経営上の最優先課題と判断した。ただ、この課題を具体化するには専用ターミナルの設置、内陸輸送ポイントの整備、DST運行、コンテナ輸送スケジュール管理のためのIT整備に取り組まざるを得なかった。その過程でシステム開発に失敗し、損失は予期せぬ巨額にのぼる苦汁をなめた。円高進行に伴い運賃収入が目減りする一方で、投資に見合う運賃値上げ要求が実現しない結果、北米航路で長期にわたって巨額の赤字の計上を余儀なくされ、全社の経営にマイナス影響を与え続けた。

アライアンスTGA結成

　北米航路の赤字は日本船社3社合わせて90年に年間218億円に達した。86年に比べれば半減したものの、依然として高い水準であって、運輸省（現国土交通省）も問題視した。日本船社3社のなかで赤字幅が小さい商船三井は早くから日本船コンソーシアム体制から脱却を目指し、北米航路の収支改善に取り組んだ。94年にザ・グローバル・アライアンス（TGA）を結成し、コンテナ航路の大幅な合理化を手がけ、海外営業網の現地化を進めコストをドル化するなど抜本的な経営改善策を採用した。こうした一連の措置が功を奏し、97年を底に赤字体質からの脱出に成功した。赤字経営で苦境に立たされ、95年までに北米航路で2,800TEU積み5隻が就航して以降、新造船への新規投資を凍結した。好調な米国経済に牽引されアジア/北米航路（東航）のコンテナ荷動量が98年から増加に転じた。2000年には98年に比べ3割増の765万TEUとなった。船腹需

給が堅調に推移したため、北米西岸向け運賃の修復に成功した。需給の変化に対応して、新規参入と既存アライアンスのサービス強化が図られ、北米航路への投入船腹量も増加した。新規投資を凍結してきた商船三井とザ・ニュー・ワールド・アライアンス（TNWA）の地盤沈下が著しかったため、市場の好転をとらえて積極投資に方針を転換した。TNWAは北米航路9ループ・サービスのうち4ループで船型の大型化を進め、2001年にHMMが6,500TEU積み5隻、商船三井が6,500TEU積み5隻を代替投入し、2003年にも4,500TEU積み8隻を投入した。商船三井の業績が回復したのはナビックスラインとの合併を決めた98年からで、長年赤字であった定期航路の収支は北米航路の黒字化が寄与し、99年度から黒字化した。業績は02年以降に急カーブで向上した。

メガキャリア化模索

　ところで商船三井がM&Aによるメガキャリア化を摸索し始めたのは97年であった。国際海運が急速にM&Aを展開し始めた時期と重なる。合併相手に選んだのが安定的収益源となるエネルギー資源輸送に強い船社のナビックスラインであった。合併の相乗効果による企業基盤強化が必要であるという現状認識を共有していた両社は、トップ同士による水面下での折衝を経て98年4月には基本合意に達し、合併協議を開始、99年4月1日付けで「大阪商船三井船舶」を存続会社とし、ナビックスラインを解散することに決まると同時に商号が商船三井に決まった。合併を機にグループ経営戦略を掲げグループとしての総合力強化に着手した。定航部門や物流部門ではバーチャルカンパニーを設立して子会社管理を厳格化する一方で、グループとしての事業分野の再構築を推進した。定航部門の事業を一体管理する「バーチャル ライナー カンパニー」（Virtual Liner Company: VLC）構想が浮上し、2001年3月までに北米航路の損益を改善し、定航部門を黒字化する当面の目標を設定した。2000年4月からVLCを本格稼働させ、主要航路の船隊整備を再開した。アジア地域の営業ネットワークとして構築した「スター・ネット」を世界規模に展開することとし、2000年4月にVLCに移管した。外船社が先行していた本船動静、B/L情報、貨物追跡などの顧客サービス体制を確立した。

複合輸送進行基準採用の背景

　1990年代に入って商船三井が直面する経営課題への取り組み過程で重要な会

計方針の変更を検討課題に載せた形跡を読み取りがたい。改めて郵船が重要な会計方針を変更し、複合輸送進行基準を採用した背景を探ってみる。まずは郵船の96年9月中間期有価証券報告書の片隅から複合輸送進行基準に該当する記述を拾い出すと、会計方針の変更の項目で「収益および費用の計上基準の変更」と題して情報開示している。「従来当社の貨物運賃及び運航費の計上については、全船について発港地から帰港地を一単位とする航海完了基準を採用していたが、このうち複合一貫輸送を行うコンテナ船については当中間会計期間より次の理由により、個々の貨物の輸送期間の経過に応じて計上する複合輸送進行基準へ変更した。近年の当社におけるコンテナ輸送のサービス形態は、従来の『港から港へ』のサービスから、船舶とトラック・鉄道等複数の輸送手段の組み合わせによる『戸口から戸口へ』の複合一貫輸送へと変化し、これに伴い貨物の受け渡し地の数が著しく増えた。また、定曜日ウイークリー・サービスが定着し、取扱いコンテナ数が飛躍的に伸びるなど、質・量ともに著しく変化してきた。このようなコンテナ船の状況においては、貨物輸送を船舶の動きによってとらえる航海完了基準よりも、個々の貨物に着目しそれぞれの輸送期間の経過に応じて収益・費用を計上する基準がより合理的と判断し、国内外で進めてきた関係システムの整備が完了した当中間会計期間より変更することとした。この変更により当中間会計期間の海運業収益は、12,790百万円、海運業費用は9,397百万円、営業利益、経常利益及び税引き中間純利益はそれぞれ3,393百万円多く計上されている」と新たな会計処理基準を採用するに至った経緯に触れ、当該決算への影響に言及している。

　先述の96年9月中間決算で経常利益と税引き中間純利益を33億9,300万円押し上げ、経常利益102億3,800万円と中間利益45億5,700万円をそれぞれ計上した。

海運業の会計慣行*

　海運人には釈迦に説法であるが、海運業の会計慣行について記述する。海運会社は企業会計原則に基づき会計処理する点で一般事業会社と変わらない。役務を提供し、取得した対価を収益として計上し、役務の提供のため費消した財貨や用役を費用として計上するという点では一般事業会社と異ならない。ただ、証券取引法会計では海運業を他の一般事業と事業形態が異なるため、特殊性を持つ「別記事業」と称し、財務諸表等では別記事業を営む

---

* 稲垣純男「海運業会計における収益・費用計上基準－会計慣行の生成と発展」（1）～（4）『海運』1984年9月号～12月号

「特定事業会社」に位置づけている。海運業が財務諸表等の別記事業として特別扱いされる一方で、「海運企業財務諸表準則」（以下、海運業準則）のような特殊財務諸表準則による財務内容の開示を必要としているのは主に船舶の保有形態と保有する船舶の運用形態に起因している。

このため、海運業が一部の会計処理や開示に、他の一般事業会社と異なる点がある。海運業は別記事業とされ、個別の財務諸表は海運業準則に基づき表示することが求められている。海運業準則では損益計算書、株主資本等変動計算書、貸借対照表、附属明細書の順番に表示することになっており、損益計算書が貸借対照表より上位に置く編成順序が一般事業会社の財務諸表体系に比べて顕著な相異点である。損益計算書では海運業収益と海運業費用、貸借対照表では海運業未収金、代理店債権、船内準備金などの海運業特有の勘定科目が定められている。附属明細書には海運業収益および費用明細、減価償却明細表といった特有の明細表がある。

海運業準則による収益・費用の区分の概略は次のとおり。1 海運業収益、2 海運業費用、海運業利益、3 その他事業収益、4 その他事業費用、その他事業利益、営業総利益、5 一般管理費、営業利益に区分している。海運業の収益形態と収益認識では海運業収益とその他事業収益に区分した記載を求めている。海運業を営むことによる収益を海運業収益と呼び、海運業以外の収益であるその他事業収益と区分した記載が求められている。また、海運業収益自体もさらに運賃、貨船料、その他海運業収益に区分して記載される。損益計算書で海運業の営業活動によって実現した収益を区分して把握できる。海運業準則は海運業収益を運賃、貸船料、その他海運業収益の三つに区分している。運賃は運送契約に係わる収益と定義している。貸船料は傭船契約に基づいて船舶を貸与したことによる収益。傭船契約は定期貸船料と裸貸船料に大きく区分される。コンテナ船のスペース・チャーター料の受取額は貸船料に計上する。その他海運業収益には運賃および貸船料以外の海運業を営むことによって生じた収益を一括して計上する。

損益計算書で区分して記載することは求められていないが、貨物運賃は形態として定期船運賃と不定期船運賃に分類できる。運賃に関する収益計上基準のうち、会計慣行として定着しているのが積切出港（出帆）基準、複合輸送進行基準・航海日割基準、航海完了基準に大きく分類される。

積切出港（出帆）基準は航海の出港時にすべての収益を計上する方法、複合輸送進行基準・航海日割基準は運航に比例して収益を計上する方法、航海完了基準は航海の完了時にすべての収益を計上する方法。積切出港（出帆）

基準では貨物の船積み完了時点で運送役務の提供があったとみなし、収益を認識する。海運業の運送契約では一般的に船積み、積切り時点で運賃請求権が発生しており、かつ運送荷物を動産担保として保有することにより運賃回収の確実性が高いことから海運業会計の会計慣行として定着している。複合輸送進行基準は個々の貨物の輸送に着目し、当該複合輸送期間のうちどの程度まで輸送が進行したかを算定して収益を計上する基準で、個々の貨物の輸送に着目した方法であり、定期船（コンテナ船）運賃を計上するための基準である。一方、航海日割基準は貨物ではなく、運送手段としての船舶の移動の事実に基づき航海の日数分だけ役務の提供があったとみなして収益を認識する基準で、不定期船の収益認識基準として採用される。海運業収益に対応する役務原価が海運業費用である。海運業準則では海運業費用を運航費、船費、借船料、その他海運業費用に区分している。運航費、船費、借船料という費用区分は諸外国に例が見られず、日本独特のものと言われる。

　運航費には船舶の運航に伴って発生する費用のうち、直接的、変動費的に発生する費用が集計される。また、海運業準則上、運航費はさらに貨物費、燃料費、港費に区分される。

　貨物費は貨物の船積み、陸揚げなど船舶の運航とは離れて貨物の取扱いで発生する費用を指す。燃料費は本船が運航中に消費した船舶用C重油などの棚卸計算により計上される。港費は船舶が港に入港・出港あるいは停泊するなど港を利用することによって発生する費用である。船舶の入出港時の曳船料など港湾作業料、岸壁使用料などの港湾施設料、トン税やパナマ・スエズ運河の通航料などが含まれる。

　船費は船舶を所有し、維持管理するために生じる費用であり、通常、間接的、固定費的に発生する費用として区分される。船舶を運航するためには船員の配乗が必須で、船費が発生する。また、不測の事態に対処するために必須である船舶保険以外にも船舶の不稼働損失保険、コンテナの輸送事故を担保するコンテナ保険なども含まれる。船舶の減価償却費や船舶修繕費、固定資産税、特別修繕引当金繰入額が船費に含まれる。

　借船料は傭船契約[*]に基づき船舶を借りたことに対する対価の支払いを示す費用である。傭船契約は大きく定期傭船契約と裸傭船契約に区分される。定期傭船契約は賃借権と労務提供の混合契約に区分され、船主が船舶を運航し、傭船者が運航を指示する形態をとる。これに対して裸傭船契約とは船舶

---

[*] 「傭」の字は政府が1981年に告示した1945字の常用漢字に含まれていないが、海運界では古くから定着している。常用漢字の「用」の字と意味上の違いはない。

という固定資産のみを賃借する契約であることから、リースの一形態といえる。

その他海運業費用には他船取扱手数料やコンテナ関連施設の使用料、保管料などが含まれる。その他海運業費用については海運業費用の合計額の100分の10を超える場合は別掲が必要になる。

海運会社の営業活動に伴って発生する費用のうち、会社の全般的な管理業務の遂行で生じた費用は海運業費用あるいはその他海運業費用から区分し一般管理費として処理する。一般管理費は海運業準則が定める科目で、海運界では当該費目を陸上店舗で発生する費用という意味で古くから「店費」と呼ぶ用語が定着している。一般管理費の主要な科目は役員報酬、従業員給与（陸勤船員を含む）など人件費項目や減価償却費（陸上勤務員が使用する設備に関するもの）などが含まれる。

海運業の3基準

損益計算項目について概説したところで、海運業の会計慣行の形成過程を考察する。海運業会計研究の泰斗と目される識者は「海運業の3基準」に積切基準、航海日割基準、航海完了基準を挙げる。郵船が日本船社として初めて複合輸送進行基準を採用する以前に表明された論考であることを断っておく。

海運業の3基準が会計慣行として定着していると称されることが歴史の古さを暗示している。識者によると、海運業の3基準の名称は国税関係者の間で使われていたが、もともとは海運会社が会計実務の経験を通じ案出したものが多くの関係者に浸透し、公正な会計慣行として徐々に定着してきた長い実践の歴史を持つ。会計慣行は歴史が古いということだけで公正なものとして認められるほど単純なものではない。3基準がそれぞれ長い実務を通じ社会的な承認を取り付け、公正な会計慣行の地位を獲得した。会計慣行は企業の経営成績と財政状態を適正に示す合理的な方法であるかどうか厳格に試される。

会計慣行として最も重要なものの一つである収益・費用の計上基準も海運企業の会計実践の中から生み出された。既述のとおり貨物運賃は定期船運賃と不定期船運賃に区分される。現在では定期船といえばコンテナ船を指すくらいコンテナ化が拡大し浸透している。不定期船は定期船以外の原油タンカー、LNG船、自動車専用船（PCC）、ばら積み船などを指す。定期船と不定期船では顧客である荷主との契約形態や運航形態、管理手法が大きく異なり、それぞれ別の収益計上基準を採用している。

運賃に関する収益計上基準のうち、会計慣行として定着しているのが3基準である。航海完了基準は収益計上基準として最も保守的と言われる基準で、航海の完了時点で収益を計上する。不定期船で多く採用されている。不定期船では荷主との個別契約で一つの航海が決まっていて、すべての役務の提供を待って収益を計上することで航海収支を把握する損益管理と整合すると考えられている。積切基準は運送客体である貨物を本船に積み込んだ時に収益を認識するが、個々の貨物ごとに積み切り時を把握するのは煩雑なため、便宜上、出帆時をもって積み切り時とみなすことから積切出帆基準とか積切出港基準と呼ばれる。

　川汽がコンテナ船の会計処理基準を積切出港基準から複合輸送進行基準に変更したが、積切出帆基準、積切出港基準のどちらも積切基準の呼び方の違いだけである。海運業では貨物運賃を役務の提供により、その対価として取得し、収益として認識して計上する。貨物運賃を収益として計上する場合、船舶の移動である航海の進行度に着目し、航海の完了時点を役務の提供の完了とする方法と貨物の動きに着目し、運送責任の解除をもって役務の提供の完了とする方法に分かれる。会計実務の場では後者が役務提供完了基準（揚荷完了基準）と呼ばれ、収益認識基準としての理論的妥当性は評価されながらも、収益認識の難しさに加えて、収益に対応する費用の算定がさらに難しいとの理由で定着しなかったことが過去にある。

役務提供完了基準

　会計実務で役務提供完了基準を適用する場合、著しく適合性に欠ける具体例に定期船、とりわけコンテナ船が上がった。不特定多数の荷主から請け負った小口貨物を一定の航路で決まったスケジュールで運航する定期船の場合、船荷証券（B/L）1件ごとの貨物について各寄港地で役務提供の完了を確認し、収益を認識しなければならない。とくにコンテナ船のコンテナ貨物が内陸各地にまで分散して運ばれる場合、内陸各地で役務提供の完了時点を個別の貨物ごとに把握することは事実上不可能と判断された。定期船に限ったことではない。不定期船の多港揚げの場合も一港ごとに役務提供の完了を確かめ、その航海の運賃総額を各港の揚げ数量で按分する手間がかかり、収益に対応する費用を算出するのは難しいと考えられた。しかし、時を経て貨物輸送を個々の貨物に着目し、それぞれの輸送期間の経過に応じて収益、費用を計上する会計基準として複合輸送進行基準が採用された。貨物の動きに着

目した点では役務提供完了基準と変わらないが、輸送期間の経過に応じて収益、費用を計上する点では異なる。役務提供完了基準について会計実務者には苦い経験として語り継がれている逸話がある。

　揚荷完了基準が税務執行で厳格に適用された時期があった。1978、79年ごろの税務調査で従来の通達で明確に原則を定めている以上、そのことを忠実に解釈し役務提供完了基準を厳格に適用すべきとの考えで航海完了基準を否認し、役務提供完了基準で課税所得を再計算させる事態が実際に起きた。この基準で一件ごとに貨物の揚げ切りを確認し、収益を認識し、さらに費用については一件ごとの費用を個別に把握することは不可能なので、一定の算式で費用を配分し、一件ごとの収益に対応させるしか方法がなかった。課税所得は収益とそれに対応する費用の計上なしには算出できない。収益は労力と時間をかけて厳格に判定されたものの、費用となると合理性のある一定の算式で諸費用の額を配分せざるをえず、課税所得の計算方法としては精粗両面が混在する計算構造となった。役務提供完了基準による課税所得計算方法は実務上の難しさを露呈する結果となり、長続きすることはなかった。この税務調査から程なく80年5月、税務執行面での取り扱いの不統一の是正や税務執行を円滑に運営する目的で法人税基本通達が改正された。この改正の重要事項の一つが収益・費用の計上基準の整備であった。運賃について、役務提供完了基準を原則としながらも、海運業で長年にわたり公正な会計慣行として認められてきた積切出帆基準、航海完了基準、航海日割基準を税務上も尊重することを確認した。こうした税務上の考え方は改正基本通達で初めて明らかにされ、この後の会計慣行の展開に一石を投じた。この法人税基本通達が改正された80年といえば、日本船社がコンテナ化に着手してすでに12年経っていた。

　1991年3月時点で、識者は海運業が長い会計実践の歴史を経て3基準を確立したことを高く評価する一方で、国際複合輸送の進展に伴い運送形態や運送契約慣習に決定的な変化が生じた場合には新しい事態に即応した収益・費用の認識および判定の基準が求められるべきである、その場合既存の3基準の中から再選択するのではなく、新たなる視点から合理的と考えられる基準が多元的に考案されなければならない、と提言している。

　当初、公的手続きを踏んで新しい会計処理基準が導入されたことを想定した。例えば所管官庁の通達や税務上の法人税基本通達の改正である。海運企業財務諸表準則や法人税法基本通達改正を想定したが、臆測の域をでなかった。税務当局との確執にも似た折衝を積み重ね確立した3基準に新たな基準を

追加するには相応の手順を踏んでいるはずだとの先入観にとらわれた。複合一貫輸送で船社の運送責任範囲が内陸にまで拡大したものの、海上運賃に陸上運賃の片道分コストを上乗せすることが一貫輸送の基準として導入された。このことが一貫輸送を巡る競争市場で定型化し、コンテナ船事業の不採算の主要な原因となった。おまけに貿易の不均衡に伴う往復貨物のインバランスという構造的な問題を抱えている。どちらも採用する会計処理基準以前の問題で、運賃決定の基本にかかわる矛盾を是正できるかにかかっている。コンテナ船事業の収益・費用の計上基準を航海完了基準から複合輸送進行基準に変更することがコンテナ船事業の収益構造を根本から変革することにはならない。

　筆者の関心事は、海運界で会計慣行として定着してきた3基準に新たに複合輸送進行基準を追加、投資家向けに情報開示し、会計慣行の変遷に新たな足跡を刻んだことである。会計経理部署の担当業務とは言え、それなりに経営判断が働いたに違いないと臆測した。

利子補給金の国庫返納義務消滅

　外航海運業は国際市場を活動の場に熾烈な国際競争を繰り広げる宿命を担わされている。戦後の外航海運政策は計画造船と船舶建造資金に対する利子補給制度を重点に日本海運の健全な新興を図ることを目的とした。

　政府はその目的を達成するため、外航船拍の建造を促進するとともにその建造資金について利子補給金を支給することを定めた。外航海運を取り巻く情勢が変化する中、計画造船や利子補給制度が大きく後退しても、利子補給法に基づく諸規則は存続し、外航海運業の会計に強い影響力を残した。利子補給法では「決算上利益」が法定限度を超える場合の利子補給金国庫返納義務を定めていた。しかし、利子補給金の国庫返納義務が97年3月末で消滅することになった。利子補給金国庫返納義務の消滅を見据え先駆けて動いたのが郵船であった。郵船は90年代に経営実態に則した重要な会計方針の見直しに着手した。まず見直したのが減価償却の会計慣行。税制上許容される最も有利な方法である定率法による法定耐用年数で減価償却するのが一般的な慣行であり、郵船も定率法による減価償却を継続的に実施してきたが、91〜92年度に客船などの一部の船舶を定額法に変更した。これを皮切りに92年度には建物を、94年度には既存船舶を含めた全船舶を定額法に変更した。収益の発生形態に則して減価償却費を計上する「収益・費用対応の原則」を念頭に置

いた変更であった。郵船保有船隊に占める長期保証船の割合が92年度末時点の85％から93年度末時点の90％超に達した。94年度以降、超長期保証付き液化天然ガス（LNG）船隊が加わり、長期保証船の割合が高まることが予定された。乱高下する海運市況に左右される不安定な収益構造から長期安定的な収益構造への変化に則した減価償却費の計上方法として定率法ではなく定額法こそが相応しいと判断した。大型賃貸ビル天王洲郵船ビルの竣工を94年10月に控え、92年度から建物の減価償却を定率法から定額法に変更した。賃貸建物への投下資本は長期的かつ平均的に回収するため、建物賃貸料収入に対応した建物賃貸原価を配分する収益・費用対応の原則に基づく変更であった。収益・費用対応の原則に基づく会計方針の見直しの対象は船舶と建物の減価償却に留まらなかった。

郵船は従来、収益・費用の計上基準に積切出帆基準を採用していたが、75年度から段階的に航海に対応する収益と費用を航海完了時が属する会計年度に全て計上する航海完了基準に変更してきた。既述のとおり、積切出帆基準では収益だけが貨物の船積み完了の時点で計上されても、その貨物の運送行為に関する費用については一部のみ計上するに留まり、未実現利益を計上する会計上の問題点を内包していると指摘されてきた。こうした問題点を是正し、船舶の航海の全収益と全費用が対応する、より適正な基準として航海完了基準の採用に移行した。80年には船舶の運航形態と船種を問わず、費用を収益にほぼ対応して発生する直接変動費的な費用と固定費的な費用に分類し、前者を航海単位で把握し、航海完了時に各航海の収益（運賃）に対応させて計上、後者は期間費用として計上する方法に変更した。しかし、96年9月中間期決算の有価証券報告書から引用して記述したことから読み取れるように、船舶の航海に基づく航海完了基準は個々のコンテナ貨物に応じて収益・費用の計上する基準とはそぐわないと判断して複合輸送進行基準を合理的な基準として採用した。

複合輸送進行基準対応システム

郵船は92年度に計数管理システム（SEAS）を、続いて95年度に複合輸送進行基準対応システムを相次いで完成している。営業体制を下支えする情報システムの整備が並行的に進行していた。複合輸送進行基準の採用に先立ち関連システムの整備を済ませている。日本ライナーシステム（NLS）との合併（91年10月1日）に伴うコンテナ輸送部門の業容拡大に備えてコンピューター機

器と業務システムを拡充した。その一環として決算と部門別業績向上のために必要な計数を早期に把握し、活用することを目的にSEASを構築した。SEASと複合輸送進行基準対応システムが完成したことで、以前に役務提供完了基準による課税所得の再計算で難渋した会計実務の「事実上不可能」な難題を解決したと考えれば腑に落ちるし、96年度からコンテナ船を対象に従来の航海完了基準から複合輸送進行基準に変更したこととも符合する。

　第5章で記述したとおり80年代に入って極東/日本〜北米間のコンテナ輸送はインターモーダル・サービスの優劣を巡る競争時代に突入していた。膨大な量のコンテナ貨物の多くが米国内陸奥深く輸送され、それらの貨物の動静やコストの把握など情報管理にコンピュータ・システムが裏方として活用されていた。郵船は68年に海運界として初めてオンライン システムを導入して以降、情報システム開発を推進してきた。個々のシステムとして有効に機能する一方で、内外地に分散し全体として使い勝手の悪さも指摘されていた。こうした課題を解決する狙いで情報を統一的にリアルタイムに管理するシステムの構築に着手した。具体例の一つが貨物情報処理システム「WINS」プロジェクトである。正式名称は「World−wide Information Network Service for Logistics」で、WINSは英語の愛称として使用された。長期経営ビジョン「NYK21」で掲げる総合物流業者を目指す郵船が情報システム部門の強化に乗り出した時期と重なる。WINSに続いて欧州域内定航業務システム（NICE）が93年度に第一期開発を完了、西地中海地域に導入、94年度に第二期開発が完了し、北欧州地域へ展開した。その後機能拡張を継続し、全欧州・西地中海での基本業務がNICEに統合された。地域別にばらばらに開発された情報システムをグローバルな観点で統合する検証段階を迎えていた。輸送の現場で生成されるデータを必要最小限の加工により最終的には会計データにまで活用することで、データ収集の迅速化と精度向上を目指した。WINSやNICEにしてもデータ一貫利用を目的としていた。複合一貫輸送では運賃の収受や船舶の運航で従前とは異なる慣行が定着している。運賃の収受は貨物の受け取りから引き渡しまでの全輸送区間の通し運賃を収受しているし、船舶の運航もベルトコンベアのように自動的に港から港へコンテナを運ぶ手段となり、定曜日ウイークリー・サービスが定着した。これらの慣行が定着する中、発港地から帰港地までを一単位として船舶の航海（動静）に基づき収益計上する航海完了基準は現状にそぐわない基準と考え、コンテナ貨物の引受地から引渡地までの運送責任の進行の度合いに応じて収益を計上する複合輸送進行基準が合理的と判断し採用することになった。同一航路での協調は

世界規模の協調へと拡大し、経営判断のために迅速に正確な会計情報が求められていた。

日本船3社、複合輸送進行基準で足並みそろえる

　商船三井が2006年3月期から、川汽が2008年3月期から相次いで複合輸送進行基準の採用に踏み切り足並みをそろえた。複合輸送進行基準が定期船運賃の計上基準として、一方、航海日割基準が不定期船の収益認識基準として採用されてきた。複合輸送進行基準により運賃は日割りで計上し、費用は期間で計上することで収益と費用を対応させることから「積切最終港出帆基準」とも呼ばれている。最終港出帆時にコンテナ単位あるいは貨物単位などで純損益を正確に把握できる管理会計上のメリットを強調する見方がある。かつて個品運送で役務提供完了基準により収益を認識することは事実上困難と考えられ、それぞれの収益に対応・負担させる費用の算定はさらに困難と指摘された。コンテナ化は「港から港へ」の貨物輸送を「戸口から戸口へ」の複合一貫輸送に拡大する目的でスタートした。当初からコンテナ船を週1便運航するウイークリー・サービスを基本に開始された。コンテナ化の進展に伴い、ウイークリー・サービスに定時制を加味した定曜日ウイークリー・サービスへと発展し、さらに週複数便の定曜日ウイークリー・サービスなる高頻度のサービスを巡って競争を繰り広げている。

　そこで見方を変えて1990年代に入ってコンテナ船を取り巻く事業環境がどのように変化したのかを振り返り、郵船が先駆けて複合輸送進行基準の採用に踏み切った背景の一端を摸索することにした。真っ先に思い浮かんだのが91年の欧州航路で日独3船社が形成するトリオ・グループ解体である。トリオ・グループは欧州同盟内で最大勢力を誇り、欧州航路のコンテナ化以降に形成されたコンソーシアムの代表格である。そのコンソーシアムが20年の歴史に幕を下ろし、コンソーシアムによる航路運営の限界を露呈し、新たなアライアンス形成を繰り広げる合従連衡が開幕する転換期に直面する。折しも欧州では90年に入って東西両独間の通貨統合に始まり西独が東独を編入する形で統一を達成、欧州共同体（EC）が欧州連合（EU）創設条約（マースリヒト条約）調印と続き、93年にEC12カ国による市場統合を達成、マースリヒト条約が発効、ECに代わってEUが誕生した。当時、北米航路では荷動きが横ばいで、運賃水準が一時回復傾向を示したが、荷動き減少と船社間の競争が激化し再び下落に転じ、燃料費と運航コストの上昇が加わり、業績低迷に苦し

んでいた。一方、90年のドイツ統一を契機にアジア/欧州航路の荷動きが急増した。郵船は好調な荷動きを背景に積み高の拡大に取り組んだことが功を奏し、欧州航路の業績を改善した。英国、欧州大陸に進出する日系自動車メーカーの現地物流への参入も寄与した。荷動き増に伴い、ロットが大きくなり、コンソーシアムによる航路運営では柔軟に輸送力を大きくできない。航路運営で機敏な対応が必要になり、トリオ・グループを解体、パートナーの組み替えに踏み切った。航海距離が長い欧州航路でウイークリー・サービスを実施するにはコンテナ船9隻が必要なことから、新たに日独3船社による共同配船を開始した。また、新たにロンドン経由ロッテルダム・リスボン間でコンテナ・サービスを開始した。欧州市場統合後の欧州大陸でドイツを中心にボーダレス化と広域化が進むとみた郵船はベルリン事務所を開設し、情報収集拠点を設けた。当時のアウトバーンは幅が狭く、域内物流で鉄道が復権すると見込み、ドイツ国鉄で期間3、4カ月の鉄道研修を実施した。92年時点で郵船がJRから研修員を受け入れ、ドイツ国鉄に派遣する2人の研修を終えた。北米に比べ遅れ気味であった英国、欧州大陸で活発に事業展開を開始した。欧州事業展開の課題が情報システムの構築であった。当時、郵船は代理店のVan Ommeren Agencies International BV（ファン・オメレン）の子会社が構築するブッキング・ドキュメンテーション・システムを有料で使用する利用者で、情報システムを代理店子会社に依存していた。自前の情報システム未整備の状態で代理店契約を解消できず、現地法人化による代理店の自営化は進まない。自前の情報システム構築こそが必要であった。

コンテナ単位の利ざや管理

　1990年に欧州代理店の自営化を視野に入れ、受け皿会社を設立、その受け皿会社の支店として欧州域内拠点の整備を進め、自前のシステム対応の完了を待った。ファン・オメレンに依存する情報システム体制から脱却し、93年末には北米拠点で先行稼働中のシステム（90年8月完成）と統合する形での運用へと移行した。94年には欧州全域で運用する体制を整えた。欧州事業展開の一環で課題の情報システム構築を成し遂げたが、欧州での代理店の自営化による営業体制整備が北米より遅れる結果となった。ともあれ、このことは郵船が航海完了基準から複合輸送進行基準への変更に関する開示情報で「国内外で進めてきた関係システムの整備が完了した」と明言していることが有力な要因であったと考えれば腑に落ちる。あくまで筆者の一つの推論であるこ

とを断っておく。コンテナ化当初から営業部門では運賃収入およびコストをコンテナ単位で算出し、コンテナ単位の品目無差別運賃（FAKレート）制を受け入れる下地を整えていた。いわばコンテナ利鞘管理の発想を確立していたとも言える。営業部門が算出するコンテナ単位の採算と企業会計上処理される数字との格差をめぐって、社内での議論が絶えず長年にわたって繰り返されてきたと聞く。複合輸送進行基準の採用がこうした社内でのコンテナ単位の採算をめぐる確執に終止符を打ったと言えそうだ。その決め手になったのが国内外で進めてきた関係システムの整備が完了したことに違いない。複合一貫輸送の進展に伴い、取扱いコンテナ数は飛躍的に伸びた。世界に散在するコンテナの動静を的確に掌握し、コンテナ単位で収益管理するには膨大な情報を処理する能力を持つシステムを確立、運用する体制整備が必須条件である。

　1996年には定期船の収益管理はコンテナ単位とか1航海単位の利ざや管理の時代に突入していた。空コンテナ回送費用などを含めたコンテナ単位の総輸送コスト計算は複雑であり、かつ地域差や季節的変動に左右される。システム開発の取り組みでは欧米船社が日本船社のはるか先を行っていた。追い上げる立場の日本船社も外国船社で利ざや管理の業務経歴を持つスタッフを投入するなどシステム対応に努めた結果、北米航路など航路単位のシステムは一部稼働を開始していた。取扱いコンテナ数は飛躍的に伸びた。日本を起点とする主要航路のコンテナ化が一巡した頃の日本郵船の取扱いコンテナ数は2万TEU程度であったが、92年時点で24万TEUに達していた。2万TEUの取扱いとは規模が格段に違った。情報化戦略で日本船他社に比べ立ち遅れていた郵船にとってこの分野での競争力の強化が課題であった。航空機製造最大手のボーイング社のコンピュータ部門を担当するボーイング・コンピュータ・サービス（BCS）が米国でコンピューター・センターの設立、運用やネットワーク構築など広範囲の情報関連サービスのノウハウを持っていることに着目し、同社に協力を仰いだ。本社組織の通信課を関係会社のNYKシステム総研に合体させ、NYKシステム総研がBCSと提携し、コンピュータ・ネットワーク構築と運営を委託した。手堅く、慎重な風土が根強い企業体質の中で国際物流管理システムを構築するのは並大抵でなかったはず。

インターネット社会化元年

　90年8月にはシステムが完成、東京とシアトルにホストコンピュータIBM300－90型機を設置し、シアトルのホストコンピュータと専用回線を介し

て全米6カ所に設置する通信制御装置とネットワークを構築、荷主に各種サービス情報を提供する体制を整備した。当時を振り返り、担当者は「（情報システム構築で）1周遅れの米船社の背中が見えるところまできた」と格差解消の手応えを述懐した。情報の即時性と同時性の課題解決に向けて弾みがつき、複合輸送進行基準の導入に先立つ関係システムの環境整備に一定の役割を果たしたと推測する。1995年と言うと、マイクロソフトが基本ソフト「ウィンドウズ95」を発売し、インターネットの普及が爆発的に進む最初の年である。全世界のインターネット社会化が始まる年でもあった。米国が1990年代以降、情報通信技術（ICT）産業を中心にグローバル経済の中で、新たな成長戦略を展開していた。というのが社会学者による歴史分析である。ともあれこうした時代背景が情報処理能力を急速に進展させ、管理会計上の関係システムの整備を促進したといえる。

　海運業企業会計研究の泰斗と目される識者はコンテナ船で輸送されたコンテナ貨物が内陸各地にまで分散輸送される場合、内陸各地での輸送完了時点を個々の貨物ごとに把握することは、事実上不可能であると、管理会計上の視点から断言している。この「事実上不可能」を可能にしたのがコンピュータの発達による情報処理技術の向上であろう。会計分野でもコンピュータによる情報処理能力が飛躍的に進展し、かつて事実上不可能と見られていた課題を難なく解決することを見通せなかったのだろうか。3基準のいずれを選択しても複合一貫輸送の実態に対応した会計処理基準としては妥当性に欠ける。と言うことは3基準から再選択したのではなくて、会計慣行として定着している会計基準を援用し整合性を保ち、かつ輸送形態の変化に対応できる積切出帆基準と航海日割基準の混合形態の会計基準に仕立てあげ複合輸送進行基準と名付けたと解釈すると腑に落ちる。

複合輸送進行基準　2段階で実施

　郵船のコンテナ船を対象にした複合輸送進行基準の導入は2段階で実行に移された。まず96年9月中間期からアジアと中南米・アフリカを結ぶ航路を除く北米、欧州、オセアニアなど主要定期航路で複合輸送進行基準を採用、続いて2006年9月中間期から中南米・アフリカ航路を加えてコンテナ船全般に拡大した。中南米・アフリカ航路は鉄鉱石などを運ぶばら積み船の運航が主体であったが、航路再編によりコンテナ船の比率が上昇した。

　主要航路で複合輸送進行基準を採用していることから、中南米・アフリカ

航路でも計上方法の変更に踏み切った。決算期をまたいで運航する船舶など の収益として約20億円が上乗せされた。

2006年9月中間期からの会計基準の変更はコンテナ船全体に複合輸送進行基 準を導入すると同時に自動車船にもおよんだ。自動車船では従来どおり航海 完了基準を採用するが、発港地から帰港地まで往復の運航を一航海と認識し 一括計上することから、往復の運航を往航、復航で区切りそれぞれ一航海と して計算することに改めた。往航、復航の終了時に個別に認識することで、 収入と費用の早期計上につながり、半期をまたぐ船舶の収益計上が前倒しさ れた。下期は計上方法見直しに伴う収益の押し上げ効果が少なく、経常利益 への上乗せは軽微にとどまる。航海完了基準には航海の完了時に全ての収 益・費用を計上し、収益と費用が対応するメリットがある半面、航海完了時 まで損益計算ができず、経営情報入手に手間取るデメリットがあり、時勢の 変転に対応する経営判断上の課題として解決が迫られていた。この点で欧米 船社が先行し、日本船社は激化する競争で周回遅れの劣勢に立たされてい た。開示情報の表記から読み取れるのが国内外で進めてきた関係システムの 整備の完了に合わせて郵船は複合輸送進行基準の採用に踏み切った。

郵船に続いて商船三井は、2006年3月期決算の情報開示に当たって、会計処 理の方法の変更について「コンテナ船事業では当連結会計年度より航海完了 基準より複合輸送進行基準へ変更しております。この変更に伴いコンテナ船 事業においては、従来の方法によった場合に比較して、売上高は25,273百万 円、営業利益及び経常利益はそれぞれ多く計上されております。」と表記し た。また決算説明で「近年のコンテナ輸送では他船社とのアライアンスによ る定曜日サービスが主体となるなど、その輸送サービスの態様が著しく変化 してきた。このような現状に鑑み、個々の貨物に着目し、輸送期間の経過に 応じて運賃を計上し、費用は発生基準により計上する複合輸送進行基準がよ り合理的と判断し、かねてより国内外で進めてきた関係システムの整備が完 了したので、当期（下期）より変更することにした」と、アライアンスによ る定曜日サービスの定着が背景にあり、国内外で進めてきた関係システムの 整備が完了した機会に複合輸送進行基準を採用したことも示唆した。進歩し たICTが関係システム構築に寄与したことは言うまでもなかろう。商船三井に 続いて川汽も2008年3月期決算の情報開示で会計処理方法の変更について「コ ンテナ船事業にかかる計上基準は、従来、船舶の出航をもって運賃の全額を 計上する積切出港基準によっていましたが、当連結会計年度より貨物ごとに その輸送期間の経過に応じて運賃を計上する複合輸送進行基準に変更しまし

た。コンテナ輸送について、内陸輸送を含む輸送モードの拡大など輸送のサービス形態が著しく変化し多様化してきており、また、ここ数年、貨物の輸送量が急激な伸びを示してきています。かかる状況下では、コンテナ船の運賃の計上基準につき、輸送期間の経過に応じて運賃を計上する複合輸送進行基準の方が事業の実態をより適切に把握することが出来ると判断し、積切出港基準から複合輸送進行基準に変更することとしました。これにより、従来の方法によった場合に比べて、当連結会計年度における売上高、営業利益、経常利益及び税金等調整前当期純利益はそれぞれ11,790百万円減少しています」と、システム整備の完了には触れず、複合輸送進行基準がコンテナ事業の実態把握で適切と判断したことにとどめた。郵船、商船三井の両社が航海完了基準から複合輸送進行基準に変更したのに対し、川汽が積切出港基準から複合輸送進行基準に変更した。郵船と商船三井が採用していた航海完了基準では航海単位で収益を計上し、それに費用を対応させ、貨物の積み・揚げにとらわれることなく、船舶が発港地を出発してから帰港地に到着するまでの往・復一連の「航海」をもって航海と判定している。航海が完了した事実をもって役務の提供が完了したものと判定し、その時点で収益として認識する。揚げ地が複数ある場合、航海途中に期末日が到来し、すでに一部あるいは全部の貨物を荷揚げしていても、本船が帰港地と認められる港に帰着しない限り収益と認識しない。航海完了基準は不定期船で多く採用されている。不定期船では荷主との個別契約で一つの航海が決まっており、すべての役務の提供が完了する時点で収益を計上することで、航海収支を把握する損益管理と整合的であると考えられている。確かに航海完了基準は航海完了時に全ての運賃、費用を計上するので、収益・費用が対応するメリットがある半面、航海完了まで損益計算ができないため、経営判断に欠かせない正確な会計情報の入手が遅れるデメリットがあった。川汽が採用していた積切出港基準は運送客体である貨物を船舶に積み込んだ時点で収益を認識するが、個々の貨物ごとに積み切り時点を把握するのは煩雑なので、便宜上出帆時で貨物を積み切ったとみなす。コンテナ化以前に多くの定期船会社が採用していた。海運業の運送契約では貨物の積み切り時点で運賃請求権が発生し、かつ貨物を動産担保として保有することで運賃回収の確実性が高いことから海運業会計の会計慣行として定着している。しかし、貨物運賃は積切出帆時に全額計上されるが、陸揚げ費用などかなりの部分の費用が後から発生するため、収益・費用が対応しない未実現利益の計上が避けられない欠点がある。この欠点を補うため、計上した収益に見合う費用はたとえ次期に発生するも

のであっても計上して収益・費用対応の原則を満足させる方法があるが、この場合、見越し費用を計上する企業会計上の問題が生じる。

課題は経営情報入手の迅速化

　航海完了基準は積切出帆基準に比べてシステム的に複雑であったが、1970年代後半の一時的な業績回復による収益の繰り延べ効果が見込めることに加え、コンピュータの発達で会計処理が大きく進歩したことを背景に郵船や商船三井が航海完了基準に変更した経緯がある。既述のとおり1900年代にはコンテナ船社間の協調体制であるアライアンスが誕生、アライアンスの編成替えやM＆Aが激しさを増し、コンテナ輸送を取り巻く環境が激しく変化した。航海完了基準に伴い正確な経営情報を迅速に入手できないといった課題の解決を迫られた。コンテナ単位あるいは船荷証券（B/L）単位で損益を把握することであった。コンテナ単位あるいはB/L単位で損益を認識する考え方で、欧米船社が先行していた。日本船社にとって欧米船社との競争上の必須条件であった。コンテナ輸送の複合輸送期間のうちどの程度まで輸送が進行したかを算定して収益を計上する基準として複合輸送進行基準が採用された。複合輸送進行基準では個々の貨物の輸送に着目して、貨物を荷受人に引き渡した事実、すなわち法的な運送責任が解除された事実をもって役務の提供が完了したものと判定する。航海日割基準は貨物ではなく運送手段である船舶の航海の進捗を基礎とし、不定期船の収益認識基準として採用されている。

　2008年3月期の時点で、日本船3社のコンテナ船に適用する会計処理基準は複合輸送進行基準に統一された。当然のことながら、2017年7月7日設立のコンテナ船専業の合弁新会社ONEも日本船3社の持ち分法適用会社として会計処理基準について複合輸送進行基準を採用した。ONEは複合輸送進行基準を採用し、コンテナ船の最終出帆時にコンテナ単位やB/L単位あるいは貨物単位で純損益を正確に把握できる管理会計上の体制を整えてスタートした。船社は、船舶を運航すれば貨物を集められた時代と決別し、経営の重点を船舶の運航から顧客中心に移して動きだした。

荷役作業自動化と職域確保

　予想外の出来事というものは必ず起きるものなのだろう。時代が2000年に入ってほどなく米国西岸で港湾問題が発生*した。港湾労使による労働協約改

定交渉のこじれが港湾封鎖へと発展、海運界に長い間忘れていた港湾ストライキのリスクを再喚起させた。さらに貨物の流れがロサンゼルス港へ過度に集中することによるリスクを強く認識させ、港湾でのトラブル回避のため航路運営を見直す方向に向かわせた。米国西岸で国際港湾倉庫労働者組合（ILWU）と太平洋海運協会（PMA）は2002年5月から同年7月1日に労働協約期限切れを控え協約改定交渉を開始した。荷役作業の自動化を掲げる使用者側と職域確保を目指す労働側が折り合わないまま協約期限切れを迎えた。こうした折に大平洋航路安定化協定（TSA）は2002年9月19日、2003年のアジア発北米向け（東航）コンテナ貨物運賃値上げガイドラインを発表した。ガイドラインは03年5月1日付けで米国西岸・東岸向けともにFEU当たり700ドル、米国内陸向けFEU当たり900ドル値上げを実施し、輸送需要最盛期にはFEU当たり300ドルのピーク・シーズン・サーチャージ（PSS）も課徴する起死回生策であった。アジア発米国向けのコンテナ貨物量は02年上半期（1〜6月）で前年同期比18％、7月単月でも24％の伸びを示し、貨物需要がおう盛であることを確認、03年でも中国発の貨物量の伸びが牽引役となり、アジア発米貨物全体でも8〜9％の伸びが期待できるとの見通しを立てた。米国IT（情報技術）景気の流れに支えられ、1999年から2000年にかけ需給バランスが改善し、TSA主導による運賃修復が成功したが、ITバブルの崩壊と2001年9月の米国同時多発テロの発生により、2001年から2002年にかけて北米航路東航の運賃が再び下落方向に向かった。TSAは2001年5月に米国西岸向けFEU当たり525ドル、東岸向けFEU当たり600ドルおよびPSSなど運賃修復策を決定した。また、2002年にはサービス・コントラクト（SC）契約期間中にもかかわらず、8月19日付けFEU当たり300ドル値上げを実施する異例の値上げ案を策定、荷主の理解を求めたが、荷動き鈍化に加え、需給バランスの緩みもあり、TSAの目論見とは反対に運賃水準は2001年末から下降基調で推移した。TSA加盟船社の01年通期決算、02年上半期決算でも軒並み赤字を計上、02年通期の損失が20億ドルとなるとの試算に基づき大幅値上げに踏み切ることを決めた。ところが、北米航路のおう盛な荷動量を背景に悪化する経営の立て直しを図りたい船社を苦境に追い込む事態が起きた。有効期限内の締結に至らなかった協約改定交渉が決裂、ILWUが9月26日、スローダウン（怠業）で局面打開を図ろうとする戦術に反発するPMAは9月27日18時から西岸全港で施設のロックアウト（施設封鎖）に踏み切り、米国西岸29港で9月27日から荷

---

* 「過熱する北米西岸港①〜④」日本海事新聞　2004年11月29日〜12月2日

役作業がストップした。

　連邦調停仲裁人を交えての3者協議が10月3日に始まったが、6日に物別れに終わった。港湾封鎖はクリスマス商戦入りした米国経済や海運・貿易業界に大打撃を与えた。

米大統領　タフト・ハートレー法発動

　事態収拾に乗り出した米国政府はブッシュ大統領が7日朝、調査委員会設置の行政命令に署名、同委が8日までに関係者に事情聴取して大統領に報告書を提出し、これを受けた大統領が9日未明にサンフランシスコ連邦地方裁判所にタフト・ハートレー法に基づく指揮権発動を申し立て、同地裁は大統領が申し立てた施設封鎖の解除および職場復帰命令を承認した10月9日18時から組合員が職場復帰し、荷役作業は再開された。タフト・ハートレー法の発動後は冷却期間として80日間施設封鎖やストライキが禁止となる。

　PMAとILWUは11月24日、6年間の新労働協約を締結することで暫定合意、ILWUは2003年1月6日から13日にかけて暫定合意案の賛否を問う総員投票を経て1月22日に新労働協約の批准を正式発表した。新労働協約の契約期間は2002年7月2日〜08年7月1日。組合側は事務職ポスト約400人分を放棄、経営側は港湾作業員（平均年収約8万ドル）の給与を6年間で10〜15％引き上げることを認めた。また、経営側が負担する年金・健康保険コストも従来の年間2億2,000万ドルから2億5,000万ドルに14％増える。経営側は、組合側に港湾作業への新技術導入を認めさせ生産性向上を図る代わりに、雇用中の労働者の退職時までの雇用確保に努めることや待遇改善を図ることを認めたが、翌年2004年夏、ロサンゼルス（LA）、ロングビーチ（LB）両港で港湾労働者不足と港湾作業への新技術導入の遅れに起因する荷役作業の遅れが生じ、経営者側に労働者側に対する不満が噴出することになった。港湾ストは12日間で解除されたが、滞貨による混乱が続き、物流は大混乱した。02年9月30日時点で100隻以上の船舶が本船の荷役作業ができず、沖待ち状態に陥った。アジア発米国向け東航のコンテナ貨物の約85％が西岸揚げで、02年7月の東航コンテナ貨物は約76万TEUを記録し、1日当たり約2万2,000TEUが西岸で荷揚げされたことになる。港湾封鎖が続く米国西岸を避け、カナダやメキシコ経由で輸送する代替案も検討されたが、バンクーバー港は通常貨物の取り扱いで手いっぱいで余力がなく、メキシコも港と鉄道・トラックのアクセスに難点があり、いずれも急場しのぎに役立たなかった。封鎖解除後に現地の滞貨解消策とし

て日本船社が米国西岸間で貨物輸送できるようカボタージュ規制の一時撤廃が持ち上がった。

日本船社　カボタージュ規制の一時撤廃申し入れ

　日本船社は日本船主協会を通じ国土交通省に要望し、国交省が在米日本大使館を通じ米運輸省海事局（MARAD）に申し入れた。米国国内港間の海上輸送はジョーンズ法で規制され、米税関庁に権限があるが、MARADは国防時以外のケースでは米国籍船以外の国内海上輸送を認めない。船社は港湾封鎖により大幅に乱れたスケジュールを調整するため、西岸港の一部を抜港、一時的に他港で荷揚げするなど緊急措置を講じた。海外船社が一時的に荷揚げされた貨物を本来の港へ海上輸送する場合、カボタージュ規制に抵触する。国交省の申し入れを受けたMARADは物流正常化に関心を示しながらも、規制の一時的な撤廃による具体的な効果を疑問視、規制撤廃による滞荷の解消効果の立証を求めた。結局、MARADは国交省の申し入れを拒否し、米国内海運が対応できるとして内航輸送の利用を促し、日米当局間協議は物別れに終わった。

運賃改定、船社優位で終結

　北米航路のコンテナ配船が正常に回復するまで年内いっぱいかかったが、この混乱で荷主のサプライチェーンに対する懸念と危機感を一気に高め、荷主からTSAの運賃修復を後押しする朗報がもたらされた。アジア/北米航路のコンテナ配船社と荷主による2003年度のサービス・コントラクト（SC）更改交渉が11月から始まった。先述のとおり、TSAは9月19日に2003年のアジア発北米向け（東航）コンテナ貨物運賃値上げガイドラインを発表し、03年5月1日付けで米国西岸・東岸向けともにFEU当たり700ドル、米国内陸向けFEU当たり900ドル値上げを目指す。これに対し、一部の米荷主企業がTSA加盟船社との間で満額アップで合意した。北米航路東航は2002年第2四半期以降のおう盛な輸送需要と米港湾封鎖が重なったため船腹不足が続いており、荷主が船社の要求額を受け入れる形で新SCを締結、需給逼迫が値上げを後押しした。日米の荷主が運賃水準の低さに理解を示しており、2003年は船社優位の運賃交渉を予測させた。一方、港湾封鎖は輸送需要最盛期と重なったため、港湾に大量の未処理コンテナが滞留し、船舶がターミナルに着岸できず、船舶の

スケジュールが大幅に乱れた。折しも米国鉄道の輸送能力が不足し始めた時期とも重なり、安定輸送に対するリスク管理と経済性の両面から西岸経由の鉄道輸送の枠組みの当否を再考させるきっかけとなった。線路の老朽化が進み、増設が困難な中、ダブルスタック・トレイン（DST）用台車と鉄道用ターミナルも整備する必要がある。サービス拡大のための新規投資とメンテナンス投資は膨大に上り、鉄道運賃の値上げに活路を求めざるを得ない事情を抱えていた。鉄道運賃の値上げは不稼働な空コンテナ回送運賃を負担する船社に倍加して跳ね返ってくる。偶然にも、船社と鉄道会社が微妙な関係にある中、港湾封鎖が起きた。かつて、西岸経由の鉄道輸送は速く経済的であったし、船社側の投資もアジア/米国西岸間の短距離航路の船腹を整備すれば良かった。従来、ベストの選択であった輸送方式を見直し、試行錯誤する微妙な時期に直面していることを意識させた。港湾ストから2年後に米国西岸でコンテナ船の船型大型化を揺るがしかねない前代未聞の滞船問題が発生した。船型大型化の先行きに暗い影を落とし、今でも語り草となっている。

再び米国西岸で港湾労働者不足顕在化

　2004年7月から11月にかけて米国西岸の玄関港、ロサンゼルス（LA）、ロングビーチ（LB）両港でピーク時に自動車専用船を含め80隻以上の船舶が接岸できず、沖合で滞船する深刻な事態が起きた。独立記念日を7月初めに控え、その直前の6月30日に荷役に必要な港湾労働者が集まらず、本船が接岸できず沖待ちしたことが発端であった。恒常的な港湾労働者不足が指摘されていたLA・LB両港で港湾労働者とりわけ熟練労働者不足が顕在化した。極端な例との前置き付きで伝えられていることがある。熟練労働者不足の構造問題を抱える両港で臨時雇いの労働者を募集し、どうにか人数を揃えたのは良いが、荷役作業内容を確かめもせず、日銭稼ぎで応募した作業員が入港したコンテナ船の荷役作業で危険を感じると騒ぎだし、同僚や現場監督の説得を無視し職場放棄におよんだと言うのだ。当該作業員が本船上でコンテナを相互に固縛するラッシングの取り外しから始まる作業手順について予備知識があれば避けられたはずだ。代わりの作業員の協力が得られたにしても、作業効率の低下は避けられず、結果として荷役時間が予定より長くかかった。こうした極端な例はさておき、独立記念日の休み明けでも労働者不足は解消されず、配船スケジュールの遅れによる沖待ちを余儀なくされた。どうにか7月中旬以降は沖待ちが改善したものの、貨物取扱量が輸送需要最盛期を迎えた8月

下旬から滞船が始まり長期化した。増加した貨物量を処理できずコンテナ・ターミナル内で滞貨を招き、本船が接岸できず遅れを増す悪循環に陥った。LA・LB両港では7月から臨時雇いの追加募集を始め、1日当たりの人数が1月の3,800人から5,100人に約30％増えた。一方、船社は配船スケジュールを変更、両港を抜港する措置を講じた。11月18日時点での調査によると、7月中順以降に混雑を回避するため両港への寄港を取りやめたコンテナ船は116隻に上った。当面の労働者不足の解消と船社の混雑回避の対症療法が奏功し、貨物取扱量のピークが過ぎた11月第2週から滞船が収束に向かった。両港港湾局によると、11月11日の沖待ちコンテナ船が7隻、翌週には4隻にまで減り、滞船はほぼ解消した。

アジア発米国向けコンテナ貨物の7割が西岸に集中

とは言え、滞船問題が再燃する不安を払拭できた訳でなかった。両港での滞船問題発生は貨物取扱量の伸びを処理する余力に欠けていることに加え、過度の両港への集中と代替港不足といった課題解決を提起した。04年のアジア発米国向けコンテナ貨物取扱量は当初5〜6％増を見込んでいたが、実際には15〜16％増となり、貨物取扱量増加に対応しかねる事態を招いてしまった。アジア発米国向けコンテナ貨物の約7割が米国西岸諸港揚げで、そのうち約7割が両港に集中する。両港は米国西岸諸港の中で有数の規模ながら過度の集中と急増する貨物取扱量を処理するだけの余裕がなく、恒常的な労働力不足が指摘されていた。前代未聞の滞船問題発生を契機に、各ターミナル会社が貨物取扱量の増加に見合った熟練労働者を雇用し育成すれば良いようなものだが、港湾労働力確保の仕組みがあり、そう単純にことが運ばないのが米国の港湾事情である。米国西岸諸港の港湾労働力は原則、西岸29港の港湾労働者で組織するILWUを通じて確保する。ILWUは昔から沖仲仕の名称で知られる港湾労働者の組合員で構成し、米国西岸29港で独占的な権利を認められた強力な港湾労働組合である。荷役作業は「ギャング」と呼ばれる沖仲仕で編成する作業班が遂行する。PMAとILWUを通じて雇用契約を結ぶ仕組みを確立している。コンテナ船入港時にそろえる必要があるのがギャングと呼ぶ荷役作業員。ギャングは1チームを20人程度で編成するコンテナ荷役作業班である。各ターミナル会社はPMAにそれぞれ必要なギャング数を伝え、PMAがとりまとめILWUに申し入れる。ILWUは申し入れに応じて必要人数をそろえる。夏季休暇中に必要人員が確保できない場合がある。滞船問題は、PMAが

ILWUに申し入れているギャング数が全くそろわなかったことに端を発している。PMAとILWUは2002年、同年7月2日から08年7月1日までの6年間の労働契約を締結した。PMAはILWUに対し、6年間で賃金を10〜15％引き上げることを受け入れた。ILWU は港湾作業の効率化のための新技術導入を受け入れた。PMAによる年間の賃金支払額は02年に対前年比4.4％増の10億4,800万ドル、03年に11.1％増の11億6,400万ドルに負担増となった。ILWUの登録労働者数は同年11月時点で、1万2,000人。ILWU登録の一般組合員の平均年収は福利厚生費を含めて14万ドル、現場監督クラスのフォアマンでは21万ドルで、他産業と比べても高水準。ILWUの登録労働者数が増えることはPMA側にコスト負担増として跳ね返り、重くのしかかる。

シアトル、バンクーバー寄港が急浮上

　PMAが02年の協約改定交渉にロックアウト（施設封鎖）を含む強硬姿勢で臨んだ背景には西岸諸港の重要性が高まり、貨物取扱量が増加傾向にあるにも拘わらず、港湾作業体制が旧態依然のままで、コンテナ船社にとって北米航路の赤字が深刻でコスト削減を迫られている事情があった。PMAは賃金上昇を受け入れる代わりに、ILWUにターミナル施設の情報技術（IT）化を認めさせた。IT化が貨物取扱量の増加による需要増に人員を増やすことなく荷役作業の自動化を図る体制を構築できると目論んだ。しかし、PMAの思惑通りにはIT化が進まず、貨物取扱量だけが増え、港湾機能が麻痺する不測の事態を招いた。2004年、LA、LB両港で港湾労働力不足が原因で前代未聞の滞船問題が発生した。貨物の流れがLA、LB両港へ過度に集中することに起因するリスクが強く認識された。リスク回避の有効策はLA、LB両港で港湾ターミナルを拡張し、コンテナ貨物取扱能力を増大することである。しかし、カリフォルニア州の一段と厳しい環境規制下では新たに港湾ターミナルを開発することは難しく、コンテナ貨物取扱能力を増強することは容易でない。こうした事情を踏まえて急浮上したのはシアトル、バンクーバーに寄港するPNW航路サービスの充実である。北米西岸経由の米国内陸、とりわけ中西部から東岸を結ぶ鉄道輸送はLA経由と比べそん色がなく、容易に経路変更できる背景があった。

　2005年6月、郵船がPNW専航サービスを追加した。上海、寧波、青島、釜山、東京、名古屋、神戸、博多とシアトル、バンクーバーを結ぶPNW航路で3,000TEU積み5隻を1航海35日ラウンドで運航、ウイークリー・サービスを開設した。港湾のトラブル回避を狙いに航路運営を変更したのはコンテナ化以

来初めてであった。それから16年経って再びLA、LB両港でコンテナ船滞船が長期化した。LA、LB両港では20年夏以降、アジアからの輸入貨物が急増、コンテナ貨物の処理に荷役作業が追いつかず、コンテナ船が滞船する事態を招いた。コンテナ・ターミナルが7カ所で稼働するLAは2018年にコンテナ貨物約950万TEUを取り扱い、過去最多を記録した。アジア以外で最多の取扱量を誇る。単純に月割り取扱量を計算すると、約79万TEU。20年1〜10月累計は前年同期比5.3％減の744万4,464TEU。一方、コンテナ・ターミナルが6カ所で稼働するLBも18年にコンテナ貨物800万TEU以上を取り扱い、過去最多を記録し、19年も760万TEUを取り扱った。単純に月割り取扱量を計算すると約63万TEU。20年1〜10月累計は前年同期比2.3％増の651万3,908TEU。

　LA、LB両港で20年11月、コンテナ取扱量はLAが前年同月比22％増の89万TEU、LBが31％増の78万TEU、このうち輸入コンテナはLAが25％増の45万5,000TEU、LBが31％増の38万3,000TEUと急増した。この時点でLA、LB両港に取扱い能力を上回るコンテナ貨物が押し寄せ、港湾機能を混乱させたことは容易に想像できる。

LA、LB両港でコロナ・クラスター発生　ターミナル閉鎖も

　港湾混雑解消のメドが立たないところに、新型コロナウイルス感染拡大が波及し、クラスター（感染者集団）が発生した。ILWUによると、1月17日時点でLA、LB両港の港湾労働者697人が新型コロナウイルスに感染し、その後、感染者は1,000人を超えたと報じられた。輸入コンテナ急増に荷役作業が追いつかず、コンテナ船30隻超が沖待ちする港湾混雑の最中にクラスターが発生し、さらに労働力不足が深刻化するとコンテナ・ターミナルの閉鎖にまで発展しかねないと先行きを危ぶまれた。ILWUはPMAと共同で、カリフォルニア州知事に対し、港湾労働者が新型コロナワクチン接種を最優先で受けられるよう要請した。LA、LB両港でコンテナ船30隻以上が沖待ちしていた。2月1日時点で、LA、LB両港への入港のため沖待ちしているコンテナ船は41隻となり、1月前半の30隻超から大幅に増加した。沖待ちするコンテナ船41隻のうち、船社別で最も多いのがONEの9隻で、次いでCMA CGMとMSCが各6隻、エバーグリーン5隻。MSCの6隻のうち5隻が1万2,000〜1万4,000TEU積みで、臨時船投入により船腹量を8割近く増やし目立った。沖待ちを含めたコンテナ船のLA港停泊日数は年明けから一気に10日以上が続いた。さらに2月時点の停泊日数は約14日に増えた。

CMA CGMは2月に入って2月上旬から一部の北米西岸サービスでオークランド港に追加寄港を開始すると発表した。LA、LB両港でコンテナ船が沖待ちを余儀なくされ、サービスに大幅遅延が生じているため、オークランド港への追加寄港により代替ルートを提供していくとの考え。同社は20年5月から12月までに臨時便25便を投入、船腹供給量を39％増やした。北米西岸サービスの大幅遅延に伴う日本発輸出貨物の滞留解消といった課題が持ち上がった。港湾混雑により2週間以上の遅れが生じて、サービス遅延が深刻になった。本船が滞船し、アジア側に戻れないため、ONEはアジア/北米西岸航路の2つのサービス（FP1、PN1）で、2月下旬船に欠便が生じる見込み。ONEは臨時船を投入、日本発輸出貨物の滞留解消へと動いた。ONEの臨時船投入は20年11月に続く再投入。前回は日本側で東京をはじめ3港に寄港した後、LAに向かう航海だったが、再投入ではLA、LB両港で大量のコンテナ船が沖待ちしているため、両港寄港を回避し、オークランド、タコマに寄港する配船。神戸、名古屋、東京3港からタコマ、オークランドに順次寄港し、日本向けドライ貨物とリーファー貨物を積み取り、日本3港に戻るスケジュールを組む。北米西岸の港湾が正常に機能している状態で、2月上旬にアジアから北米西岸向けにコンテナ貨物を輸出する場合、その輸送に使われたコンテナが内陸奥深くでなく西岸地域の荷主に貨物を引き渡した後、3月下旬以降にはアジアにもどってくる。だが、LA、LBで港湾混雑に伴う遅延が生じていると、コンテナのアジアへの戻りは確実に5月以降にずれ込む。このことがアジアで空コンテナ不足を招き深刻化させる一つの要因となっている。

地球温暖化対策を重要課題に

　船社にとって気掛かりなのは港湾問題だけではない。地球温暖化対策の海運・港湾分野への影響である。第2章で日本船3社の新設合弁会社ONEの国際海事機関（IMO）による硫黄酸化物（SOx）規制への対応策について記した。2020年以降の海運界にとってIMOのSOx規制への選択が事業収支を左右する重要課題に位置付けている。IMOのSOx規制に対応するにはかつて経験したことがない課題に直面した。SOx規制は使用する船舶燃料油の硫黄分濃度を3.5％から0.5％以下への引き下げを求めている。硫黄分濃度が3.5％の高硫黄燃料油（HSFO）から0.5％以下の低硫黄燃料油（VLSFO）へ切り替えるにしても、従来のHSFOに比べて割高となる価格差分を荷主から徴収できるのか、補油地で確実にバージ輸送できるのか、かつてない補油トラブルの発生

が予想される。スクラバー（排気ガス洗浄装置）の搭載工事（レトロフィット）を施し、従来通りHSFOを使用する場合、1隻当たりの搭載工事費は約10億円見込むとも言われ、さらに搭載工事に伴う不稼働期間の代替船を手配する追加費用も発生する。こうした追加費用の回収方法に加え、スクラバーが航海中に故障し、運航が危ぶまれる中で海上運航をどう継続するか未経験の課題を抱えている。スクラバー搭載船はHSFOを継続して利用できるとのことなので、VLSFOの燃料価格の変動リスクを回避できる運航上の利点が大きいとの見方がある。船舶燃料油に含まれる硫黄分はすべてエンジン内を素通りし基本的にエンジン制御できず、船舶燃料油中に含まれる硫黄分を抑制するか、排ガスを後処理することになる。このため外航船社はIMOのSOx規制に適合する船舶燃料油つまり規制適合油を使用するか、スクラバーを使用するか、あるいはLNGなど代替燃料を使用するかといった規制対策の選択を迫られる。ONEは規制適合油の使用を前提に「ONE Bunker Surcharge」（OBS）を採用、荷主の協力により燃料油価格上昇分の回収を見込んでいる。2019年10月時点で、2万TEU積み以上の5隻、1万2,000～1万5,000TEU積みの9隻、8,000TEU積み未満の2隻にスクラバー搭載を予定している。

　2020年4月からONEと同じアライアンス、ザ・アライアンス（TA）の正式メンバーとなった現代商船（HMM）は2020年4月から同年9月にかけてアジア/欧州航路に世界最大級の「メガマックス24型（23,964TEU型主体）」と呼ばれる2万4,000TEU積み12隻全船を順次就航させ、超大型船運航船社の一角に躍り出た。2021年から竣工する1万5,000TEU積み8隻を含む新造船53隻にスクラバー搭載を予定している。TAはHMMの加入によってスクラバー搭載船の急増を見込んでいる。3大アライアンスのうち、マースクとMSCで形成する2Mは2020年1月までに1万8,000TEU積み以上のコンテナ船35隻以上に、2021年までには1万8,000～2万3,600TEU積み62隻にスクラバー搭載を予定している。さらに2Mは2021年までに全体で350隻以上のスクラバー搭載船を運航する予定。オーシャン・アライアンス（OA）は2020年1月までに1万5,000～2万1,000TEU積み20隻にスクラバー搭載を予定している。OAメンバーのエバーグリーンは最大149隻のスクラバー搭載船の保有を見込み、2020年1月までに53隻を準備し、さらに2022年までに順次スクラバー搭載船を拡大していく方針を明らかにしている。CMA CGMは約100隻へのスクラバー搭載を予定し、COSCOは約40隻にスクラバーを搭載するとしている。TAは他のアライアンスに比べてスクラバー搭載船の隻数は少なく、ハパックロイドがこれまで20隻にスクラバーの搭載を決めているほか、陽明海運はスクラバー搭載船30隻の保有を計

画している。こうしたSOx規制への対応から、コンテナ船隊規模の差がある中で、VLSFOを使用してのコンテナ船運航を不安定・不確実と判断する船社ほどスクラバー搭載比率の高いことが読み取れる。世界のコンテナ船社によるIMOのSOx規制対策は急速に進展している。コスト負担が重くのしかかり、コンテナ船の運航採算に響き、コンテナ船社の業績を左右する要因になっている。

寡占化急上昇

　「世界のコンテナ輸送と就航状況 2020年版」は東西航路とアジア域内航路の配船状況について分析・考察している。新型コロナウイルス感染拡大の影響がコンテナ船の供給船腹量をどのように変化させたか推移をたどるため、2019年8月末、2020年4月末、2020年8月末で比較している。東西航路はまず、2M、オーシャン・アライアンス（OA）、ザ・アライアンス（TA）の3アライアンス別で、続いて船社別の船腹量とシェアを比較している。アジア域内航路については船社別の船腹量とシェアを比較している。比較に当って東西航路はアジア/欧州航路、アジア/北米航路、欧州/北米航路に、さらにアジア/欧州航路を北欧州航路と地中海航路、アジア/北米航路を北米西岸航路と北米東岸航路にそれぞれ分けて分析している。

　アジア/欧州航路では3アライアンスの船腹量シェアが2020年8月末時点で2019年8月末比の95.9％から98.0％に2.1ポイント上昇、寡占化が進んだ。2019年、2020年にCOSCO、エバーグリーン、MSC、HMMが2万TEU超の超大型船計30隻以上を投入したことが主な要因。2019年8月末時点でシェアトップの2Mが2020年4月末時点では2019年8月末比13.1％減と大幅に船腹量を減らし、OAと入れ代わって2位に転落した。2020年8月末時点で船腹量を戻し、シェアトップに戻ったが、2019年8月末比6万9,000TEU減となっている。

　2Mは2019年にシリーズ建造したメガマックス24型（2万3,756TEU）11隻のうち2隻を、2020年4月から北米復航空コンテナ輸送のために北欧州/アジア/北米西岸航路の振り子配船に投入し注目された。

　OAは2020年4月末時点では2019年8月末比1.5％増と3アライアンスの中で唯一船腹量を増やし、2020年8月末時点でも前年同月末比2.3％増とした。

　2019年に2万TEU超の超大型船をCOSCOが5隻、エバーグリーンが6隻の新造船を竣工させ、シェアを2018年8月末時点の32.7％から2020年8月末時点の34.8％に2.1ポイント上昇させていることが背景にあった。

TAは2020年4月末時点で2019年8月末比15.9％減と2Mを上回って船腹量を減らしたが、2020年4月以降、HMMがメガマックス24型（2万4,000TEU）を2020年8月末時点で11隻就航させた結果、前年同月末比3.6％増に転じている。

　また、2020年1～6月の特記事項にアジア/欧州および北米東岸航路でスエズ運河経由を喜望峰経由にサービスを切り替えたことをあげている。アジア/北欧州航路ではOAが2020年4月末時点で2019年8月末時点でのサービスを継続し、3アライアンスの中で唯一1.9％増と船腹量を維持し、2020年8月末時点では前年同月末比5.5％増とさらに船腹量を増加した。2MとTAは2020年4月末時点では2019年8月末比1サービス減となり、船腹量は2Mが14.6％、TAが17.6％を大幅に減少させ、2Mは2020年8月末時点では前年同月末比並みに船腹量を回復させる程度の増加にとどめた。

　TAはHMMのメガマックス24型11隻を投入する大型化によって2019年8月末時点比では15.0％増加した。

一頭地を抜くマースク、COSCO

　2019年8月末と2020年8月末時点の船社別の船腹量とシェアでは1位のマースクが25.3％、2位のCOSCOが17.8％で頭抜けている。3位のMSCは2019年7月以降、メガマックス24型（2万3,756TEU）11隻を北欧州航路に就航させたが、新型コロナウイルス感染拡大により最適船型を見直し、北欧州/アジア/北米西岸航路に転配した結果、船腹量は微増。TAはハパックロイドと陽明海運の船腹量がそれぞれ40.6％、36.6％減少する一方で、HMMのメガマックス24型が4月から順次竣工、船腹量を23万1,758TEU増加させた。この結果TA内で転配を実施し、地中海航路や北米東岸航路に投入された。なお、2020年9月にCMA CGMの2万3,000TEU積みと1万5,000TEU積みのLNG燃料推進システム搭載船が竣工し北欧州航路に就航したことが話題を呼んだ。同年10月には2万3,000TEU積みの2番船が竣工した。地中海沿岸諸国は新型コロナウイルス感染拡大による影響からの回復の遅れが響き、アジア/地中海航路の船腹量は2020年8月末時点で、前年同月末比13.7％減、隻数は航路全体で30減となった。

　アジア/地中海航路のアライアンス別の主な動きをみると、2Mは2020年4月から1サービス休止したため、2019年8月末比10.4％減となり、2020年8月末時点でもサービスを再開せず、前年同月末比9.8％減と2020年4月末時点の船腹量とほぼ同じであった。TAは2019年8月末時点で32隻3サービスを提供していたが、2020年4月末時点でサービス数は変わらず、就航船を28隻に減少、2020年

8月末もサービス数を維持し、隻数を27隻に減らした結果、前年同月末比15.9％減となった。OAは2020年4月末時点で、3アライアンスでは唯一、2019年8月末比0.3％増と同程度の船腹量を維持していたが、2020年8月末時点ではサービス数が変わらないものの、就航隻数が38隻から35隻に減り、前年同月末比7.7％減となった。

　船社別ではMSCが頭抜けている。HMMのメガマックス24型の北欧州航路就航により、北欧州航路に就航していたハパックロイドの1万5,000TEU積みが地中海航路に転配され、大幅に船腹量とシェアを伸ばした。それまで地中海航路に就航していた陽明海運の船舶のアライアンス内の就航航路の変更によって、北米東岸航路に就航したため、シェアが減った。

　アジア/北米航路の3アライアンス合計のシェアは2019年8月末時点の83.8％、2020年4月末時点の89.8％、2020年8月末時点の89.2％と推移し、20年8月末時点の船腹量シェアが19年8月末比で5.5ポイント上昇し、3アライアンスによる寡占化が進行している。

2M、北米西岸航路で大幅増

　アライアンス別の動きをみると、2020年4月末時点では、2020年2〜3月の中国での新型コロナウイルスの感染拡大により荷動き量が激減した結果、2020年4月からHMMが新たにメンバーに加入したTAを除き、OAと2Mの船腹量はそれぞれ2019年8月末3.3％減、11.6％減となった。5月末以降の経済活動が再開したことによる荷動き量が増加し、3アライアンスとも運休中のサービスを再開、さらに臨時配船や新規サービスを開始し、2020年8月末時点では前年同月末比の船腹量を大幅に増やした。OAは6.8％と小幅な増加にとどまったが、2Mが主に北米西岸航路で船腹量を拡大させ、同21.9％大幅に増加した。TAは先述のとおり、HMMの新規加入に伴う超大型船の欧州航路への投入を機に、北米航路への玉突き転配（カスケーディング）による大型化もあり同29.8％増となっている。アジア/北米西岸航路での3アライアンス合計のシェアは2020年4月末時点で89.2％まで増加、2020年8月末時点では前年同月末比10.5ポイント増の87.2％となり、3アライアンスによる寡占化が進行している。

　アライアンス別ではTAが2020年4月末時点で唯一17.7％増と船腹量を増やした。米国の経済活動が5月末から再開、6月から荷動きが回復基調となり、8月末までの期間、各アライアンスの欠便数は減少、2Mが6月上旬から7,100〜1万1,300TEU積み6隻を就航させる「オリエント/TP8」サービス（青島/上海/寧

波/舟山/釜山/ロングビーチ/オークランド/青島）を再開した。2020年8月末時点ではOAが前年同月末比2.4％減と唯一船腹量を減らしたが、TAは前年同月末比1サービス増やし、船腹量を35.8％増とし、船腹量でOAを抜き1位となった。また、2Mが2つのサービスを新規開設し、船腹量を45.3％増とした。

　船社別ではMSCが船腹量を2020年8月末時点で前年同月末比2.42倍と大幅に伸ばした。MSCは4月からメガマックス24型2隻を北欧州/アジア/北米西岸航路に投入した。さらに用船市況が底入れしたときに8,000〜9,000TEU積み8隻を成約し、7月からアジア/北米西岸航路で新サービスを開設して2Mのシェア拡大に貢献した。TAでは北米東岸航路で船腹量を減らしたハパックロイドが2020年8月末時点で前年同月末比45.6％増と大幅な増加となった。

　アジア/北米東岸航路のアライアンス合計のシェアは2020年4月末時点では2019年8月末と同程度であったが、2020年8月末時点では前年同月末比0.5％の微増の91.1％とシェアを拡大させている。アライアンス別ではOAが2020年4月末時点で2019年8月末と同様のサービスを維持した。2020年8月末時点ではCMA CGMとCOSCOが船腹量を増加させ、2019年末時点の7サービス84隻を2020年8月末時点で隻数を4隻増の88隻とし、船腹量が14.0％増加した。TAは2020年4月末時点で2019年8月末比とほぼ同じ船腹量を維持し、2Mを抜いて2位となった。TAは2019年8月末時点で52隻を投入、5サービスを実施していた。2020年8月末時点でのサービス数は変わらなかったが、投入隻数が55隻となり、船腹量は23.6％増加した。船腹量の増加は4月に加入したHMMの超大型船就航によるアライアンス内のカスケーディングによるもの。

　2Mは2020年4月末に大幅に船腹量を減らしていたが、2020年8月末時点で前年同月末比6.7％増と船腹量を戻した。

CMA CGMが船腹量首位を維持

　主要な船社別にみると、2019年に船腹量で首位であったCMA CGMが引き続き船腹量を7万TEU増やし、首位を維持した。マースクとMSCは2Mとして北米航路の船腹増強を進め、北米東岸航路ではマースクが船腹を増強している。

　ハパックロイドは地中海航路および北米西岸航路で船腹量を増やしたため、北米東岸航路では15.3％となっている。COSCOはOAメンバーとして荷動き量の回復が地中海航路に比べて北米航路が早いと判断し、地中海航路で船腹量を減少させ、北米東岸航路に船腹を転配した結果、前年同月比14.6％増としたことが読み取れる。

欧州/北米航路の2020年8月末時点の船腹量は105万2,589TEUと前年同月末比1.9％減少した。全世界に占める航路別シェアは0.3ポイント減の4.5％となった。3アライアンス合計のシェアは2020年4月末時点では45.5％と2019年8月末時点から2.4ポイント下げたが、2020年8月末時点では前年同月比1.4ポイント減の46.5％となっている。アライアンス別にみると、2019年8月末時点で船腹量が23万5,792TEUとシェア1位であった2Mは新型コロナウイルスが欧米で感染拡大した2020年4月に船腹量を19万9,320TEUへと15.5％を削減した結果、順位を2位に下げたが、2020年8月末時点には首位に戻したものの、船腹量は20万3,784TEUと大きく回復することなく、前年同月末比13.6％減となった。TAは2019年8月末時点の船腹量は18万805TEU、シェア2位であったが、2020年4月は2Mとは逆に船腹量を20万TEUへ増加し、シェア1位となった。しかし、2020年8月末には船腹量を17万9,630TEUへと大幅に減らし、前年同月末比でも0.6％減となった。2019年8月末時点でシェア3位のOAは2020年4月末時点の船腹量を10万7,000TEU台に乗せ、2020年8月末時点で10万6,376TEUと船腹量をほぼ維持した。OAがこの1年間で最も船腹量を増やしたものの、1位と2位から大きく引き離されており、当面この順位が続くとみられている。船社別では2Mを構成するMSCとマースクの船腹量の減少が顕著であった。2019年8月末時点で2社合わせて52万3,000TEUの船腹量は2020年8月末には48万5,318TEUとなり、3万8,018TEU（7.3％）減少した。これに伴いサービス数を6サービスから1サービス減らし、5サービス体制に縮小した。また、COSCOはアライアンス外の複数船社と共同でサービスを開始、46.9％増加、OAを構成するCMA CGMは大型船を投入し、2万5,000TEU（24.6％）増加し、シェアを2.5ポイント伸ばした。2020年8月末時点で、アジア域内航路の船腹量は230万7,730TEUと前年同月末比2.8％減、世界全体の航路別シェアは0.4ポイント減少して9.9％となった。

COSCO、首位で他船社を圧倒

アジア域内航路で配船する主要船社の中でCOSCOが船社別シェアで一頭地を抜き、他船社を圧倒している。20年8月末時点で、COSCOの船腹量は42万4,131TEU、前年同月末比9.3％減ながらシェア18.4％で2位以下を大きく引き離している。船腹量とシェアは2位のマースク（シーランド）が20万6514TEU、8.9％、3位のエバーグリーンが15万985TEU、6.5％、4位のCMA CGMが15万946TEU、6.5％、5位の萬海航運（Wan Hai Lines）が14万3,852TEU、6.2％、6

位 の 新 海 豊 航 運 （SITC）が11万7,395TEU、5.1％、7位 の ONEが10万2,492TEU、4.4％で、SITCとONEが前年から順位を一つずつ上げた。8位の高麗海運（KMTC）が9万3,224TEU、4.0％、前年比で船腹量を11.6％大幅に減少させる一方で、SITCが2,700TEU積み新造船4隻を投入し、14.7％増、MSCが2300TEU積み新造船2隻を投入し、15.5％増、Wan Hai Linesが1,800TEU積み新造船1隻を投入し、9.2％増とそれぞれ船腹量を増加させ、アジア域内航路の大型化を牽引した。欧州船社とアジア系のアジア域内専業船社にとってアジア域内航路で船腹量シェアを拡大する思惑が一致する。欧州船社は大型船でハブ港まで輸送し、ハブ港から積み替えてきめ細かく寄港地を巡る「ハブ＆スポーク」方式を推進する狙いがあり、一方、アジア域内専業船社には世界で最もコンテナ荷動き量が多いアジア域内の輸送に対応することに加え、アライアンスメンバーと協調してフィーダーサービスを提供するため船腹量を増強する課題に挑んでいる。

船腹量3アライアンスメンバー9船社でシェア84％強

　20年8月末時点で、世界の定期航路に5,262隻のコンテナ船が就航し、2,320万1,231TEUの船腹量を供給している。隻数は前年同月末比で25隻増で、船腹量が同3.0％、67万6,552TEU増えた。コンテナ船上位10社が3,086隻、1,957万2,464TEUの船腹量を供給し、総船腹量に占めるシェアは84.4％となっている。この時点で10社が発注している121隻、152万6,942TEUが順次竣工すると、上位船社による寡占化がさらに進展することになる。上位船社の順位1位から9位までは3アライアンスメンバー。しかも20年8月末時点での1位から7位までの順位と前年同月末時点と変更がなく、同じ顔ぶれ。1位マースク（デンマーク）、2位MSC（スイス）、3位COSCO（中国）、4位CMA CGM（フランス）、5位ハパックロイド（ドイツ）、6位ONE（シンガポール）、7位エバーグリーン（台湾）。8位のHMM（韓国）と9位陽明海運（台湾）は19年8月末時点での順位は陽明海運が8位、HMMが9位。HMMが20年4月からメガマックス24型シリーズ船12隻を順次就航させ、船腹量を増強し、順位を1つ繰り上げ、陽明海運と入れ替えた。上位船社の10位にシンガポール船社PILが名を連ねている。同社は21年3月末で太平洋サービスを終了し、南北航路にサービス、経営資源を集中するため、船腹量を大幅に減らした。上位船社9社はいずれもアライアンスメンバー。9社が82.9％の船腹量シェアを占めている。9社は20年8月末、前年同月末比で隻数を10隻減らしたものの、船腹量を53万

2,082TEU増やし、船腹量シェア82.9％を維持している。9社はマースクとMSC の2社が2Mを、CMA CGM、COSCO、エバーグリーンの3社がOAを、HMM、ハパックロイド、ONE、陽明海運の4社がTAを、それぞれ形成している。3アライアンスは2020年8月末時点で、121隻、152万6,942TEUの発注残を抱えている。アライアンス別ではOAが72隻、102万9,844TEU、TAが26隻、29万5,998TEU、2Mが23隻、20万1100TEUで、OAの発注残の多さが目立つ。発注残順位はOAメンバーのエバーグリーンが37隻、46万422TEU、CMA CGMが25隻、44万6,880TEUで1位と2位を占めている。エバーグリーンの発注残には21年竣工予定の2万4,000TEU積み4隻、1万2,000TEU積み15隻、22年竣工予定の2万4,000TEU積み6隻、CMA CGMの発注残には21年竣工予定の2万3,000TEU積み5隻、1万5,000TEU積み11隻、22年竣工予定の1万5,000TEU積み4隻が含まれている。エバーグリーンとCMA CGMの両社が22年末までに62隻、90万7,302TEUの船腹量を増強し、3アライアンスによる寡占化を主導する。アライアンスメンバーは荷動きに合わせた最適船型の投入を計画し、新造大型船の投入された航路と並行して運航されているサービスの運休を継続し、さらにアジア/欧州航路の復航船を喜望峰経由の迂回ルートで運航するなどアジアの積み地で荷動きに対して余剰船腹量を出さず、高い積み高を確保し運賃の安定を目指す戦略を展開していた。コロナ禍を背景に東西航路の配船状況を見据えた2Mが講じた対策が注目された。欧州航路の船腹量シェアトップの2Mはコロナ禍で荷動きおよび運賃の回復が早いことに着目し、従来シェアの低かった北米航路の船腹を増強する機敏な動きを見せた。2Mは2019年にメガマックス24型11隻をシリーズで建造した。このうち2隻を20年4月から欧州/アジア/北米西岸航路の振り子配船に投入、北米からの復航空コンテナ輸送を実施して注目された。

新局面を迎えたコンテナ・ビジネスへの期待

「世界のコンテナ輸送と就航状況 2020版」の要約には次の下りがある。まず冒頭（はじめに）で、新型コロナウイルス感染拡大のさなか「海運業界は世界の人々に生活基盤物資を届けるエッセンシャル・インダストリーとしての自負と責務があることを認識した。グローバル・サプライチェーンを支える産業として、環境対応に加えて広く社会的課題の解決への貢献が求められるものと考える」と、コンテナ船事業がグローバル・サプライチェーンを支える"エッセンシャル・インダストリー"であることを明確にした。続いて

文中で「2020年2〜10月にかけて各船社やアライアンスは、航路別の荷動きに合わせたきめ細かい供給船腹量の調整を計画的に取り組んだため、需給バランスを大きく崩すことはなかった。これは、2020年東西コンテナ航路の大きな特徴であり、コンテナ・ビジネスが新たな局面に入ったと期待されている」と、コンテナ船事業が3極に集約されたアライアンスを中心に展開されていくことを示唆した。日本船社3社が生き残りをかけた窮余の一策としてONE設立に踏み切ってから早くも3年の歳月が流れた。TAメンバーのONEが寡占化するアライアンスの変遷にどのような対応をみせるのか注目される。

第9章

コロナ下のコンテナ船事業
——好事魔多し

2021年5月時点で本書の原稿作成を一旦締め切り、次の執筆機会は、2028年と踏んでいた。日本郵船、商船三井、川崎汽船の日本船3社によるコンテナ船合弁・新会社「オーシャン・ネットワーク・エクスプレス（ONE）」が2018年4月に営業開始してから創業10年を迎える節目を捉えて10年間を回顧し、将来を展望する心づもりであった。しかし、新型コロナウイルス感染は、着実に世界中に拡大し、いつ収束に向かうのか出口が見えず、不透明感を強めていた。ここは、とりあえずONEの開業3年目の決算結果を見届けて記述し、その後の業績の推移は創業10年の節目を捉えて反映させる方法を検討するのが得策と判断したものの、話はしり切れに終わった。

　ONE開業3年目の業績はと言えば、巣ごもり需要と高止まりするコンテナ運賃市況を背景に好調となった。ONEの先行き不安を払拭するどころか、コンテナ船事業を持ち分法適用会社に委ねる親会社3社の業績を下支えする屋台骨に成長した。この成長ぶりを手放しで喜べないのは、新型コロナウイルス感染拡大に伴う巣ごもり需要が急激に荷動きを増大させる需給逼迫が、欧米諸港で港湾混雑に拍車をかけ、コンテナ運賃市況を高騰させた結果であった。

コロナ禍に続きウクライナ・ガザ戦争勃発　混迷深める

　グローバル・サプライチェーンを下支えするエッセンシャル・ビジネスとして高い評価を得たコンテナ輸送サービスを取り巻く環境が悪化し、輸送責任を果たせず、弱点をさらけ出す混乱状態に陥れた。新型コロナウイルス感染が終息しないものの、収束に向かい世界の社会経済活動が落ち着きを取り戻しかけた矢先の2022年2月24日、突然、ロシアによるウクライナ進攻が発生、国際情勢を緊迫させた。このニュースに接した瞬間「これで黒海航路とシベリアランドブリッジ輸送は途絶する」との予想が過ったが、ロシアとウクライナによる戦闘状態が世界中を巻き込む戦争へと拡大し、長期化するとは予想しなかった。

　2022年上半期の世界の港湾コンテナ取扱量をみると、アジア/北米航路などで米国の輸入需要が堅調に推移したこと反映し、特に米国東岸でのコンテナ取扱量が伸びた。一方、欧州、とりわけ北欧州諸港でコンテナ取扱量の減少が鮮明に現れ、ロシアによるウクライナ進攻の影響が大きく及んでいることを示唆した。ロシアとウクライナの戦争が混迷を深める中、2023年10月7日、今度は武装組織ハマスによるイスラエルへの越境攻撃とイスラエル軍によるパレスチナ地区ガザへの進攻が突発し、世界を揺るがせ、中東情勢が一段と緊迫した。

ガザ戦争　紅海危機へ波及

　翌月の2023年11月、イスラエル軍によるガザへの進攻に反発した紅海南部にあるイエメンのイスラム教シーア派組織フーシ派による日本郵船が運航する自動車専用船ギャラクシー・リーダー号の拿捕事件が起きた。フーシ派は、反イスラエルをスローガンに掲げ、ガザとの連帯を表明していることで知られる。ヘリコプターを用いた民間船舶拿捕の映像が世界中に流れ、パレスチナ地区ガザで起きた戦闘状態が紅海に飛び火し、紅海危機に発展することを予想させた。

　紅海が国際物流の大動脈であるスエズ運河に通じる要衝であることは海運人にとって常識。ガザ戦争が紅海危機に波及し、コンテナ船をはじめスエズ運河を往行する外航船拍の運航に影響する。

マースク・ハパックロイド　先陣切って紅海航行停止

　ガザ戦争での死傷者被害が甚大になる中、バイデン米大統領が「イスラエルは国際社会の支持を失いつつある」との苦言をもらしたが、この発言に対してイスラエルのガラント国防相が戦闘は「数カ月続く」と応酬、戦闘を中止しない姿勢を鮮明に打ち出した。

　国防相のこの発言の翌日（12月15日）、世界の物流を支える海運大手各船社が、しびれを切らしたかのように反応した。先陣を切って紅海での航行中止を発表したのは、コンテナ船隊規模2位のマースクと同5位のハパックロイド。さらに週明けには、英石油大手BPやONEが19日、紅海経由の運航停止を決めた。ONEは、アジア/北欧州、アジア/地中海、アジア/北米東岸など3航路でスエズ運河経由の運航をアフリカ南端の喜望峰経由に切り替える。これによって片道数千キロも迂回することになる。日本/欧州航路の場合、往復で2〜3週間ほど従来に比べ航海日数が余分にかかる見通しだ。

　香港のOOCLは、紅海経由の運航を続けるものの、イスラエル発着の貨物の取り扱いを停止した。

業界に衝撃走る　マースク・ハパックロイドの提携

　ガザ戦争を発端に紅海危機が深刻さを露呈し、その対応に追われ2024年を

迎えたコンテナ船業界に衝撃が走った。マースクとハパックロイドが2024年
1月17日、新たにアライアンスを結成することを発表した。マースクとハパ
ックロイドは紅海危機に直面し、先陣を切って紅海経由の運航停止を決めた
コンテナ船社同士だけに新アライアンス結成と関連があるのかどうか詮索し
たくなることだ。マースクとMSCは2015年以降、アライアンス「2M」を結
成、実質、上位1、2位連合提携で世界のコンテナ船業界をけん引してきた。

　その2Mは、2024年1月で提携関係を解消する。マースクはMSCに代わって
ハパックロイドを提携相手に選び、2024年2月から再出発する。ハパックロイ
ドは現在、加入しているアライアンス「ザ・アライアンス」（TA）から離脱
する。ハパックロイド離脱後のTAはONE、HMM,陽明海運の3社構成に変わ
る。マースクとMSCは2023年初に2025年1月までに2M解消を表明していただ
けに、2M解消それ自体は織り込み済みとみられていた。マースクは元々、独
立志向が強く、コンテナ船隊規模からいっても単独運営に移行しても違和感
を与えないであろう。MSCにしても、今やマースクをコンテナ船隊規模で上
回り、首位の座に就いている実力を備える有力コンテナ船社であり2M解消後
に単独運営に移行しても不自然さはない。問題はコンテナ船隊規模でTAトッ
プのハパックロイド離脱後の残留組がどうするのかが注目される。著者もコ
ンテナ船大型化が一段落し、東西航路を運営する有力9船社で構成する3大ア
ライアンス体制がしばらく続くと予測していた。こんなに早く寡占体制が崩
れ、再編期を迎えることは予想していなかった。

　ここは2021年6月〜2024年2月の期間を対象に1章追加してコンテナ船事業が
どのように展開したのか考察し、記述する意義があると判断した。

　まずは、2024年2月現在、新型コロナ感染が終息していないものの、世界規
模でも収束し、社会経済活動を取り戻している。

**日本国内　2022年1月13日現在　コロナの感染者　累計181万2,458人、死者
1万8,424人**

　日本国内に目を向けると、新型コロナウイルスの国内感染は、2020年1月15
日に初めて感染者を確認したことから始まった。2月にクルーズ客船「ダイヤ
モンド・プリンセス」が横浜港に停泊し、乗客乗員から多数の陽性者が確認
されると、国内は大混乱に陥った。4月に7都道府県に初の緊急事態宣言に発
令され、全都道府県に拡大された。その後も感染が拡大・収束するたびに発
令と解除を繰り返し、その回数は2021年9月末までに東京都などで4度におよ

んだ。

　この間、政府の対応は常に後手に回ったとの批判を浴びせられた。一方、かつてないほど迅速に開発されたワクチンは高い有効性を誇り、2021年秋以降の落ち着いた感染状況に貢献した。しかし、感染力が強いとされる新たな変異株が出現し、国内でも市中感染が確認され、新型コロナ感染の脅威が続いた。

　国内で初感染が確認されてからほぼ2年経過した2022年1月13日現在の新型コロナの感染者は累計181万2,458人、死者は1万8,424人に上った。2023年5月8日、新型コロナウイルスの感染症法上の位置づけがインフルエンザと同じ「5類」に移行した。

アライアンス船社の減便対応　2020年〜2023年

　中国の武漢が発生源とみられた新型コロナウイルスは、2020年2月以降、中国から韓国、日本、そしてアセアン諸国に拡大した。3月には欧米諸国へ急激に拡大し、4月には、世界的に拡大する様相を示した。新型コロナの拡大に伴い、米国で顕著であった巣ごもり需要が輸送需要を変動させ、アライアンス船社が船腹調整で対応したことにより、運賃市況は前年を上回って推移した。日本郵船調査グループが発行する調査レポート「世界のコンテナ輸送と就航状況」は、6部プラス資料編の構成で、この調査レポートは第3部配船に「欠便数推移」の項目を設け、アライアンスの欠便対応を説明している。「欠便」は船腹調整の一環の「減便」と同じ意味と解釈し、本書では欠便を減便と読み替え、表記することを予め断って置く。調査レポートの2020年版から2023年版の図表を掲載し説明文を引用する。

　調査レポートでは、東西航路は北欧州、地中海、北米西岸、北米東岸の4つの航路で構成する。航路別に減便数、減便船腹量（TEU）、減便船腹量比率を算出し、その上で東西航路全体の減便数、減便船腹量（TEU）、減便船腹量比率を表示している。

2020年2月　上旬・下旬で異なる対応

　アライアンスの減便対応の背景には、荷動きの激減がある。アライアンスの各船社は、各航路の荷動きに合わせて最適な船型の投入を計画する。2020年　2月〜10月の東西航路往航でのアライアンスの減便対応をみると、2月上

旬と中旬以降では対応が異なる。2月上旬の減便対応は、中国での旧正月明けの減便対応であって、新型コロナウイルス感染拡大以前に事前に予定されていたことで2月中旬以降とは異なる。新型コロナウイルス感染が拡大した2月中旬以降は、サプライチェーン供給元の国々で生産活動停滞による荷動きの激減、また、消費地側での輸入需要急減による荷動きの大幅減少をもたらした。アライアンスや船社は、減便による供給船腹量を調整せざるを得なかった。6月以降、欧米諸国での経済活動の再開により荷動きが回復基調に転じ、東西航路での減便船腹量は減少傾向となった。10月には中国の国慶節休暇による需要減に対応した減便が実施され、減便船腹量比率が拡大したものの、12月には、東西航路全体の減便船腹量比率が2月の31.4%から2.9%に低下した。

2020年の欠便数の推移（2020年2月〜2020年12月）

東西航路合計	2月	3月	4月	5月	6月	7月	8月	9月	10月	11月	12月	期間平均
欠便数	105	33	70	73	40	22	13	8	31	10	14	38
欠便船腹量(TEU)	1,200,099	375,206	839,959	798,739	436,556	223,520	145,382	86,205	388,483	124,184	153,807	433,831
欠便船腹量比率	31.4%	9.8%	22.0%	20.9%	11.4%	4.7%	3.8%	2.2%	7.8%	3.1%	2.9%	10.9%

北欧州	2月	3月	4月	5月	6月	7月	8月	9月	10月	11月	12月	期間平均
欠便数	32	13	24	16	7	1	3	1	8	2	1	10
欠便船腹量(TEU)	537,991	207,682	394,036	263,781	109,184	17,580	52,696	14,624	130,007	32,101	15,347	161,366
欠便船腹量比率	44.3%	17.1%	32.5%	21.7%	9.0%	1.2%	4.3%	1.2%	8.5%	2.6%	1.0%	13.0%

地中海	2月	3月	4月	5月	6月	7月	8月	9月	10月	11月	12月	期間平均
欠便数	14	1	12	12	7	6	2	1	7	3	3	6
欠便船腹量(TEU)	182,683	10,190	162,303	162,303	100,019	78,495	27,322	13,672	100,914	41,016	39,965	83,535
欠便船腹量比率	26.5%	1.5%	23.5%	23.5%	14.5%	9.1%	4.0%	2.1%	12.4%	6.3%	4.7%	11.6%

北米西岸	2月	3月	4月	5月	6月	7月	8月	9月	10月	11月	12月	期間平均
欠便数	43	17	26	30	13	13	7	4	8	2	4	15
欠便船腹量(TEU)	349,418	138,142	211,276	243,780	111,348	110,360	57,910	37,599	77,828	20,368	44,230	127,478
欠便船腹量比率	28.3%	11.2%	17.1%	19.7%	9.0%	7.1%	4.7%	2.8%	4.7%	1.5%	2.4%	9.9%

北米東岸	2月	3月	4月	5月	6月	7月	8月	9月	10月	11月	12月	期間平均
欠便数	16	2	8	15	13	2	1	2	8	3	6	7
欠便船腹量(TEU)	130,007	19,192	72,344	128,875	116,005	17,085	7,454	20,310	79,734	30,699	54,069	61,434
欠便船腹量比率	19.1%	2.8%	10.6%	18.9%	17.0%	2.0%	1.1%	2.6%	8.2%	3.9%	5.5%	8.4%

出所：MDS、Drewryより日本郵船調査グループにて作成

2021年　欧米諸港で相次ぐ港湾混雑発生

　2021年に入り、アジア/欧州航路およびアジア/北米航路では、前年を大幅に上回る水準で荷動きが推移した。北欧州航路ではサザンプトン港やロッテルダム港で7〜10日程度の滞船が発生し、港湾混雑が顕在化した。3月23日に発生したスエズ運河でのコンテナ船座礁事故の影響や5月下旬の塩田港で港湾労働者に新型コロナウイルスの感染者が発生したことによる1か月近いターミナル封鎖の影響で大規模な滞船が発生し、運航スケジュールを順守できないことに起因する減便が増えた。
　2021年に入り、アジア/北米航路でも、荷動きが前年を大幅に上回る水準で推移する中、ロサンゼルス・ロングビーチ港で港湾混雑が深刻化し、2月中旬

時点で滞船数が34隻に上った。3〜9月の航路別の減便船腹量比率の月間平均は、北欧州航路で7.9%、地中海航路で5.7%、北米西岸航路で13.2%、北米東岸航路で9.2%、欧州航路および北米航路全体では9.7%に達した。

UP鉄道　シカゴ向けコンテナ貨物　7日間引き受け一時停止

　ロサンゼルス・ロングビーチ港での港湾混雑を避けるため、他の北米西岸諸港経由のルートの輸送量が急増し、港湾混雑が北米西岸諸港へと拡大した。7月には、塩田港で滞船していたコンテナ船が続々と押し寄せた結果、ロサンゼルス・ロングビーチ港のみならずオークランド港、シアトル港、タコマ港などで内陸向け貨物が滞留した。港湾荷役能力および内陸向け鉄道の輸送能力を超えるコンテナ貨物が殺到したことが原因であることは明白。ユニオン・パシフィック鉄道（UP）は、7月19日から7日間、北米西岸からシカゴまでのコンテナ貨物の引き受けを一時停止し、コンテナ貨物の渋滞に拍車をかけた。9月にはCMA CGMやハパックロイドがスポット（随時契約）運賃の値上げを停止する異例の方針を公表し注目された。

　10月21日、ロサンゼルス・ロングビーチ港では、錨泊隻数が79隻、平均均滞船日数12.8日を記録した。運航スケジュール遅延に起因した減便船腹量比率は、10%を超える水準で推移するなど、供給船腹量が制約を受け、空コンテナの積み地への回送が遅れる物流混乱の状態が続いた。

　2021年10月29日付けの北米西岸向け上海輸出コンテナ指数（SCFI）は、6,414米ドル/FEUと過去最高を記録した。こうした港湾混雑の背景には、多くのアライアンス船社が臨時船を投入し、新規参入の船社が増えたことが挙げられた。臨時船や新規参入の船社が投入する用船は中小型船が多く、荷役効率の低下を招いていると指摘された。

2021年　港湾混雑を回避　西岸から東岸へルート変更の動き

　2021年に入り、前年を上回る水準の荷動きで推移したことは、北米東岸航路でも同じだった。北米西岸諸港に比べ港湾混雑の度合いが軽微なことに着目し、北米西岸諸港の混雑を避け、東岸ルートに切り替える荷主が現れ始めた。2月にはニューヨーク・ニュージャージー港やサバンナ港の港湾混雑が顕在化し、運航スケジュール遅延に起因した減便が、2月には8便、3月には10便となった。4月には、3月23日に発生したスエズ運河閉鎖の影響を受け、一部

のスエズ運河経由東岸向けサービスが喜望峰経由となり航海日数が増え、運航スケジュール遅延に起因した減便が発生した。このため供給船腹量や積み地への空コンテナの回送が遅れ、コンテナ機器の供給がさらに逼迫した。

　物流混乱が助長される中、減便は8月に10便、9月に12便、それぞれ発生した。供給船腹量やコンテナ機器の供給が逼迫する状況が続く中、北米東岸向けSCFIは、25週連続で上昇し過去最高を更新した。

　2021年10月～2022年10月の期間、東西航路での減便による減便船腹量比率は、期間平均で前年同期比8.3ポイント増の17.0%となった。減便数の期間平均は、89隻であった。

　アジア/欧州航路およびアジア/北米航路では、2021年10月以降もアジア/北米航路を中心に前年を上回る荷動きが続き、2022年1月以降港湾混雑が一段と深刻化し、前年を上回る減便が発生した。欧州、北米主要港で新型コロナ再流行に起因する港湾労働者不足などが港湾混雑を増幅させたと考えられた。

2021年の東西航路における欠便船腹量推移（2021年1月～2021年10月）

（2021年10月15日時点）

東西航路合計	1月	2月	3月	4月	5月	6月	7月	8月	9月	10月	期間平均
欠便数	5	70	40	50	34	34	49	43	43	46	41
欠便船腹量(TEU)	54,168	801,124	436,682	537,490	385,422	368,307	503,606	476,415	495,602	427,989	448,681
欠便船腹量比率	1.3%	19.1%	10.4%	10.3%	9.2%	8.8%	9.6%	11.4%	8.0%	8.7%	9.7%

北欧州	1月	2月	3月	4月	5月	6月	7月	8月	9月	10月	期間平均
欠便数	1	14	7	7	7	6	4	9	6	7	7
欠便船腹量(TEU)	15,347	229,653	118,334	116,916	111,580	94,750	66,724	144,192	95,048	113,361	110,591
欠便船腹量比率	1.2%	18.5%	9.5%	7.5%	9.0%	7.6%	4.3%	11.6%	5.7%	8.5%	8.3%

地中海	1月	2月	3月	4月	5月	6月	7月	8月	9月	10月	期間平均
欠便数	0	14	1	4	5	2	7	2	6	3	4
欠便船腹量(TEU)	0	172,363	13,672	48,002	58,408	24,001	82,409	24,001	77,858	38,929	53,964
欠便船腹量比率	0.0%	25.1%	2.0%	5.6%	8.5%	3.5%	9.6%	3.5%	7.3%	4.6%	7.0%

北米西岸	1月	2月	3月	4月	5月	6月	7月	8月	9月	10月	期間平均
欠便数	2	34	22	27	17	20	33	22	19	30	23
欠便船腹量(TEU)	20,798	319,374	209,282	258,461	164,769	192,596	310,321	214,775	197,083	277,900	216,536
欠便船腹量比率	1.4%	21.6%	14.2%	14.0%	11.1%	13.0%	16.8%	14.5%	8.7%	15.4%	13.1%

北米東岸	1月	2月	3月	4月	5月	6月	7月	8月	9月	10月	期間平均
欠便数	2	8	10	12	5	6	5	10	12	6	8
欠便船腹量(TEU)	18,023	79,734	95,394	114,111	50,665	56,960	44,152	93,447	125,613	61,318	73,942
欠便船腹量比率	2.3%	10.2%	12.1%	11.6%	6.5%	7.3%	4.5%	11.9%	10.5%	6.4%	8.3%

出所：MDS、Drewryより日本郵船調査グループにて作成

2022年10月14日時点での減便数107隻　2021年10月以降で最多

　2022年3月末には、上海で新型コロナ再拡大に起因するロックダウン（都市封鎖）が実施され、4月には上海港で一時的に滞船隻数が100隻を超える港湾混雑が発生した。4月以降、この期間の就航船腹量の減少率が15%以上にはね上がったのは、上海ロックダウンによる港湾混雑と滞船数増加に起因すると

みられた。その後もアジア/欧州およびアジア/北米航路では港湾混雑が続き、減便が発生した。アジア/北欧州航路では、7月以降に港湾ストライキがハンブルク港やフェリックストウ港で発生し、混雑が緩和されない状態が続いた。アジア/北米東岸航路では、北米西岸諸港の激しい混雑を回避し、東岸に変更したとみられるコンテナ貨物が年初から前年比で増えた。これに西岸労使交渉による混乱を未然に防ぐため東岸揚げに切り替えたコンテナ貨物が加わり、東岸諸港の港湾混雑が続いた。一方、西岸諸港では、10月14日時点でロサンゼルス・ロングビーチ港の滞船数が7隻となるなど混雑改善傾向をみせた。

東西航路では、8月末から荷動きが減り始め、運賃市況が大きく下落した。これを機に荷動き減少に対応するため減船を実施している。2022年10年14日時点での10月の減便船腹量は、2021年10月以降では最多となる107隻（減便船腹量比率22.6%）が見込まれた。

航路別の減便推移をみてみる。

2021年10月〜2022年10月のアジア/北欧州航路での減便船腹量比率の期間平均は、前年同期比8.0ポイント増の15.4%となった。アジア/地中海航路では、同2.9ポイント増の10.1%であった。

アジア/欧州航路では、2021年10月以降も荷動きが堅調に推移する中、新型コロナ感染の再流行による港湾労働者やトラック運転手の不足といった要因が加わり、北欧州航路では2022年2月時点で15便（減便船腹量比率20.1%）、地中海航路では2022年1月時点で9便（同14.5%）の減便が発生した。北欧州航路での港湾混雑は、地中海航路への貨物シフトを起こし、ギリシャやアドリア海諸港で港湾混雑が発生した。北欧州航路と地中海航路の両航路では港湾混雑が継続し、運航スケジュール遅延による減便が発生した。2022年10年14日時点での減便は、北欧州航路で18便（同24.7%）、地中海航路では12便（同16.9%）がそれぞれ見込まれた。

2021年10月〜2022年10月のアジア/北米西岸航路での減便船腹量比率の期間平均は、前年同期比12.3ポイント増の23.1%となり、東西航路で最多となった。アジア/北米東岸航路では、同6.8ポイント増の19.0%であった。ロサンゼルス・ロングビーチ港では、2021年12月〜2022年1月末に滞船数が約100隻、平均滞船日数は18日程度にまで達した。

2月以降、ロサンゼルス・ロングビーチ港の滞船状況は改善傾向に転じ、平均滞船日数は2〜3日程度で推移し、8月末時点では滞船隻数が10隻、平均滞船日数はゼロまで減ったが、内陸向け鉄道貨物の平均滞留日数は7.7日で、滞船

隻数の再拡大を招きかねない状況であった。9月末時点では、滞船隻数が6隻まで減ったが、内陸向け鉄道貨物の平均滞留日数は7.3日と、大きくは改善しなかった。一方、北米東岸航路では、年初から輸送ルートを北米西岸から北米東岸経由に切り替えられた貨物が前年比で増え、主要港での港湾混雑が続いた。

　9月末時点では、サバンナ港で34隻、ニューヨーク・ニュージャージー港で11隻が滞船していた。10月14日時点の10月の減便は、北米西岸航路で48便（同23.8%）、北米東岸航路で29便（同23.2%）が見込まれた。

東西航路における欠便推移（2021年10月〜2022年10月）

（2022年10月14日時点）

東西航路合計	2021年10月	11月	12月	2022年1月	2月	3月	4月	5月	6月	7月	8月	9月	10月	期間平均
欠便数	50	57	71	104	102	95	79	94	104	76	87	133	107	89
欠便船腹量(千TEU)	527	576	748	1,100	1,043	962	797	959	970	745	916	1,400	1,147	914
欠便船腹量比率	10.7%	11.6%	12.1%	22.0%	20.9%	15.4%	16.0%	18.9%	15.3%	14.7%	18.1%	22.1%	22.6%	17.0%

出所：MDS、Drewryより日本郵船調査グループにて作成

アジア/北欧州航路及び地中海航路における欠便推移（2021年10月〜2022年10月）

（2022年10月14日時点）

北欧州	2021年10月	11月	12月	2022年1月	2月	3月	4月	5月	6月	7月	8月	9月	10月	期間平均
欠便数	7	7	10	14	15	9	10	17	12	8	13	23	18	13
欠便船腹量(千TEU)	113	109	160	247	259	157	178	283	211	134	228	379	321	214
欠便船腹量比率	8.5%	8.2%	9.6%	19.1%	20.1%	9.8%	13.8%	21.9%	13.0%	10.3%	17.6%	23.4%	24.7%	15.4%

地中海	2021年10月	11月	12月	2022年1月	2月	3月	4月	5月	6月	7月	8月	9月	10月	期間平均
欠便数	3	4	7	9	7	9	5	9	9	9	6	10	12	8
欠便船腹量(千TEU)	39	45	73	148	108	133	75	115	121	108	79	141	157	103
欠便船腹量比率	4.6%	5.3%	6.8%	14.5%	10.5%	10.4%	7.4%	12.3%	10.4%	11.6%	8.5%	12.1%	16.9%	10.1%

出所：MDS、Drewryより日本郵船調査グループにて作成

アジア/北米西岸航路及び北米東岸航路における欠便推移（2021年10月〜2022年10月）

（2022年10月14日時点）

北米西岸	2021年10月	11月	12月	2022年1月	2月	3月	4月	5月	6月	7月	8月	9月	10月	期間平均
欠便数	34	37	41	65	64	51	50	52	68	45	50	69	48	52
欠便船腹量(千TEU)	314	336	383	550	525	437	413	404	517	368	434	606	424	439
欠便船腹量比率	17.4%	18.6%	17.0%	31.7%	30.2%	20.1%	23.8%	22.7%	23.2%	20.6%	24.3%	27.2%	23.8%	23.1%

北米東岸	2021年10月	11月	12月	2022年1月	2月	3月	4月	5月	6月	7月	8月	9月	10月	期間平均
欠便数	6	9	13	16	16	26	14	16	15	14	18	31	29	17
欠便船腹量(千TEU)	61	86	132	155	152	235	131	156	120	135	175	274	245	158
欠便船腹量比率	6.4%	9.0%	11.1%	16.3%	16.0%	19.8%	13.8%	14.8%	9.1%	12.8%	16.5%	20.8%	23.2%	19.0%

出所：MDS、Drewryより日本郵船調査グループにて作成

2023年7月以降　需給バランスの悪化に伴う減便増

　2022年10月〜2023年10月の期間、東西航路での減便船腹量比率は、2023年10月13日時点での期間平均で前年同期比0.9ポイント増の17.9%となった。

　アジア/欧州航路およびアジア/北米航路では、2022年10月以降も北米主要港での港湾混雑による運航スケジュール遅延に起因した減便に加えて、輸送需要の減少に対応した減便が20%を上回る水準で発生した。

　2023年2月には、減便船腹量比率は、当該期間で最大の27.6%となった。その後、港湾混雑の改善に伴い、運航スケジュール遅延に起因した減便は減り、6月には8.9%と10%を下回る水準まで低下した。7月以降、輸送需要の回復が遅れる中、欧州航路中心の新造大型船の就航による需給バランスの悪化が顕在化し、船腹調整の一環での減便が増えた。

　10月13日時点の減便船腹量比率は、東西航路全体で18.4%まで増え、増加傾向を続けた。

　航路別の減便推移をみてみる。

　2022年10月〜2023年10月のアジア/北欧州航路での減便船腹量比率の期間平均は、前年同期比2.5ポイント増の17.9%となった。アジア/地中海航路では、同1.7ポイント増の11.8%であった。

　北欧州航路で、英国のフェリクストウ港やリバプール港での複数回にわたるストライキに起因する港湾混雑が続いた。運航スケジュール遅延に起因した減便に輸送需要の減少に対応した減便も加わり、2023年1月時点で24便（減便船腹量比率30.5%）の減便が発生した。その後、港湾混雑は改善に向かい、運航スケジュール遅延に起因した減便は減少傾向となり、6月には5便（同5.7%）にまで減った。7月以降、荷動きは小幅ながら回復し始めたものの、相次ぐ新造大型船の就航に伴う船腹量の増加により需給ギャップが拡大した。需給ギャップ改善に向けた減便が増加傾向で推移した。

　地中海航路では、2022年10月以降、ギリシャやアドリア海諸港での港湾混雑が改善し、運航スケジュール遅延に起因した減便は減少傾向で推移した。2023年2月には一時的に12便（同18.0%）の減便が発生したが、その後は減少傾向で推移し、7月には2便（同2.9%）まで減った。その後は、新造大型船の就航が相次ぐ北欧州航路から地中海航路への既存船転配の影響を受けての就航船腹量が増加する中、需給ギャップ改善に向けた減便により、増加傾向となった。

10月13日時点での減便は、北欧州航路で16便（同18.8%）、地中海航路では13便（同16.8%）がそれぞれ見込まれた。

2022年10月～2023年10月のアジア/北米西岸航路での減便船腹量比率の期間平均は、前年同期比2.0ポイント減の21.1%であった。アジア/北米東岸航路では、同4.7ポイント増の23.7%となり、欧州・北米航路で最多となった。

アジア/北米航路では、2022年10月以降、北米西岸・東岸の主要港での港湾混雑による運航スケジュール遅延に起因した減便が発生したことに加え、輸送需要の減少対応した減便が増え、北米西岸航路で25%、北米東岸航路で15%を上回る水準で減便が発生した。

北米西岸航路では、2023年2月に2020年2月以来最多の減便船腹量比率となる60便（減便船腹量比率32.7%）、北米東岸航路では、1月に33便（同31.9%）もの減便が発生した。

東西航路における欠便推移

(2023年10月13日時点)

東西航路合計	2022年10月	11月	12月	2023年1月	2月	3月	4月	5月	6月	7月	8月	9月	10月	期間平均
欠便数	121	109	126	113	120	85	54	53	48	52	49	61	78	82
欠便船腹量(千TEU)	1,298	1,231	1,356	1,221	1,292	980	636	573	513	587	552	696	850	906
欠便船腹量比率	25.7%	24.4%	21.5%	26.1%	27.6%	16.6%	13.5%	12.4%	8.9%	12.7%	9.5%	15.0%	18.4%	17.9%

出所：MDS、Drewryより日本郵船調査グループにて作成

アジア/北欧州航路及び地中海航路における欠便推移（2022年10月～2023年10月）

(2023年10月13日時点)

北欧州	2022年10月	11月	12月	2023年1月	2月	3月	4月	5月	6月	7月	8月	9月	10月	期間平均
欠便数	18	17	25	24	20	12	8	8	5	10	9	19	16	15
欠便船腹量(千TEU)	321	302	410	401	364	218	141	143	96	182	154	314	251	214
欠便船腹量比率	23.2%	21.8%	23.8%	30.5%	27.7%	13.3%	10.8%	10.7%	5.7%	13.6%	9.2%	23.5%	18.8%	17.9%

地中海	2022年10月	11月	12月	2023年1月	2月	3月	4月	5月	6月	7月	8月	9月	10月	期間平均
欠便数	12	14	11	8	12	10	9	6	4	2	8	3	13	9
欠便船腹量(千TEU)	160	179	152	103	159	138	124	72	55	26	92	34	151	103
欠便船腹量比率	19.0%	21.3%	14.4%	11.6%	18.0%	11.8%	13.3%	8.0%	4.9%	2.9%	8.2%	3.8%	16.8%	11.8%

出所：MDS、Drewryより日本郵船調査グループにて作成

アジア/北米航路（2022年10月～2023年10月）

(2023年10月13日時点)

北米西岸	2022年10月	11月	12月	2023年1月	2月	3月	4月	5月	6月	7月	8月	9月	10月	期間平均
欠便数	61	46	64	48	60	40	23	27	33	29	22	28	28	39
欠便船腹量(千TEU)	550	458	543	401	486	389	227	238	299	251	200	243	232	439
欠便船腹量比率	31.7%	26.4%	25.1%	26.9%	32.7%	21.0%	15.4%	16.5%	16.6%	17.4%	11.1%	16.8%	16.1%	21.1%

北米東岸	2022年10月	11月	12月	2023年1月	2月	3月	4月	5月	6月	7月	8月	9月	10月	期間平均
欠便数	30	32	26	33	28	23	14	12	6	11	10	11	21	20
欠便船腹量(千TEU)	267	292	251	316	282	234	143	120	64	128	106	104	215	158
欠便船腹量比率	24.5%	26.8%	18.5%	31.9%	28.5%	18.7%	14.3%	12.6%	5.4%	13.5%	8.9%	11.0%	22.7%	23.7%

出所：MDS、Drewryより日本郵船調査グループにて作成

その後、港湾混雑の改善に伴い、北米西岸・東岸とも運航スケジュール遅延に起因した減便は減少傾向で推移した。北米西岸航路では4月に23便（同15.4%）、北米東岸航路では、6月に6便（同5.4%）減ったが、荷動きの回復が遅れ、需給バランスを改善する減便が増え、北米西岸航路では減便船腹量比率が8月の11.1%を除き4月以降も15%を上回る水準で推移した。10月13日時点の10月での減便は、北米西岸航路で28便（同16.1%）、北米東岸航路で21便（同22.7%）が見込まれた。

バイデン米大統領動く　港湾混雑の解消目指し

北米西岸のロサンゼルス・ロングビーチ港は、アジアから米国向け貨物の約40%を取り扱う玄関港として良く知られている。新型コロナの感染拡大に伴う巣ごもり需要の増加が急激な輸送需要を発生させ、港湾混雑を引き起こした。ロサンゼルス・ロングビーチ港では2021年に入り、貨物の滞留が慢性化し始めていた。同港での港湾混雑は7月以降悪化の一途をたどり、9月下旬には同港に面するサンペドロ湾で沖待ちする滞船隻数は過去最多の76隻を記録した。10月14日時点で57隻に減ったものの、滞船日数は最大12日まで長期化した。港湾混雑は物流コストの高騰を招き、9月の中国/北米西岸のコンテナ輸送コストは、2020年8月の3,000ドルから約7倍の2万ドルへと跳ね上がった。物流コスト増は、食品を初め自動車、小売商品など幅広い品目の物価を高騰させた。

10月に入って、サプライチェーンの逼迫が原因の輸入量の増加は一時頭打ちとなり、小売業者はクリスマス商戦を前に消費者に対し、流通の不安定化に備え、早めに商品を確保するよう勧めた。こうした動向を受けて米国政府が港湾混雑への対処に乗り出した。

バイデン米大統領は、10月13日、オンライン会議を開いた。オンライン会議には、北米西岸の港湾管理者、ターミナルオペレーター、港湾労組、大手荷主企業、物流・配送企業の代表が出席した。

席上、バイデン米大統領は、米国向け貨物の滞留による輸送コスト高騰、商品の供給不足の懸念を表明し、ロサンゼルス・ロングビーチ港の操業時間を24時間・年間無休体制とし、港湾混雑の解消を図る方針を表明した。

米国政府が同港での港湾混雑を解消するため、ターミナルの稼働時間延長へと動き始めた。ロングビーチ港では、9月から深夜帯でのゲートオープンに踏み切り、ロサンゼルス港では、10月から24時間稼働を開始した。大手荷

主・小売企業のウォルマートや大手配送企業UPSも混雑緩和に向けて配送場所、時間など貨物輸送で協力する意向を表明した。

　北米西岸の港湾労働者で組織する国際港湾倉庫労働者組合（ILWU）も協力する意向を表明した。一方、海外でドライバーを募集する荷主企業が現れるほど長距離トラックドライバー不足が深刻になっていたため、港湾で稼働率が向上しても、国内のサプライチェーン全体の正常化には時間がかかり、政府が関与する余地は限られると、実効性を疑問視する向きが強かった。米国メデアは、ロングビーチ港で深夜帯にゲートオープンする試験プログラムが港湾混雑解消の切り札として期待されたが、実際には深夜帯の利用者がほとんどいなかったと伝えた。ターミナルにコンテナを搬出入するトラックは月曜〜木曜の深夜3時まで入場できることになったが、トラック事業者は、一度の入場で空コンテナの搬入と実入りコンテナの搬出を同時に実施することを求められているため、自由な時間に搬出入ができず、深夜帯の利用が広がらない背景が指摘された。また、一部アナリストは、ターミナルの稼働時間が拡大しても、遅延したコンテナ船が一斉に米国港湾に殺到すれば、港湾混雑が解消するどころか課題が長期化すると悲観的に見通した。

　先述の通り、ロサンゼルス・ロングビーチ港では、2021年12月〜2022年1月末に滞船数が約100隻、平均滞船日数は18日程度にまで達した。9月末時点では、滞船隻数が6隻まで減ったが、内陸向け鉄道貨物の平均滞留日数は7.3日と、大きくは改善しなかった。

　一方、北米東岸航路では、年初から輸送ルートを北米西岸から北米東岸経由に切り替えられた貨物が前年比で増え、主要港での港湾混雑が続いた。

　港湾混雑は、ロサンゼルス・ロングビーチ港で解消に向かっている一方で、内陸向け鉄道輸送で課題を残していたことと北米東岸航路に飛び火していた事情を読み取れる。

FMC委員長　公聴会で海上輸送の重要性を証言

　バイデン米大統領は、2021年7月9日、オンライン会議（10月13日開催）に先立ち、コンテナ船社とアライアンスを対象に発出する大統領令に署名した。この大統領令は、米国経済の競争促進が目的であった。対象は、コンテナ船社とアライアンスを含め通信、インターネットプラットフォーム、医療サービスの広範囲におよんだ。大統領は、記者会見で、この40年間、国内市場で競争が抑制されてきたことで、中間的所得層が年間約5,000ドルの不要な

コストを支払わされていることなどと指摘し、「競争のない資本主義は資本主義ではない。搾取だ」と言い切り、問題のある市場に切り込む意気込みを示した。大統領令では72の施策を挙げており、ホワイトハウス内に立ち上げる閣僚級の競争協議会の下、実施状況を管理することも併せて明らかにした。また、反トラスト法の執行に限らず、重点的に競争促進に取り組む市場として、雇用、医療関連、輸送、農業、インターネットサービス、テクノロジー、銀行・消費者金融の7分野を挙げている。大統領令では、過去数十年間に進んだ海運業界の合併話が引き合いに出され、こうした合併によって国内輸出業者が不利益を被る可能性があると懸念を表明したと言われている。大統領は、連邦海事委員会（FMC）に不公正な船社の慣行の取り締まり、司法省（DOJ）との協力をもとめた。とりわけ不公正な慣行として、デマレージ（超過保管料）、ディテンション（返却延滞料）＝D&Dを取り締まる。ここで言うD&Dには、港湾ターミナルのスペースやコンテナの使用に関して規制対象となる事業者が算出した運賃を除くあらゆる料金が含まれる。デマレージとディテンション＝D&Dは輸入者である荷主が支払うのが一般的だが、コンテナ引き取り時に物流事業者が荷主に代わってデマレージを立て替え、物流事業者がその料金を荷主に請求した際、荷主が「支払い義務がない」と断って紛争になることがある。輸入側で紛糾するだけでなく、輸出者が船社にD&Dの減額要請することもある。通常、デマレージは輸入者が負担し、支払う料金なので輸出者にとっては関係ない事柄であるが、荷受人の要請を受けた輸出者が船社に対し、デマレージが発生しないフリータイムの延長やディテンション減額を要請することもある。海外で新型コロナウイルスの感染対策としてロックダウン（都市封鎖）に踏み切る国が増え、コンテナ・ヤードからコンテナを円滑に引き取れない状況が頻発し、フリータイム切れになる事例が多発した。こうした状況に配慮してフリータイムを延長する船社も現れたが一部にとどまった。現地での折衝がまとまらず、輸出者経由で船社に持ち込まれることが増える一方で、船社もデマレージとディテンションをより厳格に課徴する姿勢を崩さないことが影響し、輸出者経由での減額要請が増えた。日本国内では2020年2月以降から目立って増えた。港湾ストライキなど不可抗力に近い状況下で船社が荷主からデマレージとディテンションを徴収することに対し、荷主の不満が強い。こうした荷主の不満を受けて米連邦海事委員会（FMC）は、4月末に諸チャージ課徴について新しい規則を発表した。船社が課徴する諸チャージについて、その課徴が正当であるか否かは、その所期の目的に有益であるかどうかということに基づいて判断すると明記

し、港湾ストライキなど不可抗力下での徴収については、不当という解釈を示した。

　米国海事法に詳しい法律家は、FMC発表の新規則を解釈規定（合衆国法典第46巻　第545条）と呼ぶ。FMCはD&Dの徴収について海事法に準じて「不公正かつ不合理な慣行を積極的に禁じる」よう求めたと言い切る。今回の大統領令は、FMC が実施中の複合一貫輸送での滞貨についての重要な調査活動を受けて発出されたと背景に触れる。またFMCが新型コロナの感染症の流行に伴い発生した貨物輸送上の問題について有効な解決策を見つける目的で着手した事実確認調査が大統領令に反映したと説く。

FMC　9船社対象　監査制度を策定し　法令順守評価の専用監査チーム設立

　この大統領令は、2021年6月15日に開かれた下院沿岸警備隊・海上輸送小委員会の「海上コンテナの不足・到着遅延・需要増加が北米サプライチェーンに及ぼす影響」に関する公聴会の結果を受けて発出された。公聴会では、FMCのダニエル・マッフェイ委員長が全てのアメリカ国民にとって海上輸送がいかに欠かせないものであるか、海上輸送が経済競争力と国民生活の維持にいかに重要であるかを強調した。

　下院沿岸警備隊・海上輸送小委員会開催の公聴会を受ける形で大統領令が発出され、続いてFMCと米司法省（DOJ）反トラスト局が、2021年7月12日、コンテナ船業界の監視と執行の責任についての協力と情報交換を強化するため、史上初の省庁間覚書（MoU）に署名した。大統領令の発出からわずか3日で締結にこぎつけたことは、省庁間覚書（MoU）それ自体は珍しいことではないにしても、省庁間をまたいだ取り組みであることを考えれば、注目に値する出来事だと言われた。

　FMCとDOJの反トラスト局は、少なくとも年一回会合を開き、定期的な議論を継続し、海運業界の競争に影響を与える法執行と規制事項を検討するための枠組みを確立するとともに、監督と執行の責任を果たす上で関連性があり、有用である可能性のある省庁間の情報と専門知識を相互に交換する。省庁間覚書（MoU）締結から8日後の7月20日、FMCは、北米航路の大手コンテナ船社を対象にした新たな監査制度を策定し、船社の法令順守を評価するための専用監査チームを設立した。監査対象は、MSC、マースク、COSCO、CMA CGM、ハパックロイド、ONE、エバーグリーン、HMM、陽明海運の9船社で、FMCのマッフェイ委員長は、法律が順守され、荷主が不当な不利益

を被らないようにすることを約束すると言明し、監督チームでD&D慣行を監視し、サプライチェーンが直面している課題についてスタッフと船社の間で継続的な対話を継続する意向を表明した。監査制度が策定されたことで、FMCは、D&Dがどのように管理されているかを評価できるように四半期のデーターベースを確立するための情報提供を求めた上で、船社と個別にインタビューを開始した。

　下院沿岸警備隊・海上輸送小委員会が6月に開いた公聴会を皮切りに、7月中に大統領令発出、史上初の省庁間覚書（MoU）締結、FMCによる新たな監査制度策定と法令順守評価の専用監査チーム設立が相次いで実現し、そして10月のロサンゼルス・ロングビーチ港での港湾混雑解消策をテーマとしたオンライン会議開催へとつながった。

　新型コロナの感染症の流行がもたらす課題を踏まえて大統領を頂点とした米国議会、政府機関の一連の対応策の実施状況を確かめ記述する中で、事の良し悪しはさておいて、迅速に手順を踏んで機敏に対処する米国政治の一端を垣間見た思いを強くする。元々、異なる分野の出来事を取り上げ、比較対照すること自体見当違いだとの批判を浴びることを承知の上で日米格差に触れる。翻って新型コロナウイルス感染対策で揺れ動き、政府の対応が常に「後手」に回るとの批判を浴びた日本との違いが何に起因するのか考えさせられる。日米間の国力の差は歴然としているが、その一言で片づけるにしては、コロナ下に直面する喫緊の課題への対応での違いに思いを馳せると、複雑な心境に陥る。

目が離せない米司法省（DOJ）反トラスト局の今後の動向

　話を本題に戻す。

　米国政府の一連の対応策がコンテナ船社にどのように影響するのか予測することは容易ではない。米国規制当局による一連の取り組みが狙い通りの効果を発揮するかは不透明である。運賃値上げ、船腹供給、D&Dなど大統領令に明記されている領域については、米国の規制当局による監視の強化への備えが必要であるとの識見の見解に真剣に耳を傾けなくてならない。大統領令発令によって、米議会とFMCがD&D問題について規制当局としては等閑視せず、何らかの措置を取る意向表明したことは確かである。コンテナ船社やアライアンス、港湾ターミナル運営会社はこのことを肝に銘じておく必要がある。FMCが今後、積極的に介入してくることが予想される。

FMCは、新規のアライアンス案件の精査を強化し、アライアンスの活動と報告情報の検証を厳格化する可能性が高い。FMCは、主要コンテナ船社9社から四半期ごとの情報を入手し、それに基づき個別にインタビューを通じて入手する情報の精度を高め、情報の非対称を小刻みに解消する監視体制を確立している。新型コロナの感染が終息していないが、世界規模で収束に向かい、コロナ禍以前の社会経済活動を取り戻しつつある。深刻な港湾混雑が物流混乱を招いた。港湾混雑が解消し、物流混乱が治まれば、D&D問題が解決するのだろうか。米国内には、東西航路でコンテナ船事業を運営する主要船社が存在しない。国内の消費者や輸出業者が提起する問題の解決で、理屈抜きに外国船社を悪者扱いし、議会や政府の行動に反映することが懸念される。大統領令は、FMCとDOJ反トラスト局の省庁間覚書（MoU）締結に留まらず、連邦取引委員会（FTC）に対してもFMCや他の機関と協力するよう求めている。省庁間覚書（MoU）締結は、反トラスト法に基づきDOJ反トラスト局の犯罪取り締まりの能力と経験を活用することを狙いに、DOJが船社のコンテナ船運営を常に注視し、徐々に具体的な取り締まり策を策定していく方針の表明と受け止められている。

米国議会　1998年以来の海事法改正に向け始動

　2021年8月、米国議会下院に海事法改正の動きが出現し、実現すると、1998年以来の海事法大改正となる。

　ダスティ・ジョンソン議員（共和党・サウスダコタ州選出）とジョン・ガラメンディ議員（民主党・カリフォルニア州選出）が、下院に超党派かつ共同で海事法改正案（Ocean Shipping Reform Act：OSRA 2021, H.R. 4996）を提出した。改正案（OSRA 2021）を共同提出したジョンソン議員は「中国と外資系の船社は公平に機能しておらず、説明責任は長い期間延ばされてきた。米国の港とビジネスをしたいのなら、私たちの基本的なルールに従ってプレーする必要がある」と述べ、ガラメンディ議員も「法案の可決は中国との貿易不均衡に対処するのに役立ち、米国の消費者と企業を保護することに一歩近づく」とコメントした。

　米小売業協会（NRF）、農業輸送連合会（AgTC）などの荷主団体は、法案が成立すると、D&Dの合理性を証明する責任が船社側に移るとの理由で、法案成立に期待する一方で、船主団体の世界海運協議会（WSC）は、法案はサプライチェーン全体の混乱を改善しないと警告し、米政府の行き過ぎた措

置は（サプライチェーン全体の）混乱とサービスの中断を悪化させるだけだと応酬した。

　法案には、D&Dについて、船社またはターミナルオペレーターに対し、D&Dの合理性に関する立証責任を負わせ、その上でD&Dが連邦規則に準拠していることを証明するよう義務付け、違反する場合は罰金を科すと、船社を厳しく規制する内容が盛り込まれた。

　また、FMCが新たな規則を制定、船社が米国の輸出機会を不当に減らすことを禁止する、船社に米国の港に寄港する船舶ごとの総輸出入トン数とTEU（実入り/空）を四半期ごとにFMCに報告するよう要求する、FMCが船社の商慣行の調査を自主的に開始し、必要に応じて規制措置を適用することを容認する、なども盛り込まれた。

　米国議会下院は、2021年12月8日、本会議を開き、改正案（OSRA 2021）を364対60の圧倒的賛成多数で可決し、上院に送付した。

　2022年2月3日、エイミー・クロブシャー上院議員（民主党・ミネソタ州選出）とジョン・スーン上院議員（共和党・サウスダコタ州選出）は超党派で、2021年12月8日に下院で可決された法案と同一内容の法案を上院に共同で提出した。

船社　政権・議会に法案見直しを訴える

　2022年3月2日、世界海運協議会（WSC）は、米国議会下院に続いて上院に海事法改正案が提出されたこと、さらにバイデン大統領が一般教書演説で海上輸送業を非競争的と決めつける見解を表明したことを捉えて声明を発表し、コンテナ船業界が激しい競争を繰り広げている現状を説明し、大統領の見解に反発する姿勢を示した。

　声明の中で、WSCは、船舶共有協定（VSA）に言及、VSAがより多くの港湾へのサービスを提供するための純粋に運用目的の契約であって、商業的な協力は含まれていないことを強調した。VSAやアライアンスのメンバーは、運賃を含む商業的な要素について談合していないし、VSAの全ての契約がFMCの継続的な監視下にあると説明した。加えて上院に提出されている法案は、グローバルの輸送システムをひっくり返し、米国輸出入業者へのサービスを減らし、消費者のコスト増につながるとして、政権と議会に法案の見直しを訴えた。

　FMCは、3月21日、コンテナ船社への監査制度を拡大、米国輸出業者向けサ

ービスについての監査を開始すると発表した。個別船社名の公表を控えて、監査対象が11船社であり、11船社と会合を開き、輸出事業内容について議論することを明らかにした。FMCは、2021年7月、船社とターミナル運営会社が課徴するD&Dに関する荷主からの苦情に応え、北米航路の大手9船社を対象に監査制度を立ち上げており、D&D慣行のコンプライアンス監査に加え、船社がアジアへの空コンテナ回送を優先、米輸出業者が不利益を被っているとして船社の輸出サービスも監査対象に加えるというもの。

この時点で、アジア/北米航路で揚げ地の北米西岸で空コンテナが滞留し、積み地のアジアでコンテナ不足が深刻になり、一方、米国の輸出業者がコンテナの確保とD&D高騰に伴うコスト増で苦境に立たされている港湾混雑の副作用が発生している事情を読み取れる。

バイデン政権と運輸省（DOT）は、3月15日、ロサンゼルスでサプライチェーン最適化に向けた取り組みを発表した。DOTや港湾当局、民間企業が連携し、サプライチェーンを構成する各地点の重要な情報を交換する初めての試みであった。この初めての試験には、港湾局をはじめコンテナ輸送に携わるターミナルオペレーター、鉄道、トラック、倉庫、輸送業者、荷主など民間企業を含め18社・団体が参加した。意見交換会では、サプライチェーン全体の輸送情報の透明性が向上することは、無駄を省き、より広範なシステムに利益をもたらし、消費者のコストを削減するとの意見がでた他、現行の情報システムが正常に機能していないため、民間企業による投資と協力が貨物の流れの可視性を向上させるために必要であることも指摘された。官民提携によるサプライチェーン最適化に向けた取り組みを通じて、物流のデジタル化が一段と発展することが期待された。

席上、2021年11月〜2022年3月の期間にロサンゼルス・ロングビーチ港で長期滞留する輸入コンテナ数は、約60％減ったことを発表し、サプライチェーン最適化に向けての取り組み努力が効果をあげている現況を示唆した。一方、米国の小売商品の主要な輸入港での2022年上半期の輸入コンテナ数は、依然として歴史的に高い水準で推移するとの見通しも併せて明らかにした。加えてウクライナ情勢が緊迫化し、ロシア向け貨物の出荷が相次いで停止となり、サプライチェーン全体を再び逼迫させる懸念が浮上した。

米国議会上院は、3月31日、本会議を開き、海事法改正案（OSRA2022）を発声投票により満場一致で可決した。これによって、上下両院協議会で最終案をとりまとめ、バイデン大統領の署名を待つだけの最終段階にこぎつけたようにみえた。

法案を提出したクロブシャー上院議員は「外船社が記録的な利益を上げている。この法案は米国の輸出業者が公正な価格でタイムリーに市場商品を提供するのに貢献する」と、また、スーン上院議員は「（船社による）輸出貨物の不当な船積み拒否を困難にする法案が可決されたことを嬉しく思う。商品価格の高騰下でサプライチェーンの流動性と効率性を促進し、消費者にも利益をもたらす」と、それぞれ法案の上院通過を歓迎するコメントを述べた。一方、WSCは、上下両法案とも早期の貨物搬出、機器返却を促す保管料金の有効性を鈍らせ、船社の輸出への圧力はサービス信頼性を損なうことになると批判した。

1998年以来24年ぶりの米海事法大改正実現

　2022年5月6日、米国議会での法案の審議動向をみて、米国の100余の業界団体が動き出した。米国の製造業をはじめ小売業、食品、陸運、倉庫、農業など100余の業界団体が連名で、下院運輸・インフラ委員会、上院の商業・科学・運輸委員会の委員長宛てに、早期に上下両院協議会を開催するよう文書で要望した。業界団体連名の要望書の中で、上院版と下院版には、調整が必要な条項がいくつかあるが、大きな違いはないので、すり合わせ作業も難しくないと両院協議会の開催を促した。確かに先述の通り、上院版には下院版と同様にFMCの監視能力を強化、船社が米国の輸出機会を不当に減らすことを禁止し、船社に米国の港に寄港する船舶ごとの総輸出入トン数とTEU（実入り/空）を四半期ごとにFMCに報告するよう要求しているほか、D&Dの連邦規則への合理性の挙証責任を船社とターミナル会社に負わせるなど荷主からのクレームが多い船社の商慣行に制限を加える内容なども盛り込まれた。

　2022年5月31日、FMCは2年間の事実認定調査の最終報告書を公表した。

　最終報告書は「新型コロナウイルスの米国国際海上輸送サプライチェーンへの影響」と題し、12項目の推奨事項を挙げた。船社は、FMCが船社を対象に実施した事実確認調査で、船社側の競争を制限する行為が原因となって港湾混雑を発端にサプライチェーンを混乱させたという事実は一切なかったと報告したことに注目し、最終報告書への評価を高めた。

　港湾など陸上インフラが現状のままでは、輸送需要に応えられず、陸上側に起因するサプライチェーンの混乱が再発するとの懸念を裏付ける見方ともいえる。

　2022年6月13日、米国議会下院は、海事法改正案（OSRA2022）を賛成多数

で可決した。

　この法案は2021年12月に下院で可決した法案の修正案で、下院で可決済み法案を修正する手順を踏む米国議会での法案審議としては異例ではなく、良くあり得る審議手順なのか、今一、うなずきかねる。

　ともあれ、確かなことは、上記の修正案の内容が2022年3月、上院で可決した法案と同じであること、バイデン大統領は、下院が修正案を可決してから3日後の6月16日、法案に署名したことである。修正案可決時点で、遅くとも月内（6月中）にはバイデン大統領が法案に署名するとの大方の予想を覆し迅速に法案に署名し、1998年以来24年ぶりとなる米海事法大改正を達成し、米国海事法の歴史に新たなページを刻んだ。

　2021年12月の下院可決原案は、船社による荷主へのサービス提供を義務付け、それを拒否することを違法とするなどかなり過激な内容であったが、2022年6月の改正案では船社によるサービス提供について、不当な拒否や差別的な行為を禁止するとの曖昧な表現に留まっているとの見方もあるくらいだ。WSCは法案可決に際して、米国議会の法案作成に関する尽力に謝意を表明するとともに、サプライチェーンの混乱を最小限に抑えるため、FMCと生産的な対話を続けたいとの声明を発表した。併せてコンテナ船社は、新型コロナの感染発生以降進めてきた新造船発注に触れ、輸送需要に応える投資であることを強調した。

　2000年に設立されたWSCは拠点を米国首都ワシントンに構え、コンテナ定期船業界で主導的な立場である人達によって構成し、国際海事機関（IMO）の諮問機関としての地位を獲得している。コロナ下でコンテナ船社とアライアンスを対象に発出した大統領令に始まり、米海事法大改正に至ったコンテナ定期船業界が歴史上、大きな節目を迎える過程で、船社がWSCのロビー活動を通じて関係先に働きかけ、コンテナ船社の事業運営が大きく変わることを余儀なくされる最悪事態を回避できたと振り返り、WSC活動が奏功した結果と聞く。

日本船3社　2021年3月〜2022年11月ONEから受け取り配当金145億ドル

　本書の第2章「新会社誕生」でONEの2021年3月期決算を取り上げた。

　改めて記す。ONEは、日本郵船、商船三井、川崎汽船の3社が共同出資する持ち分法適用会社であることを。

　ONEが計上する税引き後利益は、3社のONEへの出資比率に応じて、3社の

連結決算でそれぞれ持ち分法投資利益として営業外収益に計上する。一方、ONEが税引き後利益を原資に3社に支払う配当金は、ONEが3社の持ち分法適用会社であるため、3社の連結決算では消去されるが、3社本体の個別決算でONEからの配当収入として営業外収益に表示される。配当金額はONEへの出資比率からそれぞれ算出して計上する。

ONEは、2021年3月期決算で前期比33倍の税引き後利益34億8,400万ドル（約3,684億円）を計上した。3社はONEへの出資比率から算出した持ち分法投資利益を連結営業外収益に計上した。3社が連結営業外収益に計上した持ち分法投資利益は、郵船が1,400億円、商船三井と川汽がそれぞれ1,142億円に上り、ONEが連結業績を押し上げ、いかに3社の業績向上に貢献したかを記した。

本書の第2章でONEの親会社3社の配当状況に言及したものの、ONEの3社に対する配当について全く触れなかった。まず3社がONEから2021年3月に初めて配当金を受け取ったことを見落とした。ONEが計上した税引き後利益金額の大きさから考えて3社に配当するに違いないとの認識が欠如した結果であった。ただ、ONEから3社への初配当を見落としたからといって、3社の2021年3月期決算それ自体を誤って説明した訳でない。振り返ると、ONEの運賃収入は20年4月から21年3月にかけて急上昇した。この後、21年4月から22年2月まで上昇傾向を続け、22年2月を分岐点に一挙に下降し始めた。ONEは21年3月の初配当を機に配当体制に入った。3社の収益改善に貢献したことは言うまでもない。ONEが3社に支払う配当について、配当の時期や額は、予め定められているものではなく、株主・親会社である3社で協議の上、必要に応じて決める。3社が、ONEが発行する優先株を保有し、かつ配当について議決権を握っているのだから当然である。

ONEは2021年3月、3社に合算して約5億ドルの配当金を支払った。円換算では約530億円と推測する。ONEは、営業開始から3年目にして親会社に初めて配当金を支払い、早くも配当体制に移ったのだからコンテナ船事業に携わった多くの先人が驚いたとしても不思議でない。

ONEの配当の話を続ける。ONEの配当は、2021年3月を初回にこの後も続いた。2021年と2022年にそれぞれ3回、2年間で計6回を数えた。3社がONEから配当金を受け取った時期と額をたどってみる。

2回目は、2021年6月、合計金額約1億9,500万ドル、3回目は、2021年11月、合計金額約16億9,000万ドル、4回目は、2022年3月、約41億3,000万ドル、5回目は、2022年6月、約25億5,200万ドル、6回目は、2022年11月、合計金額約55億1,000万ドル。

3社がONEから6回受け取った配当金の累計合算額は、約145億4,500万ドル。

　ONEが3社に支払う配当金は、ONEが確保する税引き後利益の約50％を目途にはじき出しているとの見方を参考に計算すると、ONEは2021年3月〜2022年11月の期間に300億ドル近い税引き後利益を確保した計算になる。円貨の金額は適用する為替レート次第で微妙に変わるので、算出を控えるが、これだけは確かだと思うことを記す。

　3社はONEが事実上の営業を開始した2018年4月時点で、出資比率に基づきONEに3,000億円を出資した。3社がONEから2021年3月〜2022年11月の期間に受け取った配当金額は、出資金3,000億円をはるかに上回り、短期間で出資金額を回収でき、なおかつ3社の財務内容を大幅に改善し、投資余力を持たせたことである。コンテナ船事業がこれほど妙味のある事業なのか耳を疑いたくなるような決算数字が相次いで公表された。まるで100年に一度と言われる新型コロナの感染拡大を予測していたかのような時期に事業統合に踏み切り、背水の陣で合理化による相乗効果を発揮した。先見性を発揮できる企業体質に改善している運の強ささえ感じさせている。かつて社内でお荷物扱いされ苦境に立たされた事業部門とは思えない変身ぶりだ。半面、コロナ禍に現出した異常値であり、この好調さが、この先どこまで続くのかといった疑問を抑えきれないのも確かである。

　2021年3月は、新型コロナの感染が拡大して間もなく一年を迎える時期と重なる。2021年3月期決算には、コロナ禍でサプライチェーンが混乱する中、コンテナ船市況が高騰し、コンテナ船社の業績を押し上げたことを反映した。

日本船3社の2022年3月期決算　そろって純利益　過去最高

　本書の第2章では、2021年4月以降の決算に触れていないので、まず2022年3月期決算概要を振り返ってみる。

　3社の22年3月期連結決算は、22年5月9日に出そろい、3社そろって純利益の過去最高を更新した。期中にコロナ禍によるコンテナ輸送の需給逼迫でコンテナ船運賃の高止まりが続き、為替の円安・ドル高が寄与し、3社合算の純利益は、前期比約7倍の2兆3,600億円になった。郵船は、売上高を前期比42％増の2兆2,807億円、純利益を同7.2倍の1兆91億円をそれぞれ計上した。純利益1兆円超えは海運企業として初めてで、国内企業でトヨタ自動車、ソニーグループなどに続いて6社目となった。

　商船三井は同7.9倍の7,088億円、川汽が同5.9倍の6,424億円の純利益を、それ

ぞれ計上した。ONEが3社合算の純利益2兆3,600億円の大半を稼ぎ出し、貢献した。ONEは22年3月期決算で、前期比4.8倍の税引き後利益167億5,600万ドル（約2兆円）を計上した。郵船が38%、商船三井と川汽が31%ずつ、営業外収益に持ち分法投資利益として計上し、持ち分法投資利益を拡大した。期初には新型コロナの影響が落ち着き始め、内陸の混雑状況が収束に向かうと見込んでいたが、実際には混雑が解消しなかった。期初の予想が外れたため、四半期ごとに利益が拡大し、3社が期中に4度にわたって上方修正する異例の事態となった。4月には中国・上海のロックダウン（都市封鎖）が起き、上海港周辺で沖待ち船が一時最大で通常の2倍の約120隻まで増えた。ロックダウン解除後に工場の生産が回復すれば、貨物が急増し港湾の混乱に拍車かかると懸念された。実際、上海発北米西岸向け運賃は4月末に2か月ぶりに上昇に転じた。先行き見通しは従来になく難しいので、3社は2023年3月期の純利益が減益すると見込んだ。3社合計で前期比6,800億円減の1兆6,800億円と見込んだが、20年3月期の合計690億円と比べると、高水準だ。

日本／北米航路の2022年度運賃交渉　前年の倍以上で決着

　3社の前期決算が出そろうのと同時に2022年度の日本/北米航路の運賃交渉が事実上終了した。21年度は、港湾混雑に伴う運航スケジュール混乱や相次ぐ減船によりサービスコントラクト（SC）の契約運賃で船積みできない荷主が続出、スポット（随時契約）運賃の利用が急増する結果となった。荷主はより確実に船積みできる契約を求め、22年度の契約運賃は前年比で2～3倍値上がりする記録的な水準となった。荷主は、とにかく確実に船積みできる契約を求めたので、今年ほど金額が焦点にならない運賃交渉は初めてと嘆き、年間契約の運賃がスポット運賃に近い水準になった異例の運賃交渉を振り返った。21年度は既述のとおり、ロサンゼルス・ロングビーチ港を皮切りに北米諸港の混雑で船社のサービスが大幅に遅延し、本船が予定どおりに寄港できないことに加え、減船なども続出した。その結果、日本/北米航路の船腹供給量が削減され、荷主は予定していた数量を輸送できず苦境に立たされた。荷主は確実に船積みできる年間契約以外のスポット運賃に殺到し、スポット運賃の利用が大幅に増えた。指標となるSC契約運賃の水準は、諸チャージを含め日本/北米西岸向けポート・ツー・ポートで40フィートコンテナ当たり1万ドル前後となり、前年比で倍以上に値上がりした。21年度の契約運賃の水準は、平均で3,000ドル台から4,000ドルであった。北米東岸向けでは、1万5,000

ドルから2万ドル、西岸経由のIPI（シカゴ向け）では、2万ドルから2万5,000ドルとなったと報じられた。荷主は22年度、需給が逼迫しても確実にスペースを確保できる契約内容を切望し、減便になった場合の対応などについて細かく取り決めたのは確かだが、内容については個別対応を理由に、ばらつきがあることの言及にとどめた。いずれにしても荷主がスペース確保で苦悩する姿を反映する異例の運賃交渉となった。

日本船3社の2023年3月期決算　前期に続き最高益更新

　続いて日本船3社の2023年3月期連結決算の概要をみる。

　3社合算の純利益は、前期比1,434億円増の2兆5,034億円になった。実績は従来予想を8,234億円上回った。3社合計で前期比6,800億円減の1兆6,800億円と見込んでいた。

　郵船は売上高を前期比15%増の2兆6,160億円、経常利益を同1,066億円増の1兆1,097億円、純利益を同34億円増の1兆125億円を計上し、前期に続き最高益を更新した。前期比1%減を見込んだ従来予想から一転、微増となった。2期連続で純利益の1兆円超えとなった。経常利益も過去最高益を更新した。

郵船　23年度から4年間の行動計画策定

　郵船は、23年3月にグループ経営計画を策定し発表した。経営計画には、時勢を反映してかデジタル用語が散りばめられ、アナログ世代を象徴、代表する著者は面くらう。計画策定の意図を捻じ曲げて伝えないことを心掛けて取り上げる。

　今回発表の新中期経営計画は、23年度から26年度までの4年間の行動計画として策定した。タイトルは「セイル グリーン、ドライブ トランスフォーメーションズ 2026」（Sail Green, Drive Transformations 2026）で、副題が「ア パッション　フォー　プラネタリー　ウエルビーイング」（A Passion for Planetary Wellbeing）。郵船は、新中期経営計画策定に先立ち、18年度から22年度までの5年間の中期経営計画「スティング アヘッド 2022」（Staying Ahead 2022）を策定した。副題として「デジタライゼーション＆グリーン」（D&D、デジタル化と環境）を掲げた。新中期経営計画に先立つ前中期経営計画と呼ぶ。前中期経営計画策定の背景には、かつて海運業に存在した参入障壁がなくなり、金融大手に加えてEコマース大手までが参入してきかねない

事業環境や多様に変化する社会に対応するため、D&Dを追求し次世代の成長分野を切り開こうとする将来像を描いていたことがあった。前中期経営計画策定を機に、「ポートフォリオの最適化」「運賃安定型事業の積み上げ」「効率化と新たな価値創出」の3つの基本戦略に基づき経営課題に取り組んできたことが、2期続けて1兆円規模の利益計上をもたらしたと成果を強調する。新中期経営計画策定に当たって、30年に向けた「総合物流企業の枠を超え、中核事業の深化と新規事業の成長で、未来に必要な価値を共創する」新たなビジョンを掲げる。この新ビジョンの実現を目指し、26年度までの4年間の行動計画として新中期経営計画を位置付ける。

　新中期経営計画は、「両利き経営」（AX）と「事業変革」（BX）から成る「基軸戦略」の下、既存中核事業を深化させると同時に新規成長事業を進化させ、これを「支えの戦略」となる人材・組織・グループ経営の変革（CX）、デジタルトランスフォーメーション（DX）、エネルギートランスフォーメーション（EX）で支える。CXで多様性・多元性を確保し、DXでデジタル基盤の整備を推進し、EXで脱炭素戦略の本格化に取り組む。前中期経営計画が動き始めた18年度に立ち返ると、D&Dをテーマに掲げたデジタル技術を活用し、運航データをリアルタイムで収集・解析できる船舶パフォーマンスマネジメントシステム『SIMS』、ナビゲーションと主機関のデータを通信衛星経由で1時間ごとに送信するシステム『SIMS2』の構築、さらに蓄積した大量の運航データAI（人口知能）を活用して解析し、航行時の危険や不具合を予知するシステム開発に取り組み、自動運航船を狙いとした研究に着手していた。実際に郵船は2019年9月14日、外航船で世界初の自動運航の実証実験を実施した。

　実証実験では、日本近海で郵船グループ独自の避航操船プログラムを搭載した自動車専用船「イリス・リーダー」（7万総トン、7,000台積み）を使用し、断続的な自動操船を実施した。第1回（9月14日、9月16日）、第2回（9月19日、9月20日）の2回に分けて中国の新沙から名古屋、横浜の航路で実施した。

　運航情報の"見える化"から"見せる化"に進み、エンジンのピストン内部の自動撮影システムや音によるエンジン診断システムの開発に漕ぎつけた。

商船三井　長期計画で脱海運色打ち出す

　商船三井は経常利益を前年同期比12%増の8,115億円を確保し、過去最高の

経常利益を計上した。コンテナ船事業が前期比138億円減益となったが、エネルギーや自動車船など他の部門が年度を通じて堅調に推移し、コンテナ船事業の減益を補ったとみている。コンテナ船事業は、上期は旺盛な輸送需要が継続し増益となったが、下期は夏場以降、港湾の混雑緩和に加え、北米での商品在庫の積み上がりとインフレ進展に伴う欧州での消費減退により、船腹供給量の回復と輸送需要激減が発生、短期運賃市況が下落し、通期で減益となったが、概ね前年並みの損益を維持したと捉えている。第4四半期（1〜3月）は、船腹調整が奏功し、1月末予想より増益になったと、終盤の船腹調整の効果をあげる。しかし、2023年度の業績見通しでは、コンテナ船事業の経常利益は、22年度実績の6,201億円から500億円に5,701億円減ると予想している。それでも市況は一定程度回復し、黒字維持は見込めるとも予想している。こうした大胆にみえる予想を裏付けるように23年3月31日、2036年3月期に税引き前利益で4,000億円の計上を目指すグループ経営計画を発表した。

　グループ経営計画で掲げた最終年度に税引き前利益4,000億円を達成する目標に向けて、22年度実績（税引き前利益8,191億円）を踏まえ段階的に達成する計画も併せて公表した。

　まず24年3月期には計画策定時点と比べ大きく落ち込む2,400億円を見込む。その後、第一段階の26年3月期に横ばいの2,400億円、第二段階の31年3月期に3,400億円に上向き、最終年度の36年3月期に4,000億円に段階を踏み回復させると言う。自己資本利益率（ROE）は9〜10％を目指す。23年3月期実績は49.8％。配当性向を25％から30％に引き上げ、年間配当の下限を150円に設定する株主還元強化策も盛り込んでいる。

　グループ経営計画で掲げた目標を具現化することによって、市況変動に左右されない収益体質づくりを進めると宣言した。商船三井には、20年3月期までの5年間に2度の最終赤字の計上を余儀なくされた苦い経験がある。23年3月期の資産は、海運業75％、非海運業25％で海運業に偏っている。非海運業への積極投資によって海運業60％、非海運業40％の比率にする。23年度中にウエルビーイングライフ事業を新設、不動産、フェリー・内航RORO船、クルーズ船の各事業を含める。新設事業の中核として、実績を伸ばしているダイビルが手掛ける不動産事業や商船三井ロジスティクスが手掛ける物流事業がある。20年に西インド洋のモーリシャス沖で起きた重油流出事故に積極的に対応した。商船三井手配の貨物船が座礁して燃料油が流れだし、サンゴ礁を汚染する事態を招いた。船主でない商船三井は運航していなかったので、法的責任はなかったが、経営陣は法的責任がなくても社会的な責任があると判断

し、全面に立って事故処理に対応した。モーリシャスを支援するため8億円を拠出して基金を設立し、汚染除去に留まらず、水産・農業や地域振興にも生かしている。さらに環境NGO（非政府組織）との連携関係を強くした。新型コロナウイルス感染症の世界的流行が収束した22年には、客船にっぽん丸のモーリシャス寄港が実現した。派遣社員は汚染除去対策に取り組む一方、その後の復興対策にも取り組み、数多くのことに気づき、学ぶことができた。海洋プラスチックの回収の事業化を課題に検討を始めた。豪州企業が開発した海洋プラスチックを回収する装置を広島港に設置し、実証実験を始めた。出光興産と提携し、回収したプラスチック廃棄物の燃料油や化学品への再資源化について検証し始めた。モーリシャスの重油流出事故対策を機に手にした副産物で"災い転じて福となす"の格言を地で行ったみたいだ。「BLUE ACTION 2035」と銘を打ったグループ経営計画では、環境保全と成長の両立を盛り込み、脱炭素の技術力こそが競争が激しい海運業界を生き抜く柱だと位置付けている。（日本経済新聞　24年2月6日付け）2019年比の温暖化ガス排出原単位削減率を21年度実績▲3.6%から35年度▲45%に引き上げ、削減する目標を掲げている。環境投資が重視される中で、参入障壁の高い領域に挑み、勝負する戦略に基づき船舶燃料の代替策として難易度の高い洋上風力の利用などを進め、50年までのネットゼロ達成を目指す姿勢を示している。LNG船に代表されるエネルギー船の長期契約による安定収益だけに依存するのではなく、非海運業を成長させて市況変動に伴う海運不況時でも確実に黒字を確保するため、脱海運色を強め収益体質を改善する経営課題への挑戦を前面に打ち出した。

川汽　5期ぶりに純利益減益

　川崎汽船が2023年5月8日に発表した23年3月期連結決算は、売上高が前年同期比25%増の9,426億円、純利益が同8%増の6,949億円であった。2024年3月期に年間配当を1株当たり120円の基礎配当金に追加配当金80円を加えて200円にすることを併せて発表した。

　中間配当を1株当たり100円、期末配当を1株当たり100円と予想している。

　22年10月付けで実施した株式分割を考慮すると、前期比で200円減配となる。新型コロナ禍に伴うサプライチェーン混乱で高止まりしていたコンテナ船の運賃が大幅に下落し、連結純利益が前期比83%減の1,200億円と5期ぶりの純利益減益見込みであることを反映する。新型コロナ禍後の大幅増益をけん

引してきた持ち分法適用会社ONEが手掛けるコンテナ船事業は、サプライチェーン正常化によるコンテナ船運賃の下落で5,574億円の減益となると予想する。2024年3月期にコンテナ船事業が川汽の予想通りの減益となると、川汽が計上する連結経常利益は500億円ということになる。川汽はONEに31％出資しているので、逆算すると、ONEが24年3月期に税引き後利益として約1,613億円を計上すると見込んでいることになる。3社が2021年3月期にONEから約3,684億円を受け取り、各社の持ち分法投資利益として営業外利益に計上した実績から2,000億円以上下回ると予想していることなる。サプライチェーン混乱からサプライチェーン正常化への変化がONEの業績を下落させ、3社のコンテナ船事業に如実に反映した結果といえる。

　コンテナ船事業が連結業績に占める比率は川汽が95％、商船三井が76％、郵船が73％の順番でならび、3社ともにONEに大きく依存しているか一目瞭然である。中でも川汽のONE依存度合いからみてONEの業績次第で企業の存亡を左右する問題に発展しかねない要因を抱えているともいえそうだ。商船三井にしてもグループ長期計画で脱海運業に向けて体質改善を図ると動き始めた。過度にONEに依存することの危うさを払拭するための方向転換と勘繰りたくなる。郵船にしてもONEに大きく依存していることでは変わりない。ONEの筆頭株主としてONEの存続について責任ある対応を迫られかねない。

ONE　2023年3月期決算　円換算で2期連続の1兆円超の利益計上

　ONEは、23年4月28日、23年3月期決算を発表した。売上高は前年同期比で8億1,600万ドル減の292億8,200万ドル、税引き後利益は同17億5,900万ドル減の149億9,700万ドルとなった。売上高が3％,税引き後利益が10％それぞれ減った。減収、減益決算となった。親会社3社の期中平均の為替レートを適用し、円換算の決算を試算すると様相が一変する。売上高は18％増、税引き後利益が8％増の増収、増益決算となる。売上高は2期続けて3兆円超え、税引き後利益も2期続けて1兆円超えを達成した超優良企業に変わる。国内で利益1兆円超えを2期連続で計上すると、話題を集めることは間違いない。ただ、ONE公表の決算数字に3社公表の期中平均の為替レートを22年3月期、1ドル＝111円、23年3月期、1ドル＝135円を適用し、算出した概算であることを断っておく。断りついでに前記の為替レートを適用して売上高と税引き後利益を億円単位で記す。売上高は、22年3月期が3兆3,408億円、23年3期が3兆9,530億円、税引き後利益は、22年3期が1兆8,599億円、23年3期が2兆245億円を計上し、その結果、

23年3期に売上高は前期比6,121億円増の18%増収、税引き後利益は同1,646億円の8%増益と業績を伸ばしたことに様変わりする。円安・ドル高に進行した為替レートが寄与した。一般に言われるようにONEが稼ぎ出した利益の半分が親会社3社の配当金に充てられると仮定すると、3社は21年度と22年度の2年間で配当収入1兆9,000億円を営業外利益に計上し、経常損益を伸ばす一方で、財務内容を大幅に改善するメリットをたっぷり享受したことになる。

ONE　事業環境の変化に対応

　上期には、高水準の運賃市況により好調に推移したものの、下期に入って、サプライチェーン正常化に伴う船腹供給量の回復と輸送需要の急激な減少により、スポット運賃（随時契約）市況が悪化したため、通期では149億9,700万ドルの黒字を確保した。需要面では、北米での商品在庫の積み上がりやインフレ進展による欧州での消費減退を背景に、22年7月以降の輸送需要減退が第4四半期に入って一層と顕著になった。供給面では、港湾などの混雑解消に伴って船腹稼働率が回復する一方で、需要減退に対応するため、年末以降は減便を継続した。減便などにより、荷動きの減少に対応したが、それ以上のペースで需給軟化が進み、第4四半期のスポット運賃は前年同期比下落した。積み高と消席率は、北米航路往航と欧州航路往航とも、上期まで満船基調で推移したが、下期に入って需給軟化が進んだことから、前年比で大きく下落した。また、第4四半期には、北米航路では、積み高が前年4四半期比で微増、減便により消席率が上昇した。スポット運賃市況は、上期まで高水準で推移したものの、下期に下落した。前年比では北米航路で上昇、欧州航路で下落した。第4四半期の前期比では、北米航路・欧州航路とも大幅に下落した。

　24年3月期通期見通しについて、新型コロナのパンデミック（感染爆発）後、コンテナ船市場は、グローバル・サプライチェーンの混乱の余波、消費者行動の変化、国際的な緊張関係の高まりによる航路運営の変化など大きな変化の渦中にあり、先行き不透明で予測が難しく、合理的な業績見通しの策定は現時点では困難と判断し、見通しの公表を保留した。ONEは期中に荷動きに応じて柔軟に船腹と輸送機材を管理したことにより、運営効率を最大化できたと振り返った。期中の荷況、船腹需給、港湾労使交渉などについて、7月から始まった輸送需要の鈍化傾向がさらに強まり、特にアジア/北米・欧州向けの需要が減速した。アジア/北米航路の1〜2月の荷動きは、小売在庫がわ

ずかに減少に転じたものの、輸入量の増加とはならず、前年同期比24.5%の減少となった。アジア/欧州航路の1月の荷動きは、エネルギー価格高騰やインフレ傾向が緩和したことで、一定の景況感の回復はあったものの、顕著な回復までは至らず前年同期比12.9%減少となった。港湾機能は世界的にほぼ正常化し、滞船が解消したことに伴い船腹の稼働率は回復した。新造船の大量竣工による供給過剰が懸念されたが、現時点では表立った影響は出ていない。北米西岸労使交渉は、2月末に新協約が近く合意に達する予定との共同声明が出たが、依然継続中であると事業環境の変化を説明した。こうした状況下で、ONEは例年旧正月期に留まる減便対応を年末年始から3～4月まで拡大した。また、減便による本船待機期間低減と収益力強化を兼ねて次のような取り組みを実施した。①極東・欧州/北米東岸ループ（復航）での喜望峰経由ルートの適宜利用②追加寄港地の拡大による集荷強化③減速航海などによる燃料消費量の低減④配船を工夫して、東西航路の大型化を前倒しで実施⑤比較的荷動きの強い、南北航路・大西洋航路への配船。リースコンテナの返却や空コンテナの適時適所への回送によりコンテナ供給を最適化した。特殊コンテナ営業を強化して、特殊貨物の積み高を増やした。

ONE　自社船20隻保有へ　用船体制も見直し強化

　ONEは、2022年3月に中期戦略とグリーン戦略を公表した。この中期戦略で30年までにコンテナ船事業関連として52万TEU以上の新造船投資を含む200億ドル（約2兆6,600億円）以上の投資を実行する計画を明らかにした。

　この計画公表後、22年5月、ONEとして初めての自社船となる1万3,700TEU型10隻を日本シップヤード（NSY）と現代重工業に5隻ずつ発注した。この発注に続き23年3月15日、同型船10隻をNSYに発注したと発表した。燃料は重油を使用するものの、いずれもメタノールやアンモニアなどの代替燃料への切り替えが可能なレディー仕様となっている。竣工は25～26年を見込んでいる。発注済み20隻は自社船として自社で保有する方針であることを明らかにした。ONEは、ここまで長期契約と短期契約を組み合せる用船を中心に船隊整備を進めてきたが、ここにきてこの方針を見直し自社船保有に転換する方向に動きだした。方針転換の背景には、22年3期の税引き後利益167億ドル、23年3月期も149億ドルに達し、2年連続で1兆円の大台を突破する収益を上げ、短期間で財務体質を強化した実績がある。用船主体の船隊整備には、用船市況の上昇局面で支払い用船料が運賃収入を上回る「逆ざや」に陥るリス

クがある。自社保有を増やすことによって市況の変動に対する耐久性が向上する。脱炭素化の加速を経営の重要課題に位置付けているONEにとって環境性能に優れた船舶を自社で調達できるメリットも大きい。大型船の自社発注を進める一方で、用船体制も強化する考えだ。世界最大のコンテナ船主・シースパンを傘下に持ち、米国市場に上場するアトラス社の共同買収に動きだした。ONEはシースパンの最大の顧客であり、23年11月、シースパンから長期用船する1万5,000TEU型1隻、7,000TEU型2隻が竣工した。共同買収後は優先的に用船契約の交渉を進めるメリットを享受したい考えだ。共同買収の実現後は船舶調達の選択肢や柔軟性が一段と高まる。

ONEは、2022年3月に中期戦略と併せてグリーン戦略を公表した。

グリーン戦略に基づき7つの主要事項への取り組みを通じて、50年までに温室効果ガス（GHG）排出量を実質ゼロにする目的を掲げている。主要事項には、グリーン投資、代替投資、カーボンマネージメント、効率的オペレーション、エコシステムの構築、クリーンシップリサイクル、環境保護など7つの項目を盛り込み、項目ごとに具体化していく。

ONEは24年1月17日、メタノール燃料に対応する二元燃料機関を搭載する1万3,000TEU型船12隻を発注したと発表した。中国の江南造船と揚子江船業に6隻ずつ発注し、27年から順次引き渡しを受ける。ONEとしてメタノール二元燃料機関搭載船の発注は初めてで、船隊整備を通じて重要課題に位置付けるグリーン戦略を加速化させる。新造船には最適化された船型をはじめ廃熱回収システム、船首風防などの最新技術を採用、燃料効率向上とGHG排出削減を図る空気潤滑システムとシャフトジェネレーターも搭載する。竣工後には、ONEが加入するザ・アライアンス（TA）の日本発着の欧州、北米西岸サービス「FP1」の既存船との代替船としての就航を予定しており、新造契約には建造オプション5隻が含まれていると見られている。

中東情勢緊迫化で需給引き締めから逼迫へ　パナマ運河の渇水も響く

話を本章冒頭で述べた中東情勢に戻す。

ONEが中期戦略とグリーン戦略に基づき具体策を着実に進める中、コンテナ船事業を取り巻く状況を一転させる出来事が突然起きた。

2023年10月7日、武装組織ハマスによるイスラエルへの越境攻撃が起き、これに反発したイスラエル軍によるパレスチナ自治区ガザへの進攻を招いた。イスラエル軍のガザ進攻に反発したイエメンのイスラム教シーア派組織フー

シ派が11月19日、郵船が用船して運航中の自動車専用船ギャラクシー・リーダー号を拿捕した。これを機にフーシ派が船舶攻撃を強め、コンテナ船への攻撃は未遂を含めて12月だけで7隻に及んだ。武装組織ハマスとイスラエル軍の戦闘開始以来、双方の死者が2万人を超え、人命が奪われる惨状を憂えたバイデン米大統領が「イスラエルは国際社会の支持を失いつつある」と、イスラエルに自制を求める動きを見せたのに対し、イスラエルのガラント国防相は12月14日、戦闘は「あと数カ月続く」と宣言、戦闘を停止しないとの姿勢を鮮明に打ち出した。このガラント宣言の翌15日、マースクとハパックロイドが敏感に反応した。両社は紅海での運航取り止めを発表した。これに呼応して他の大手船社が追随した。世界の主要コンテナ船社は15日以降、相次いで航行の安全確保を優先し、紅海経由の運航を取り止め喜望峰経由に切り替える航路変更を発表した。ONEは19日、アジア/北欧州、アジア/地中海、アジア/米国東岸の3航路を対象に紅海経由の運航を喜望峰経由に変更すると発表した。郵船、商船三井、川汽の3社は24年1月、フーシ派による船舶攻撃リスクを回避するため全運航船舶を対象に紅海・アデン湾の通航を一時見合わせることを決めた。3社合わせた運航規模は2,000隻強に上る。国際通貨基金（IMF）の海事監視システム「ポートウオッチ」によると、24年1月1日から7日までのスエズ運河の1日当たりの通航隻数（7日間移動平均）は52隻で、前年同期の72隻から28%減った。運航を従前のスエズ運河を通航する紅海経由から喜望峰経由に切り替えることによって、日本/欧州航路の場合、航海日数が従来にくらべ2〜3週間ほど増える。輸送日数が長期化、さらに運航スケジュールを維持するために追加船腹を投入することになる。世界全体のコンテナ船供給量の5〜6%が吸収され、需給逼迫につながる。

　需給逼迫の要因として見逃せないのがパナマ運河の渇水による通航制限。本書第7章「大型化」で、パナマ運河拡張工事が2016年6月26日に終了し、限界船型が最大1万3,000TEU〜1万4,000TEU型に緩和されたと記した。パナマ運河通航船の限界船型が緩和され、アジア/北米東岸航路に就航するコンテナ船の大型化が順調に進んだ。一方で、地球温暖化に伴う異常気象が未曾有の降水量不足を引き起こし、パナマ運河庁（ACP）が通航船舶の喫水制限を前倒しで実施し、喫水制限のさらなる引き上げが始まっていた。大西洋と太平洋を結ぶ全長80キロの水路には高低差があり、水門で区切った複数の区画の水位を上下させてエレベーターのように船を通す。1隻が通航するのに水2億リットルが必要だが、23年から水不足が続き、供給する貯水池の水位が低下し、ACPは断続的に通航制限を設けている。22年には1日平均40隻が運河を通

航したが、23年夏以降、節水のため32隻に制限している。パナマは例年5〜12月ごろが雨期に当たるが、23年夏にかけての降水量は今世紀で最も少なく、深刻な干ばつに見舞われた。ACPは水不足を理由に通航する船舶の隻数や重量を制限している。この制限措置は少なくとも10カ月は続くと見られた。ACPによる制限措置が長引くことを見越して北米東岸・国内向けでも北米西岸からの鉄道輸送を選択するケースが増える。こうした中、マースクは、24年1月10日、北米東岸と豪州・ニュージーランドを結ぶサービスを改編し、従前のパナマ運河経由から鉄道利用に切り替えると発表した。パナマを横断し、大西洋と太平洋を結ぶ全長80キロのパナマ地峡鉄道を活用する。太平洋と大西洋の2ループに分割し、太平洋ループではパナマの太平洋側のバルボアを拠点に中南米や北米向け貨物を降ろし、豪州・ニュージーランド向け貨物を船積みする。大西洋ループではマンザニヨで豪州・ニュージーランド向け貨物を降ろし、中南米や北米向け貨物を船積みする。

コンテナ船運賃　2023年12月から上昇局面へ

　地政学リスクの高まりを背景に、スエズ運河の通航隻数が大幅に減り、コンテナ船の需給引き締まりにつながった。コンテナ船の運賃が23年12月から上昇傾向に転じた。喜望峰経由の影響を直接うけた欧州航路だけでなく、北米航路にも波及し、24年1月に入り急騰した。上海航運交易所（SSE）のまとめによると、23年12月29日付けのアジア発地中海向け運賃は、1週間でほぼ2,000ドルも急騰した。前の週1,497ドルから3,491ドルに値上がりした。地中海向け運賃が1週間で1,000ドル以上値上がりするのは、SSEが運賃取りまとめを開始した2009年10月以来で初めてで、北欧州向けや北米東岸向けも同様の上げ幅となり、23年12月以降のコンテナ船運賃は大きく上昇する局面に変わったこと裏付けた。上海発欧州向けのスポット（随時契約）運賃は2月2日までの週でTEU当たり2,723ドルと、前年同期比2.8倍の水準へ急騰した。

　3社は、23年3月期連結決算発表と併せて24年3月期の連結通期見通しを発表した。コロナ禍の物流混乱でスポット運賃が上昇していたコンテナ船運賃が、物流の正常化で急落し、いわゆるコロナ特需が消え、連結純利益が大幅減益になると見通しを明らかにした。3社の収益改善をけん引してきたONEは、23年10〜12月期の第3四半期決算で税引き後損益が前年同期比93%減の8,300万ドルの赤字を計上する決算を余儀なくされた。23年4〜12月期決算では税引き後利益6億1,600万ドルを計上できたが、前年同期比95%減であった。

24年3月期通期では、前年同期比減益ながら税引き後利益8億5,600万ドルを確保できると見込んでいる。一方、3社の23年4～12月期連結決算が24年2月5日、出そろった。コロナ禍の特需の反動で3社とも大幅な最終減益となった。ただ、3社とも4～12月決算の発表に併せて、ONEの業績見通しを織り込み、経常利益の通期見通しを上方修正した。

　中東情勢は24年2月時点で緊迫の度合いを強めている。この不確定要因を抱えて、差しあたって24年3月期連結決算を取りまとめ、さらに25年3月期連結決算をどう見通すのか難しい判断を迫られる。

　本書の刊行時期との関係で、3社の24年3月期連結決算とONEの24年3月期決算を確認して記述することは叶わない。再び尻切れに終わることになる。100年に一度といわれる新型コロナウイルス感染症は収束しているものの、未だに終息していない。サプライチェーンが平常に機能していてこそコンテナ船事業は持ち前の役割を果たすことができる。コロナ禍が巣ごもり需要を喚起し、輸送需要が急増した。揚げ荷貨物が押し寄せ、港湾を混雑させる。コンテナ輸送の海陸結節点であるコンテナ・ターミナルが麻痺し、船社は所要の船腹調整を図り、懸命に運航スケジュールの定時性維持を目指した。サプライチェーンの分断が進み、異常と映るコンテナ船運賃の高騰で船社の業績は大幅に改善した。それでもコンテナ船社は物流の正常化を願う。異常な運賃高騰の反動が業績にどう影響するかを嫌というほど経験しているからだ。市況産業の最たる海運業の歴史が如実に物語っている。

　案の定、コロナ禍が収束し、物流の正常化が見えてくると、コロナ特需の反動でコンテナ船運賃が下落した。期初に前の期に比べ収益下落を織り込んでいた年末近く紅海危機が起き、急きょ経常利益を上方修正した。状況は一変した。中東情勢の緊迫化が背景にある。サプライチェーン分断の可能性が高まっている。コンテナ船事業の環境は物流が混乱する中で高騰し、物流の正常化により反動で低落する市況産業の不安定さを色濃くした。2021年6月以降、2024月2月まで2年8カ月の短期間にコンテナ船事業を取り巻く世界で起きた出来事に思いを馳せて"好事魔多し"の感を強くしたのは著者一人であろうか。

付録

船社上位10社供給船腹量　　(2020年8月末時点)

船社	(本社所在地)	2020年8月末					2019年8月末			
		順位	隻数	船腹量(TEU)	シェア	船腹量増減率	順位	隻数	船腹量(TEU)	シェア
Maersk	(デンマーク)	1	686	4,008,827	17.3%	▲2.1%	1	711	4,094,937	18.2%
MSC	(スイス)	2	552	3,731,937	16.1%	5.9%	2	535	3,524,834	15.6%
COSCO	(中国)	3	443	2,907,698	12.5%	1.5%	3	436	2,863,928	12.7%
CMA CGM	(フランス)	4	498	2,790,331	12.0%	5.4%	4	480	2,647,023	11.8%
Hapag-Lloyd	(ドイツ)	5	235	1,680,257	7.2%	2.0%	5	232	1,648,078	7.3%
ONE	(シンガポール)	6	210	1,540,434	6.6%	▲1.7%	6	225	1,567,598	7.0%
Evergreen	(台湾)	7	196	1,267,385	5.5%	▲0.2%	7	201	1,270,494	5.6%
HMM	(韓国)	8	69	687,686	3.0%	66.2%	8	69	413,698	1.8%
Yang Ming	(台湾)	9	90	617,228	2.7%	▲6.4%	9	100	659,111	2.9%
PIL	(シンガポール)	10	107	340,681	1.5%	▲17.6%	10	125	413,674	1.8%
上位10社合計			3,086	19,572,464	84.4%	2.5%		3,114	19,103,375	84.8%
その他船社合計			2,176	3,628,767	15.6%	6.1%		2,123	3,421,304	15.2%
合計			5,262	23,201,231	100%	3.0%		5,237	22,524,679	100%

アライアンス別供給船腹量

アライアンス	船主	2020年8月末			2019年8月末		
		隻数	TEU	シェア	隻数	TEU	シェア
Ocean Alliance	Evergreen	196	1,267,385	5.5%	201	1,270,494	5.6%
	CGM CMA	498	2,790,331	12.0%	480	2,647,023	11.8%
	COSCO	443	2,907,698	12.5%	436	2,863,928	12.7%
	小計	1,137	6,965,414	30.0%	1,117	6,781,445	30.1%
The Alliance	HMM	69	687,686	3.0%	9	413,698	1.8%
	Yang Ming	90	617,228	2.7%	100	659,111	2.9%
	ONE	210	1,540,434	6.6%	225	1,567,598	7.0%
	Hapag Lloyd	235	1,680,257	7.2%	232	1,648,078	7.3%
	小計	604	4,525,605	19.5%	566	4,288,485	19.0%
2M	MSC	552	3,731,937	16.1%	535	3,524,834	15.6%
	Maersk	686	4,008,827	17.3%	711	4,094,937	18.2%
	小計	1238	7,740,764	33.4%	1246	7,619,771	33.8%
合計		2,979	19,231,783	82.9%	2,929	18,689,701	82.9%

船社上位10社供給船腹量　　(2020年8月末時点)

船社	(本社所在地)	2020年8月末					2019年8月末			
		順位	隻数	船腹量(TEU)	シェア	船腹量増減率	順位	隻数	船腹量(TEU)	シェア
Maersk	(デンマーク)	1	686	4,008,827	17.3%	▲2.1%	1	711	4,094,937	18.2%
MSC	(スイス)	2	552	3,731,937	16.1%	5.9%	2	535	3,524,834	15.6%
COSCO	(中国)	3	443	2,907,698	12.5%	1.5%	3	436	2,863,928	12.7%
CMA CGM	(フランス)	4	498	2,790,331	12.0%	5.4%	4	480	2,647,023	11.8%
Hapag-Lloyd	(ドイツ)	5	235	1,680,257	7.2%	2.0%	5	232	1,648,078	7.3%
ONE	(シンガポール)	6	210	1,540,434	6.6%	▲1.7%	6	225	1,567,598	7.0%
Evergreen	(台湾)	7	196	1,267,385	5.5%	▲0.2%	7	201	1,270,494	5.6%
HMM	(韓国)	8	69	687,686	3.0%	66.2%	8	69	413,698	1.8%
Yang Ming	(台湾)	9	90	617,228	2.7%	▲6.4%	9	100	659,111	2.9%
9社小計			2,979	19,231,783	82.9%			2,989	18,689,701	82.9%
PIL	(シンガポール)	10	107	340,681	1.5%	▲17.6%	10	125	413,674	1.8%
上位10社合計			3,086	19,572,464	84.4%	2.5%		3,114	19,103,375	84.8%
その他船社合計			2,176	3,628,767	15.6%	6.1%		2,123	3,421,304	15.2%
合計			5,262	23,201,231	100%	3.0%		5,237	22,524,679	100%

注：PIL(Pacific International Lines (Pte) Ltd.

9社小計は「世界のコンテナ輸送と就航状況」（2020年版）を参考に作成

参考資料

- 日刊紙

  毎日新聞

  日本経済新聞

  日経金融新聞

  日本海事新聞

  Daily Cargo（海事プレス社）

- 月刊誌

  「海運」（日本海運集会所）

  「船の科学」（船舶技術協会）

- 定期刊行物

  「日本の海運 SHIPPING NOW」（協力 日本船主協会　編集・発行 日本海事広報協会）

  「最近の世界コンテナ船就航状況」（日本郵船調査室）1969年〜1977年

  「世界のコンテナ船隊および就航状況」（日本郵船調査グループ）1978年〜2012年

  「世界のコンテナ輸送と就航状況」（日本郵船調査グループ）2013年〜

  「国際輸送ハンドブック」（オーシャン コマース）

  「国際物流事業者要覧」（オーシャン コマース）

- 書籍

  「コンテナ物語 世界を変えたのは『箱』の発明だった」（マルク・レビンソン著 村井章子訳　日経BP社刊行）

  「海上コンテナ輸送の進展 10年の歩み」（海事産業研究所）

  「轍 私の半生記」（高橋宏 著 オーシャン コマース）

  「98年米国改正海事法の概説」（オーシャン コマース）

  「米国新海事法施行規則」（オーシャン コマース）

  「海運業会計」（稲垣純男 著　中央経済社刊）

- 報告書・所報

  「海事産業研究所報」（1999年9月20日発行）

  「レポート 定期船業界の構造変化と将来展望」（興銀調査/271号 旧日本興業銀行産業調査部）

  「世界のコンテナ船動静及びコンテナ貨物流動分析（2016）」NO. 965（国土技術政策総合研究所資料）

- 社史

  「日本郵船社史 100周年からの20年」（1985年〜2005年）

  「商船三井 二十年史（1984〜2004）創業百二十周年記念」

  「川崎汽船 100年史」

  「ジャパンライン 10年史（昭和51年）」

コンテナ船社のアライアンスの変遷

世界規模での最適配船、コスト合理化を図るため、コンテナ運航船社による複数の航路やサービスでの協調体制である「アライアンス」が1990年代に誕生。2017年7月に邦船3社が定期コンテナ船事業部門を統合しOcean Network Express（ONE）を設立、2018年4月に開始した。

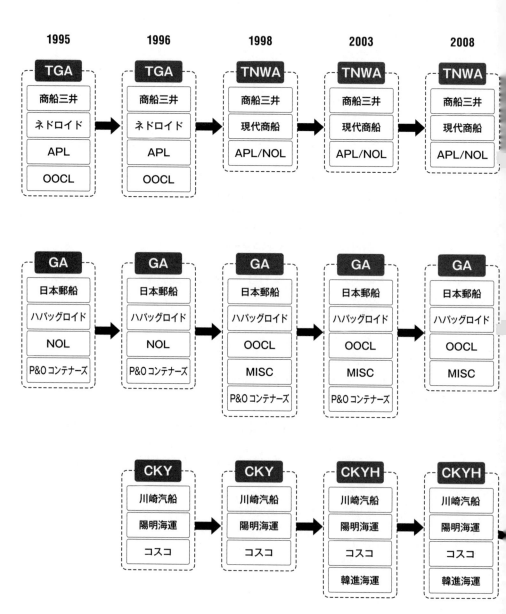

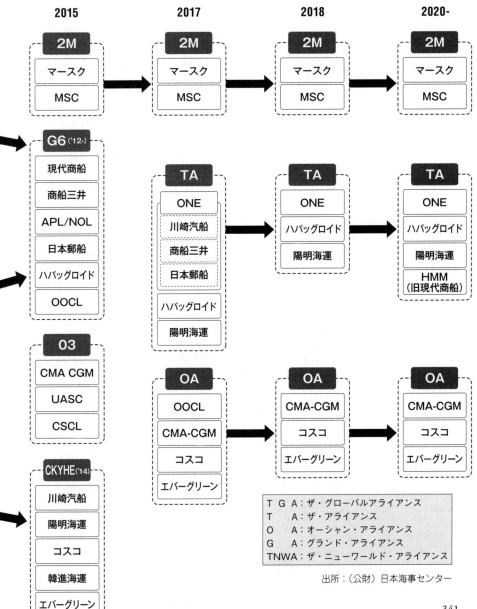

	2015	2017	2018	2020-

2M — マースク / MSC
→ **2M** — マースク / MSC → **2M** — マースク / MSC → **2M** — マースク / MSC

G6 ('12-) — 現代商船 / 商船三井 / APL/NOL / 日本郵船 / ハパッグロイド / OOCL

TA — ONE / 川崎汽船 / 商船三井 / 日本郵船 / ハパッグロイド / 陽明海運
→ **TA** — ONE / ハパッグロイド / 陽明海運 → **TA** — ONE / ハパッグロイド / 陽明海運 / HMM (旧現代商船)

O3 — CMA CGM / UASC / CSCL

OA — OOCL / CMA-CGM / コスコ / エバーグリーン
→ **OA** — CMA-CGM / コスコ / エバーグリーン → **OA** — CMA-CGM / コスコ / エバーグリーン

CKYHE ('14) — 川崎汽船 / 陽明海運 / コスコ / 韓進海運 / エバーグリーン

```
T G A：ザ・グローバルアライアンス
T   A：ザ・アライアンス
O   A：オーシャン・アライアンス
G   A：グランド・アライアンス
TNWA：ザ・ニューワールド・アライアンス
```

出所：（公財）日本海事センター

コンテナ年表（1955〜2018〜2023）

年　月	本　文
1955年 1月	マルコム・マックリーン、マックリーン・インダストリーズ設立、ウオーターマン・スチームシップから同社の子会社パンアトランティック・スチームシップを買収。
5月	パンアトランティック・スチームシップ、ニューアーク・ヒューストン間で世界最初のコンテナ船アイデアルＸ号により試験運航を実施。
1957年10月	パンアトランティック・スチームシップ、本格的な世界最初のコンテナ船ゲートウエイ シティ号をニューアーク・フロリダ・マイアミ間に配船。
1958年 8月	パンアトランティック・スチームシップ、コンテナ船フエアランド号をプエルトリコ航路に配船。
1960年 4月	パンアトランティック・スチームシップ、社名をシーランド サービス社に改名。（正式社名の表記が必要な場合を除き社名を「シーランド」で表記。筆者注）
1964年 4月	海運集約により日本船社6社を中核体とする6グループ発足。
10月	シーランド、資金難に陥り米国のコングロマリット企業リットン・インダストリーズと提携、リットンがリース会社を設立、シーランドが同社にコンテナ船9隻を譲渡し、これを10年間の長期で再用船することを決め、4年間で18隻を入手した。
10月	アレクサンダー ボールドウイン、マトソンを買収。
1965年 9月	ペニンシュラ・アンド・オリエンタル・スチーム・ナビゲーション（Ｐ＆Ｏ）、ブリテッシュ・コモンウェルス、アルフレッド・ホルト、ファーネス・ウイジイの英国船社4社、コンテナ船運航コンソーシアム、オーバーシーズ・コンテナーズ（OCL）設立、1969年1月、欧州/豪州航路でコンテナ・サービス開始。
1966年 1月	ベン・ライン、ブルー・スター・ライン、T＆Tハリソン・ライン、エラーマンなど英国船社、コンテナ船運航コンソーシアム、アソシエーテッド・コンテナ・トランスポーテーション（ACT）設立。1965年5月、欧州/豪州航路でコンテナ・サービス開始。英国の有力定期船会社で構成するコンソーシアムによるコンテナ輸送始動。
1月	スウェーデンとオランダの4船社で構成するコンソーシアム、アトランティック・コンテナ・ラインズ（ACL）発足、発足後の9月、フランス国営船社フレンチ・ライン、12月、英国船社キューナードが参加、国際コンソーシアムに発展。1967年9月、北大西洋航路へRORO船を配船。
4月	シーランド、フエアランド号で北大西洋航路へ進出、フルコンテナ船が外航定期船として登場。ニューヨーク、ロッテルダム、ブレーメン、グランジマウスに寄港。
9月	海運造船合理化審議会（海造審）、運輸相に対し「海上コンテナ輸送体制の整備について」答申、運輸省、国際海上コンテナ輸送体制整備計画策定。
1967年 6月	第3次中東戦争勃発（5日）、スエズ運河閉鎖（6日）
10月	京浜、阪神両外貿埠頭公団発足。
12月	シーランド、ベトナムへ配船開始。
12月	豪州航路関係日本船社4社、川崎汽船と豪州国営船社オーストラリアン・ナショナル・ライン（ANL）および日本郵船、大阪商船三井船舶、山下新日本汽船3社による協調配船を認め、2グループでのコンテナ輸送開始を決定。川崎汽船、ANLフリンダースの3社、イースタン・シーロード・サービス（ESS）形成。豪州系3社にACT一部資本参加し合弁会社オーストラリア・ジャパン・コンテナ・ライン（AJCL）設立。
1968年 4月	欧州同盟、川崎汽船、マースクの共同加入を決定。
5月	ユナイテッド・ステーツ・ラインズ（USL）、北大西洋航路へランサー型新造コンテナ船を配船
8月	日本最初の外航コンテナ船箱根丸（日本郵船）、日本/カリフォルニア航路（PSW航路）に就航。箱根丸を皮切りに榛名丸（9月、日本郵船）、あめりか丸（10月、大阪商船三井船舶）、ジャパン エース（10月、ジャパンライン）、ごうるでんげいと ぶりっじ（11月、川崎汽船）、加州丸（11月、山下新日本汽船）が相次いで就航。
12月	シーランド、極東航路へ配船開始、第1船サン ファン号。
1969年 1月	OCLの第1船エンカウンター ベイ号が初めて欧州/豪州航路に就航。マトソン、アレクサンダー＆ボールドウインの運輸部門となる。
5月	米国第1位の煙草会社、R．J．レイノルズ タバコ、シーランドの100％親会社マックリーン インダストリーズを合併、シーランドはレイノルズの運輸部門となった。
7月	運輸省、1975年度までのコンテナバースの長期整備計画を策定。
8月	海運造船合理化審議会（海造審）海運対策部会、「わが国海上コンテナ輸送体制の整備について」追加答申。1966年9月の答申に続く答申。
9月	シーランド、最高速力33ノットコンテナ船8隻を西ドイツ、オランダの造船所に発注。

年　月	本　文
10月	日本郵船、大阪商船三井船舶、山下新日本汽船の3社グループによる日本/豪州航路コンテナ船第1船箱崎丸就航。
1970年 5月	日本/シアトル・バンクーバー間のPNW航路に日本船6社の第1船、コンテナ船「ごうるでんあろう」が就航。
5月	日本郵船、大阪商船三井船舶、山下新日本汽船の3社グループ共有の東豪丸が日本/豪州航路に就航、川崎汽船のRORO船"おーすとらりあん・しいろうだあ"の1969年9月就航を皮切りに同年10月日本郵船の箱崎丸、同年12月大阪商船三井船舶のおーすとらりあ丸が就航し、東豪丸就航をもって日本船社による豪州航路でのコンテナ輸送体制確立。
7月	マトソン、コンテナ船の日本延航を8月中旬より廃止、日本郵船、昭和海運との協調配船破棄を発表。
7月	西ドイツ、ハンブルグ・アメリカ・ラインとノルドドイッチャー・ロイド合併、社名ハパックロイドに。
8月	USL、同年9月開始予定で日本/北米大西洋岸航路に1200TEU積みコンテナ船8隻によるウイークリー・サービスを開始する計画を発表。
8月	日本郵船、大阪商船三井船舶、川崎汽船、山下新日本汽船、ジャパンラインの5社、日本/ニューヨーク航路のコンテナ化計画を発表。5社はコンテナ船7隻を建造、スペースチャーター方式で1974年9月から1航海49日ラウンドのウイークリー・サービス実施を計画。
10月	シーランド、マトソン発注のコンテナ船2隻を取得。
1971年 4月	日本、英国、西ドイツ3カ国5社、トリオ・グループ結成で合意。日本郵船、大阪商船三井船舶、OCL、ベン・ライン・コンテナ、ハパックロイドの3カ国5社参加。
4月	ソ連船社の極東船舶公社（FESCO）、シベリア・ランドブリッジ輸送の一環として、日本/ナホトカ間に第1船カバレロ号を投入、同年7月、コンテナ船2隻を就航させ、シベリア鉄道経由のラウンドブリッジ・サービスを開始。
7月	コンテナ通関条約およびTIR条約発効、これに伴う国内法が施行。
10月	米国のコングロマリット企業のウォルターキディ、USLのレイノルズへの売却を決定。
12月	欧州航路に第1船鎌倉丸（日本郵船）就航し、トリオ・グループ、コンテナ・サービスを開始。
1972年 4月	北欧3社およびオランダ1社社、極東/欧州航路でスカンダッチ・グループ結成、1973年7月、フランス1船社、さらに1977年4月、マレーシア国営船社（MISC）参加。
4月	全日本海員組合、労働協約改定要求で長期スト、いわゆる「90日スト」。
8月	日本船5社による日本/ニューヨーク航路コンテナ船第1船東米丸（山下新日本汽船）就航、翌年7月までにコンテナ船7隻就航し、1航海49日ラウンドのウイークリー・サービス体制確立。
9月	シーランドの最高速力33ノット、SL-7型コンテナ船 第1船シーランド ギャロウエイ号、北大西洋航路に就航。
1973年 1月	国際港湾労働組合（ILA）、米国大西洋岸およびメキシコ湾岸の各港に入港する豪州積み船舶の荷役ボイコットを開始。豪州港湾労働者が米国のベトナム民主共和国（北ベトナム）爆撃に抗議して米船をボイコットしたことに対する報復措置。
3月	日本郵船および昭和海運の日本船2社、共有コンテナ船「白山丸」（23602GT、1179TEU）をPNW航路に臨時船として投入。シーランドがPSW航路に新鋭船投入を計画していることを受け、船腹過剰を懸念した日本船6社が当初のPSW航路投入の予定を変更した措置。6月17日同船をPSW航路に投入。これにより郵船・昭和海運の2社グループ、PSW航路で4隻によるウイークリー・サービスを開始。
4月	日本郵船、株式をアムステルダム証券取引所に上場。7月12日フランクフルト証券取引所に上場。1974年9月大阪商船三井船舶、株式をブリュッセル、アントワープ、フランクフルトの各証券取引所に上場。1975年6月川崎汽船、株式をブリュッセル、アントワープ、フランクフルトの各証券取引所に上場。
6月	シーランドのコンテナ船シーランド コマース号（41127GT、2192TEU）、PSW航路に就航。同船はSL-7型コンテナ船の第3船で、平均30.8ノットの速力によりシアトル・神戸間を5日と23時間で航行。第1、2船は大西洋航路に就航。
7月	フランスのMessageries Maritimes（メサジェリー・マリテイム：MM）、欧州航路のコンテナ輸送でスカンダッチ・グループへの参加を決定。極東航路の2.5%のシェアを獲得。
7月	ソ連のFar Eastern Shipping Company（FESCO・極東船舶公社）のセミコンテナ船SKOV号、神戸港に入港。FESCOの極東・北太平洋航路コンテナ・サービスの第1船。
8月	日本郵船、転換社債（物上担保付）100億円を発行。日本の海運会社初。1974年1月28日大阪商船三井船舶、転換社債50億円を発行。
9月	新和海運、日中間初のコンテナ輸送（セミコンテナ船）を開始。①大阪・横浜/上海、②大阪・横

年　月	本　文
	浜/天津の2航路でCOSCO（中国遠洋運輸公司）・PENAVICO（中国外輪代理公司）・SINOTRANS（中国対外貿易運輸総公司）の3社と提携。
10月	日本郵船・大阪商船三井船舶・山下新日本汽船の日本船社3社、共有のRORO式コンテナ船「兵庫丸」（9053GT、655TEU）を日本・東南豪州航路に投入し、イースタン シーロード サービス（ESS）グループとの共同運航によるウィークリー・サービスを開始。同グループは、川崎汽船・豪州のオーストラリアン ナショナル ライン（ANL）・フリンダース シッピングの3社による同航路のコンソーシアム。
11月	運輸省、過当競争を排除するため北米航路で運賃プール制の早期導入を指示。これを受け日本船社6社、運賃プール制基本案を作成。①運賃プール対象地域は日本、カナダおよび米国西岸諸港（アラスカ、ハワイを除く）、②対象貨物は現行スペース・チャーター協定に基づき運航するフルコンテナ船の往復航積み取り貨物のすべて（ミニ・ランドブリッジ貨物、極東フィーダー貨物の対象外地域への接続貨物を除く）などの内容。1975年3月、FMC（米連邦海事委員会）、同案を認可。
12月	シーランド、北米太平洋岸・香港同盟（TPFC/香港）および香港・ニューヨーク同盟（NYFB）の2同盟に脱退を通告。家電製品、繊維製品、玩具などのレート・オープン化提案が2同盟から却下されたため。以後米国のアメリカン・プレジデント・ラインズ（APL）、ユナイテッド・ステーツ・ラインズ（USL）など8社が脱退を通告。1974年1月9日 2同盟が家電製品、繊維製品、玩具の3品目についてレート・オープン化に合意したことにより、脱退通告8社は脱退を撤回。
12月	川崎汽船、欧州航路でマースクとの提携を解消。コンテナ化への対応および欧州・極東航路のグローバル化計画をめぐり組織作りについて意見の相違が生じたため、1968年6月以来の提携を解消。
12月	川崎汽船、欧州同盟（FEFC）に単独加盟。同社の貨物船「すこっとらんど丸」（9572GT）、第1船として就航。
1974年1月	日本/カナダ西岸運賃同盟及び日本/カナダ東岸運賃同盟の2同盟、二重運賃制を導入。
1月	川崎汽船・日本郵船・大阪商船三井船舶の日本船社3社、日本・西豪州航路でスペース・チャーター方式を導入。在来船航路で初。合理化のため、3社の年間航海数を36航海から24航海に削減。
4月	国連全権会議開催（～4月6日、於：ジュネーブ）。Convention on a Code of Conduct for Liner Conferences（定期船同盟行動憲章条約）を採択。①貿易当事国船会社に定期船同盟への参加権を保障する、②定期船同盟内において貨物積取比率に関する協定を結ぶ場合のガイドライン（貿易当時国は平等のシェア、その他の国は合計で約20%のシェア、いわゆる40：40：20の原則）を設定する、等の内容。
4月	日本荷主協会設立。会長稲山嘉寛（日本鉄鋼輸出組合理事長）。商社、メーカー、各種輸出入組合などが参加。輸出費用の合理化促進と輸送の安全を図ることを目的とする。
5月	日本郵船および昭和海運の日本船社2社、共有のコンテナ船「氷川丸」（24770GT、1421TEU）をPNW航路に投入。これにより日本船社6社共同による6隻5日間隔サービス体制が確立。
7月	英国政府、Merchant Shipping Act 1974を公布。1970年代に入ってソ連邦船が自国貿易航路だけでなく三国間航路にも進出したため、国営盟外船活動を規制するための国内法を制定したもの。自国の海運・貿易業者の利益を損なう、またはその惧れのある他国政府の行動に対して、対抗措置をとることができるとする内容。その後1977年までの間にイタリア、オランダ、デンマークなど欧州諸国が相次いで同様の規制を盛り込んだ国内法を制定。
10月	International Standardization Organization/Technical Committee（ISO/TC 1国際標準化機関）会議開催（～10月17日、於：東京）。高さ8フィート6インチの20フィートコンテナを正式規格化。
1975年1月	日本郵船、日本船社として初めて外債を発行。ドイツマルク建て普通社債で5000万マルク。低コストの資金調達と調達方法の多様化を目的とする。
4月	運輸省、第31～第35次計画造船建造要領を決定。最後の船腹拡充5カ年計画。利子補給制度を廃止し、財政融資比率をコンテナ船は契約船価の70%に、その他の船舶は同60%に引き上げる内容。融資の償還期間は全船舶について13年に延長。6月4日本開発銀行、第31次計画造船に関する外航船舶建造融資方針を決定。これらに基づき実施された第31次計画造船建造量は14隻94万4800総トンで前年度比110万総トン減。
4月	日本トランスシベリヤ複合輸送業者協会設立。郷古雄三（山下新日本汽船専務）。山新・三菱倉庫・日本通運・日新運輸倉庫など11社で構成。1972年の全日本海員組合（全日海）による3カ月にわたる長期ストライキ以降、シベリア鉄道を利用してのシベリア・ランドブリッジ（SLB）コンテナ輸送が急成長し輸送量とともに参入業者が増加したため、会員相互の連絡、関係官庁等に対する連絡並びに要請などを実施することが目的。
6月	Asian Containers to/from Europe（ACE）グループ結成。川崎汽船・香港のOOCL・フランス・ベルギーのフランコ・ベルジアン・サービス（FBS）・シンガポールのNOLの4社が参加した極東/欧州

年　月	本　文
	航路コンテナ・サービスのコンソーシアム。9月16日川崎汽船のコンテナ船「せぷんしーずぶりっじ」（39152GT、2068TEU、川崎重工業・神戸）竣工。同グループの第1船として就航。
6月	アラブ連合共和国、スエズ運河封鎖を解除。第3次中東戦争時（1967年6月6日）以来封鎖していた。
6月	米国のシーランド、北米太平洋岸・香港同盟（TPFC/香港）および香港・ニューヨーク同盟（NYFB）の2同盟に脱退を通告。TPFC/香港については日本船社を含め加盟15社中12社が、NYFBについては13社中10社が、相次いで脱退を通告。
8月	阪神外貿埠頭公団ポートアイランドのコンテナ・ターミナル全面供用開始。1号コンテナ・バース稼働（1970年7月8日）以来順次完成し使用してきたが、9号バースの完成により全9バース稼働。
8月	日ソ（日本・ソ連）民間海運会談開催（〜8月26日、於：モスクワ）。日本側の山下新日本汽船・飯野海運の2社とソ連側のSo-juzvneshtrans（SVT・全ソ対外運輸公団）、シベリア・ランドブリッジコンテナ輸送における両国の輸送シェアについて合意。日本の輸送シェアを1975年は25%、その後逐次拡大し1980年に50%とする内容。9月1日山下新日本汽船・飯野海運の2社共有のコンテナ船「シベリア丸」（4867GT、310TEU、三重造船）竣工。第1船として就航。
8月	北米太平洋岸・香港同盟（TPFC/香港）および香港・ニューヨーク同盟（NYFB）の21同盟関係首脳会議開催（サンフランシスコ）。盟外船社のOOCLのレートを採用する新運賃協定に同意し、同盟維持の方針を決定。
9月	日本郵船、外債を発行。スイスフラン建て普通社債で5000万フラン。同日、大阪商船三井船舶、ドル建て普通社債で2500万ドルの外債を発行。
10月	京浜外貿埠頭公団、大井コンテナ埠頭全面供用開始。5号コンテナ・バース稼働（1971年11月1日）以来順次完成し使用してきたが、1号・3号バースの完成により全8バース稼働。
1976年1月	川崎汽船、豪州のANLとESSグループの共同経営を継続。1月16日に豪州のフリンダース・シッピングがESSグループから脱退し、その航権、投入船、保有コンテナをANL社に譲渡したことを受けたもの。
4月	ソ連のFESCO、日本・豪州間に定期航路を開設。FESCOの貨物船 "MIKHAIL OLMINSKIY"（6555GT）、第1船として就航。
7月	クウェートのユナイテッド アラブ シッピング カンパニー（UASC）設立。資本金1億8000万クウェート・ディナール（約1800億円）。ペルシャ湾沿岸6カ国（クウェート、イラク、アラブ首長国連邦、サウジアラビア、カタール、バーレーン）の共同出資による国際合弁海運会社。
9月	トランス・シベリア・コンテナ・サービス航路日ソ運営委員会、日ソ民間海運会談決定書に定める同委員会のナホトカ支所（飯野海運・山下新日本汽船・全ソ対外運輸公団（SVT）・FESCOの4社で構成）を開設。
10月	大阪商船三井船舶およびジャパンラインの日本船社2社、日本・ニュージーランド航路コンテナ・サービスを開始。2社共有のコンテナ船「ごっどういっと」（31671GT、1466TEU）、就航第1船。
1977年2月	韓国の大韓海運公社（KSC）、欧州航路でエース・グループに参加。
6月	マースク、北米大西洋岸・ガルフ/極東航路同盟（FEC）に脱退を通告。米国船社4社の脱退通告に続くもの。
9月	大阪商船三井船舶のコンテナ船「てむず丸」（50723GT、1950TEU、三菱重工業・神戸）竣工。世界最大級の42000馬力ディーゼル・エンジンを搭載した2基2軸の高速船。
10月	米国のウォルター キッディ　USLの売却契約書に調印。ウォルター キッディはUSLの株式55%を保有し支配下に置いていたが、コンテナ化を背景とする成長性を見込んで買収したUSLが営業不振を続けたため、マックリーン インダストリーズを所有するマルコム P.マックリーンへ売却した。
12月	政府、京浜外貿埠頭公団および阪神外貿埠頭公団を廃止し、それぞれの業務を外貿埠頭所在港湾の管理者に移管することを閣議決定。行政改革の一環。
1978年2月	欧州同盟（FEFC）、韓国の朝陽商船の同盟加入を条件付きで承認。同同盟にはすでに韓国の大韓海運（KSC）が加盟しており、韓国船全体で往航30万トン、復航16万トン、計46万トンの積み取り制限が条件。朝陽商船は台湾のエバーグリーンと共同で盟外配船を計画。韓国政府の行政指導により同盟船として配船することを決定し、エバーグリーンとの協議を打ち切る。
2月	川崎汽船・日本郵船・大阪商船三井船舶の日本船社3社、日本・西豪州航路で新たにスペース・チャーター方式によるフルコンテナ・サービスを開始。リベリアのユニティ Caカメリアのコンテナ船フリーマントル・ベンチャー号（6568GT、430TEU）、第1船として就航。同船の運航管理会社は川崎汽船。
3月	トリオ・スカンダッチ・エースの欧州航路3グループ、インター グループ アグリーメント（IGA）締結。コンテナ船建造競争の歯止め策として、4月1日より欧州同盟内にグループ別トンネージ・シェア（積み取り貨物量の割当て）を設定することで合意。協定期間は2年間。
6月	政府、1972年の安全なコンテナのための国際条約（CSC条約）を批准。

年　月	本　文
6月	日本郵船と韓国の高麗海運（Korea Maritime Transport Co.Ltd・KMTC）、スペース・チャーター方式による韓国・北米太平洋岸直航のコンテナ航路の開設・提携に関する協定を締結。11月30日高麗海運のコンテナ船パシフィック トレーダー号（19115GT、1036TEU）、第1船として就航。1979年4月運航スペースを全体の20％を限度として昭和海運に売却し、スペースを3社で使用することで合意。
7月	運輸省・建設省・警察庁の3省庁、20フィート背高コンテナ用セミトレーラー連結車の道路通行について合意。建設省はシャーシの高さが3.8㍍を超えるものの通行許可の申請を道路交通法に基づき1983年3月末までは特例として認めること、運輸省は低床式シャーシの1983年3月末までの導入を関係業界に対し指導すること、などが内容。
8月	カリフォルニア州地方裁判所、米国のパシフィック ファー イースト ライン（PFEL）に破産宣告を下す。
8月	日本郵船、日本・紅海航路（ジェダ航路）でフルコンテナ・サービスを開始。同社のコンテナ船「河内丸」（14132GT、676TEU）、第1船として就航。9月1日大阪商船三井船舶とスペース・チャーター方式で協調配船する旨の協定を締結。1979年7月、英国のベン ライン スチーマーズ リミテッドが参加し、3社の協調配船でのフルコンテナ・サービスを開始。
10月	カーター米大統領、オーシャン シッピング アクト オブ 1978（いわゆるコントロールド キャリア ビル）に署名。ソ連その他の国営海運会社の低運賃による三国間配船に関する活動を規制し、正当かつ合理的でない運賃に対し停止令を発令することを目的とする。
10月	世界船主協会会長会議開催（於：マドリッド）。21カ国および5船主国際団体が参加。ソ連船の低運賃盟外活動に対する対応手段をとることの必要性で意見が一致。
1979年 4月	台湾のエバーグリーン、フルコンテナ船による極東・欧州航路を開設。同社のコンテナ船エバー バイタル号（16358GT、1214TEU）、第1船として就航。1200TEU型4隻による月間2航海サービス。
4月	米連邦最高裁判所、カリフォルニア州ロサンゼルス郡6社のコンテナ・バンを対象に資産税を課徴したことについて、米憲法に違反するとの裁決。1970～1974年度分については国際的二重課税であることおよび米憲法違反であることを理由として、日本側が同裁判所に上訴していたもの。1969年度分についてはすでに日本側が勝訴。
5月	EC9カ国外相理事会、定期船同盟行動憲章条約の批准を決定。
6月	米大陪審、シーランド・USLを含む北大西洋航路に関係する船社7社および13名の個人が、1971～1975年の間に北大西洋航路でFMCで認可された協定の範囲を超えた運賃を設定したとして、独占禁止法違反で刑事訴追することを決定。6月8日米連邦地方裁判所、被告に対して、総額610万ドルの罰金課徴を宣告。被告が不抗争の答弁（有罪は否定するものの罰金は支払う）を行ったことによる。
8月	韓国の朝陽商船（CYS）、欧州同盟（FEFC）に加盟し欧州航路に進出。エース・グループに参加しフルコンテナ船を配船。
10月	APL、①シアトル・ニューヨーク、②ロサンゼルス・ニューヨーク、③ロサンゼルス・アトランタの3つの区間でライナー・トレイン・サービス（MLB）を開始。船舶と鉄道による海陸複合輸送における効率的な内陸輸送を目指す。
11月	オアシス コンテナ エキスプレス ラインズ結成。日本郵船、大阪商船三井船舶、川崎汽船、山下新日本汽船、昭和海運、英国のペニンシュラ・アンド・オリエンタル・スチーム・ナビゲーション（P&O）の6社が参加した日本・極東/中東航路フルコンテナ・サービスのコンソーシアム。同日大阪商船三井船舶のコンテナ船「おーすとらりあ丸」（24044GT、1016TEU）、第1船として就航。
12月	阪神外貿埠頭公団六甲アイランドのコンテナ・バース、一部供用開始。
12月	韓国の朝陽商船など2社、韓国・豪州間にコンテナ航路を開設。ESSグループに加盟しフルコンテナ船を配船。
1980年 4月	シーランド、日本／米国西岸・米国内陸地区を結ぶインテリア ポイント インターモーダール（IPI）および日本／米国東岸・米国内陸地区を結ぶリバースド インテリア ポイント インターモーダール（RIPI）を盟外活動として開始。
6月	香港のC. Y. Tungグループ、英国のファーネス ウイズイ買収を発表。同社の子会社英国のマンチェスター ライナーズを通じて大西洋航路への進出を図る。
6月	東京船舶・日本郵船・大阪商船三井船舶の日本船社3社、インドネシア船社3社（ゲスリー ロイド、ジャカルタ ロイド、トリコラ ロイド）とスペース・チャーター方式によるインドネシア航路フルコンテナ・サービスを開始。ゲスリー ロイド運航の貨物船グロリア エキスプレス号（4705GT、424TEU）、第1船として就航。
8月	西独のハンザライン、6億マルクの長期負債を抱えブレーメン地方裁判所に破産申告。中東情勢の悪化と重量物輸送市場における競争激化による収益悪化が主な原因。同社はハパックロイドに次ぐ西独第2の船社で、1881年以来、中東航路を中心に17の定期航路を運営。

年　月	本　文
8月	オリエント メディテラニアン エキスプレス（OMEX）結成。韓国の大韓船洲・朝陽商船、香港のOOCL、シンガポールのNOLなど4社が参加した極東・西地中海航路コンテナ・サービスのコンソーシアム。1981年8月地中海クラブ（メドクラブ）に参加。同クラブは1972年に日本郵船、大阪商船三井船舶、フランスのMM、イタリアのロイド トリエスティノ（LT）など6社で結成した日本・極東／西地中海航路のコンソーシアム。
12月	港湾審議会、「外貿埠頭公団の業務の移管について」答申（1979年11月30日諮問）。外貿埠頭の所在港湾の港湾管理者が、各港ごとに設立する財団法人で運輸大臣が指定するもの（指定法人）に公団の資産及び業務を承継させ、埠頭の建設管理等の業務を行わせるという内容。1977年12月23日の閣議決定を一部変更して、港湾管理における国の関与を留保。12月29日政府、答申に基づいて、1981年度内に京浜外貿埠頭公団及び阪神外貿埠頭公団の業務を指定法人に移管することを閣議決定。
12月	ストレーツ コンテナ クラブ結成。大阪商船三井船舶・川崎汽船・関汽外航の船社3社が参加した日本/シンガポール・マレーシア航路コンテナ・サービスのコンソーシアム。12月20日同航路でスペース・チャーター方式によるフルコンテナ・サービスを開始。1981年4月川崎近海汽船が参加。
1981年 1月	FESCO、北米太平洋航路から全面撤退。米国港湾労働者の荷役拒否または米国荷主の船積み回避など、ソ連のアフガニスタン軍事介入に抗議するソ連船ボイコット等を受けたもの。
1月	ジャパン バンコク コンテナ クラブ（JBCC）結成。日本郵船・大阪商船三井船舶・川崎汽船・関汽外航・ジョン スワイヤ アンド サンズ（ジャパン）、タイのタイ インターナショナル マリタイム エンタープライズ（TIME）の6社が参加した日本・バンコク航路コンテナ・サービスのコンソーシアム。4月、フルコンテナ船マリタイム トライアンフ号（4374GT、396TEU）、第1船として就航。
3月	アンデス エキスプレス サービス結成。日本郵船・川崎汽船・チリ国営船社の Compania Chilena de Navegacion Interoceanica（CCN）の船社3社が参加した極東・日本/チリ航路のコンソーシアム。3月16日在来船サービスを開始。4月16日フルコンテナ船を投入し、在来船と並行してサービスを開始。1982年3月大阪商船三井船舶が同コンソーシアムに参加。在来船を廃止しフルコンテナ船2隻によるサービスを開始。
4月	外貿埠頭公団の解散および業務の承継に関する法律公布。京浜外貿埠頭公団および阪神外貿埠頭公団の解散と業務の移管に関する内容。
6月	台湾、自国海運の振興と規制のための海運振興法を公布。
7月	バリハイ サービス結成。日本郵船・大阪商船三井船舶・英国の チャイナ ナビゲーション コーポレーション（CNCO）の3社が参加した日本・南太平洋航路のコンソーシアム。3社によるジョイント・サービスを開始。CNCOのRORO式貨物船パシフィック アイランダー号（8012GT）、第1船として就航。
10月	米政府、1982年度のConstruction Differential Subsidy（建造差額補助金・CDS）の支給を打ち切るとともに、外国造船所での建造船舶に対してOperation Differential Subsidy（運航差額補助金・ODS）の支給を承認。レーガン政権の小さな政府と自由市場経済重視を基本理念とした財政緊縮政策に基づくもの。
10月	トリオ・スカンダッチ・エースの欧州航路3グループ、過当競争防止のためIGA再締結。1978年3月8日に締結したIGAは2年間の協定期間が経過し1980年に終了したが、3グループで再度、航路秩序維持のためIGAが必要であるとの共通認識が成立し、また発展途上国の船社がIGA加盟に合意したため再締結したもの。
12月	横浜港埠頭公社設立。京浜外貿埠頭公団の業務を引き継ぐ受け皿として設立。
12月	神戸港埠頭公社設立。神戸市フェリー埠頭公社を改組、改称。阪神外貿埠頭公団の業務を引き継ぐ指定法人とするための措置。
12月	大阪港埠頭公社設立。大阪フェリー埠頭公社を改組、改称。阪神外貿埠頭公団の業務を引き継ぐ指定法人とするための措置。
12月	東京港埠頭公社設立。東京港フェリー埠頭公社を改組、改称。京浜外貿埠頭公団の業務を引き継ぐ指定法人とするための措置。
12月	サハリ サービス 結成。日本郵船・大阪商船三井船舶・川崎汽船・オランダのネドロイド・南アフリカのサフマリンの5社が参加した日本・南アフリカ航路コンテナ・サービスのコンソーシアム。12月23日、大阪商船三井船舶のコンテナ船「大阪丸」（31381GT、1770TEU）、第1船として就航。月間2航海の5社協調配船によるフルコンテナ・サービスを開始。
1982年 3月	京浜外貿埠頭公団および阪神外貿埠頭公団解散。
4月	米国のUSL、韓国の大宇造船所に4218TEU型コンテナ船12隻を発注。船価は1隻当たり4750万ドルで、総額5億7000万ドル。コンテナ船としては世界最大の船型であり、世界一周航路に配船予定。

年　月	本　文
5月	NOL、OOCLおよび大韓海運公社（KSC）の2社と協定を締結。日本・極東/北米西岸・東岸航路で3社によるウィークリー・サービスを開始。
5月	欧州同盟（FEFC）、品目別ボックス・レート導入を決定。11月1日全面的にボックス・レートを導入。盟外海船社及びソ連のシベリア鉄道との集荷競争のため、タリフ・システムの改善を求める市場の要請に応えたもの。
6月	欧州同盟（FEFC）、マースクとの新協定締結を発表。同社が自社の権利を含めた欧州同盟の現状を不満とし1982年6月1日からの同盟脱退を通告していたが、同盟内のシェア配分を現行の年間30万トンから約75万トンに増加することで合意。欧州同盟は1982年5月21日に盟外船社のエバーグリーンに対してTolerated Outsiderとしての契約荷主への集荷を認める代わりに、積取量を120万トンに制限し運賃格差を5%とする協定を締結し、この積取量制限により浮いた貨物量と同盟の提供分をマースクに与えることで、同社の同盟脱退を慰留したもの。これにより1981年11月24日以降続いた同社の欧州同盟脱退問題は解決。
8月	TPFC/JK及びJAGの2同盟、エバーグリーンの同盟加入を承認。長期にわたって混乱した同航路は安定化へ。
9月	ソ連のSOTRA、シベリア・ランドブリッジ輸送100万個達成記念式典を開催（ソ連・ボストチヌイ港）。1971年3月の航路開設以来11年半の実績。
1983年 8月	米連邦海事委員会（FMC）、日本船社6社に対し、北米航路におけるスペース・チャーター協定の延長申請を条件つきで認可。条件内容は、①6社による運賃プール制を11月1日以降に認めない、②6社船腹スペースは現行のまま凍結する、など。
8月	APL、Natomas Real Estateとともに持株会社American President Co.（APC）を設立。両社はNatomasグループ（エネルギー・不動産コングロマリット）から分離。
10月	定期船同盟行動憲章条約発効。
11月	日本船社6社、北米太平洋航路の配船体制を3グループ体制に移行することで基本的に合意。グループ構成は、①日本郵船と昭和海運、②大阪商船三井船舶と川崎汽船、③山下新日本汽船とジャパンライン、となる。
1984年 1月	エバーグリーン、TPFC/JKおよびJAGの2同盟より脱退。同航路での集荷量が減少し集荷競争が激化したこと、米新海運法の成立により同盟メンバーが独自に運賃およびルールを設定できるインデイペンデントアクション（独自行使権・I/A）が導入された場合同盟加盟の意味がなくなること、などを予測した行動。
2月	バーバー ブルー シー（BBS）、東回り世界一周航路を開設。ノルウェーのウイルヘルムセンのROROコンテナ船 "BARBER TAMPA"（28287GT、2400TEU）等3隻が就航。BBSは1974年にWilhelmsen、（イギリス）OTT、（デンマーク）BroestromグループのEast Asiaの3社により結成されたコンソーシアム。
3月	レーガン米大統領、Shipping Act of 1984に署名。①I/Aの導入、②一定期間内に一定量以上の船積みを行うことを条件に荷主と船社・同盟が締結する契約サービス コントラクト（S/C）および定期間内に一定量以上の船積みを行った荷主に対して提供される特別運賃制度タイム ボリューム レート（数量差別運賃：TVR）の導入、③二重運賃制の承認、④独占禁止法適用除外の明確化、などが1916年海運法の主な改正点。大手荷主に対する優遇措置を図り、船社間の自由競争の促進を図ろうとするもの。6月18日同法発効。
5月	APL、初のダブル スタック トレーン（2段積みコンテナ専用列車・DST）による複合一貫輸送を開始。DSTは既存の車両より軽量で振動が少なく経済効率が高いのが特徴。
6月	シーランド、1969年以降その傘下にあったレイノルズ グループから分離独立。
7月	エバーグリーン、世界一周コンテナ・サービスを開始。同社のコンテナ船エバー ガーデン号（37023GT、2728TEU）、東航第1船として就航。7月31日同コンテナ船エバー ジニィアス号（37023GT、2728TEU）、西航第1船として就航。
8月	海運造船合理化審議会（海造審）、「今後の外航海運政策について」中間答申（1984年4月9日諮問）。今後のわが国商船隊の構成については、日本籍船をその中核としつつコスト競争力の強い外国用船等を含めた各種船舶の組み合わせで国際競争力を確保し、またその規模の見通しについては、1990年時点における船腹量を全体で約5000万総トン程度（うち日本籍船は約2900万総トン前後）と見込む、等の内容。
10月	太平洋西航運賃同盟（PWC）解散。6月18日発効したShipping Act of 1984により運賃競争が激化し、同盟メンバー各社によるI/Aの行使が相次ぎ同盟の統一運賃維持機能が喪失したことによる。
1985年 1月	米連邦海事委員会（FMC）、太平洋復航運賃協定（TWRA）を認可。盟外船社を含む有力船社20社で結成した、緩やかな運賃協定であるスーパー・コンファレンス。PWC解散後の北米から極東向けの貨物運賃の修復を目的とする。

348

年　月	本　文
3月	日本郵船とジョン スワイヤー アンド サンズ（日本）リミテッド、JBCC内で提携しオーチャード コンテナ サービスの名称でジョイント・サービスを開始。期間は3年間。両社の提携内容は、①集荷、本船オペレーション、手仕舞および経理処理の一本化、②ジョン スワイヤー アンド サンズ（日本）リミテッドを統一代理店とする、③損益プールを導入する、④船荷証券（B/L）フォームを統一する、など。
3月	日本船社6社、PSWの配船体制を3グループ体制に再編し発足。グループ構成は、①日本郵船と昭和海運、②大阪商船三井船舶と川崎汽船、③ジャパンラインと山下新日本汽船。海運造船合理化審議会（海造審）の答申（1984年8月30日）を尊重し、従来のスペース・チャーター体制にとらわれない定期航路の新しい運営体制を確立。
6月	海運造船合理化審議会（海造審）、「今後の外航海運政策について」答申（1984年4月9日諮問。1984年8月30日中間答申）。①海運企業体制については、1964年に確立された集約体制を見直す、②北米関係定期航路の運営体制については、海運会社が単独運航・共同運航等の様々な方法から最も適切な方法を自己の経営責任において選択する、などの内容。6月26日、運輸省国際運輸・観光局、海運企業体制について通達。企業の自主性と責任に基づく話し合いにより、それぞれの事情に応じた企業関係を形成することを要望。
8月	日本郵船、ロサンゼルス・シカゴ・シンシナティ間でDSTの運行を開始。同社全額出資のセンテニアル エクスプレスとサザンパシフィック鉄道との提携によるもの。以後、大阪商船三井船舶、川崎汽船などの各社が米大手鉄道会社と提携してDSTの運航を開始。
8月	米連邦海事委員会（FMC）、太平洋往航運賃協定（ANERA）を認可。日本船社6社をはじめ20社が協定書に署名した北米往航のスーパー・コンファレンス。
10月	ハパックロイド、極東・北米太平洋岸航路のサービスを1985年末で中止すると発表。同航路での大幅な船腹過剰により運賃レベルが低迷したため。
12月	グレート アンデス結成。日本郵船・大阪商船三井船舶・川崎汽船・チリのCCNIの4社からなるコンソーシアム、アンデス エクスプレス サービスに、チリの CSAV・エクアドルの Transportes Navieros Ecuatorianos（TNE）の2社が新たに参加した南米西岸航路のコンソーシアム。1986年3月月間2隻を配船。
1986年1月	エバーグリーン、太平洋往航運賃協定（ANERA）および太平洋復航運賃協定（TWRA）の2協定に脱退を通告。3月20日単独運航を開始。
2月	川崎汽船、単独で日本・台湾・フィリピン・シンガポール・マレーシア航路のコンテナ・サービスを開始。日本・シンガポール・マレーシア航路および日本・フィリピン航路で他社との共同運航を解消。貿易量の拡大する東南アジア水域でのサービス拡充を図ったもの。
4月	日本船社6社のPNW航路新体制発足。①日本郵船と昭和海運、②大阪商船三井船舶と川崎汽船、③山下新日本汽船とOOCLとNOL、④ジャパンラインとエバーグリーンの4グループに。1970年5月以来の6社協調体制の解消。
4月	P&O、オーバーシーズ コンテナーズ リミテッド（OCL）の株式100％を取得。これにより同社所有のコンテナ船は71隻となり、世界一のコンテナ船社となる。1987年1月社名をP&Oコンテナーズ リミテッド（P&OCL）と改称。
4月	Lykes Bros. Steamship、6月中旬より極東・北米西岸航路のコンテナ船配船を中止すると発表。運賃競争による採算の悪化が撤退の理由。
6月	川崎汽船、ニューヨーク航路の日本船社5社共同運航体制から離脱。利用者ニーズに対応した航路の機動的な運営と自社の独自性の強化を図ることを目的とする。7月1日、NOL・OOCLの2社と新体制で東回り世界一周ニューヨーク航路を開設。7月19日川崎汽船のコンテナ船「ジョージ ワシントン ブリッジ」（41991GT、2878TEU）、第1船として就航。
7月	エバーグリーン、ロサンゼルス・シカゴ間でDSTの運行を開始。
10月	日本郵船・大阪商船三井船舶・山下新日本汽船の日本船社3社、ニューヨーク航路で協調配船による新たなコンテナ・サービスを開始。従来のニューヨーク航路での5社共同運航体制から、ジャパンラインと川崎汽船が離脱し、ジャパンラインはエバーグリーンと、川崎汽船はNOLおよびOOCLと新体制を形成したことに伴う措置。
11月	USL、ニューヨーク南部地方裁判所に会社更生法適用を申請。1987年1月27日、日本での記者会見で再建計画を発表。従業員を35％削減し1200名体制とする。船舶47隻を12隻に減船する。アメリカ金融機関より新規融資を受ける、などの内容。
12月	海運造船合理化審議会（海造審）海運対策部会小委員会、「当面の海運対策について」（中間報告）をとりまとめ、「今後の外航海運政策について」の答申（1985年6月5日）以降、急激かつ大幅な円高の進行、北米コンテナ航路における競争の激化等海運企業をめぐる諸情勢に大幅な変化が生じたため、緊急対策が必要との認識のもとに審議されたもの。①船腹需給バランス回復のための解

年　月	本　文
	撤促進、②雇用調整について陸上職域への転換（陸転）および受け皿機構の設立、③利子補給金繰り延べ、などの内容。1987年1月19日同審議会、同報告に示されている諸対策を政府において検討・実施するよう運輸大臣に要望。
1987年2月	マースク、フランス・ベルギー合弁のフランコ ベルジアン サービス（FBS）および欧州同盟内におけるFBSのシェアを買い取ることで合意。これを受けて同盟内のシェア協定であるIGAは4年間延長することが決定。
4月	フランコ ベルジアン サービス（FBS）、エース・グループより脱退。これによりエース・グループは、川崎汽船・OOCL・NOLの3社体制となる。
7月	日本郵船および大阪商船三井船舶の日本船社2社、コンコルド・エクスプレス・ライナーズ、マネジメント・センターを設立（東京）。両社の紅海・地中海航路の配船合理化を目的とした共同運航センター。両社は1986年4月にプール協定を締結して以来、コンコルド・エクスプレス・ライナーズのサービス名で協調配船を実施してきたが、一層の合理化、効率化を図るため同センターを設立したもの。
11月	欧州同盟（FEFC）、コンソリデーション・ルール（混載貨物に対する運賃割引制度）の導入を決定。従来はフォワーダーが異なった種類の小口貨物をコンテナに混載した場合、最も運賃の高い品目にあわせたボックス・レートを適用していたが、盟外船との競争上の不利を回避し小口貨物の盟外船への流出を防ぐことを目的として導入するもの。1988年1月1日欧州（英国を除く）から極東・日本向けの小口コンテナ貨物を対象に実施。
1988年2月	川崎汽船、PNW航路での大阪商船三井船舶との提携を6月に解消、単独配船に移行するとともに、韓国の現代商船に各船500TEUのスペースを賃貸する新配船計画を発表。
6月	海運造船合理化審議会（海造審）海運対策部会小委員会の北米定期航路問題ワーキング・グループ、北米定期航路の運営体制について報告書をとりまとめ、同対策部会小委員会へ報告。①北米定期航路の現状と問題点、②海運会社の赤字体質脱却のための方策として、同航路の運営体制を1992年をメドに2～3グループ以下に整備すること。③関係金融機関の金融支援措置、政府の行財政措置の必要性、等が内容。
7月	日本ライナーシステム（NLS）設立（東京）。資本金50億円。社長伴野嘉男（山下新日本汽船常務）。山下新日本汽船およびジャパンラインの2社が合理化対策の一環として分離した定期船部門を継承、統合。10月1日業務を開始。わが国で唯一の定期船運航専門会社。
9月	北米太平洋定期航路運航の同盟・盟外の船社13社、同航路の往航での航路安定と企業経営の改善を目的とした検討機関・太平洋航路協議協定（TDA）の設置をFMCに届出。10月17日、同協定、サービスの合理化と荷動きについての委員会を設置することを決定。11月22日、太平洋航路秩序安定化協定（TSA）を採択。これら海運会社の年間輸送力約353万TEUの約10％の削減が主な内容。
12月	韓進海運、大韓船洲（KSC）を合併。韓国最大の海運会社となる。
1989年1月	韓進海運および朝陽商船の韓国船社2社、欧州同盟（FEFC）およびIGAより脱退し、日本・極東/欧州航路で共同運航による盟外サービスを開始。1月9日朝陽商船のコンテナ船チョーヤン サクセス号（35958GT、2662TEU）、第1船として就航。
6月	ナビックスライン設立（東京）。資本金195億9900万円。社長馬越省三。山下新日本汽船とジャパンラインとの合併による。両社の経営危機を打開するため、1988年の定期船部門の統合に続いてタンカー、不定期船部門も統合。日本外航海運の6社体制が5社体制となる。
1990年1月	川崎汽船・OOCL・NOLのエース・グループ3社、欧州同盟内のIGAに再加入。欧州同盟の加入社と独立船社との安定化協定の話し合いが行われる中で、同盟船社間の内部結束を強化するために、エース・グループのIGA再加入が図られたもの。
3月	日本郵船のコンテナ船「北野丸」（50618GT、3618TEU、幸陽船渠）竣工。外航2船主団体と全日本海員組合（全日海）の協定書および確認書（1989年10月25日締結）に基づく日本籍初の混乗外航船。
3月	日本船社5社の1990年3月期決算、各社とも増益。景気拡大による荷動きの増加、運賃上昇に加え円安となったためで、8年ぶりに当期利益で5社すべてが黒字を計上。
6月	マースクおよびP&Oの2社、極東/欧州航路で1991年3月から週2便の定曜日ジョイント・サービスを開始すると発表。
12月	欧州同盟内のIGA解消。同盟船社の欧州航路での積み取り比率の低下、IGA構成グループの再編などによる。
1991年3月	トリオ・グループ解散。①P&OCL・ベンライン、②日本郵船・大阪商船三井船舶・ハパックロイドの2グループに分離。盟外船の進出と、同盟内外各社の船隊拡充が激しく、同盟グループ内部だけでのシェア調整では解決が困難となったもの。
5月	マースクおよびシーランドの2社、北米/アジア航路で協調配船を開始。東航、西航とも週5便の配船。

350

年　月	本　文
5月	同盟・盟外の定期航路運航会社13社、北米太平洋航路の復航における航路安定化を目的とした太平洋航路西航安定化協定（WTSA）を締結。
6月	大阪商船三井船舶および川崎汽船の2社、日本・アジア/北米西岸航路でスペース・チャーター一方式による提携を開始。同航路は、すでに提携を発表している日本郵船・NLS・NOLの3社によるグループと2グループ体制となる。
10月	川崎汽船、1991年12月以降北米東岸航路を休止すると発表。PSW航路への新造大型船（3500TEU）投入計画に伴う措置。北米東岸地域への海上輸送比率の低下に伴い、北米東岸航路を全面的に北米西岸経由内陸輸送に転換し、北米東岸航路におけるOOCL、NOLによる3社提携関係を解消。
10月	日本郵船、NLSを吸収合併。これにより北米西岸定期航路に配船する日本船社は、①日本郵船、②大阪商船三井船舶と川崎汽船の2グループ体制となる。
1992年2月	欧州同盟（FEFC）、日本・欧州運賃同盟（JEFC）、アジア・欧州西航同盟（AWRA）および欧州東航同盟（EMA）の3同盟に分離。1980年代後半以降の日本・アジア/欧州間の海上荷動き量の急速な増加、日本積み貨物量の相対的な低下、盟外船社の新規参入および西航貨物荷動きの多様化に伴い、極東・欧州間の往復航路全域の一元的な管理が困難となり、各航路での特性、独自性に基づく円滑な運営を図るために分離。
2月	欧州委員会、コンソーシアムについて競争法の適用除外を認める規則（No.479/92）を公布、海運会社間の公平な競争により得られる輸送サービスの利益が、海運会社と運送利用者双方に公平に分配されることを目的とする。
2月	アジア地域内定期航路運航の同盟・盟外船社の36社、航路安定化のための検討機関・アジア域内協議協定（IADA）を設置。
5月	大西洋航路運航の同盟・盟外船社の12社、大西洋航路協定（TAA）を結成。欧州委員会およびFMCに届け出。同航路でのスペース凍結と運賃設定を内容とする。8月31日発効。
7月	COSCO、外国船舶協会に加盟。中国海運企業初の加盟。同協会の会員数は60社となる。
9月	欧州・アジア航路協定（EATA）結成。欧州・アジア航路の同盟（日本郵船・大阪商船三井船舶・川崎汽船・P&OCL、など）と盟外（エバーグリーン・陽明海運・韓進海運、など）の定期船運航会社18社が参加。
11月	国連海上物品運送条約（ハンブルグ・ルール）発効。
11月	欧州・アジア航路協定（EATA）、1993年1月より欧州航路の東航で船腹量の10%を凍結することを決定。1993年3月12日船腹量の凍結率を4〜6月の3カ月間15%に引き上げることを決定。船腹需給のアンバランスが続いたことが原因。
12月	欧州委員会、極東運賃同盟が設定した欧州域内の陸上輸送を含む同盟運賃は違法である旨発表。これに対し同盟側は複合運送においては、内陸輸送運賃を含めた同盟運賃を設定することは慣行であるとして異議を申し立て。
1993年2月	COSCO、企業グループ「中国遠洋運輸集団」として新発足。政府交通部から独立し。約200の子会社、1500万重量トンの船舶を保有する世界最大の海運グループとなる。
12月	欧州委員会、大西洋航路協定（TAA）に対し、同盟船社と盟外船社との間の海上運賃協定、船腹凍結協定、内陸運賃協定について異議を唱える反対意見書（第2次）を提出。
1994年1月	日本・欧州運賃同盟（JEFC）、北欧州地域を管轄するJEFCと、地中海地域を管轄する日本・地中海運賃同盟（JMFC）の2同盟に分離。極東・欧州航路におけるコンソーシアムの再編、同盟加盟海運企業の増加に伴うもの。
1月	メド クラブ エクスプレス（MEX）結成。日本郵船・コンパニエ・マリタイム・ド・アフレイトメント（CMA）・陽明海運の3社による地中海航路でのコンソーシアム。陽明海運社のコンテナ船メド バルセロナ号（32696GT、1997TEU）、第1船として就航。
2月	クリントン米大統領、1995年度予算教書を発表。Maritime Security Program（MSP・新規運航補助金制度）を盛り込んだもの。同制度は有事の際の徴用を条件に米国船社に対して補助金を支給するもので、補助金の財源として米国諸港に入港する内外の外航船に対するトン税の大幅引上げ（150%）を実施、その増収分を充当するという内容。
3月	大阪商船三井船舶、Tonnage Sharing Arrangement（TSA）参加グループと、1995年3月1日以降日本・アジア/北欧州航路での協調配船を実施すると発表。TSAはネドロイド（CGM）・MISCの3社で構成。
9月	大阪商船三井船舶・APL・CGM・MISC・ネドロイド・OOCLの6社、北欧州航路における提携協定書に調印（ウィーン）。1996年1月よりアジア/北欧州航路でスペース交換、スケジュール調整・ターミナル及び輸送機器の相互融通、等が内容。
1995年1月	神戸港、阪神・淡路大震災により壊滅的打撃。コンテナ・バース23を含む大型岸壁バースなど23kmが被災し、外貨荷物の7割を取り扱っていたコンテナ・ターミナルすべてが使用不能となる。

年　月	本　文
2月	クリントン米大統領、1996年度予算教書を発表。新たなMaritime Security Program（MSP・新規運航補助金制度）を盛り込んだもの。同制度の補助金の財源については、一般会計予算での充当を要求する内容。3月米政府、新規運行補助法案Maritime Security Act of 1995を米議会に提出。MSPと同様の内容の法案。1996年10月8日クリントン米大統領、同法案に署名し Maritime Security Act of 1996成立。
3月	日本郵船・大阪商船三井船舶・Hapag-Lloydの3社、日本・極東/欧州航路でのコンソーシアムを中止。
4月	日本郵船、中国の上海に現地法人を設立し営業を開始。以後大阪商船三井船舶、川崎汽船など日本船社が現地法人を設立し、中国で本格的な営業活動を開始。
4月	欧州委員会、定期船のコンソーシアム最終規則（EU規則No.870/95）を採択。コンソーシアムの市場占有率が、同盟内で運営される場合は30％以下、盟外で運営される場合は35％以下であることを条件に、競争法の包括適用除外を承認。
5月	神戸港のコンテナ・バース、阪神・淡路大震災からの復旧がなり稼働再開。メガコンテナ船の入港開始。
5月	日本郵船・ハパックロイド・NOL・P&OCLの4社、コンソーシアム、グランド・アライアンス（GA）の結成を発表。北米および欧州航路で4社共同で70隻以上のコンテナ船を運航するもの。1996年6月提携開始。
9月	太平洋航路安定化協定（TSA）、1990年から実施していた船腹調整制度を中止。米連邦海事委員会（FMC）が競争制限的であることを理由に非公式に廃止を求めていたことに対応した措置。
9月	米連邦海事委員会（FMC）、日本でのコンテナ貨物の全賃検量制度、日曜荷役制度、港湾運営基金の取扱いおよび事前協議制度に関する調査を開始。9月14日EU、外務省に港湾運営の改善要望書を提出。
12月	現代商船・スイスのMSCとノラシアの3社、1996年央から極東・日本/欧州航路で協調配船すると発表。
12月	川崎汽船・OOCL・NOLの3社、エース・グループを協定期限の終了をもって解散。
1996年 1月	チリのCCNI、大阪商船三井船舶およびネドロイドの協調配船によりアジア/南米西岸航路で新サービス開始。
1月	ベトナム政府は国営船社などの海運関連企業22社、同国にある海外との合弁会社10社の計32社を統括する「ベトナム・ナショナル・シッピング・ライン」（VINALINES）の新組織が立ち上がる。
1月	マースクとシーランドは、今年央から開始する北米、欧州航路の新サービスの概要を発表。アジア―北米航路（東岸・西岸）はスエズ経由サービスを含めて週7便、アジア/欧州航路は週4便の定曜日ウィークリー・サービスを提供。新サービスは上海・釜山・タイ/北米西岸間をダイレクトで結ぶほか、東南アジアからスエズ経由で北米東岸への直航サービスを提供。さらに上海、釜山、塩田から北米向けで直航配船を行う。
1月	日本郵船、NOL、ハパックロイド、P&OCLの4社は1996年5月から、極東・北米（一部欧州）間コンテナ航路で上海、レムチャバン（タイ）を寄港地に組み込んで共同配船を行うと発表。
1月	川崎汽船とANLは東南豪州航路での共同サービス（ESS：イースタン・シーロード・サービス）を2月29日付けで解消すると発表。
1月	川崎汽船、陽明海運および現代商船、北米西岸航路で新サービスを開始。川崎汽船と陽明海運、欧州航路で新サービスを開始。
1月	ザ・グローバルアライアンス（TGA）、北米西岸航路（大阪商船三井船舶、APL、OOCL）、欧州航路（大阪商船三井船舶、APL、OOCL、ネドロイド、MISC）で新サービスを開始。
2月	太平洋航路安定化協定（TSA）は大阪でRPC（レベニュー・ポリシー・コミッティ）を開催。極東・東南アジア発貨物の運賃の安定化について、同盟・盟外船社は今後の荷主との交渉で緊密な連絡を行い、両者の運賃を1月の船主会議で確認した格差内に収めることで合意。2月9日〜10日
2月	川崎汽船は、中国のSINOTRANS（シノトランス、上海）と共同で実施している日本―上海航路のコンテナサービスを単独船に切り替える。また、これまで隔週の寄港だった名古屋港へ毎週水曜日に寄港するなどのサービスの強化も図る。
2月	韓進海運がドイツのDSR Senatorを80％買収することで合意、社名は2000年7月1日から「セネターライン」に変更。
2月	エバーグリーンはイタリアのロイド トリエスティノ（LT）と提携し新たにアジア―地中海―欧州サービス（AME）を開始。
3月	日本郵船、NOL、ハパックロイドの3社は、4月中旬から日本・極東/北米西岸航路のコンテナサービスで、中国の上海に直接寄港することを決定。
3月	政府は閣議で規制緩和推進計画を改定。個別法に基づく独占禁止法適用除外制度は原則廃止の対象

年　月	本　文
	となっていたが、その一つである外航海運の船社間協定は、適用除外が国際的に認められるなどの理由から廃止せず、引き続き見直しの検討を続けることで決着。
3月	日中海運輸送協議会の1995年の日本・中国間コンテナ貨物輸送量は、前年比10.2%増の80万1923TEUとなり、初めて80万TEUを突破。ローカル貨物は前年比13.6%増の66万773TEU、フィーダー貨物は同3.1%減の14万1150TEU。
3月	P&OCLは、日本郵船、NOLと提携し、5月中旬からシンガポール積み替えで、日本・極東－中東航路のコンテナサービスを開始。新サービスは日本・極東－シンガポール間を3社とハパックロイドのグランド・アライアンス（GA）の欧州船、シンガポール－中東間をフィーダー船で運ぶもの。現行のガルフ・リンク・サービス（GLX）とシルク・ロード・エキスプレス（SRX）は中止。
3月	ローヤル ネドロイド グループとP&OCLはそれぞれのコンテナ部門を合併し、P&O ネドロイド（PONL）を発足することで基本合意したと発表。
5月	マースクは、地中海地域と南米、フロリダ、北米ガルフ、メキシコ間で新サービスを開始すると発表。新サービスは定曜日ウィークリーサービスで、地中海諸港と南米地域、北米ガルフ、メキシコとの間にそれぞれ直航で速いサービスを提供。
5月	日本郵船、ハパックロイド、NOL、P&OCLの4社で構成するグランド・アライアンス（GA）は、5月末から開始するアジア－欧州コンテナ新サービスのスケジュールの詳細を発表。4社が3600－4700TEU型の大型船を合計34隻投入し、4ループからなる多種多様なサービスを提供するもの。
5月	P&Oは、香港のモダン・ターミナルズ・リミテッド（MTL）に対する残余保有株式5%を現金7億6800万香港ドル（約6620万ポンド相当）で売却すると発表。これにより約360万ポンドの利益が計上される。
5月	石川島播磨重工業は、英国最大のコンテナ船社P&OCL（本社・ロンドン）から6674TEU積みの超大型コンテナ2隻を受注したと発表。同船が誕生すれば世界最大のコンテナ船となる。納期は2隻とも98年前半。また、航海速力24ノット以上の高速航行を実現するため、主機関に新開発の「DU－スルザー12RTA96C」を搭載。
5月	P&OCLとマースク、提携を解消。
5月	グランド・アライアンス（GA）、北米航路でP&OCLを加え新体制に移行（P&OCLは北米航路に新規参入）。
6月	アメリカン・プレジデント・カンパニー（APC）が、社名をアメリカン・プレジデント・ライン・リミテッド（APL）に変更。
6月	日本郵船、ハパックロイド、NOL、P&OCL4社で構成するコンソーシアム、グランド・アライアンス（GA）が、3600TEUから4700TEUタイプの大型コンテナ船を合計34隻投入・運航し、4ループの異なるサービスの提供を開始（欧州航路でP&OCLを加え新体制に移行）。
8月	日本郵船は、有力混載業者のオリエント・コンソリデーション・サービス（OCS：香港）を傘下に収めることを発表。日本郵船はOCSの親会社であるオーシーエスと同社の筆頭株主の山九との間で、OCSの発行済み株式20万株のうち5万5000株を買い取ることで合意。
8月	グランド・アライアンス（GA）加盟船社とシンガポール港湾局（PSA）間で長期ターミナル使用契約締結。
8月	大阪商船三井船舶、ネドロイドライン、APL、OOCLのザ・グローバルアライアンス（TGA）は、シンガポール港湾局（PSA）と10年間のコンテナターミナル優先使用契約に調印。
8月	川崎汽船は、アジア/北欧州航路でCOSCOとスロット交換を行うことで合意。同航路で川崎汽船と提携している陽明海運は、川崎汽船との協調協定を通じてスロット交換に参画。COSCOは、海外船社と提携するのは今回が初めて。
10月	韓進海運とトライコン・グループDSR セネター ラインズ、朝陽商船）は、8月5日の覚書（ノート・オブ・アンダスタンディング）に基づき、今月4日に長期提携の基本協定（ヘッド・オブ・アグリーメント）に調印したと発表。
10月	エバーグリーン・グループは、極東－南アフリカ・南米サービスをユニグローリー・マリーンからエバーグリーン・マリーンに移譲すると発表。1997年1月の配船から実施。同グループではこれまで北米、欧州航路などの遠洋航路はエバーグリーンが、アジア域内と南ア・南米航路はユニグローリーがそれぞれ運営してきたが、エバーグリーンに南ア・南米航路の運営を移し、サービスの拡充を図る。
10月	米連邦海事委員会（FMC）は日本の港運慣行事前協議制等を問題として、4月14日から邦船3社に対する制裁措置発動を決定。米国の港に寄港するごとに10万ドルの課徴金を課す内容。
10月	CMAがCGMの買収を発表。
11月	日本政府、米連邦海事委員会（FMC）の制裁案の早期撤廃を要請。
11月	米連邦海事委員会（FMC）は日本の港運慣行がアメリカ船社にとって差別的であるとして邦船3社

年　月	本　文
	に制裁措置発動。
11月	ハパックロイドは、97年1月1日付で定期コンテナ船事業を切り離し、「ハパックロイド コンテナ ライン」として独立させると発表。新会社は運航業務だけを担当し、船舶を含む固定資産の多くは ハパックロイドが引き継ぐ。
11月	P&Oとロイヤルネドロイドの取締役会はロンドンで、両社のコンテナ事業を合併しP&O ネドロイ ド コンテナ ライン（P&O ネドロイド）を設立することに関する正式契約書に調印したと発表。同 契約書は9月に両社が発表した取り決め内容を公正化するもので、1997年1月1日までをめどとした P&O ネドロイドの事業開始に向けて弾みをつけるもの。ローヤル ネドロイドの中央労働評議会は この合併に合意。
11月	現代商船は1997年1月から日本・極東－北米西岸航路でPSW（北米南西岸）Ⅲサービスを開始する と発表。新サービスでは、2800TEU型級のコンテナ船を6隻投入し、東航（往航）は極東からPSW に向かい、西航（復航）でPNW（北米北西岸）のシアトルから日本に直航。
11月	欧州連合（EU）が日本の港湾の事前協議制度を世界貿易機関（WTO）に提訴。
11月	韓進海運がDSRセネターの株式過半数を取得することを正式契約。
12月	P&Oとローヤル ネドロイドは、両社のコンテナ輸送事業合併後の新会社「P&O Nedlloyd」（純資 産15億ドル）設立を欧州委員会が、無条件で承認すると決定したことについて、歓迎の意を表明。 ローヤル ネドロイドも株主総会で合併を承認。
12月	ジム イスラエルは12月下旬からアジア・地中海サービスを一体化し、新たに「ザ・アジア－メディ タレニアン・サービス」を開始。
12月	マースクは1997年春にナミビア・南アフリカと欧州・北米間でコンテナサービスを開始。
12月	韓進海運がDSRセネター ラインの筆頭株主になることが決定。DSR セネターの三大株主（DSR、 HIBEG、コマーシャルバンク）と韓進海運が1997年1月に1億マルクを増資することで合意したもの で、韓進海運は新株の大半を引き取って過半数の株を保有し筆頭株主になる。
1997年 1月	ハパックロイド、コンテナ船事業を分離。
1月	川崎汽船・陽明海運・COSCO、2月から大西洋航路に新規参入することを発表。
1月	現代商船は、極東－欧州航路でスペース交換を実施しているノラシア ライン、MSCの2社グループ と2月初めに提携を解消することで合意。
2月	豪州・東南アジアでオーストラリア エイシア エクスプレス（AAX）サービスを開始。韓進海 運、ロイド トリエスティノ、タイのリージョナル コンテナ ラインズ（RCL）とのASAサービス から日本郵船が脱退し、日本郵船、P&OCL、NOL、ジャカルタ ロイド、オーストラリアン ナシ ョナル ライン（ANL）の新コンソーシアムを結成。
2月	韓進海運がDSRセネターを80%買収することで合意、社名は2000年7月1日、セネター ラインと変 更。
2月	日米港湾問題：米港湾荷役で対日制裁。米連邦海事委員会（FMC）が、港湾荷役で対日制裁を行う と発表。日本の港湾荷役業務は、事前協議制度という労使協約で制限されており、この不透明な慣 行により、アメリカ海運会社の公正な市場参入を妨げ、利益が毀損されているとして、日本船3社 （日本郵船、大阪商船三井船舶、川崎汽船）に、米国領内へのコンテナ船1隻ごとに10万ドルの課徴 金を課すと発表。（発動予定：4月14日）を決定。11月停止。
2月	韓進海運・セネター ライン・朝陽商船・アラブ首長国連邦のユナイテッド アラブ シッピング （UASC）、長期的なアライアンス締結で協定書に署名（1998年に新サービス開始）。
4月	ワシントンで開かれていた日米海運協議は、港湾運送事業へのアメリカ船社の参入を一定の条件下 で開放することを日本政府が基本的に認めることなどで合意。
5月	現代商船はジム イスラエルと北米航路で提携することを発表。
6月	1997年1月に発足したP&O ネドロイドは、アジアと北米、欧州を結ぶ基幹航路で二つのアライアン スに所属して別々に実施しているコンテナサービスを日本郵船、ハパックロイド、NOLと形成する グランド・アライアンス（GA）に集約すると発表。
7月	日米海運協議開催。米国が港湾労使問題への日本政府介入を求めたため協議は難航。10月17日に は、事前協議制度の改善などについて大筋合意し、制裁措置は停止されたが、依然として米連邦海 事委員会（FMC）が制裁措置停止前の課徴金の徴収に固執したため、10月27日、日本船3社はFMC に対し9月分の課徴金として150万ドルを支払うことを余儀なくされた。11月10日、事前協議制度の 改善について関係者間で合意。
8月	COSCO（中国遠洋運輸集団総公司）は、太平洋航路西航安定化協定（WTSA）に加盟。
9月	日本・アジア－南アフリカ航路の同盟コンソーシアム「サファリサービス」とMISCは、9月14日か ら同航路のコンテナサービスで提携することを決めたと発表。
9月	米連邦海事委員会（FMC）は日本の港湾慣行の改善を求め、制裁措置規制を発動。日本船3社（日

年　月	本　文
	本郵船、商船三井、川崎汽船）は米コロンビア地区巡回裁判所に上記規則の借り差し止め命令の申請を行ったが、申請を否認された。
9月	日米両国政府、日本の港湾慣行「事前協議制度」を改善することで大筋合意。
9月	大阪商船三井船舶、APL、OOCL、MISCで構成する「ザ・グローバル・アライアンス（TGA）」と現代商船は、日本・アジア－欧州航路のコンテナサービスでスペース交換を開始。
9月	米国コロンビア地区連邦巡回控訴裁判所は、米連邦海事委員会（FMC）の制裁措置の仮差し止めを求める日本郵船、大阪商船三井船舶、川崎汽船の日本船3社の申し立てを棄却。
10月	ドイツのコングロマリットPreussag、Hapag-Lloydを買収。
10月	米連邦海事委員会（FMC）が日本船3社（日本郵船、大阪商船三井船舶、川崎汽船）に制裁金を課した問題でFMCは、3社が制裁金を期限内に支払わなかったとして、3社のコンテナ船の入出港手続きを停止する方針を決めた。
10月	日本の港湾荷役の労使慣行である事前協議制度の改善を巡り、10日からアメリカ・ワシントンで続いていた日米政府間協議は17日午後（日本時間18日未明）、同制度を改善することで基本的に合意。
10月	日本の港湾荷役の労使慣行である事前協議制度の改善を求め、米連邦海事委員会（FMC）が日本船3社（日本郵船、大阪商船三井船舶、川崎汽船）に制裁金の支払いを求めた問題で、3社は27日午後（日本時間28日未明）、400万ドル（約4億8000万円）を150万ドル（同1億8000万円）に減額した上で9月分の制裁金を支払った。日本政府は「日米友好通商航海条約に違反する一方的制裁措置に基づき課徴金を徴取した」として、早急に同条約に基づく二国間協議の開催を米政府に対して要請し、制裁の即時撤回を求めた。
10月	日本の港湾荷役の労使慣行である事前協議制度の改善を巡り日本船主協会（船協）港湾協議会、外国船舶協会、日本港運協会（日港協）、運輸省の関係四者は、同省会議室で改善協議会を開催し、重要事項の絞り込みや事前協議の手続きの透明性確保など、現行制度を改善することで最終合意。
11月	米連邦海事委員会（FMC）は、日本の港運慣行改善を求め、日本船3社（日本郵船、大阪商船三井船舶、川崎汽船）に課した課徴金制裁を無期限停止すると発表。
11月	OOCLとMISCが、グランド・アライアンス（GA）に加入。日本郵船・ハパックロイド・P&Oネドロイドはグランド・アライアンス体制を改組し、OOCLとMISCを加えて新アライアンスを結成する基本協定に調印。
12月	大阪商船三井船舶は、同社とMISC、P&Oネドロイドの3社共同で実施している海峡地－豪州間の定期コンテナサービスでP&Oネドロイドが脱退、OOCL、シンガポールのパシフィック インターナショナル ラインズ（PIL）の2社を新たなメンバーに加えて新コンソーシアム「オーストラリア・アジア・アライアンス」（AAA、トリプルAサービス）を結成することで基本合意に達した、と発表。
12月	現代商船は、1998年の1月1日付で欧州同盟（FEFC）などへの加入が正式に決まったと発表。
1998年 1月	ザ・ニューワールド・アライアンス（TNWA）、新サービスを開始。北米西岸8ループ、東岸1ループ、欧州航路3ループ、地中海航路1ループ。
2月	大阪商船三井船舶とAPL、ライクス ラインズの3社は、3月後半から北欧州と北米東岸を結ぶ大西洋航路で、週2便の定曜日コンテナ・サービスを開始すると発表。
2月	P&Oネドロイドは、ブルー スター ラインのコンテナ船部門と子会社を、約6000万ポンド（約125億4000万円）で買収すると発表。
3月	日本郵船と昭和海運は、1998年10月1日をめどに、対等精神で合併することで基本合意、合併覚書に調印したと発表。5月15日合併契約書に調印。
3月	グランド・アライアンス（GA）5社、北米西岸航路5ループ、東岸2ループ、欧州地中海航路6ループに合計91隻を投入。
3月	川崎汽船がアジア－北米太平洋航路でCOSCONと提携、陽明海運を含む3社で新サービス開始。
3月	P&Oネドロイドがベステー グループのコンテナ船部門であるブルー スター ラインを買収。
3月	MISCは、同国の陸運・海運グループ、コンソーシアム・ペルカパラン・ベルハット（KPB）が海運業から撤退するのに伴い、KPBが保有していた海運会社を買収することを決定。
4月	米国上院本会議、1998年米国海運改革法（Ocean Shipping Reform Act of 1998；OSRA）を可決。
4月	大阪商船三井船舶、MISC、OOCL、PILは、6月から海峡地－豪州航路で結成するコンソーシアム「オーストラリア－アジア・アライアンス」（AAA）について、同日、シドニーで基本合意書への調印式を行ったと発表。
4月	エバーグリーンは5月初旬の北米東岸－パナマ－南米東岸航路（SNA）の開設により、日本・アジアから東回り世界一周航路（パナマ経由）を利用した南米東岸向けサービスを開始。
4月	COSCO（中国遠洋運輸集団総公司）とChina Shippingの日中コンテナ定期サービスにおけるスロット交換が開始。また、同社は上海から四川省成都向けの鉄道輸送サービスを開始。

年月日	本　文
5月	日本郵船と昭和海運は、1998年10月1日付けで合併契約書に調印。
5月	米国籍船の競争力を維持するための政府助成、運航費差額補助（ODS）終了。引き続き、国家緊急時の徴用を条件として、一定の米国籍船を対象に毎年1億ドルに上る運航費差額補助を10年間にわたって実施。
8月	豪州政府は、国営船社オーストラリアン ナショナル ライン（ANL）の定期船部門をCGMに売却すると発表。
9月	マースクとターミナルオペレーターのECTは、オランダ・ロッテルダム港のマースブレイクトで新しいコンテナターミナルを運営する合弁会社を設立することで合意。
9月	中国、台湾の両国船社の基幹航路の就航船が、それぞれ相手国港湾に寄港することが両国当局によって認められた。
10月	台湾政府は1999年1月1日から海運市場を全面的に開放し、100%外国資本による船舶代理店、フォワーダー、コンテナ・ターミナルなどの営業を許可することを決定。
11月	大阪商船三井船舶が1999年4月1日を目途にナビックスライン側との合併を発表（12月28日合併契約調印）。
12月	大阪商船三井船舶とナビックスラインは両社取締役会の承認を経て、合併契約書に調印。
12月	CP Ships、米国のオーストラリア ニュージーランド ダイレクト ライン（ANZDL）の買収手続きを完了。
12月	CMA-CGM、ANLの買収を完了。CMA-CGM、中国・アジア／地中海サービスを開始。ANLは、豪州に本社を置く「ANLコンテナライン」と名称変更。
12月	MISCは、同国海運3社の買収手続きを完了。
1999年 1月	COSCOと陽明海運、アジア／地中海／北米東岸航路で協調配船。
1月	CMAが、同国船社のCGMと法的に合併。
2月	A. P. モラー マースク（APMM）は、サフマリンからサフマリン・コンテナ・ラインズ（SCL）を含む定期船事業部門を買収することで合意したと発表。
2月	1998年、日中航路の年間コンテナ荷動きが初めて100万TEUの大台に乗った。
2月	中国で1998年に取り扱った外貿コンテナが1300万TEUを突破し、取扱量トップの上海港は306万TEUに達した。
2月	アジア－米国定期航路の1998年のコンテナ貨物の荷動きは、東航（米国向け）が1997年比19.8％増の約549万7000TEUで、東南アジア発の活況を背景に500万TEUの大台を突破。
3月	北米航路の主要コンテナ配船船社で形成する太平洋航路安定化協定（TSA）、太平洋航路西航安定化協定（WTSA）は社長会議を東京で開催。TSAは1日付でCOSCOの加入を承認し、5月の運賃修復ガイドラインを再確認。これによりTSA加入船社は14社。
3月	日本政府、日本籍船を保有する海運会社の取締役に、外国人の就任を認める船舶法改正法案を閣議決定。
3月	鉄道を中心とする米国大手輸送企業グループ、CSXコーポレーションは、海運子会社のシーランド・サービス・インク（本社・ノースカロライナ州シャーロット）を1999年半ばにも、国際コンテナ輸送、国際ターミナル運営、国内コンテナ輸送の3つの事業会社に分割すると正式発表。
3月	NOL、APLの北米スタックトレイン部門を売却。
3月	1998年の世界主要国港のコンテナ貨物取扱量で、シンガポールが首位に返り咲いた。
3月	5月から北米航路に参入するMSCは、太平洋航路安定化協定（TSA）に加盟申請。
4月	大阪商船三井船舶とナビックスラインが合併し、新「商船三井」が発足。新会社は資本金約649億円、従業員1306人、運航船腹492隻・3123万重量トンで、運航重量ベースで世界最大級のメガキャリアが誕生。商船三井は、本社の定航営業部門と支店、関連会社4社を統合して設立する「MOL JAPAN」が発足。外航海運大手は、日本郵船、川崎汽船を含む従来5社体制から3社体制へと再編。
4月	A. P. モラー マースク（APMM）がサフマリンのコンテナ部門を買収、社名を「サフマリン コンテナ ラインズ」に変更してサービスを継続。
5月	1998年米国改正海事法（Ocean Shipping Reform Act of 1998：OSRA98）によって修正された1984年米国新海事法が正式に発効・施行。これに伴い、二重運賃制失効、荷主との個別運送契約に移行。
5月	米連邦海事委員会（FMC）は、日本の港湾慣行の改善を促すために日本船3社（日本郵船、商船三井、川崎汽船）に課していた米国寄港一航海当たり10万ドル（約1200万円）の罰金を課すという制裁措置を撤回するとともに、日米5船社に対して90日以内の状況報告提出を命令した。
5月	経済協力開発機構（OECD）、海運などの産業での規制緩和に関する調査報告書をまとめる　①海運同盟に対する適用除外は競争当局の審査を経て個別に認めること、②航路安定化協定などの協議協定については適用除外は一切認めないこと、がその内容。
5月	太平洋復航運賃協定（TWRA）解散。

356

年 月	本 文
6月	CMA-CGM、太平洋航路に新規参入。
6月	ロイド トリエスティノ（LT）は7月から、エバーグリーンと共同配船している北欧州・地球海－極東航路のコンテナサービス（SEAWAYサービス）を改編し、中国への直接寄港を開始。1987年以来12年ぶりの中国配船。
6月	欧州同盟（FEFC）は欧州内陸輸送サービスとフレイト・フォワーダー・コミッションに関連した規定を廃止する方針を固めた。また、FEFCはアジア－欧州同盟（AWRA）でピークシーズンサーチャージ（PSS）の導入した場合の課徴額を、20フィート当たり150ドル、40フィート当たり300ドルとする方針を固めた。
7月	OOCLとワン ハイ ラインズは、7月下旬から共同配船により中国の主要港と中東を結ぶコンテナサービスを開設すると発表。
7月	A.P. モラー グループと米国大手輸送企業CSXコーポレーションは、AP モラー傘下のコンテナ船社マースク ラインがCSXの海運子会社シーランド サービス インク.の国際コンテナ輸送部門を買収することで合意したと発表。
7月	外航海運企業が結ぶ運賃など船社間協定（外航カルテル）に対する政府の審査を強化する内容を盛り込んだ海上運送法の改正法が施行。
10月	CMA-CGM、合併完了。
10月	北米定期航路の主要14船社で構成する太平洋航路安定化協定（TSA）は2000年5月1日から日本・アジア発米国向けのコンテナ運賃を40フィート当たり400ドル値上げすると発表。
10月	P&Oネドロイドは、ハリソン ラインから欧州－紅海－東アフリカ航路の航権を買収することで合意。
10月	欧州委員会は、マースクによるシーランドのコンテナ船事業買収に異議はないとして承認。
11月	大型船の新造発注ラッシュ。エバーグリーン、6000TEU積み5隻（2002年引渡し）、CMA-CGM、6500TEU積み8隻（全船2001年中引渡し）、OOCL、5500TEU積み6隻、COSCO、5250TEU積み7隻。
12月	マースクとMSCは、12月末から日本・アジア－東南豪州航路で共同配船を開始すると発表。
12月	世界最大のコンテナ船社マースクの持ち株会社A.P.モラーが世界第7位のコンテナ船社であるシーランド サービス インクのコンテナ輸送部門を8億ドルで買収し、断然トップのコンテナ船社の地位を確立。新サービス名は「マースク－シーランド」。
12月	マースク、シーランドの買収手続きを完了。米連邦海事局（MARAD）はマースクが申請していたシーランドの補助金受給の15隻を米国籍船舶会社へ委譲することを認可。引き続き運航補助金を受給する。
12月	米連邦海事局（MARAD）はマースクが申請していたシーサイド・サービスの補助金受給船舶15隻の米国籍船舶管理会社「USSM」への移管を認可。
2000年 1月	川崎汽船は、COSCO、陽明海運との提携を拡大し、4月からアジア－北米東岸（パナマ経由）、アジア－地中海、地中海－北米東岸の各定期航路でコンテナサービスを開始すると発表。
2月	マースク シーランドは、3月末までにA.P. モラー マースク（APMM）グループの物流会社マーカンタイルとシーランド・ロジスティクス（旧バイヤーズ）を統合し、「マースク ロジステックス」を設立すると発表。
3月	商船三井、APL、現代商船のザ・ニューワールド・アライアンス（TNWA）は、日本・アジア－欧州航路のコンテナサービスを一部改編すると発表。
3月	日本郵船は4月から極東－中東航路で直航コンテナサービスを開始すると発表。
3月	日本郵船は中国政府からコンテナ物流事業に必要な営業ライセンスを取得。
3月	P&Oネドロイド、CMA-CGM、China Shipping、新設のアジア／北米東岸サービスに参画。
3月	ハパックロイド、世界最大の7000TEU以上のコンテナ船を、マースク シーランド以外の船社としては初めて発注。
4月	CMA-CGMとChina Shippingは、パナマ経由のアジア－北米東岸航路で共同配船を開始。P&Oネドロイド が新サービスに参加することも決定。
4月	グランド・アライアンス（GA：日本郵船、ハパックロイド、OOCL、P&Oネドロイド）は、大西洋航路で新サービスを開始すると発表。
4月	欧州連合（EU）の欧州委員会は海運コンソーシアムの規則（コンソーシアムへのEU競争法の適用除外を規定する）を改定。新規則（第823の2000）の有効期間は5年間（2005年4月25日まで延長）。
4月	川崎汽船、COSCOおよび陽明海運（CKYアライアンス）、アジア／北米東岸、アジア／地中海地中海／北米東岸の各サービスを開始。
4月	CMA-CGMとChina Shippingがアジア・北米東岸協調サービス開始。
5月	欧州委員会は、極東－欧州航路の15船社に対し、1991－1994年に組織した船社間協定が欧州連合

年　月	本　文
	（EU）の独占禁止法である競争法に違反したとして総額693万2000ユーロ（約7億円）の罰金支払いを命じることを決定したと発表。
6月	東京港・大井コンテナ埠頭の新5号バースの借受者にワン ハイ ラインズが決定。契約期間は10年間。
7月	DSRセネター、セネター ラインズに名称を変更。
7月	北米関係航路でサービスを提供する日本船3社（日本郵船、商船三井、川崎汽船）を含む世界主要コンテナ船26社は、ワシントンに業界の利益確保を図る新団体（ワールド シッピング カウンシル）を設立することを発表。団体設立の目的は、純粋な自国資本のコンテナ船社が存在しない米国での政治的影響を図るためとされている。
7月	ロイド トリエスティノ（LT）、エバーグリーンのスロットを利用してアジア・日本／北米東岸に進出、9月からアジア・日本／北米西岸に進出。
7月	米連邦海事局（MARAD）は、P&Oネドロイド によるファーレル（本社・マンハッタン）買収を許可した。
7月	グランド・アライアンス（GA：日本郵船、ハパックロイド、OOCL、P&Oネドロイド）は、7月下旬から、大西洋航路で新コンテナサービスを開始。
9月	大井コンテナ埠頭の新6号バースが完成、日本郵船東京コンテナターミナルとして稼働開始。
9月	CMA-CGM、ACLの株式10%を取得。CMA-CGM、マースク シーランドからスペースチャーターで大西洋サービスに参入。
10月	CMA-CGMが太平洋航路安定化協定（TSA）に、CMA-CGMおよびハパックロイドが太平洋航路西航安定化協定（WTSA）にそれぞれ加入。
12月	China Shippingが5500TEU型船舶を極東／北米西岸航路に就航。
12月	現代商船、MSCとの大西洋航路での提携解消。
12月	ハパックロイドとHamburg-Sud、国際的な輸送ネットワークの拡充と強化を図るため、業務関係を拡大。
2001年 1月	南アフリカ共和国の国営ポートオペレーター、ポートネットは、4年以内にダーバン港のコンテナ処理能力を現在の倍の150万TEUまでに強化するため、1億7100万ドルを投入することを決めた。
1月	日本郵船がチリのCSAVと協調し、欧州－南米東岸航路進出を決定。
2月	川崎汽船は2001年3月よりアジア北米東岸航路、アジア北欧州航路で韓進海運とスロット交換を開始すると対外発表。
2月	米国財政当局は、米連邦海事局（MARAD）を解体・再編することを検討。
3月	川崎汽船は、3月下旬から南西アジアと欧州を結ぶ定期航路で、COSCOコンテナ・ラインズ（COSCON）、エバーグリーン、MISCと共同配船を開始すると発表。
3月	China Shipping、OOCL、ジム イスラエル ナビゲーションは、東アジアと豪州を結ぶ定期航路で共同配船を実施すると発表。
4月	石川島播磨重工は、横浜港埠頭公社向けのアウトリーチ63メートルと世界最大級のコンテナクレーン5基を完成、引き渡したと発表。
5月	商船三井、APL、現代商船で組織するザ・ニューワールド・アライアンス（TNWA）は、アジアー欧州の定期航路サービス強化の一環として新ループ「ニュー・チャイナ・ヨーロッパ・エクスプレス（NEX）」を開設すると発表。
5月	商船三井は、現代商船、アドバンスド・コンテナ・ラインズ（ACL、本社・シンガポール）、サムデラ・シッピング（SSL、本社・シンガポール）との4社でコンソーシアムを結成し、シンガポールと伸長するインドの西岸を結ぶコンテナ航路を改編すると発表。
5月	CP ShipsがイタリアのD'AmicoからItalia di Navigazione（Italia Line）の買い取りに合意。
5月	China ShippingとCMA-CGM、北米西岸航路で新サービスを開始。
5月	商船三井は6月末で横浜港埠頭公社から借り受けている大黒埠頭C1ターミナルを返却、本牧埠頭のD5ターミナルに集約して業務の効率化を図る。神戸では2000年（前年）度にポートアイランドPC1・2（PC2はP&Oネドロイドと共同借り受け）を返却、ターミナルをPC14・15に集約。
6月	APLは、7月1日からアデン（イエメン）経由で東アフリカへのウイークリーフィーダーサービスを開始すると発表。
6月	ワン ハイ ラインズは、日本と中国、東南アジアを結ぶコンテナサービスを開設。
6月	日本郵船は、米国西岸で倉庫・物流事業を手掛けるグループ会社UWDC（本社・ロングビーチ）が西岸北部のシアトル、タコマ、ポートランドに事業進出し、倉庫の運営を開始したと発表。
7月	商船三井は、8月下旬からアジア中東航路で新コンテナサービスを開始すると発表。
7月	太平洋航路安定化協定（TSA）、2001年10月以降の船腹需給悪化に対処し、週当たり14000～20000TEUの余剰スペース削減を実施することを決定。
7月	日本郵船、P&Oネドロイド、現代商船は中東航路におけるスロット交換協定を締結しサービスを開

年　月	本　文
	始。
8月	ロイド トリエスティノ（LT）、自社配船により中国−北米西岸のサービスを開設。
8月	MSCは、ロングビーチ港の「ピアA」コンテナターミナルをリースすることで、港湾荷役会社SSATロングビーチと同意書を交わしたと発表。
8月	イタリアのグリマンディ・グループは、スウェーデン船社ACLの株式の69.4％を取得し、事実上支配下に収めた。
9月	川崎汽船、陽明海運、COSCON、韓進海運、セネター ラインズの5社はアライアンス構築合意、覚書に調印。
9月	朝陽商船は2001年5月29日に会社更生法を申請、地裁は同社の会社更生は無理と判断し、9月11日正式に破産宣告。
9月	川崎汽船、陽明海運、COSCOコンテナラインズ（COSCON）の3社と韓進海運、セネター ラインズグループは、両グループの首脳が上海で会談し、アライアンス（戦略的提携関係）の構築を目指すことで合意、提携の検討開始に関する覚書に調印したと発表。
11月	国際貿易機関（WTO）、中国の加盟を承認。
11月	MSCは、トヨタ自動車の欧州域内−トルコ間の部品、CKD輸送の主契約船社に指名されたと発表。
12月	エバーグリーンは、世界一周航路で実施中のコンテナサービス（東回りRWE、西回りRWW）を、2002年2月半ばから2つの振り子サービスに分割すると発表。
12月	マースク シーランドは、12月中旬からインド−北米航路で定曜日ウイークリーサービスを開始。
12月	エバーグリーンは、東南アジアのハブ港をシンガポールからマレーシア南部の新興コンテナ港タンジュンペラパス（PTP）に移すことを決定。
2002年 1月	現代商船は、保有する6カ所のターミナルのうち、釜山の1カ所と光陽の2カ所を、香港のターミナル・オペレーター、ハチソン・ポート・ホールディングス（HPH）に2億1500万ドルで売却。
2月	川崎汽船、COSCON、陽明海運は、アジア−北米東岸航路と北米東岸−地中海航路で、それぞれ運営しているコンテナサービスを統合し、アジア−北米東岸−地中海の振り子配船を開始すると発表。
2月	欧州委員会が欧州同盟（FEFC）と大西洋航路協定（TAA）による内陸運賃設定決定権を欧州競争法（独占禁止法）違反と判断し、船社側が提訴していた問題で、欧州第一審裁判所は、船社側の主張を退け、違法とした欧州委の決定を支持する判決を下した。
2月	川崎汽船、COSCOおよび陽明海運、新ペンデュラム（振り子）・サービスをアジア／北米東岸／地中海航路で実施。
3月	川崎汽船は、MISC、PILの2社と共同で、4月からアジア−南アフリカ航路のコンテナ船サービスを開始すると発表。
4月	ロイド トリエスティノ（LT）とCMA-CGMは太平洋航路で提携すると発表。
4月	日本郵船は、COSCO（中国遠洋運輸集団総公司）と物流事業の業務提携で合意したと発表。
5月	韓進海運、韓進グループが中核部門の海運、航空、造船、金融の4部門を分離するという方針に沿って、2002年末までに同グループからの分離・独立を決定。
7月	P&Oネドロイドは、同社のロジスティクス部門を「P&Oネドロイド・ロジステクス」として分社化。
7月	米国西岸の港湾労使は、労働協約改定交渉を行い、24時間ごとの旧協約期限延長協定の期限を8日午後5時まで延長することで合意。
7月	フランス・ルアーブル港公団は、2004年から供用開始の新コンテナターミナル「ポート2000」の専用バース使用権割り当てについて、CMA-CGM／GMPが基本合意書にサインしたと発表。
8月	川崎汽船は、国内のコンテナ船営業部門を分社化し、10月1日付で全額出資の新会社を設立すると発表。
8月	ワン ハイ ラインズは、9月から日本と中国、フィリピンを結ぶ定期航路で新コンテナサービスを開始すると発表。
8月	スウェーデン・ノルウェーに本社を置くワレニウス ウィルヘルムセン、2002年末で北米航路のコンテナ輸送から撤退。
9月	エバーグリーンは、9月1日からコンテナサービスのネットワークに東アジア域内と東アジア−中東航路を追加したと発表。
9月	Hamburg-Sud（サービス名・コロンバスライン）は、11月からP&Oネドロイド、CMA-CGMなどと、世界一周航路コンテナサービス（RTW）を開始すると発表。
9月	シンガポールの港湾オペレーターPSAコーポレーションは、エバーグリーンと新ターミナルサービス協定について、長期契約を締結したと発表。
9月	日本郵船は、米国ニュージャージー州に本社を置く港湾荷役・ターミナル運営会社セレス・ターミ

年　月	本　文
	ナルス（クリストス・クリティコス社長）を買収することで合意したと発表。
9月	太平洋航路安定化協定（TSA）は日本・アジア発北米向け（東航）のコンテナ貨物運賃値上げガイドライン（拘束力のない指標）を含む2003年の運賃政策を発表。
9月	財務省関税局は、米国関税庁の推し進める海上輸送コンテナ安全対策「コンテナ・セキュリティー・イニシアチブ（CSI）」に参画することで合意。
9月	米国西岸の港湾労使間で行われていた労働協約改定交渉で、使用者団体の太平洋海運協会（PMA）と国際港湾倉庫労働者組合（ILWU）の2002年7月1日に期限切れを迎える協約につき、生産性向上を期する使用者側と職域確保を志向する労働側が折り合わず、交渉決裂で、米国西岸29港で港湾封鎖に相当する港湾ストライキが発生。29日朝に解除。同日夜に再度封鎖。2003年1月22日に最終合意。
9月	日本郵船がチリのCSAVと1995年よりグッド ホープ エクスプレス（GEX）名で、極東・南アフリカ・南米東岸を結ぶコンテナ航路協調サービスに、建恒海運が参加して、コンソーシアム名を新たにスーパー グッド ホープ エクスプレス（SGEX）に変更。
9月	英国のContship、P&Oネドロイド、4100TEU型船舶が順次竣工するのに伴い、東西両方面での世界一周サービスを開始。なお11月からこの2社に加え、Hamburg-Sud、CMA-CGMなども協調してサービスに参加。
9月	グランド・アライアンス（GA）、COSCOのスロットを利用して北米西岸サービス。グランド・アライアンスは従来の中国諸港に加え、天津新港・大連／北米西岸の直行サービスをこれにより開始。
9月	APモラー グループの子会社でベルギー置籍のコンテナ船社サフマリン コンテナ ラインズがアフリカの沿岸輸送網を充実のため、南アフリカのユニコーン ラインズのアフリカ沿岸輸送部分たるUnicorn Freight Services（Pty）Ltd.を買い取る。
9月	マースクがデンマークのTorm Lineから米国東岸・ガルフ-西アフリカのサービスを買い取り、12月より傘下のサフマリンに運営させる。
9月	米連邦海事委員会（FMC）は太平洋航路安定化協定（TSA）加盟船社に対し、同航路のトレード状況について各社が収集した情報を詳細に報告するよう要請。
10月	日本郵船は東京船舶へアジア域内コンテナ航路事業の分割譲渡。
10月	ブッシュ米大統領は、米国西岸の港湾労使紛争の解決に向け、指揮権発動の準備に入り、調査委員会を設置する行政命令に署名。10月8日ブッシュ大統領はタフト・ハートレー法を発動し、西岸港のロックアウト（封鎖）を強制解除。10月9日、ブッシュ大統領によるタフト・ハートレー法発動が連邦裁判所に認められ、米国西岸の29港のロックアウト（封鎖）解除が決まり、港湾荷役が再開。
10月	国土交通省（国交省）海事局は、米国西岸の港湾封鎖で生じた現地の滞荷問題を解消するため、米国政府に対しカボタージュ規制を一時撤廃し、日本船社が西岸諸港間の貨物輸送を実施できるよう要請。
10月	川崎汽船、COSCON、陽明海運、韓進海運の4社は、アジア-北米東岸、欧州-北米東岸の2つの定期航路で、2003年1月から共同配船を実施すると発表。
10月	セネター ラインズ、12月末で不採算航路の北米発着定期サービスの太平洋、大西洋航路を全面休止することを決定。
11月	太平洋海運協会（PMA）と国際港湾倉庫労働組合（ILWU）は、港湾作業の効率化のための新技術導入や向こう6年間の賃上げなどで労使が暫定合意（米国西岸、現地時間23日深夜）。
12月	太平洋航路安定化協定（TSA）、太平洋航路西航安定化協定（WTSA）は、それぞれロンドンで首脳会議を開催。アジア-北米航路で東航（アジア→北米）、西航（北米→アジア）ともに比較的航路状況が安定していることを確認、運賃レベル回復に向け2003年の値上げを引き続き荷主に強く訴えていくことを確認。
12月	欧州同盟（FEFC）はロンドンで首脳会議を開き、アジア-欧州航路のスペースは2003年も堅調なまま推移するとの見通しを立て、各社はすでに発表している2003年の運賃値上げの実現に向け努めるとの基本方針で一致。
12月	欧州連合（EU）理事会がEU競争法の手続規則（理事会規則1/2003）を採択。
12月	日本郵船は、ロンドンに欧州地域の物流事業統括会社「NYKロジスティクス（欧州）」を設立したと発表。
2003年 1月	China Shipping、太平洋航路西航安定化協定（WTSA）に参加。世界最大船型8100TEU型超のコンテナ船5隻を新造用船。
1月	Hamburg-Sud が英国のエラーマンを買収。
2月	マースク シーランドは、南アフリカを経由して中東と南米を結ぶ定期サービス「サンバーインド洋サービス」で3月から西アフリカ諸島にまで寄港地域を拡大すると発表。

年　月	本　文
2月	CKYHアライアンス、北米航路で新サービスを開始。
2月	エバーグリーンとワン ハイ ラインズは3月から共同で、台湾とフィリピン、ベトナムを結ぶ定期サービスを開始。
2月	China Shippingが、太平洋航路安定化協定（TSA）に加盟することで合意。
3月	Hamburg-Sudは、健恒海運の定期船事業を買収することで合意に至ったと発表。4月5日Hamburg-Sudは、建恒海運の定期船事業買収に伴う業務の引き継ぎが完了、新たに営業を開始したと発表。
3月	ワン ハイ ラインズは、同社の専用ターミナルである東京港大井コンテナ埠頭新5号ターミナルで、上組とパートナーに指名、共同使用することで合意したと発表。
3月	日本郵船は、オランダの物流会社、トランスポート トレーディング グループ（TTG）・Edam（エダム）を買収したと発表。
3月	CP Ships、アジア／欧州航路から撤退。
3月	ハパックロイド、エバーグリーン、COSCON、ワン ハイ ラインズの4社は3月下旬から、シンガポールと中東を結ぶ定期サービスを開始。
3月	コンテナ船社コンソーシアム、南ア・サファリ・サービスが解散。
3月	コンテナリゼーション・インターナショナル（CI・イギリス）がまとめた世界主要港の2002年コンテナ取扱量ランキング（上位30港）は、香港が1900万TEUを記録し、4年連続で首位。
4月	Hamburg-Sud、ベトナムのKien Hungの定航部門買収手続きを完了。
4月	MSCとCMA-CGMは、2004年下半期（7-12月）から太平洋航路で共同配船による定曜日ウイークリーのコンテナサービスを実施することで合意。
4月	ロイド トリエスティノ（LT）とジムイスラエル、中旬からカリブ海を経由した中国・韓国／北米東岸定曜日ウイークリーサービスを開始。
4月	MSCとCMA-CGM、2004年後半から太平洋航路で協調配船を実施。
4月	China ShippingとCMA-CGMは6月に日本・中国・韓国／北米西岸航路を新設。
5月	グランド・アライアンス（GA：日本郵船、P&Oネドロイド、ハパックロイド、OOCL、MISC）は、7月からアジアと北欧州を結ぶ新たな定曜日ウイークリーサービスを開始すると発表。
5月	マースク シーランドは5月中旬から、北中国と地中海を結ぶ定曜日ウイークリーコンテナサービス「AE6」を開始。
5月	CMA-CGMグループのANLコンテナ ラインズ は5月下旬から太平洋航路に参入し、アジアと北米西岸を結ぶコンテナサービスを開始。
6月	China ShippingとCMA-CGMが5隻でアジア／北米航路の運航を開始。
6月	欧州同盟（FEFC）、2003年12月末で二重運賃制（一手積み契約制度）とフィデリティーリベート制（運賃割戻し制度）廃止。
6月	MSCは、アジア－北米西岸航路で新コンテナサービス「オリエント・エクスプレス」を開始。
7月	ターミナルオペレーター最大手のハチソン・ポート・ホールディングス（HPH）は、メキシコ西岸のラザロカルデナス港のコンテナターミナル（CT）運営会社、LCTを買収すると発表。
7月	CMA-CGMが8200TEU型4隻、ギリシャのCostamareが8200TEU型4隻、OOCLが8063TEU型2隻を新規発注。
8月	日本郵船が極東－南アフリカ－南米東岸航路を改編し、Hamburg-Sudとの協調による新サービス・ニュー グッド ホープ エクスプレス サービス（NGX）の開始を発表。
8月	横浜港大黒埠頭のDC3バースで、コンテナ予約搬出入システムがスタート。同ターミナルを運営する上組、日本通運、三井倉庫の3社が体制を整えたもので、ウェブ経由で事前予約のあったコンテナを定時に搬出入できる仕組みを導入。
8月	ハパックロイドは、10月から北米と地中海を結ぶ定曜日ウイークリーコンテナサービス「EMX」を新設すると発表。
8月	ANLは8月下旬から、日本を経由し、中国と北米西岸を結ぶ定曜日ウイークリーコンテナサービスを開始。
8月	中国は内航カボタージュ規制を緩和して、外国船社に空コンテナ輸送を認める通達を発出。
9月	川崎汽船は、8000TEU型4隻、5500TEU型5隻の計9隻のコンテナ船を建造すると発表。8000TEU型の建造は日本船3社では初めて。
9月	商船三井は、10月中旬から欧州－西アフリカ航路のコンテナサービスを2ループ体制に強化すると発表。
9月	陽明海運が8000TEU型4隻を新規発注。
9月	太平洋航路安定化協定（TSA）メンバーは2002～2003年のS/Cをめぐる問題（2002年のS/C更改において、米国の非船舶運航事業者（NVOCC）2団体がTSAに対して、差別を行ったとして米連邦海事委員会（FMC）を提訴、FMCが同年8月より調査していたものでFMCと行政取引で総額135万ドル

年　月	本　文
	を支払うことで合意。
9月	COSCOは、シンガポール港のターミナルオペレーター PSAと戦略的提携を結ぶことで合意。両社は合併によりターミナル運営会社「COSCO-PSA」を設立。
9月	CMA-CGMは、10月から地中海-米国東岸航路で新コンテナサービスを開始すると発表。
10月	東京船舶はCOSCONと提携、11月初旬から中国/日本間で、スペース交換を開始。
10月	チリのCSAVとCMA-CGMは9月末から、アジア-南アフリカ-南米東岸航路のコンテナサービスを開始。
11月	商船三井、APL、現代商船で構成するザ・ニューワールド・アライアンス（TNWA）は、パナマ運河経由でアジアと北米東岸を結ぶコンテナ航路の2つのサービスを改編すると発表。
11月	COSCO（船主はCostamare）が8200TEU型5隻を新規発注。
12月	日本欧州同盟が、契約荷主と非契約荷主とを差別する二重運賃制度とフィデリティーリベート制度の廃止を決定。
12月	日本郵船 が8100TEU型8隻、OOCLが8063TEU型2隻を新規発注。
12月	ワン ハイ ラインズが2004年4月から、シンガポールのPILとの共同配船により、アジアと欧州を結ぶ定期サービスに参入。
2004年 1月	APLは、3月からシンガポールとナバシェバを結ぶ定期コンテナサービス「SSX」を開始すると発表。
1月	太平洋航路安定化協定（TSA）と欧州同盟（FEFC）は、それぞれ都内で首脳会議を開催。TSAは、東京で首脳会議を開催。スラックシーズン（閑散期）に入ってからの荷況、市況を確認し、需要予測などを議論した上で、発表済みの2004年度のサービスコントラクト（SC）更改時の運賃値上げ計画を再確認。
1月	MSCが8300TEU型4隻を新規発注。
1月	SITC Container Linesは、中国名を「山東省海豊船務」から「新海豊航運」へと社名変更。
1月	Hamburg-Sudの子会社で米国-南米航路を運営しているクローリー アメリカン トランスポートが社名を変更Hamburg-Sud にサービス名を統一。
2月	CSAVグループのノラシアは、China Shippingとの協調配船により、中国と北米西岸を結ぶ定期サービス「AAC」を開始すると発表。また、2月6日、CSAVグループのノラシアは、China Shipping、ジム イスラエル ナビゲーションの2社との共同配船により、2月末から北中国と欧州を結ぶ定期サービス「AEX2」を開設すると発表。
2月	P&Oネドロイドは、欧州-南米東岸航路で単独運航する定期サービス「ランバダ」を、Hamburg-Sud、CMA-CGM、アリアンサンの3社が同航路で共同運航する3ループのサービスに6月から統合すると発表。
2月	川崎汽船、マースク シーランド日本法人は、神戸港六甲アイランドのコンテナターミナルの運営を再編し、RC3、4、5バースの共同借り受けに4月1日から移行することを正式発表。
2月	CP Ships傘下のライクス ラインズは、太平洋航路で4月から定曜日ウイークリーコンテナサービスを開設すると発表。
2月	P&Oとロイヤル ネドロイドの2社は、合弁会社P&O ネドロイド（PONL）のP&Oの持ち株のうち50%を、ネドロイド側が買収することで合意。
3月	セネター ラインズはCOSCON、陽明海運の2社との共同配船で、アジアと地中海を結ぶ定曜日ウイークリーコンテナサービス「ADX」を開設すると発表。
3月	欧州委員会が委員会規則823/2000を改訂する委員会規則463/2004を採択。
3月	アメリカ東岸の港湾労使は2004-2010年の6年間におよぶ新労働協約（マスター協約）で合意。
3月	COSCO（船主はSchiffahrt）が8500TEU型3隻、ハパックロイドが8600TEU型2隻を新規発注。
4月	商船三井、川崎汽船、韓進海運、ジムの4社は、北米と南米の両東岸を結ぶ航路で、5月から共同配船を開始すると発表。
4月	APLは、5月17日から中国とオーストラリアを結ぶ定期航路でコンテナサービスを開始すると発表。
4月	P&O Portsは、ベルギーのアントワープ港湾局とドイルガンク・ドック西側のコンテナターミナル整備と運営に関する契約を締結したと発表。契約期間は40年間。
4月	ANL、China Shipping、OOCLは5月中旬から、アジア-豪州航路で共同配船を開始。
4月	エバーグリーン、韓進海運、ハパックロイドの3社は5月から、豪州と韓国、中国を結ぶコンテナサービスを開始。
4月	P&OはP&Oネドロイド 株をネドロイドに売却して事実上撤退。従来P&Oネドロイド はP&Oとネドロイドが折半で出資。ネドロイド（ロイヤル P&Oネドロイド）が100%所有し、P&Oが25%をネドロイドに出資する形に。
5月	商船三井、APL、現代商船で構成するザ・ニューワールド・アライアンス（TNWA）は、6月から

年　月	本　文
	アジアと北米西岸を結ぶ定期航路のコンテナサービス化を強化すると発表。
6月	香港のコングロマリット最大手ハチソン ワンポア リミテッド（HWL）は、現代商船から発行済み株式の12%を買い取ることで合意したと発表。
6月	CMA-CGMが太平洋航路を強化し、新たにアジアと米国西岸を結ぶ「上海エクスプレス（PSW）」サービスを開始。
7月	欧州連合（EU）の欧州員会（EC）競争総局は、海運同盟への独占禁止法（競争法）包括適用除外を規定した同盟規則（欧州理事会規則4056/86（海運同盟への競争法包括適用除外を規定した同盟規則））を廃止するとの基本見解（ディスカッション・ペーパー）を公表。
7月	日本発欧州・地中海向け定期航路を管轄する日本－欧州同盟（JEFC）は8月1日から、タリフ運賃と実勢運賃の中間に位置づける臨時運賃率体系「インテリム・タリフ」を導入。1999年8月から活動を休止していた日本－米国東航同盟（JUEFC）は解散。
7月	China Shippingは7月から、日本発欧州向け・地中海向けサービスを開始。
7月	グランド・アライアンス（GA：日本郵船、P&Oネドロイド、ハパックロイド、OOCL）は7月から北米サービス、PAXでロングビーチ港を抜港。
8月	APLは、中国とベトナムを結ぶ定曜日ウイークリーサービス「VCX」を開始したと発表。新サービスは香港から北米・南米へ向かうコンテナ船を接続し、太平洋航路の充実を図る。
8月	川崎汽船は8月から、MISC、PILと共同で、中国－中東航路サービス「CSG」を開始。
8月	COSCO、世界最大のコンテナメーカー、チャイナ インターナショナル マリーン コンテナーズ（CIMC）の株式16.23%を取得。
9月	A. P. モラー マースク（APMM）グループは、傘下のAPM ターミナルズと中国の厦門港湾集団（XPG）が厦門港コンテナターミナル（XSCT）開発について合弁事業を実施することで合意。
9月	エバーグリーン、陽明海運、ワン ハイ ラインズは、9月27日から北中国と東南アジアを結ぶコンテナ航路で共同配船を開始すると発表。
9月	ハパックロイドの親会社TUIAGが同社のIPO（新規株式公開）を止め、引き続き100%子会社にすることを決定。
9月	ハチソン・ポート・ホールディングス（HPH）とタイのレクストン企業グループは、タイ・ラムチャバン港の新バース（6バース）の建設・運営権を落札。
9月	ロシア船社FESCO（Far Eastern Shipping・本社・ウラジオストク）は日本発、ロシア、フィンランド向け海上コンテナの複合一貫輸送を本格開始。
10月	シンガポールの政府系企業テマセク・ホールティングスは、同国船社NOL株式の買い付け入札を行い、持ち株比率を約69%に固めた。
10月	欧州委員会競争総局、海運同盟への競争法包括適用除外を規定した同盟規則（欧州理事会規則4056/86）の廃止に関する報告書を公表。
11月	A. P. モラー マースク（APMM）グループは、傘下のコンテナ機器製造会社のマースク・コンテナ・インダストリーが中国・広東省東莞市のドライコンテナ工場を買収したと発表。
12月	米連邦海事委員会（FMC）は、非船舶運航事業者（NVOCC）の非公開サービス・コントラクト（SC）を認めると正式に発表。
12月	日本郵船は、アジア－メキシコ－南米西岸を結ぶ定期コンテナサービスを1月下旬から開始すると発表。
12月	CSAVグループのノラシア コンテナ ラインズは、アジアと北欧州を結ぶ新定期サービス「AME」を2005年5月から開始すると発表。
2005年 1月	シンガポール港のターミナル運営を一括管理している大手ターミナルオペレーターPSAは、同港の2004年コンテナ取扱量が前年比14%増の2060万TEUとなり、2000万TEUを始めて突破したと発表。
1月	CMA-CGM、P&Oネドロイド は、アジア－東地中海・黒海航路で提携することで合意したと発表。
1月	ジムは、China Shippingと提携し、1月からアジア－黒海航路で新コンテナサービスを開始すると発表。
1月	COSCO、世界最大コンテナ船型となる10000TEU型4隻を現代重工に発注。
1月	日本郵船が北米大西洋岸・カリブ・南米東岸にハパックロイドと共同で新規コンテナ航路、ANSサービス（Atlantic North-South Service）を開設。
2月	マースク シーランドは3月から、アジア－中米間を結ぶ航路で新サービスを開設すると発表。
2月	マトソン、2006年に35年ぶりに北米航路に復帰。
3月	MSCは3月末から、アジア－南アフリカ航路で新コンテナサービスを開始。
3月	P&O Portsはベルギーのアントワープ・ゲートウエー事業体の参加企業としてアントワープ港東側のコンテナターミナルを整備・運営する40年契約書に署名したと発表。
4月	CSAVグループのノラシアは、5月18日からアジア－欧州航路で新コンテナサービスを開始すると発

年　月	本　文
	表。
4月	欧州委員会が委員会規則823/2000を延長する委員会規則611/2005を採択。
4月	日本郵船は、ハパックロイドと提携し、7月から北欧州と東地中海を結ぶ航路で新コンテナサービスを開始すると発表。
4月	現代商船、インドネシア系の海運会社サムデラ・シッピング・ライン、エバーグリーンの3社は5月から、中国とインドを結ぶコンテナサービスを開設。
4月	CMA-CGMは、5月中旬からアジア、南アフリカ、南米東岸を結ぶ定期航路でChina Shipping、アルゼンチン船社マルーバと共同配船を開始すると発表。
4月	CKYHグループ、中国・韓国／米国西岸間で新サービスの開始。同様のサービスを現代商船も開始。
4月	欧州連合（EU）の欧州委員会は、欧州域内に立ち寄る定期船のコンソーシアムへの独占禁止法（競争法）包括適用除外を規定した、欧州委員会規則の5年間継続を決めたと発表。2010年4月25日まで。
5月	A.Pモラー マースク（APMM）が、コンテナ船分野で世界第4位のローヤル P&Oネドロイド（PONL）を23億ユーロ（同日換算率で3115億円）で買収すると発表。
5月	商船三井とPILは、7月中旬から日本を含むアジアと南アフリカ、南米東岸を結ぶコンテナ航路で共同配船を開始すると発表。
5月	P&Oネドロイドは、単独配船でアジアと南アフリカ、南米東岸を結ぶコンテナサービスを7月から開始すると発表。
5月	APLは6月1日からアイルランドとオランダのロッテルダム、ベルギーのゼーブルージュを結ぶフィーダーコンテナサービスを開始すると発表。
5月	商船三井は韓進海運、アラビア湾岸6カ国の合弁船社ユナテッド アラブ シッピング（UASC）、セナター ラインズと共同で、9月を目途にアジアと地中海を結ぶコンテナサービスを開始すると発表。
5月	川崎造船は、コンテナ積載個数1万TEUと世界最大のコンテナ船4隻を中国の海運最大手COSCOグループから受注。1万TEU型はこれまで発注されたコンテナ船で世界最大。日本の造船会社が事実上1万TEU型を受注するのは川崎造船が初めて。
6月	OOCLは、グランド・アライアンス（GA）加入船社のうちPONLを除く4社（日本郵船、ハパックロイド、OOCL、MISC）の最高経営責任者（CEO）が、今後のアライアンス編成にについて「顧客への高品質なサービスの提供を続けていくための契約を堅持する」ことを共同で表明したと発表。
7月	China Shipping は7月から、アジア－地中海－北米東岸を結ぶ新サービス「RTW」を開設、西回り一周サービス開始。
7月	日本郵船 がハパックロイドと共同で北欧／東地中海航路に1200TEU型コンテナ船4隻を配船し、コンテナ・ウィークリーサービス・エメラルド エクスプレス（MEX）を開設。
8月	A. P. モラー マースク（APMM）のPONLの買収が完了。PONL買収後の新ブランドネームを2006年2月に"マースク ライン"に統一すると発表。
8月	グランド・アライアンス（GA）加入船社のうち4社（日本郵船、ハパックロイド、MISC、OOCL）は、PONLから脱退通知を受けたと発表。
8月	ドイツ観光業大手TUI AG（ハパックロイドの親会社）が、カナダと英国に拠点を置くコンテナ船社CP Shipsを買収（12月統合）。
9月	CMA-CGMは、ボロレグループ傘下の海運会社デルマスの買収を完了したと発表。
9月	川崎汽船は、10月からアジア－中東航路でCOSCON、韓進海運との共同配船で、新サービス「SMX」を開設すると発表。
9月	China Shippingは、同社とChina Shipping（アジア）が金融機関大手のオランダ・INGグループから1億ドル（約114億円）の船舶建造融資を受けることで合意したと発表。
10月	韓国の現代重工業はコンテナ積載個数が1万3000TEUと世界最大のコンテナ船を開発。
11月	CP Shipsとハパックロイドは、2006年2月からスエズ経由で南洋州（豪州・ニュージーランド）、東南アジアと地中海・北欧州を結ぶコンテナサービスを開始すると発表。
11月	商船三井は、PONLが所有する、欧州－南アフリカ航路のコンテナ船事業の営業権を、同社を傘下に収めて統合作業を進めるA. P. モラー マースクから買収することで合意したと発表。
11月	商船三井は、11月から、アジア－地中海航路で新コンテナサービスを開始。
11月	マークス シーランドは、PONL買収手続きが完了する2006年2月以降の新サービス体制を発表。船腹量43万TEUを持つPONL買収でマースクの運航規模は大幅に拡大、世界的規模の航路再編となる。
12月	APMMグループのAPMターミナルズは、傘下のターミナル運営会社モービル・コンテナ・ターミナルが米国アラバマ州港湾局からモービル港チョクトー・ポイントにある新コンテナターミナル運営の許可を受けたと発表。

年　月	本　文
12月	中国船社SITC コンテナ ラインズ（新海豊集装箱運輸）は、東京、横浜と上海を結ぶコンテナサービスを新設。
12月	川崎汽船と商船三井は、2006年4月からアジアとメキシコ・南米西岸を結ぶ航路で定期コンテナサービスを開始すると発表。
12月	P&O Portsは、ベトナムのホーチミン市政府系投資誘致会社タン・トゥアン・インダストリアル・プロポーション・カンパニー（IPC）と合弁会社を設立し、新設するサイゴン・プレミア・コンテナ・ターミナルの開発、運営を行う契約を締結。
12月	香港のコングロマリット最大手、ハチソン・ワンポア（HWL）傘下のハチソン・ポートホールディングス（HPH）は、スペインのバルセロナ港にあるコンテナターミナル「ターミナル・カタルニャ（TERCAT）」の株の過半数を買収することで、親会社のグルーポ・メストレ・オブ・スペインと合意。
12月	CP Shipsは、株主総会でハパックロイドの親会社TUIによる買収を承認。
12月	シンガポールの政府系ターミナル運営会社PSAは、MSCとの合弁会社MSC-PSAアジア・ターミナル（MPAT）を設立する契約を結んだと発表。
12月	マースク シーランドは、CP Shipsと豪州－米国東岸－欧州北部間を結ぶ振り子方式の新コンテナサービスを開始することで合意したと発表。
12月	シンガポール競争法委員会が外航船社間協定の競争法包括適用除外を容認。
2006年 1月	グランド・アライアンス（GA：日本郵船、ハパックロイド、MISC、OOCL）は、ザ・ニューワールド・アライアンス（TNWA：商船三井、APL、現代商船）と提携し、合計152隻（TNWAの27隻も含む）による2006年の新サービスネットワークを発表。
1月	上海港の2005年コンテナ貨物取扱量4億4300万トンに達し、シンガポール港を抜き世界一に。
1月	欧州連合（EU）委員会がCMA-CGMによるデルマスグループの海運部門の買収を承認し、買収が完了。
2月	PONLの北アジア・豪州定期コンテナ航路でのコンソーシアム脱退を機に、旧北中国・豪州航路（ANA Loop 3）のサービスを休止、新たに川崎汽船、商船三井、COSCONの3社と共同で北アジア・豪州サービスを開始。PONLとの南アジア・ニュージーランド定期コンテナ航路への協調配船を解消し、新たに商船三井、MISC、OOCL、パシフィック インターナショナル ラインズ（PIL）の4社と、シンガポール・マレーシアとニュージーランド・豪州を結ぶ定期コンテナ航路を開設。
4月	ザ・ニューワールド・アライアンス（TNWA：商船三井・APL・現代商船で構成）、北米・欧州航路のコンテナ航路改編を発表。中国－北米西岸サービスを2便に拡充し、欧州航路でグランド・アライアンス（GA）と相互スペース交換を開始。
4月	川崎汽船と商船三井がアジア/メキシコ・南米西岸航路新サービス（ニュー アンデス）開始。
6月	現代商船、ターゲット（アメリカ小売り大手）から2006年の最優秀物流企業賞「キャリアー・オブ・イヤー」を受賞（ミネアポリス）。
7月	グランド・アライアンス（GA）とザ・ニューワールド・アライアンス（TNWA）、共同運航でパナマ運河経由アジア－北米東岸航路の新サービスを8月下旬から開始すると発表。
8月	マースクの世界最大のコンテナ船11000TEU型エマ マースク号　竣工
10月	グランド・アライアンス（GA）とザ・ニューワールド・アライアンス（TNWA）が、アジアと欧州・北米を結ぶ世界の基幹航路で2006年春からの業務提携に合意。
10月	メガコンテナ船エマ マースク号（170800総トン、公称積載個数1万1000TEU、マースク ライン運航）、神戸港初入港。同船は世界最大の新造コンテナ船。10月9日に名古屋港、10月10日に横浜港にそれぞれ初入港。
10月	川崎汽船、日本船社では初の8000TEU型コンテナ船となる「ハンバー・ブリッジ」の引き渡しを、アイ・エイチ・アイ・マリンユナイテッド（IHIMU）から受ける。同船は欧州航路に就航。
12月	日本郵船・大連港集装箱・中海媽頭発展の3社、大連大窯湾の第3期コンテナターミナル（CT）を開発、運営する会社設立で合意。日本郵船の中国でのCT事業の直接投資は初めて。8000TEU超級コンテナ船対応の岸壁を5バース整備。2007年夏から順次開業予定。
12月	CKYHグループ（川崎汽船・韓進海運・陽明海運・COSCOパシフィックで構成）とヨーロッパ・コンテナターミナルズ（ECT）、ロッテルダム港における同グループ専用ターミナル運営会社の設立を発表。2008年後半に開業予定。
12月	日本郵船、アムステルダム港のターミナル運営会社セレス・パラゴン・ターミナル（CPT）を完全子会社化。
2007年 1月	APMMグループのAPM ターミナルズ、インド最大のコンテナターミナルがあるジャワハルラルネール港で自営ターミナルを稼働。同ターミナルは、現地企業CONCOR（インド国内最大の鉄道会社）との合弁会社であるゲートウエー・ターミナルズ・インドが運営することに。

年　月	本　文
3月	JR貨物、韓国鉄道公社と共同で12フィート鉄道コンテナを使用した日韓国際複合一貫輸送「日韓レール・シー・レールサービス」で、実貨物による試験輸送を実施。韓国から日本への輸入貨物をソウル近郊の儀旺インランド・コンテナ・デポで積み釜山港へ出発。海上輸送はカメリアラインの博多/釜山間の国際フェリー・ニューカモメ号を利用。
3月	川崎汽船がChina Shipping、Hatsu Marine、アルゼンチンのMarubaの3社との共同配船により、北欧州－南米東岸サービス（EUSA）開始。川崎汽船が欧州と南米東岸間のサービスを実施するのは初めて。
5月	ザ・ニューワールド・アライアンス（TNWA：商船三井・APL・現代商船で構成）、スエズ運河経由のアジア/北米東岸サービスの7月中旬からの開設を発表。また、グランド・アライアンス（GA）と共同配船で運航してきたパナマ運河経由の東岸サービスをCMA-CGMとの提携に変更すると発表。
6月	川崎汽船がチリのCSAVと協調しアジア/南米東岸サービス（AESA）開設。
9月	アイ・エイチ・アイマリンユナイテッド（IHIMU）、コンテナ積載能力1万2000TEUのスーパーポストパナマックス型コンテナ船開発。日本の造船会社として初めて1万TEU超の同型の基本設計を完了。
10月	サムソン重工業、コンテナ積載個数が1万6000TEU（全長400㍍、幅60㍍）となる世界最大のコンテナ船を開発したと発表。
11月	ザ・ニューワールド・アライアンス（TNWA：商船三井・APL・現代商船で構成）、直近の燃料油価格急騰により運航費増が収益を圧迫したことを受けて、12月からアジア－北米間の定期コンテナ航路で15%以上まで減船すると、と発表。
11月	日本郵船のコンテナ船「NYKアトラス」、ロサンゼルス港で有効な環境対策となる接岸中の本格的な陸上からの電源受給に成功。
11月	CKYHグループ（川崎汽船・韓進海運・COSCON・陽明海運で構成）、11月下旬から旺盛な荷動きに対応して、アジア－北欧州間の定期航路の改編を発表。従来の6ループから8ループへと体制を拡充。
11月	大阪港・神戸港・尼崎港・西宮港・芦屋港の港域を統合した「阪神港」誕生。阪神港を特定港として位置づけ、大阪湾諸港の一開港化を実現。
2008年10月	欧州同盟（FEFC）解散、129年の歴史に幕。
10月	欧州連合（EU）は定期船同盟に対する欧州連合競争法適用除外制度を廃止。
11月	マースク ラインとCMA-CGM、アジア/北米東岸の定期航路で船腹共有協定（VSA）を結び、2009年5月から協調配船を開始すると発表。この2社はすでに今春からアジア－北米西岸航路でMSCを加えた共同配船を実施。今回のVSA締結でその範囲を来year に北米東岸まで拡大。
11月	ザ・ニューワールド・アライアンス（TNWA：商船三井・APL・現代商船で構成）、アジアと北米を結ぶ「NYX」サービスを12月初旬に改編すると発表。グランド・アライアンス（GA：日本郵船・MISC・ハパックロイド・OOCLで構成）とサービスを統合し、共同運航することとなったもの。新しいNYXサービスは、大型パナマックス9隻で運航。TNWA側が5隻、GA側が4隻投入予定で12月3日上海着の船舶から改編。
12月	ザ・ニューワールド・アライアンス（TNWA：商船三井・APL・現代商船で構成）とグランド・アライアンス（GA：日本郵船・ハパックロイド・MISC・OOCLで構成）、アジアと地中海を結ぶ定期航路を改編し、12月下旬から共同運航を開始すると発表。これにより荷動きが減速している地中海サービスを合理化して船腹を削減。急激に荷動きが落ち込んでいる市場に応じたサービス体制に再編。
2009年 1月	商船三井、日本・アジア/南米東岸コンテナ航路でパシフィック インターナショナル ラインズ（PIL）との共同配船を延長すると発表。2社協調の南米東岸便CSWは3000－4250TEU型11隻による定曜日ウィクリーサービス。往路で南アフリカのダーバンに追加寄港。
1月	マースク ラインとCMA-CGM、3月に北米/地中海サービスを改編すると発表。両社などが各自に運航している既存航路を結合し、より安定したサービス提供を図るもの。これまで行っていたマースク ラインの単独運航便とCMA-CGMとエバーグリーンによる共同運航を結合する内容。
1月	マースク ライン、アジア/欧州航路でCMA-CGMとの提携関係を今月からさらに拡大。同社は昨年後半からCMA－CGMが運航する北欧州向けのサービスに自社運航船を投入し1ループ限定で共同運航を実施。今月からはCMA-CGMが所有するアジアからアドリア海向けの直航サービスのスロット利用も開始。同サービスは日本発でも販売を開始し、高雄や寧波での積み替えで対応。欧州航路での荷動き減速に応じた船腹供給体制を絞り込み。
2月	商船三井、コンテナターミナル（CT）を運営する合弁会社「タンカン・カイメップ・インターナショナル・カンパニー」の設立調印式を行ったと発表。開発場所はホーチミン市（バリアブンタウ省

年　月	本　文
	カイメップ地区）。ベトナムでは初めての大水深ターミナルとなる予定。韓進海運・ワン ハイ ラインズの2船社と現地の国営企業（越防衛省・海軍傘下のサイゴン・ニューポート社（SNP））との共同事業。
3月	商船三井、東京港の自社借り受け施設大井コンテナ埠頭4・5号「東京国際コンテナターミナル」（TICT）で使用するトランスファークレーンに従来の装置に比べ安定性・安全性が優れている世界初のマイクロ波安全監視システムを導入したと発表。
3月	日本郵船と川崎汽船、6月下旬からアジアと南米東岸を結ぶ定期コンテナ航路で共同配船を開始すると発表。日本郵船と現代商船が運航する既存サービスに川崎汽船とPILが参加する形に。4社は4200TEU型10隻を投入。10隻のうち日本郵船・川崎汽船・PILが各3隻ずつ、現代商船が1隻を投入。
3月	マースク ライン、アジア発東地中海向けコンテナサービスを強化。アジア/地中海航路のAE3を改編し、新たにイズミット・コルフェジ（トルコ・イスタンブール近郊）への寄港を開始。日本を含めたアジアからのトルコ向けのサービスを強化。
3月	ジム インテグレーテッド シッピング サービス、アジア（中国・華南）と北米東岸を結ぶ定期コンテナ航路でグランド・アライアンス（GA：日本郵船・ハパックロイド・MISC・OOCLで構成）と提携すると発表。4月上旬から同航路で共同運航を開始し、4200TEU型8隻で運航。同アライアンスが5隻、同社が3隻をそれぞれ投入。
3月	ザ・ニューワールド・アライアンス（TNWA：商船三井・APL・現代商船で構成）、アジアと欧州を結ぶ定期航路のコンテナサービスで東航（欧州発アジア向け）を喜望峰回りのルートに変更。輸送日数は1週間弱ほど長くなるが通航料負担の重いスエズ運河ルートを回避するのが狙い。当面は3月上旬の北欧州出港の配船から3航海分で実施。
4月	CKYHアライアンス（COSCON・川崎汽船・陽明海運・韓進海運の4社で構成）の首脳会議「CKYH2009サミット」開催（於：韓国・済州島）。世界的な経済危機によりコンテナ貨物の荷動き停滞が問題化するなかで、アライアンス各社の協調により、サービスの合理化と品質向上に努めていくことで一致。
4月	CMA-CGMとマースク ライン、共同運航するアジア/地中海サービスを5月中旬から改編することに。ジェノバやフォスなど西地中海向けとダミエッタやコパーなど東地中海向けサービスの2ループに。西地中海向けでは8500TEU型9隻を、東地中海向けでは6500TEU型8隻を投入。
5月	MISC、グランド・アライアンス（GA）から2010年1月1日付けで脱会を決断。同アライアンスは日本郵船・ハパックロイド・OOCLで構成、太平洋・アジア―欧州・大西洋の東西航路で共同運航。MISCは北欧州・地中海ルートにだけ参加していたが、市況悪化を受け基幹航路からの撤退を決める。
7月	ハパックロイドとOOCL、大西洋航路でMSCと提携。ハパックロイドとOOCLが共同運航するカナダ/欧州サービスSLC1、MSCのモントリオールエクスプレス1と統合。3社で2800－3000TEU型コンテナ船4隻を配置し、ウイークリー配船を実施。
7月	マースク ライン・MSC・CMA-CGM、日本・アジア―北米西岸航路で船舶共有協定（VSA）を結び、運航する3ループのうち9月末までに1ループを休止し、2ループに集約すると発表。休止するのは華南・華東とロサンゼルス港を結ぶサービス。この再編に伴って既存の2ループの寄港地も見直し、これまで韓国・日本と北米西岸を結んでいたサービスでは神戸と清水への寄港を中止。
8月	CMA-CGM、9月末から大西洋航路でMSCと提携し共同配船を実施すると発表。これまでCMA-CGMは大西洋航路でエバーグリーンやChina Shippingと提携していたが市況悪化により2社が同航路から撤退を決定しており、MSCと提携することで大西洋航路で自社船を投入したサービスを維持することとに。
8月	CKYHアライアンス（COSCON・川崎汽船・陽明海運・韓進海運で構成）、10月からアジア/欧州航路のコンテナサービスを合理化すると発表。需要に合わせて供給船腹を最適化することが狙い。北欧州・地中海両ルートをそれぞれ1便減便し約2割の船腹を削減。夏場の繁忙期を迎え欧州向け荷動きは持ち直してきており、減便により運航効率を高め収支改善を目指す。
9月	欧州委員会はコンソーシアムに対する競争法適用除外を2015年4月25日まで延長する新規則（以下「906/2009」）を採択。
10月	マースク ライン、12月上旬からアジアと欧州を結ぶ定期コンテナサービスのAE10を一部改編し、ポーランドのグダニスクへの直接寄港を開始すると発表。中国などアジアからポーランドへの直航便は2000年以降では業界初。
11月	マースク ライン、アジアと北欧州・地中海を結ぶ定期コンテナ航路を11月から改編すると発表。同社は2017年までに二酸化炭素（CO_2）排出量を2007年比で20%削減という長期目標を掲げ、今回の改編で目標実現のため欧州航路全域でエコ・スピード（減速航行）を導入し、コンテナ船から排出さ

367

年　月	本　文
	れるCO_2を大幅に削減。この施策に伴い各グループにコンテナ船を1隻ずつ追加し、エコ・スピードに対応したスケジュールに再編。
11月	ザ・ニューワールド・アライアンス（TNWA：商船三井・APL・現代商船で構成）、12月からアジアー北米東岸を結ぶ定期航路でグランド・アライアンス（GA：日本郵船・（ドイツ）ハパックロイド・MISC・OOCLで構成）と共同配船を開始すると発表。両グループが提供するコンテナサービスのうちパナマ運河経由の1便を統合。需要が落ち込む冬場に供給量を1週間当たり4000TEU減らし需給悪化に歯止めをかけようとするもの。
12月	太平洋航路安定化協定（TSA）、10年の次期サービス・コントラクト（SC）に向けた荷主説明会開催（於：東京）。現在の北米航路を取り巻く環境や船社側の苦しい状況などについて説明。TSAがこの時期日本で荷主向け説明会を開催するのは初めて。
12月	MISC、アジアー欧州（地中海を含む）間のサービスから撤退しグランド・ライアンス（GA）を脱退。
2010年 1月	マース ライン、東アジアとオセアニアを結ぶ定期コンテナサービスを2月中旬から改編すると発表。北東アジアとオーストラリアを結ぶ「ブーメラン・サービス」で環境に配慮したエコ・スピードを導入し、寄港地も絞り込む。また、APL、Hamburg-Sudなど5社連合が豪州航路で運航するサービスのスロットを利用することでブーメラン・サービスと合わせて2ループに拡充。
1月	CKYHアライアンス（COSCON、川崎汽船、陽明海運、韓進海運で構成）、アジア/欧州・地中海航路の東航（復航）で今月末から減速航行を開始すると発表。減速航行では出力3～5割に落とし運航。
3月	ザ・ニューワールド・アライアンス（TNWA）の商船三井とCKYHアライアンスの川崎汽船、4月から日本・アジアと北米西岸を結ぶ定期コンテナ航路で提携し、南部PSW向けと北部PNW向けの便でそれぞれ共同運航を開始すると発表。
4月	ザ・ニューワールド・アライアンス（TNWA）の商船三井とCKYHアライアンスの川崎汽船、既存のアライアンスの枠組みを超えて、アジアー北米東岸サービスで5月から共同運航を開始すると発表。両社は北米西岸サービスでも共同運航を実施。
4月	東京港に過去最大船型となる9600TEU型コンテナ船寄港。翌日（4月22日）東京港関係者による初入港歓迎式典開催。寄港船は日本郵船運航の「NYKアドニス」（10万5644総トン、全長332㍍）。
5月	フランスの調査会社アルファライナー、世界のコンテナ船社ランキングまとめる。1位APモラー マースク、2位MSC、3位CMA-CGMの順位、上位10社で世界の総船腹の6割を占める構図にも変化なし。日本郵船11位、商船三井12位、川崎汽船15位。
5月	現代商船、アジア出しアドリア海向けサービス「MAE」を5月下旬から開設すると発表。現代商船・韓進海運・陽明海運・アラビア湾岸6カ国の合弁船社ユナテッド アラブ シッピング（UASC）による共同運航。
6月	マース ライン・MSC・CMA-CGMの3社、2009年10月から休止していたアジアー北米間を結ぶ定期コンテナサービスを7月上旬から再開すると発表。3社は船腹共有協定を締結。
8月	China Shipping・韓進海運・CMA-CGM・現代商船の4社、アジアー南米西岸航路で9月から共同運航による新サービスを開始すると発表。
10月	神戸港埠頭株式会社設立。
10月	大阪港埠頭株式会社設立。
2011年 2月	マース ライン、コンテナ積載数1万8000TEUで世界最大となるコンテナ船最大30隻の建造契約を大宇造船海洋と発表。引き渡しは2013年から2015年。
11月	MISC、コンテナ船事業からの撤退を決めたと発表。市況悪化で事業継続は難しいと判断。2012年6月末までに全てのコンテナサービスから撤退。
12月	MSC（定航業界2位）とCMA-CGM（同3位）、アジアー北欧州などの航路で広範囲における運営パートナーシップ協定を締結したと発表。12月5日両社でアジアー北欧州を結ぶ定期コンテナ航路において3月上旬から共同配船を実施すると発表。
12月	グランド・アライアンス（GA：日本郵船、ハパックロイド、OOCLで構成）とザ・ニューワールド・アライアンス（TNWA：商船三井、APL、現代商船で構成）、アジア/欧州航路で新アライアンス「G6アライアンス」を設立することで基本合意。
12月	運営パートナーシップ協定を結んでいるCMA-CGMとMSC、北米東岸と南米西岸を結ぶ新航路「ブラックパールサービス」の運航開始を発表。南米西岸のマーケット伸長に対応し、直航による高速サービスを提供するもの。
12月	CKYHアライアンス（コスコ コンテナ ラインズ：COSCON・川崎汽船・陽明海運・韓進海運で構成）とエバーグリーン、2012年4月以降のアジアー欧州航路での提携強化を発表。スペース共有や寄港地の再編でサービスを最適化。

年　月	本　文
2012年 2月	マースク ラインとCMA-CGM、アジア/地中海航路の定期コンテナサービスを4月から改編すると発表。それぞれ単独運航してきた地中海サービスを統合し、両社の共同運航便2ループを新たに開設。
3月	米国のロングビーチ港は、北米港湾では最大級となる1万2000TEU型コンテナ船が初寄港したと発表。
6月	APMMグループのAPM ターミナルズ（APMT）は、デンマークのコペンハーゲンで中国の寧波港集団と港湾の共同事業に関する契約に署名したと発表。
9月	米国連邦調停斡旋局（FMCS）は、米国海運連合（USMA）と国際港湾労働組合（ILA）が、9月30日で期限切れとなる現行の労働協約を90日間延長することで合意したと発表。
10月	マースク ライン、アジアー欧州航路での船腹削減を正式に発表。欧州航路全体での休止は一時的に2ループ、年初に比べて船腹量を2割減らす内容。
10月	神戸港埠頭株式会社および大阪港埠頭株式会社が阪神港における特例港湾運営会社に指定。
10月	CMA-CGMは17日までに、同国政府系ファンドのフランス国家戦略投資基金（FSI）から1億5,000万ドル相当の資本注入を受けることで合意したと発表。
11月	CMA-CGM、世界最大となる1万6000TEU型コンテナ船CMA CGM マルコポーロ号の竣工を発表。全長336㍍、全幅54㍍、喫水16㍍。大宇造船海洋が建造。アジアー北欧州航路に投入。
11月	米国西岸のロサンゼルス（LA）・ロングビーチ（LB）両港では、現地時間27日に発生した事務員組合によるストライキをきっかけに事実上、主要コンテナターミナル（CT）が軒並み閉鎖。ストライキに突入しているのは国際港湾倉庫労働組合（ILWU）傘下でLA・LB地区の事務員組合（OCU）。OCU所属の組合員は約800人。これまで使用者側が進めてきた事務作業のアウトソーシングに強く反発し、ストライキ突入におよんだ。ストライキによる影響で閉鎖されたCTは、27日時点ではLA港のピア400（APM Terminals）だけだったが、28日にはLB港も含めて他のCTにも波及。同29日現在、LA・LB両港にある14のコンテナターミナル（CT）のうち10ターミナルでピケが張られ閉鎖。12月5日にストライキが収拾し閉鎖解除。
12月	名古屋埠頭会社設立。名古屋埠頭公社を改組し、外貿コンテナ埠頭・フェリー埠頭などの管理運営業務を同公社から引き継ぐ。これにより5大港の埠頭公社の株式会社化が全て完了。
12月	北米東岸・ガルフ港湾の労働組合で組織する国際港湾労働組合（ILA）と、船社やターミナルなど使用者側で構成する米国海運連合（USMX）の間で行われていた交渉が、決裂。現行の労働協約は今月29日で期限切れを迎えるため新協約の締結に向けて交渉を進めてきたが、コンテナに課金して組合員の収入を補填するコンテナ・ロイヤルティー（コンテナ化利用料）などの扱いをめぐって両者が対立、合意できなかった。
12月	横浜港埠頭株式会社が横浜港における特例港湾運営会社に指定。
12月	G6アライアンス（日本郵船、ハパックロイド、OOCL、商船三井、APL、現代商船）は2013年1月初旬から、アジア/北欧州・地中海航路で追加の冬季欠便を実施。G6は10月から北欧州ループで減便を実施しているが、追加で各ループごとに、適時欠便。欧州航路ではCKYHアライアンス（コスコ コンテナ ラインズ：COSCON、川崎汽船、陽明海運、韓進海運）も追加減便の実施を決め、需給引き締めの動き目立つ。
12月	北米東岸港湾の労働組合で構成する国際港湾労働組合（ILA）と使用者側で組織する米国海運連合（USMX）は2012年12月末、現行の労働協約をさらに30日延長することで合意。
2013年 1月	日本郵船、商船三井などが参加するG6アライアンスはアジアー欧州定期コンテナ航路の2013年体制は北欧州5ループ、地中海2ループの7ループを維持すると発表。
2月	日本郵船、商船三井などコンテナ船6社で構成するG6は、これまでアジアー欧州航路に限定していた協調範囲をアジア/北米東岸航路にも拡大すると発表。現在、グランド・アライアンス（GA）とザ・ニューワールド・アライアンス（TNWA）が別々に提供している北米東岸航路サービス体制を2013年5月からG6として週6便に再編。
2月	日本海事センターがアジア域内航路協議協定（IADA）のデータを基に2012年のアジア域内航路の貨物量を発表。前年比4.5%増の1433万TEU。世界的にコンテナ荷動きが伸び悩む中で異例の伸び率。
3月	CKYHアライアンス（COSCON：コスコ コンテナ ラインズ、川崎汽船、陽明海運、韓進海運）はアジアー欧州定期コンテナ航路の2013年体制を発表。新体制は北欧州4ループ、地中海3ループの計7ループでの運航。
3月	川崎汽船は1万4000TEU型コンテナ船5隻を2015年までに新造船する船隊整備計画を発表。
4月	北米東岸港湾の労働組合で構成する国際港湾労働組合（ILA）は、米国海運連合（USMX）と6年間の新労働協約を締結したと発表。
6月	マースク ラインは、MSCとCMA-CGMとともにアジア/欧州、アジア/北米・大西洋の東西基幹定期

369

年 月	本 文
	航路で新アライアンス「P3ネットワーク」を2014年4月以降に結成すると発表。
7月	APMMグループのコンテナ船として世界最大となる初の1万8000TEU型コンテナ船マースク・マッキンニー・モラー号が就航（大宇造船海洋建造）。
8月	ハパックロイドは、同社の持ち株会社と事業会社を合併すると発表。2013年1月1日に遡って適用。
12月	日本郵船や商船三井など定期船6社で構成するG6アライアンスは、アジア/北米西岸航路と大西洋航路で2014年4月以降に協調配船を開始すると発表。
2014年 1月	エバーグリーンは1万4000TEU型10隻の船隊整備計画を発表。
1月	ハパックロイドとチリのCSAVは定期コンテナ船事業の合併に合意したと発表。
2月	中国海運大手のCOSCOグループとチャイナ シッピング コンテナ ラインズ（CSCL：中海集装箱運輸）グループが海運やターミナルなどの幅広い事業分野での戦略的提携で基本契約に調印。
2月	エバーグリーンがCKYHアライアンスに加わりCKYHEアライアンスが発足。アジア－欧州（北欧州・地中海）航路の定期船連合は3大グループに集約。
2月	韓国海運大手の経営悪化が鮮明。コンテナ船事業の悪化、ウォン高を主因に負債が膨らむ。現代商船はLNG（液化天然ガス）船事業売却、韓進海運はドライ・LNG（液化天然ガス）船の長期契約船の分社化・売却に踏み切る。
3月	日本の公正取引委員会（公取）は日本郵船、川崎汽船、ワレニウス・ウィルヘルムセン・ロジスティックス、日産専用船の4社に対し、自動車輸送での独占禁止法違反として合計227億円の課徴金支払い命令を出した。
4月	米連邦海事委員会（FMC）は日本郵船、商船三井など6社で構成する「G6アライアンス」によるアジア－北米西岸航路と大西洋航路への協調範囲拡大を許可。
4月	ハパックロイドとチリのCSAVは定期コンテナ船事業の合併を決定。合併後のハパックロイドは船腹量で定期船世界4位に浮上。
4月	海運大手3社の発表した2014年3月期の連結経常利益で、日本郵船が前の期比3倍増の584億円、川崎汽船が同1割増の324億円。商船三井は経常益549億円（前の期は285億円の赤字）と黒字転換。コンテナ船は3社そろって赤字継続だったが、円安とドライ市況の改善が全体の収益を押し上げた。
4月	CKYHEアライアンスはアジア/北欧州・地中海航路で協調配船を開始。
4月	海外の主要定期船会社の2013年12月期決算で、ULCSと称される1万TEU超の大型船の竣工やそれ以下の船型のカスケード（転配）による船腹供給量の増加予測で市況が低迷する中、アジア系船社を中心に赤字が目立つ、一方で最大手のA. P. モラー マースクが大幅な黒字を計上。船社間での競争力格差が鮮明。
5月	CMA-CGMは同社グループでのCO$_2$（二酸化炭素）削減量を2015年までに2005年比で50%削減すると発表。
6月	マースク ライン、MSC、CMA-CGMの欧州系定期船3社が2014年秋の協調開始を目指していた新アライアンス「P3ネットワーク」について、中国の独禁法規制当局は承認しないと発表。これにより3社はP3結成を断念すると表明。新アライアンスは計画浮上から1年で白紙に。
6月	欧州委員会競争総局は、コンソーシアムに対する競争法適用除外を規定する欧州委員会規則906/2009（コンソーシアム規則）を2020年4月まで5年間延長することを発表。
7月	定期船最大手マースク ラインと同2位のMSCは北米、欧州、大西洋の東西基幹航路で提携すると発表。2社による新連合（アライアンス）は「2M」。
7月	Hamburg-Sudは南北航路を強化のため、チリのCCNIのコンテナ部門を買収することで暫定合意。
8月	マースク ラインとMSCによる新アライアンス「2M」発足。
9月	CMA-CGM、チャイナ シッピング コンテナ ラインズ（CSCL：中海集装箱運輸）、アラビア湾岸6カ国の合弁船社ユナテッド アラブ シッピング（UASC）のコンテナ船3社による新アライアンス「オーシャン・スリー（O3）」が発足。これで東西航路は4つのアライアンスに再編。
9月	川崎汽船は米国司法省との司法取引で自動車船事業の事実を認め、罰金6770万ドルを支払うことに合意と発表。
10月	神戸港埠頭会社と大阪港埠頭会社が経営統合して阪神国際港湾株式会社が設立。11月28日付で港湾法に基づく「港湾運営会社」に指定。12月26日に同社に対して国が出資。
10月	マースク ラインとMSCによる定期船上位の新アライアンス「2M」について、米連邦海事委員会（FMC）は、両社が申請していた船腹共有協定（VSA）の届け出を承認すると発表。
12月	CKYHEアライアンス（COSCON、川崎汽船、陽明海運、韓進海運、エバーグリーン）によるアジア－北米航路と大西洋航路の協調拡大について、米連邦海事委員会（FMC）への届け出が発効。2015年1月から新アライアンス「2M」、CMA-CGM、中東を基盤とするアラビア湾岸6カ国の合弁船社ユナテッド アラブ シッピング（UASC）、チャイナ シッピング コンテナ ラインズ（CSCL：中海集装箱運輸）の新アライアンス「オーシャン・スリー（O3）」を同時期に始動。既存のG6アライ

年 月	本 文
	アンスと合わせて東西4強体制へ。
12月	米司法省は自動車輸送の反トラスト法違反の罰金として日本郵船が5940万ドル（約70億円）を支払うことで合意と発表。川崎汽船は2014年9月に6770万ドル（約70億円）で合意。日本の公正取引委員会は2014年3月、自動車船を運航する海運4社に対し合計227億円の課徴金の支払い命令を執行。日本郵船131億円、川崎汽船57億円、ワレニウス35億円、日産専用船4億円。
2015年 2月	CMA-CGMとHamburg-Sudは協調関係を強化することで合意と発表。
2月	米国西岸港湾の混乱が続く中、アジア発北米東岸向け定期航路（北米東岸航路）のコンテナ運賃が記録的水準。上海航運交易所（SSE）の上海北米東岸向けスポット運賃は40フィートコンテナ当たり5049ドルを付け前週比71ドル上昇。2011年以降過去最高を更新。北米西岸向けの輸送正常化にめどが立たないことなどから。
2月	Hamburg-SudはチリのCCNIのコンテナ部門を買収することで正式合意。
2月	太平洋海運協会（PMA）と国際港湾倉庫労働組合（ILWU）が5カ年の新協約を締結することで暫定合意。
2月	APMMグループが発表した2014年連結決算のうち、主力のコンテナ船部門マースク ラインの損益はEBITDA（金利・税引き・償却前利益）が前年比27%増の42億1200万ドル（日本円で約5000億円）。部門利益は55%増の23億4100万ドル。リーマン・ショック後2009年以降では過去最高の利益額。
5月	CMA-CGM、チャイナ シッピング コンテナ ラインズ（CSCL：中海集装箱運輸）、アラビア湾岸6カ国の合弁船社ユナテッド アラブ シッピング（UASC）で構成するアライアンス「オーシャン・スリー（O3）」とHamburg-Sudの4社が中旬からパナマ運河経由でアジアと北米東岸を結ぶ定期航路で新サービスを開設。
6月	日本郵船はCMA-CGM、ハパックロイド、Hamburg-Sudなど5社と共同でアジアー南米東岸航路で7月から新サービスを開設すると発表。
7月	アジアー南米東岸航路の新サービス体制がスタート。これまで単独運航（商船三井、MSC）を含め5グループから4グループに集約。
8月	2014年8月5日以降、約1年の工期をかけて複線化などが図られた拡張スエズ運河が開通。エジプト政府はスエズ運河拡張工事の完了に伴う開通式典を開催。今回の拡張では運河全体のうちの72キロの部分で拡張工事や水深掘り下げを実施。一連の工事により航行可能な船舶数を増やし、2023年には船舶通航料を倍増させて通行料収入が年間123億ドルと現在の2.5倍に拡大することを見込む。
11月	主要定期コンテナ航路の運賃が軟化。上海航運交易所（SSE）まとめの上海発コンテナ運賃は、北米西岸向けが40フィートコンテナ当たり922ドル、北欧州向けが20フィートコンテナ当たり295ドル。北米航路両岸向けが過去最低を更新。
12月	世界3位のCMA-CGMはNOLの買収で合意したと発表。買収総額は推定で約3000億円。マースク、MSCと並んで上位3位の地位を確保。
12月	名古屋港埠頭会社は名古屋コンテナ埠頭（NCB）を2016年4月1日付で吸収合併する契約を締結。
12月	国連気候変動枠組み条約（UNFCC）の第21回締結国会議（COP21）は、2020年以降の地球温暖化対策の新たな国際的枠組み「パリ協定」を採択した。
2016年 1月	台湾の海運・航空大手エバーグリーングループ（Evergreen Group）の創業者で総裁の張榮發氏が死去（88歳）。
2月	COSCOとChina Shipping Container Lines（CSCL）が合併、新会社China COSCO Shipping 発足、旧COSCOにコンテナ船事業を集約、COSCOの船腹量増加率69%と大幅増、世界ランキングを6位から4位に繰り上げ（2016年8月末時点）、新会社、同年11月、社名をCOSCO Shipping Linesに変更。
3月	主要定期航路のコンテナ運賃が低迷。中国・上海航運交易所（SSE）がまとめたスポット（随時契約）運賃は上海発北米西岸向けで40フィートコンテナ当たり（FEU）748ドルとなり過去最低を更新。
4月	川崎汽船グループの港湾運送会社、ダイトーコーポレーションは、同じ川汽グループの東京国際港運を吸収合併。合併により東京の川崎汽船系「船社港運」会社が名実ともに一元化された。
4月	2016年3月連結決算：日本郵船は経常利益が前期比29%減の600億円、純利益が同62%減の182億円で3社の中で唯一黒字を確保。商船三井は純損益1,704億円（前期423億円の黒字）の赤字。ドライ、コンテナ両船の合理化対象に1,793億円の特別損益を計上、経常利益は前期比20%減の362億円、川崎汽船は経常利益が前期比93%の33億円、純損益が514億円の赤字に。
5月	日本郵船、商船三井、川崎汽船、ハパックロイド、陽明海運の5社、共同運航組織「ザ・アライアンス（TA）」結成で基本合意、2017年4月、TAの営業開始を目指す。
6月	CMA CGM、シンガポールのNOLを合併。CMA CGMがNOL傘下のAPL（シンガポール）を吸

年　月	本　文
	収、船腹量24%増加。
6月	拡張パナマ運河開通
7月	ハパックロイド、アラビア湾岸6カ国の合弁船社ユナテッド アラブ シッピング（UASC）との合併で正式合意を発表。
8月	業績が悪化していた韓進海運、自力再建を断念、法定管理（会社更生法に相当）入りを申請、コンテナ船など配下船全船の運航を停止、事実上の経営破綻。
8月	川崎汽船はアジア/米国航路のサービス提供船で構成する太平洋航路安定化協定（TSA）から脱退、同社の脱退により、TSA加盟船社は13社。
10月	日本郵船、商船三井、川崎汽船の日本船3社、各社の定期コンテナ船事業統合を発表。
10月	国際海事機関（IMO）・第70回海洋環境保護委員会（MPC70）がロンドンで開催、船舶からの硫黄酸化物（SOx）排出削減対策として、全海域で舶用燃料の硫黄分濃度規制強化を2020年に実施するほか二酸化炭素（CO_2）を主とする温室効果ガス（GHG）削減へ燃費実績報告制度を導入することを決めた。同年以降は舶用燃料として硫黄分濃度が0.5%以下の低硫黄油の使用、スクラバー（排ガス洗浄装置）の使用、ガス燃料機関の導入などの代替手段をとることが求められる。
12月	現代商船（現HMM）は定期船最大手のマースク・ラインとシェア2位のMSCで構成するアライアンス「2M」と戦略的提携を結び、2017年4月から新体制でのサービスを提供すると発表。
2017年 2月	韓進海運、司法当局から破産宣告を受け、1977年会社創設/コンテナ船事業参入後40年の歴史に終止符打つ。
3月	商船三井が保有・運航する2万TEU型コンテナ船6隻シリーズの第1船「MOL Triumph」が、3月27日サムスン重工業巨済造船所で竣工。
4月	CMA CGM、OOCL、COSCO、エバーグリーンの4社、アライアンス「オーシャン　アライアンス」（OA）結成。
5月	日本郵船、商船三井、川崎汽船の日本船3社、コンテナ船事業統合新会社の商標名を「オーシャンネットワーク　エクスプレス」（ONE）にすると発表。
6月	名古屋港管理組合と四日市港管理組合は5月31日、「名古屋四日市国際港湾株式会社」を6月17日付で設立したと発表。
6月	欧米を中心に6月27日に発生した大規模サイバー攻撃により、マースクや各地のコンテナ・ターミナルが被害を受ける。
7月	日本郵船、商船三井、川崎汽船の日本船3社、持ち株会社Ocean Network Express Holdinngs, Ltd,（ONEホールディングス、東京）、持ち株会社がシンガポールで事業運営会社Ocean Network Express Pte, Ltd. をそれぞれ設立。同年10月、事業運営会社の日本総代理店オーシャンネットワーク エクスプレス ジャパン株式会社設立を予定。
7月	COSCOグループ、上海国際港務集団（SIPG）と共同で、香港のOOCLの親会社のOOIL（Orient Overseas Intenational Ltd.）の買収を発表。
2018年 1月	アジア/北米コンテナ航路に参入する船社で構成する太平洋航路安定化協定（TSA）は1月24日、2月8日付で活動を終了すると発表。
4月	日本郵船、商船三井、川崎汽船、ハパックロイド、陽明海運の5社が結成するアライアンス「ザ・アライアンス」（TA）、営業開始。
4月	国際海事機関（IMO）は第72回海洋保護委員会（MEPC 72）で、「GHG削減戦略」を採択、2030年までに国際海運全体の燃料効率を40%改善し、50年のGHG排出量半減を経て、今世紀中のGHG排出ゼロを目指す。
6月	ザ・アライアンス（TA）の第1船ONE STORK（ワン ストーク）、6月16日、台湾の高雄港起こしでアジア/北米東岸航路航海、同船のコンテナ積載数1万4000TEU。
8月	日本郵船は8月30日、三菱倉庫と港湾運送に関する持ち株会社を設立し、グループの港湾子会社4社「ユニエックス、日本コンテナ・ターミナル、旭運輸、郵船港運」を傘下に収める形で、同年11月に経営統合すると発表。
11月	日本郵船は11月30日、同社グループの国内港湾子会社4社の経営統合に関して、持ち株会社の社名を「エム・ワイ・ターミナルズ・ホールディングス」に決定し、12月17日に設立すると発表。ユニエックスと日本コンテナ・ターミナルは2019年4月1日に合併して、社名は「ユニエックスNCT」となる。
12月	川崎汽船は12月21日、国内港湾運送事業の持ち株会社を2019年4月1日付けで設立した上で、新会社の株式49%を上組に譲渡すると発表。共同持ち株会社の傘下にダイトーコーポレーション、日東物流とシーゲートコーポレーションの3社が入る。
2019年 1月	香港のコンテナ・ターミナル運営企業が連携。ホンコン・インターナショナル・ターミナル（HIT）、アジア・コンテナ・ターミナル（ACT）、COSCO-HIT（CHT）、モダンターミナルズ

年　月	本　文
	（MTL）は「香港シーポートアライアンス」（HKSOA）を設立することで合意したと発表。
1月	CMA CGMグループ、COSCO、COSCOグループのOOCL、エバーグリーンで構成するアライアンス「オーシャン・アライアンス」（OA）は契約期間を2027年まで5年延長すると発表。
1月	日本海事センター発表の2018年のアジア18カ国・地域別米国向けコンテナ荷動き量は、前年比7.8%増の1,783万TEUと5年連続で過去最多を更新した。
2月	日本海事センター発表のアジア15カ国・地域発欧州54カ国・地域向けのコンテナ荷動き量は、前年比2%増の1,621万TEUと統計開始以来、過去最多を記録した。
3月	硫黄酸化物（SOx）、スクラバー（排ガス洗浄装置）、に関する国際組織「グリーンシッピング2020アライアンス」（CSA）は、北欧船社ワレニウス・ウィルヘルムセンが参加し、メンバーが35社に増えたと発表。メンバーの運航船は2,500隻に上る。
3月	2020年1月から施行される硫黄酸化物（SOx）規制に合わせて、7,500～1万1,999TEU型を中心にスクラバー搭載工事のために修繕ヤードや造船所に入り始めた。不稼働となった大型船の代替として、5,600～8,500TEU型が6～12カ月の期間で用船された。
4月	マースク、ハパックロイド、MSC、オーシャン・ネットワーク・エキスプレス（ONE）のコンテナ船大手4社は、コンテナ船業界のデジタル化推進を目的とした新団体「デジタル　コンテナ　シッピング　アソシエーション」（DCSA）を設立。
4月	2019年3月期の連結経常損益で、商船三井が385億円の黒字、日本郵船が20億円、川崎汽船が489億円のそれぞれ赤字。
4月	香港のOOILはロングビーチ港のコンテナ・ターミナルをオーストラリアファンドのマッコリーインフラストラクチャーパートナーズ（MIP）が率いるコンソーシアムに売却することで合意したと発表。売却額は約2,000億ドル。
4月	オーシャン・ネットワーク・エキスプレス（ONE）の2019年3月期通期業績は売上高が108億8,000万ドル、税引き後損失が5億8,600万ドル。
8月	マースクが、欧州～アジア間で、ロシア鉄道を利用した新複合輸送サービス「AE19」を開始、日本発着貨物は自社サービスを利用し、ロシア・ボストチヌイで接続、ポーランド・グダニスク港まで最短22日で到着。
9月	CMA CGMはLNG（液化天然ガス）燃料推進システム搭載の2万3,000TEU型コンテナ船「CMA CGMジャック・サーディ」が中国・上海江南長興造船で進水したと発表。LNGを燃料に用いるコンテナ船では世界最大。
10月	オーシャン・ネットワーク・エキスプレス（ONE）は、熊本県にコンテナ船積み付けプランニングセンター（SPO）となる「次世代海上コンテナ輸送研究所」（AOCTEL）を設立。
10月	オーシャン・ネットワーク・エキスプレス（ONE）ホールディングスは日本船主協会に加盟。
11月	欧州連合（EU）欧州委員会はコンテナ船社の配船連合であるコンソーシアムに対するEU競争法の包括適用除外について、現状では競争環境を阻害していないと結論付けたと発表。
2020年 1月	15日、新型コロナウイルス感染者を日本国内で初確認。29日、中国・武漢から日本人を退避させるチャーター機の第1便が羽田空港に到着。
3月	世界保健機関（WHO）が3月11日、パンデミック（世界的大流行）を宣言、WHOとして初めて新型コロナウイルス感染症を「COVIT-19」と名付けた。
2月	新型コロナウイルス感染拡大に伴いサプライチェーン供給元での生産活動停滞による荷動き激減、消費側での輸入減による荷動き大幅減少へ、船社、船腹調整で対応。
12月	東西航路全体での減便数と減便船腹量比率は、2月の105隻、31.4%から12月の14隻、2.9%へ低下。
2021年 5月	中国・塩田港で港湾労働者に新型コロナウイルス感染者が発生、1カ月近くコンテナ・ターミナル封鎖、大規模滞船発生
7月	7月12日、米連邦海事委員会（FMC）と米司法省（DOJ）、初めて省庁間覚書（MoU）に署名、コンテナ船社を対象に監視体制強化へ
7月	ユニオン・パシフィック鉄道（UP）、北米西岸からシカゴ向けコンテナ貨物の引き受け一時停止
8月	2021年8月末時点のコンテナ船発注残は519万2,000TEU、前年同月比2.5倍以上と過去10年で最多となった。供給船腹量に対する発注残の比率は、2020年秋以降の新造船発注ラッシュで急上昇し、2013年以来の20%台（21.4%）となった。2023年は過去最多の211隻、200万5,000TEU竣工と予測。
8月	マースクがメタノール燃料に対応する二元燃料機関を搭載する1万6,000TEU型9隻、エイシアテックロイドがアンモニア燃料に対応する二元燃料機関を搭載する7,100TEU型4隻をそれぞれ発注。
9月	次世代燃料対応コンテナ船の累計発注量は、2021年9月末時点で、131隻、174万9,000TEU（スクラバー搭載工事2隻を含む）。

年 月	本 文
9月	北米東岸向け上海輸出コンテナ指数（SCFI）は、25週連続で上昇し過去最高を更新、21年9月24日付けのSCFIは、1,1976ドル/FEUを記録、その後も10,000ドル/FEUを超える水準で推移。
10月	10月13日、バイデン米大統領、オンライン会議開催、港湾混乱解消方針を表明。
10月	10月末、北欧州向け上海輸出コンテナ指数（SCFI）、前年同月比6.7倍の7,693ドル/TEUへ上昇、北米西岸向けSCFI、10月29日付け、過去最高（6,414ドル/FEU）を記録。
12月	MSC、コンテナ船保有量で1993年以来28年間にわたって首位の座を維持してきたマースクを抜き首位の座に立つ。
2022年 2月	2月24日、ロシアによるウクライナ進攻開始
3月	オーシャン ネットワーク エキスプレス（ONE）、中期計画とグリーン戦略を発表。2022〜2030年度の期間で200億ドル以上投資し、2024年度までに52万TEU超の新造船投資を実施し、2030年度に向けて毎年15万TEU規模の新造船投資を継続する大規模な船隊整備計画を公表。
3月	中国・上海で新型コロナウイルス感染再拡大によりロックダウン（都市封鎖）実施、4月には上海港で一時滞船隻数100隻超え。
5月	日本郵船、商船三井、川崎汽船の2022年3月期連結決算、3社そろって純利益の過去最高を更新、3社合算の純利益が前期比約7倍の2兆3,600億円。
5月	オーシャン ネットワーク エキスプレス（ONE）、初めての自社船、1万3,700TEU型10隻を日本シップヤード（NSY）と現代重工業に5隻ずつ発注。「アンモニア・メタノール燃料レデイ船」とも言う。
6月	6月16日、バイデン米大統領、海事法改正案（OSRA2022）に署名、1998年以来の米海事法大改正。
6月	MSC、同社の「サステナビリティリポート」でロードマップを公表、温室効果ガスの排出ネットゼロを達成可能な船舶を投入し、2030年に2008年比40%削減、2045年には70%削減すること盛り込んだ。
8月	エバーグリーン、2022年8月末時点で2万3,000TEU型以上の超大型船6隻が竣工、そのうち「EVER ALO」「EVER APEX」の2隻が2万4,004型で世界最大船型を更新。
9月	次世代燃料対応コンテナ船の累計発注量は、2022年9月末時点で、291隻、330万5,000TEU。前年同月時点より、隻数で160隻増、船腹量で155万6,000TEU増と大幅に増えた。
10月	COSCO、初のメタノール燃料に対応する二元燃料機関を搭載する2万4,000TEU型12隻を大連中海運川崎船舶工程（DACKS）と南通中遠海運川崎船舶工程有限公司（NACKS）に計20億ドルで発注。
12月	オーシャン ネットワーク エキスプレス（ONE）、日本郵船と商船三井との間で北米西岸コンテナ・ターミナル会社2社の株式取得について合意。TraPac LLC（TraPac）はロスアンゼルス港とオークランド港で、Yusen Terminal LLC（YTI）はロスアンゼルス港で、それぞれコンテナ・ターミナルを運営する。
2023年 3月	COSCO（OOCL）の2万4,188型が2月にエバーグリーンの2万4,004型を抜き最大船型を更新し、翌3月にはMSCの2万4,346型が竣工し、コンテナ船の最大船型を塗り替えた。
4月	4月28日、オーシャン ネットワーク エキスプレス（ONE）、2023年3月期決算を発表、売上高は前年同期比3%減の292億8,200万ドル、税引き後利益は同10%減の149億9700万ドル。円換算で売上高18%増、税引き後利益8%増の増収、増益決算に変わる。円安効果を享受。
5月	日本郵船、商船三井、川崎汽船の2023年3月期連結決算、3社合算の純利益が前期比1,434億円増の2兆5,034億円と2年連続で純利益2兆円超え。
6月	CMA CGM、LNG二元燃料船2万4,000TEU型10隻を発注。
7月	国際海事機関（IMO）は、第80回海洋保護委員会（MEPC 80）で2018年に採択した「IMO GHG削減戦略」を改定し、GHG排出削減目標を「2050年頃までにGHG排室ゼロ」へと強化した。
7月	マースクの世界初のメタノール燃料のコンテナ船「LAURA MAERSK」（2,100TEU型）が竣工した。
7月	マースク、米国アマゾンと2万FEU分の貨物についてグリーンバイオ燃料を使用する契約を締結した。アマゾンがマースクとバイオ燃料を使用したコンテナ船を使用するのは4年連続となる。
9月	次世代燃料対応船の発注累計は、2023年9月末時点で、506隻、590万4,000TEUに上る。そのうち竣工船の合計は71隻、90万8,000TEU、前年同月末時点より隻数で34隻、船腹量で41万3,000TEUそれぞれ増えた。
10月	CMA CGM、メタノール二元燃料対応船9,200型8隻を発注。
10月	MSCの2万4,346型「MSC MICOL」が竣工し、11月5日まで約1カ月近く係船。
10月	10月7日、武装組織ハマスによるイスラエルへの越境攻撃とイスラエル軍のパレスナ地区ガザへの進攻開始。

年　月	本　文
11月	11月19日、イエメンのイスラム教シーア派組織フーシ派が、紅海で自動車専用船「Galaxy Leader」を拿捕、攻撃でMi-17型ヘリコプターを使用。
11月	11月24日、コンテナ船「CMA CGM Symi」が、インド洋でドローン攻撃を受ける。
11月	オーシャン　ネットワーク　エキスプレス（ONE）は、ロサンゼルス港のTraPac LLC（TraPac）とYusen Terminal LLC（YTI）、ロッテルダム港のRotterdam World Gateway（RWG）の株式取得完了。
12月	12月3日、コンテナ船「Number 9」が紅海で対艦ミサイルによる攻撃を受け、一部損壊。紅海では、12月14日にコンテナ船「Maersk Gibraltar」、12月15日にコンテナ船「AL Jasrah」とコンテナ船「MSC Palatium III」、12月26日にコンテナ船「MSC United」、12月30日にコンテナ船「Maersk Hanngzhou」が相次いで攻撃を受けた。
2024年 1月	マースクとハパックロイドが1月14日、マースクとMSCで結成するアライアンス「2M」を1月いっぱいで解消、新たにアライアンスを結成することを発表。これに伴いハパックロイドは、加入するアライアンス「ザ・アライアンス」（TA）を離脱することが決定的となった。コンテナ船業界に激震が走った。
1月	オーシャン　ネットワーク　エキスプレス（ONE）、メタノール燃料に対応する二元燃料機関を搭載する1万3,000TEU型船12隻発注。中国の江南造船と揚子江船業に6隻ずつ発注。ONEとして初めてメタノール二元燃料搭載船を発注。

あとがき

　コロナ禍で本書の原稿執筆を始めた。どうにか最終章にたどり着いた。

　新型コロナウイルス感染は拡大傾向をたどり、依然として収束に向けての出口が見えない。輸入ワクチンの接種スケジュールが話題に上り、わずかに先行きを明るくしているが、変異株の出現が収束への道のりが平坦でないことを暗示している。とにかくコロナ禍での執筆を進めた。

　書き始めは新型コロナウイルスの感染拡大がサプライチェーンを寸断し、ONEはもとより世界のコンテナ船業界が苦境に立たされること間違いないと確信した。ところがどうだろう。コロナ禍が逆風とはならず、特需に沸く局面に急変し、予想外の展開で推移した。

　寝起きとともに新聞のページをめくり新規感染者数を居住自治体、国内そして世界の順番で確かめては嘆息する日常を繰り返した。緊急事態宣言下で行動を自粛、対面取材の臨場感を味わえない閉塞感に浸り、潤沢でない資料とにらめっこで執筆するもどかしさだけはたっぷり味わった。ウェブ環境を整えていれば、オンライン取材ができ、オンライン会議のネットワークを構築し効率的に執筆がはかどることは先刻承知。あえてスマートフォンを頼りに編集協力者に支えられアナログ執筆活動に挑戦してみた。それでも「こんなコロナ禍に原稿を書こうとするのか」と自問自答することは一度もなかった。数え切れないくらい沈思黙考を繰り返した。その都度、コロナ禍に執筆する機会を与えられていることを弾みにパソコンに向かった。

　本書冒頭で記したとおり、一つの新聞記事と一冊の本がとりもつ縁で執筆を始めた機会を活かしたい、そんな思いが背中を押し続けてくれた。「1955年－2005年」と「1968年－2018年」の2つの時間軸が脳裏から離れなかった。文中の年号は西暦で統一し、一切和暦を表記しなかった。元号を軽視したわけでなく、紛らわしさを避けたかっただけで他意はない。マーク・レビンソンがマルコム・マックリーンに焦点を当て描いた「1955年－2005年」の"コンテナ物語50年"を下敷きに、「1968年－2018年」の"日本船社コンテナ50年"に挑戦した。

　筆者が1968年9月、日本船社初のコンテナ船箱根丸と出会った時には米国中心のコンテナ化開幕からすでに13年の時が流れていた。コンテナ化揺籃期である。一方、レビンソンが"米国コンテナ50年史"を締めくくった2005年はコンテナ船事業が世界規模で再編に向かう節目の年である。レビンソンは3年

後に起きた未曾有の経済危機、リーマン・ショックを想定できなかった。日本船3社が統合会社ONEを設立・開業することも想定外のことであった。

　筆者に原稿執筆を思い立たせたのは繰り返しになるが、ONEの設立・開業である。

　新会社ONEが日本船社によるコンテナ化の歴史に新たにページを刻み、コンテナ新時代の幕開きを告げた。ONE発足を報道する関係者の反応は芳しくなく、黒字化を疑問視する報道さえ目にした。国内で大型M&A（企業の合併・買収）が報じられ、投資家心理に訴える材料に事欠かない昨今である。海運界の事業統合がことさら反響を呼ぶような世相ではない。捲土重来を期しての事業統合さえ売却前提の統合に違いないとの辛口論評にさらされる。国際物流の一翼を担うコンテナ船事業に対する先行き不透明感の強さを印象付けた。

　コンテナ船船腹量の世界シェア7％弱で、激化する国際競争の場で生き残る成算があっての統合なのだろうか。思惑が外れ、ONE発足が日本船社のコンテナ船市場から撤退の第一歩にでもなると、半世紀におよんだコンテナ船事業への取り組みが水泡に帰すことになりかねない。一抹の不安が脳裏をよぎる。ONE発足が日本船社のコンテナ船市場から撤退への第一歩にでもなると、半世紀にわたりコンテナ船事業に携わり歴史を紡いできた功績は記憶の後景に押しやられ、関係者の労苦は報われない。そんな当て推量が筆者の脳裏をよぎったことを否定しない。

　ONEは開業直後のつまずきを早期に克服し、業績を好転させ、筆者の懸念を払拭してくれた。世の中、何が幸いするか分からない。世界中で猛威を振るう新型コロナウイルス感染拡大を追い風に業績を伸ばす予想外の展開となったのだから。世界中がコロナ禍で緊迫する情勢下、日本や米国、中国など主要20カ国・地域（G20）の閣僚会議が開かれ、声明を発表した。

　G20は新型コロナウイルス感染拡大を受けて、2020年3月30日夜からテレビ電話会議方式で緊急の貿易投資相会議を開き、31日には閣僚声明を発表し、機敏に反応した。閣僚声明で国際的なサプライチェーン（部品の調達・供給網）を維持するため物流ネットワークの円滑な運用を確保していく必要性を訴えた。見方によっては閣僚声明が海運業にサプライチェーンの維持を通じて新型コロナウイルス禍に見舞われた市民生活を支える"エッセンシャル・インダストリー"としての市民権を与えてくれた。また、海運業とりわけコンテナ船事業に携わる関係者が地球環境対策への対応に加え、広く社会的課題の解決に貢献することが求められており、その使命と責務を再認識させた

と言える。

　国内では宅配便が市民生活を維持する上で必要不可欠な物資を提供する"エッセンシャル・ビジネス"に分類され、物流業に従事するスタッフも"エッセンシャル・ワーカー"と呼ばれ、一般人に浸透している。国内外で物流業の社会経済活動で果たす役割の重要性が再認識される契機となった。

　ともあれ日本船社によるコンテナ化への取り組みの歴史を記録する一助にしたい。そんな思いで書き進めた。ONE開業後に好調に推移した業績が悲観見通しを払拭してくれた。世界中で猛威を振るう新型コロナウイルス感染拡大を追い風に業績を伸ばすことは予想外の展開であった。20年夏場以降に急増するコンテナ荷動きに対応したアライアンスによる船腹調整が功を奏し、高水準で推移する運賃市況を享受した。

　順風満帆に見えたONEが不運に見舞われた。ONEの1万4,000TEU積み「ONE APUS」が中国の塩田港からロングビーチ港に向かう途中の20年11月30日、北太平洋上で荒天に遭遇して積載していたコンテナの一部が破損・損失する荷崩れ事故を起こした。コンテナ1,816個を流出させた、荷崩れしたコンテナを回復するため、12月8日、神戸港に入港した。2月末時点で事故原因の究明と事故処理手続きを巡って進行中で通期業績への影響は未定であった。年明け後の1月と2月にマースクの1万3,000TEU積みコンテナ船が中国の厦門港からロサンゼルス港に向かう北太平洋上で相次いで大量のコンテナ流出事故を起こした。一連のコンテナ流出事故は冬場の大圏コースで大型船を運航する危うさを注意喚起したが、ONEが事故処理に伴う損失を補って余りある好成績を収め、通期業績を大幅に悪化させることはなかった。章立て執筆後に発生した事故とあって「あとがき」欄を活用させてもらった。

　2019年の世界のコンテナ荷動きと港湾のコンテナ取扱量を比較すると、コンテナ荷動きは対前年伸び率1.6%の2億2,221万TEU、これに対してコンテナ取扱量は同2.2%の8億200万TEUで、コンテナ取扱量の伸び率がコンテナ荷動きの伸び率よりわずかに高かった。

　トランシップ（積み替え）比率が若干上昇し、トランシップを除く空コンテナの伸び率も実入りコンテナの伸び率に比べ高止まりした。米中貿易戦争に伴う米国向け輸出元の変更が影響していると考えられた。米国向け輸出元が中国からベトナム、マレーシアなどへ切り替える生産地シフトと映った。視点を世界のコンテナ港湾に占める日本のコンテナ港の立ち位置に移してみる。

　世界の港湾コンテナ取扱量を比較すると、20年上半期時点で、上位10港に

シンガポール（2位）、釜山（6位）、香港（8位）、ロッテルダム（10位）の4港を除き中国の港湾が名を連ねている。香港を含めると、中国港湾が7港を占めている。19年の世界の港湾コンテナ取扱量を地域別にみても中国を主軸とした東アジアが前年比2.5％増の4億3,410万TEUでシェア54.1％を占め、世界の他の地域を圧倒している。なかでも、上海が世界のコンテナ取扱量ランキングで10年連続トップの座を維持している。一方、中国港湾の隆盛ぶりと対照的に日本の港湾の名前は上位20位以内にも見当たらない。港湾でのコンテナ取扱量の日中間格差は日本が過去の隆盛を取り戻せないほど拡大している現実を突き付ける。

　米中貿易戦争激化に伴い中国/米国間のコンテナ荷動きが19年に大きく落ち込む中でも、中国各港のコンテナ取扱量は一定水準を維持している。欧州との貿易が米中貿易低迷による落ち込み分を補い下支えした。また、中国の国内輸送のコンテナ荷動き量は世界の荷動き量の28％を占め、アジア域内航路のシェアを高め、中国各港のコンテナ取扱量を押し上げている。

　第2章でコロナ禍でのコンテナ船市場の推移に焦点を当て上海出し船の消席率、スポット運賃市況の動向を記述し、上海の港勢を浮き彫りした。米中の制裁関税応酬は18年7月の第1弾を皮切りに第4弾まで合計5,200品目を対象に発動された。当然、中国出し主要品目を対象とした。18年9月発動の第3弾対象品目に「電気機器」「家具」、19年9月発動の第4弾対象品目に「パソコン・その周辺機器」が含まれた。これらの品目は前年比減少となった。これらの品目を中心に生産地シフトが進んだとみられた。このことを裏付けるように「家具」「パソコン・その周辺機器」の最大の生産代替国としてベトナムが、「電気機器」生産代替国としてベトナム、タイ、マレーシアなどが登場した。

　米中貿易戦争激化を背景にベトナム、タイ、マレーシアなどが中国に代わり受け皿になったとみられた。19年に進行した生産地シフトの状況を把握するにはアジア地域全体の品目別シェアの変動を考察する必要がありそうだ。今後の成り行き次第で、アジア地域で対米貿易構造の地殻変動が起きかねない。

　生産地シフトから想起するのが「極東シフト」である。第5章で日本船社の中で川崎汽船がいち早く極東/北米航路の三国間コンテナ・サービスを開設したことを記した。対米航路の荷動きの変化に対応して日本に寄港しない「極東シフト」対策を具体化し先駆けた。日本の製造業が円高進行を背景に生産拠点を日本から低廉な労働力を求め韓国、香港、台湾に移転した。日本積み

貨物の減少と対照的に韓国、香港、台湾など極東積み貨物が増加傾向に転じ、日本を起点とする定期航路のコンテナ化が"日本離れ、極東移転"へと転換し始めた。韓国、香港、台湾を指す極東の意味合いが変化した。

　日本に代わって組立加工型工業先行の産業で発展し、輸出貨物を伸ばす韓国、香港、台湾にシンガポールが加わり「東アジアの四匹の竜」と呼ばれた新興工業経済地域・国（NIES）が誕生し、NIES船社の台頭を促した。生産拠点はNIESから東南アジア諸国連合（ASEAN）諸国へと広がり、さらに「世界の工場」中国を加えたアジア全域へと拡大した。日本と韓国、香港、台湾を切り離し極東と呼び、配船体制を整備したのも今は昔の話。

　極東に限らずNIES、ASEANにしてもアジアに包摂され、アジア域内の一角を占めている。世界の基幹コンテナ航路はアジアを起点にネットワークを張り巡らせている。先進国間を結ぶ東西航路のコンテナ化に続いて先進国と途上国を結ぶ南北航路がコンテナ化されたところで、東西・南北航路を統合運営する方向に進展してきた。その結果、アジアと北米、アジアと欧州、北米と欧州をそれぞれ結ぶコンテナ航路が基幹航路と呼ばれるに至った。

　基幹航路のコンテナ化の背景には荷主企業の輸送需要が複雑多岐にわたり、コンテナ船社が国際物流の多様化への対応を迫られる差し迫った事情があった。グローバル・キャリアを目指すコンテナ船社同士が提携し、従来の規模を上回るコンソーシアムを結成、いわゆるアライアンス構想の構築へと進む。長期にわたる北米航路のコンテナ赤字採算が経営の根幹を揺さぶられ整理統合を余儀なくされた。海運集約体制から解き放たれる半面、自力で難局を乗り切る難題を背負わされた。まずは内外船社が提携するグループ化を基軸にコンテナ運営体制の合理化に努め、北米航路のコンテナ採算黒字化を目指した。

　北米航路のグループ化を原型に参加船社が相互補完し合うコンテナ運営体制を摸索した結果、日本船社がけん制し合いながらも主導権を握り、従来のコンソーシアムの規模を上回るアライアンス結成に漕ぎつけた。このころになると定期船といえばコンテナ船と認識されるようになった。

　コンテナ化が東西航路に続いて南北航路に波及し、コンテナ船が世界の定期船輸送に欠かすことができないところまで浸透していた。しかし、コンテナ船事業を経営する船社にとっては苦難の道であった。同盟船社と盟外船社が激しい運賃競争を繰り広げ、年々大型化する新造船の大量発注が船腹需給バランスを崩し、欧米有力船社が経営破綻や撤退を余儀なくされた。欧州航路のコンソーシアムが1990年代に入って相次いで解体した。最大コンソーシ

アムのトリオ・グループが提携有効期限を更改せず解体を選択した。

　商船三井がグローバル・アライアンス構想を掲げて対外交渉に動き、日本郵船や川崎汽船のグローバル・アライアンス結成を誘発する形で一挙に具体化した。

　96年はコンテナ船が大西洋航路に就航して30年目の節目の年であり、郵船にとっては主要定期航路開設から100年目に当たる記念すべき年であった。グローバル・アライアンスは従来の限定的な航路の共同運航とは異なり、世界規模で共同運航する"スーパー・コンソーシアム"とも呼ばれた。グローバル・アライアンスにはコンテナ船社が規模の経済（スケール・メリット）を最大限に利用し、コスト競争力を争う従来とは異なる新たな競争時代に突入したことを周知する意味合いが込められていた。

　スケール・メリットはコンテナ船を大型化し共同運航するだけでは発揮できないことはコンテナ船業界の常識である。コンテナ・ターミナルやコンテナ自体の共同利用を含めてサービスを提供する体制を構築してはじめて効果をあげることができる。コンテナ単位のコスト合理化を念頭に置きコスト競争力を争う大競争時代を目前にしていた。

　日本船社にとって1996年が"グローバル・アライアンス元年"として転換期を迎えた意義深い年であった。本書巻末の（公財）日本海事センター作成によるグローバル・アライアンスの歴史をデフォルメした図から一目瞭然で1995年以降の変遷を読み取れる。

　実は筆者は初めて「日本海運SHIPPING NOW 2019−2020」を手にして前記の図に接したとき「コンテナ船社のアライアンスの変遷」の始まりが1995年であることの意味を咀嚼には分かりかねた。何故この図は1995年から始まるのだろうかと疑問に思った。その程度の認識でよくも本書刊行を企画したものだと著者の浅学菲才を批判されても甘んじて受けるしかない。

　1995年は阪神・淡路大震災が起き、その災厄が国内外で人々を震撼させた鮮明に記憶に残る忘れられぬ年であり、日本船社コンテナ50年の歴史を振り返ったときにも意義深い年であることを教えてくれた。欧州航路のトリオ・グループ解体を機に郵船、商船三井が川汽に先行して1995年にグローバル・アライアンス結成に漕ぎつけ、翌年からグローバル・アライアンスを本格稼働させた。川汽が1年遅れで中国・台湾船社と提携してグローバル・アライアンス結成に向けてのグループ化を達成したのには理由があった。

　欧州航路のコンテナ化で川汽に先駆けコンソーシアムを向こう20年の長期にわたる有効期限で締結した郵船、商船三井は大競争時代の到来に直面して

袂を分かち、それぞれがグローバル・アライアンス戦略を展開したのに対し、提携有効期限に縛られ、一歩出遅れた川汽が新機軸のグローバル・アライアンス戦略を展開、起死回生を狙った。欧州同盟内での立ち位置の違いを反映した対応であった。そんな筋書きを描いてみた。

いずれにしても日本船3社は1996年に三者三様の形でグローバル・アライアンスを本格稼働させ、存在感を発揮した。それから20年後に日本船3社がコンテナ船事業を統合する合弁新会社（ONE）設立に向けて歩み始める。振り返ってみると意義深い年であった。

巻末の図「コンテナ船社のアライアンスの変遷」はデンマーク・スイス連合がコンテナ船腹量で世界シェア上位を占め、優位に安定したサービスを提供し勢力図を塗り替えてきた証しにも見える。一方、日本船3社がグローバル・アライアンスの組み替えを繰り返し、紆余曲折を経て合弁新会社設立に漕ぎつけた足跡が良く分かる。

日本船3社が生き残りをかけ、それぞれのコンテナ戦略を展開し、グローバル・アライアンス結成で主導的な役割を果たしてきたことを反映している。日本船社がコンテナ化初期に参加した船社数を半減させる苦難の道を歩んだにしても、よくぞ生き残ってきたものだと再認識させるから不思議だ。

世界のコンテナ市場は一時期を除き着実に成長してきた。コンテナ船事業が成長産業であることは各種の史資料が裏付けている。グローバル・アライアンスが世界に隈なく張り巡らされたサプライチェーンいわゆるグローバル・サプライチェーンと相互補完関係にあることを証明するかのようにコンテナ船社がコロナ禍で前代未聞の好業績を収めた。

日本船3社にしてもコンテナ船事業を下支えに業績改善を図る経営環境に恵まれたこと自体、異例のことである。コンテナ化進展の過程で赤字採算に苦しむコンテナ船事業をお荷物扱いする不協和音に接したことが嘘のような変わりようである。コンテナ船事業が国際物流の推進に不可欠な事業であると再認識させ"エッセンシャル・インダストリー"と通称する声に接したのも初めてである。コロナ禍の副産物と言える。世界のコンテナ船社が成長し続けるコンテナ市場で主役を務めることは間違いない。とは言え日本船社がその主役の一角を占め続ける必然性はない。寡占化する経営環境下で天井を打った大型コンテナ船の運営を巡って激しい競争を繰り広げる難局が待ち構えている。コンテナ化初期以来蓄積してきた知見と経験を発揮する局面と向き合うことになる。正念場の連続となる。日本船社が将来を見通しどのような事業展開で生き残りをかけ手腕を発揮するのか注目される。

日本船3社が基本合意に達した時点で公表したコンテナ船事業統合には海外のコンテナ・ターミナル事業の移管が含まれていた。

　ONE設立後の2021年3月末時点で海外ターミナル事業移管は調整中で翌年度に繰り越された課題と記すにとどめた。コスト競争力を争う競争時代に開業したONEが海外ターミナル事業移管抜きにスケール・メリットを発揮できない。コロナ禍の追い風を背景に運賃市況の高騰と高い消席率が寄与し、所期の相乗効果目標を達成した。好業績の常態化の影に隠れて海外ターミナル事業移管が先送りされることにならないのか疑問を抱えながら執筆を進めたことを断って置く。

　海外ターミナル事業移管の次には国内ターミナル事業統合といった難題が控えている。日本船3社はコンテナ化に対応して「船社港運」の育成に努めてきた。ONE設立と開業に合わせて船社港運の整理・再編に着手した。傘下に抱える港運事業者との提携関係の強弱が影響してなのか必ずしも足並みがそろわない形で進展している。時代が違って国内ターミナル事業の比重が関連業界の中で相対的に低下している。日本の港湾のコンテナ取扱量がアジア地域内での相対的な低下を反映している。ONE公表の資料によると、日本のコンテナ取扱量はせいぜいONE全体の4分の1。ONEがシンガポールに拠点を構え三国間コンテナ・サービス事業を展開していることを考えると、ONEにとって日本国内ターミナル事業統合による相乗効果が収益構造に与える影響の重要度を推し量りかねる。いずれにしても日本船3社にとってもONEの国内ターミナル事業統合は切羽詰まった課題ではなく解決に向けて具体化するのは先のことになりそうだ。

　ONEのコスト競争力にとってロジスティクス部門の整備が課題である。日本船3社のコンテナ船事業統合には海外ターミナル事業移管が含まれたが、ロジスティクス部門を統合対象外とした。有力コンテナ船社がコンテナ物流のグローバルインテグレーターを標榜し、"脱コンテナ船社"を強調し、総合物流路線を全面に打ち出し、潮流の変化を示唆している。日本船3社は海陸空にまたがる総合物流業者を目指し、今でもその看板を下ろしてはいない。ONEがロジスティクス部門統合に踏み込まずグローバルインテグレーターと互角にコスト競争で渡り合えるコンテナ戦略を持ち合わせているのだろうか。それとも早晩、ロジスティクス部門統合の課題を俎上にのせて検討に着手することになるのだろうか。

　ONEを事業主体とする日本海運のコンテナ50年史第2幕は順調な滑り出しを見せた。

従来のコンテナ船事業の歴史は競争条件が目まぐるしく変化することの繰り返しであった。将来、コンテナ船社の経営環境を根幹から揺るがす情勢変化がいつどのような形で起きるのか予測しがたい。

　とは言え、ONEを傘下に収める日本船3社がONEの経営状態次第では財務支援の強化を求められる局面に立たされることも予想される。ONEには直面する課題を克服、競争力の確保によって経営基盤を強化し、早期に自立体制を確立することが期待されている。

　筆者も期待と不安が交わる複雑な心境でONEとコンテナ船事業の将来に思いを馳せている。

　コンテナ50年を俯瞰することは適わなかったが、意図することをどこまで著すことが出来たかいささか覚束ない。忌憚のないご批評をお寄せいただくことを期待し、本書執筆の筆を置く。

2021年 5月30日

　コンテナ船事業はグローバル・サプライチェーンを下支えする不可欠な事業に位置付けられて成長してきた。コロナ禍がサプライチェーンを分断した。港湾の混雑がもたらすサプライチェーンの分断が需給を引き締め、長期化によって需給が逼迫し、コンテナ船運賃市況が急上昇した。結果としてコンテナ船社は高収益を確保した。コロナ禍が物流インフラを混乱させ異常事態を招いた結果でもある。ジャストインタイムはトヨタ自動車が開発した生産管理システムとして良く知られている。ジャストインタイムと聞けば瞬時にトヨタのカンバン方式を想起する程広く浸透している。「必要なものを、必要なときに、必要なだけ」供給する生産計画で、在庫を最小化し、効率を最大化する企業経営としてももてはやされてきた。自動車メーカーの海外生産工場向け部品のコンテナ輸送を引き受ける船社にとってコンテナ船の定時運行を要求される。港湾の混雑に起因する物流の目詰まりはコンテナ船の定時運行を難しくする。コンテナは揚げ地に滞留し、長期化すると積み地で空コンテナが不足する。大型船を臨時に投入して空コンテナを回送する。

　空コンテナ不足は一朝一夕に解消しない。コンテナ船社にとってコンテナ貨物の荷動き不均衡にどう対処するかは日常の課題である。偏在するコンテナを平準化し、効率化できるかによって採算が変わる。物流の目詰まりが長期化する中で、サプライチェーンの運用方針を見直す動きが表立ってきた。

　識者は「ジャストインタイムからジャストインケース」への変化と言い切

る。ジャストインケースには「念のため」を意味する英語表現があるとも聞く。

　調達で苦渋をなめた製造業の中には、在庫をこれまでより多く確保し、生産・調達を分散し、非常時に備えるジャストインケースの仕組みを取り入れる企業が現れてきたと言う。ジャストインケースを万が一の備えをもつ意味で「リスク対応システム」と言い換える識者がいる。

　新型コロナウイルス感染拡大を背景に2020年頃から使われ始めたと聞くと腑に落ちる。

　紅海危機を機に中東情勢が緊迫化し、長期化の様相を見せている。気候温暖化に起因するパナマ運河の通航制限が緩和される見通しが立たない。スエズ運河とパナマ運河の海上交通の要衝が正常に使用できない中で、コンテナ船社は従来通りサプライチェーンを下支えする役割が果たせるのだろうか。企業の資材調達方法も変化し、同一部品でも調達先を複数にする調達の多元化が進んでいる。企業でSupply Chain Resilience（著者訳：サプライチェーンの強靭化）の取り組みが進んでいる。今後の進展具合によってはコンテナ船社が新たな発想で対応する局面に向き合うことになる。

　校正について小島康一氏にご協力いただき感謝申しあげます。

2024年 2月

著 者　吉田泰治（よしだ・たいじ）

岩手県盛岡市出身　元日本海事新聞記者
連絡先
　電話：080-1172-2515
　mail：taisany7231@gmail.com

増補改訂版

「日本海運のコンテナ50年史」

箱根丸からONE STORK（ワン ストーク）へ

定　価：本体1,500円＋税

2024年5月31日　初版発行

著　者　　吉田泰治
発行者　　中川圏司
発行・印刷所　　株式会社　オーシャンコマース
　　　　〒105-0013　東京都港区浜松町1－2－11（葵ビル）
　　　　電　話　　（03）3435－7630㈹